交通行動の
分析とモデリング

理論／モデル／調査／応用

MODELING
TRAVEL
BEHAVIOR

北村隆一・森川高行 編著

佐々木邦明・藤井 聡・山本俊行 著

技報堂出版

まえがき

　第2次大戦後の急速な都市化と自動車化が進展しつつあったとき，どのような消費財がどれだけ必要とされ，どこにどれだけの規模の公共施設が建設されるべきかを決定することはさほど難しい作業ではなかったであろう．今から思えば極めて原始的なシボレーの大型車が「パンケーキのように売れる」時代に，新型車のマーケティングにさして知恵を絞ることもなかったであろうし，精緻な数学モデルが必要だったとも考えられない．将来の都市規模と土地利用パターンが概ね与えられれば，どこにどれだけの道路が必要とされるかを決定することも，さほど困難ではなかっただろう．都市圏内の旅客交通需要予測に際して現在世界中で広く使われている4段階推計法が開発されたのは，そのような状況の中であった．

　今日都市交通計画に求められるものは，戦後の成長期のそれとは極めて異なっている．多くの都市圏では人口の増加が終息，住民の高齢化が進展し，少子化も相まって通勤人口は減少の傾向にある．ピーク時の交通需要を満たすべく交通容量の増大を主眼として交通計画がなされた時代は終焉した．道路容量の提供が自動車交通需要の更なる増大を煽ることが次第と明らかになる一方で，道路建設は物理的，財政的，政治的にますます困難なものとなりつつある今，道路容量の提供の意味そのものが問われている．道路建設が必ずしも渋滞「問題」の有効な解決策でないことが認識され，交通需要マネジメント（Travel Demand Management; TDM）の必要性が説かれている．同時に，高齢者や身体的弱者の交通需要をどのように満たしていくか，過疎地住民のモビリティをどう保証するか，衰退する都心の活性化に交通が果たす役割はなにかなど，新たな課題が山積みされている．さらに，進行する情報革命に伴い都市住民の交通行動はどのように変容するのか，物流による交通負荷は一体減少するのかそれとも増大するのか，そして都市圏そのものは将来どのような形状をとるのかなどなど，交通計画が答えるべき問いはあまたある．

　この文脈において，1970年代初頭に米国カリフォルニア州サン・フランシスコ都市圏での高速鉄道BARTの建設に向けての需要予測プロジェクト（Travel Demand Forecasting Project; TDFP）で離散選択モデルの1形態であるロジットモデルが適用されたことの意義は極めて大きい．従来の4段階推計法がゾーン間の交通需要を極めて巨視的かつ機械的に取り扱っているのに対し，TDFPは，交通需要は個々人の意思決定結果の集積であるという立場をとり，個人の交通手段の選択を分析の焦点に据えた．

まえがき

この観点からTDFPは非集計分析を援用し，交通手段のサービスレベル（LOS）変数の測定にあたっても，非集計の立場を貫いている．これは集計的4段階推計法の機械的統計モデルから行動論的モデルへの転換の極めて重要な第1歩であった．ミクロ経済学の効用の概念をその基礎に持つ離散選択モデルは，人々の行動を理論的に記述することを可能としたばかりか，個人属性の影響を的確に把握できる，政策変数を取り込むことが容易である，小標本で推定が可能である，などの利点を持っている．結果として，モデル開発費用の削減，予測精度の向上，そして応用範囲の拡大などが可能となった．

ロジットモデルの定式化に続き，交通行動分析の分野は過去四半世紀に目覚しい進展を見せた．拘束的仮定に拠らないより一般的なモデルを構築すべく，プロビットモデルをはじめとする様々な離散選択モデルが提案され，また，数値計算法を援用したモデル推定のアルゴリズムも提案されてきた．さらに離散選択と連続変数に関する意思決定とを組み合わせたモデル系，あるいは複数の離散選択モデルからなるモデル系なども試みられている．行動理論面では，心理的要因の導入や効用理論に替わるパラダイムが適用されるとともに，activity-based analysisが提案され，交通行動を理解するためには，交通を派生させる活動そのものについての理解が不可欠であるとの立場からの分析が始まった．とくに，旧来のトリップ単位の解析から，1日，あるいはより長い時間帯での行動の分析への移行が見られ，新たな視座からトリップチェインが再び着目されるに至った．分析の対象はさらに広範となり，時間利用，行動の動的側面，行動を規定する様々な制約条件，意思決定者間の相互依存性，意思決定過程そのものの観測および分析などが積み重ねられ，交通行動のより根源的な理解が図られてきた．

20世紀最後の四半世紀はコンピュータ，通信技術が飛躍的に進歩した時期でもあった．級数的に増加する計算速度は，膨大な計算量を要するモデルの推定を可能とし，行動論的には明快であるものの計算上煩雑なモデルの適用を実用的なものとした．計算速度のみならず，データ管理技術の進展により，パーソントリップ調査が開始された頃には考えも及ばなかった量と精度のデータを取り扱うことがいとも簡単となった．統計的手法の進展やGISなどのソフトウエアの普及もあり，都市圏の将来データを世帯あるいは個人レベルで作成することも可能となった．結果として，離散選択モデルなどの非集計モデルを非集計データに適用し，将来予測を行う，あるいは政策分析を行うことが可能となった．コンピュータ技術の進展は，4段階推計法の前提であるゾーンレベルでのデータの集計という手順を過去の遺物としつつある．今や，非集計モデルからなるモデル体系を用い，交通需要予測，政策分析，インパクトアセスメントな

ど，交通計画に要請されるものに対応することが可能となった．

　本書の意図は，過去四半世紀の進展を踏まえ，交通行動の分析と予測にあたって有用となる手法を広く紹介することにある．離散選択モデルに関してはこれまでに（社）土木学会土木計画学研究委員会編「非集計行動モデルの理論と実際」(1995)と，（社）交通工学研究会編「やさしい非集計分析」(1993)の2冊の日本語テキストが書かれている．しかしこれらのテキストが執筆されて久しい一方で，上述のように交通行動分析の分野での近年の進展は目覚しい．本書の執筆にあたっては，これら2編が出版された後に報告された離散選択モデルに関する主要な成果を収録する旨努力した．

　交通行動分析の分野が拡張，深化するに伴い，援用される分析手法もより広範なものとなったが，離散選択モデル以外の手法は，統計教科書などに散在しているのが現状である．本書の特徴は，離散選択モデルに加え，生存時間モデルや構造方程式モデルなど，交通行動分析に頻繁に適用されてきた手法を統一的に解説していることである．また，交通行動分析の基礎理論と交通行動の調査法を重視し，各々に2章ずつ設けた（第2, 3章と第4, 5章）．さらに交通行動の分析事例をテーマごとに概観する章が4章含まれている（第11, 12, 13, 14章）．これらも本書の特徴である．そして最後に，離散選択モデルや生存時間モデルなどの非集計モデルからなるシミュレーションモデル系の需要予測，政策分析への適用が記されている（第16章）．予測時点での説明変数の非集計データの生成方法にも触れられている（第15章）．ここで紹介するモデル系は動的ネットワークシミュレータを含み，4段階推計法に対応するもので，その総合性において類をみないものである．また，個々人の1日の交通行動を再現する非集計モデル系を都市圏レベルでの将来予測，政策分析に適用した事例は，世界的に見ても稀である．その意味で，このシミュレーション予測についての章を，本書の最も特徴的なものと呼べるかもしれない．

　このように本書は，交通行動を定量的に分析する手法の基礎理論から応用研究までを広く紹介・解説する世界でも類をみない内容になっている．読者には基礎的な統計学の知識があることを期待するが，一部の章ではかなり煩雑な数式の展開が示され，一読では理解しづらい部分もあろうが，後の章の理解の妨げになることはないので，かまわず読み飛ばすことをお勧めする．

　本書は5部の構成になっている．第1部は，交通行動を定量的に分析するための基礎理論である．ミクロ経済学における消費者行動論と社会心理学における態度理論が解説されている．第2部は交通行動の調査法の紹介であるが，主に定量的なモデル推定に必要な調査法や調査項目について述べられている．第3部が本書の中心をなす交

まえがき

通行動モデルの方法論の解説であり，離散選択モデルから始まり，離散・連続選択，線形構造方程式，動的モデル，生存時間モデルと網羅的に取り上げられている．当面知りたいモデルの部分のみを読んでも理解できるように工夫したつもりである．第4部では，交通行動の典型的な局面の分析方法の解説と事例が挙げられている．トリップ単位の分析から，activity-based approach，自動車保有，非日常交通の分析を取り上げている．最後に第5部では，交通行動モデルを用いた予測と政策分析について論じられ，最終章ではマイクロシミュレーションを用いた交通行動モデルによって，TDMなど都市の総合交通政策を評価した事例を紹介している．

目　次

まえがき［北村］

第 1 部　交通行動の理論 …………………………………………001

第 1 章　交通行動の分析スキーム　*001*　　　　　　　　　　　　　　　［森川］
1.1　活動と交通　*001*
1.2　交通行動の分析フレーム　*004*

第 2 章　行動の経済学的アプローチ　*008*　　　　　　　　　　　　　　［森川］
2.1　合理的個人と効用最大化　*008*
2.2　不確実性下の行動分析　*011*
2.3　市場での相互作用と均衡分析　*015*
2.4　合理性に対する批判と限定的な合理性　*021*
2.5　マーケティングリサーチからの知見　*032*

第 3 章　交通行動分析の社会心理学的アプローチ　*035*　　　　　　　　［藤井］
3.1　行動理解のための社会心理学　*035*
3.2　態度理論　*036*
3.3　習慣を考慮した態度理論　*045*

第 2 部　調査方法論 ………………………………………………053

第 4 章　交通行動調査の展開　*053*　　　　　　　　　　　　　　　　　［北村］
4.1　米国におけるパーソン・トリップ手法の展開　*053*
4.2　調査方法の変遷　*055*
4.3　現行の PT 調査の問題点　*059*

目次

 4.4 PT 調査の課題 *062*
 4.5 時間利用調査方法論 *064*
 4.6 通信技術の適用 *067*

第 5 章 交通行動モデル推定のための調査法 *069*

 5.1 離散選択モデル推定のための調査項目 *069* ［佐々木］
 5.2 標本抽出と重み付け *075* ［北村］
 5.3 Stated Preference 調査 *083* ［佐々木・森川］
 5.4 パネル調査 *090* ［北村］
 5.5 交通行動データ収集の技術 *097* ［佐々木］

第 3 部 モデリング 103

第 6 章 離散選択モデル *103* ［森川］

 6.1 離散選択モデルの導出 *103*
 6.2 離散選択モデルの推定 *109*
 6.3 離散選択モデルによる予測 *119*
 6.4 IIA 特性をもたない離散選択モデル *122*
 6.5 複数データに基づくモデル推定 *132*
 6.6 離散選択モデルの応用 *139*

第 7 章 離散・連続選択モデルと連立方程式モデル系 *146* ［北村］

 7.1 離散・連続選択モデルと線形回帰モデルの統合 *146*
 7.2 限定従属変数を含む連立方程式モデル系 *152*

第 8 章 構造方程式モデル *159* ［佐々木］

 8.1 構造方程式モデルの特徴 *159*
 8.2 構造方程式モデルの定式化 *160*
 8.3 構造方程式モデルの母数の推定 *161*
 8.4 代表的な分析モデル *163*
 8.5 離散変数，切断変数と構造方程式モデル *165*
 8.6 モデルの評価 *168*
 8.7 モデルの解釈 *170*
 8.8 構造方程式モデルの適用事例 *172*

8.9　構造方程式モデル適用にあたって　*175*

第9章　動的モデル　*177*　　　　　　　　　　　　　　　　　　　　［北村］
9.1　交通行動の動的特性　*177*
9.2　確率過程としての交通行動　*178*
9.3　離散時間パネルデータの解析－i　*181*
9.4　離散時間パネルデータの解析－ii　*184*
9.5　パネルデータの有効性　*186*

第10章　生存時間モデル　*190*　　　　　　　　　　　　　　　　　　［山本］
10.1　基礎概念　*190*
10.2　生存時間の解析方法　*192*
10.3　基本モデルの拡張　*198*
10.4　適用事例　*201*

第4部　現象分析　…………………………………………………………205

第11章　トリップ頻度，目的地，交通機関，経路選択　*205*　　　　　［藤井］
11.1　交通行動の捉え方とそのモデル化　*205*
11.2　交通機関選択のモデル化　*207*
11.3　トリップ頻度選択　*212*
11.4　目的地選択のモデル化　*215*
11.5　トリップ発生頻度・交通機関・目的地選択の統合モデル　*218*
11.6　経路選択のモデル化　*220*

第12章　Activity-Based Approach　*225*　　　　　　　　　　　　　［藤井］
12.1　Trip-Based Approach の限界　*225*
12.2　構造方程式モデルを適用した生活行動モデル　*226*
12.3　Hazard Based Duration モデルに基づく生活行動モデル　*227*
12.4　効用理論に基づく生活行動モデル　*228*
12.5　意思決定プロセスを考慮した生活行動モデル　*230*

目次

第13章　自動車保有　*235*　　　　　　　　　　　　　　　　　　　　　　　〔山本〕
13.1　自動車保有分析の枠組み　*235*
13.2　静的モデル　*237*
13.3　動的状態モデル　*242*
13.4　更新行動モデル　*244*

第14章　非日常（休日）交通の分析　*249*　　　　　　　　　　　　　　　　〔佐々木〕
14.1　非日常（休日）交通の特性　*249*
14.2　買物活動　*252*
14.3　観光行動分析　*258*
14.4　非日常交通行動分析の課題　*266*

第5部　予測と政策分析………………………………………………*269*

第15章　交通行動モデルによる予測法　*269*　　　　　　　　　　　　　　　〔山本〕
15.1　モデルを予測へ適用する際の前提　*269*
15.2　予測のための入力値　*270*
15.3　短期予測と長期予測　*272*
15.4　予測誤差　*273*
15.5　断面データに基づくモデルによる予測の限界　*278*

第16章　総合的都市交通政策への適用事例　*280*　　　　　　　　　　　　　〔藤井〕
16.1　Micro-Simulation モデルシステムの概要　*281*
16.2　大阪市での適用事例　*284*
16.3　おわりに　*294*

参考文献　*297*

索引　*321*

1 交通行動の理論

第1章 交通行動の分析スキーム

1.1 活動と交通

　人の交通を分析する目的には，①道路や鉄道など交通路における課題解決，②住宅や商業施設など交通の出発地及び目的地における課題解決，③都市構造，ライフスタイル，環境・エネルギーなど交通をその中に含むトータルシステムの理解と課題解決，が挙げられる．①の交通路における課題が，いわゆる「交通問題」の大半を占めており，代表的なものに，モビリティ確保，渋滞，快適性，沿道環境負荷，事故，交通バリア，交通費用負担などがある．②の目的には，与えられた交通路の容量に対する適正な開発規模の決定や商業施設，テーマパーク，オフィスなどの施設計画が挙げられる．③では，土地利用と交通の関係から都市構造やエネルギー消費を論じたり，個人の生活の中における移動・交通といった視点で社会学的・時間地理学的に交通を理解するものである．自動車の保有予測やマーケティングも③に分類されるであろう．

　交通施設整備や交通管理の基礎となる「交通計画」においては，①の交通問題の改善のために，交通路の上で起こっている交通現象をつぶさに観察することから始めることは自然であり，あながち間違いではなかった．交通現象の観察は，まず交通路上において交通量や速度を観測したり，鉄道駅や空港での乗降客数を調べることから始まった．このような「観測」に基づいた需要分析では，「雨の日のこの道路の交通量は2割ほど多くなる」「紅葉の季節にはこの駅の乗降客数が2倍になる」といった大まかな推論はできても，大規模開発による交通流の変化，交通手段間の分担関係，交通費用変化による需要弾力性などの交通需要の構造を知ることは難しい．このためには，人の移動の出発地と目的地を捉え，乗り継ぎも含めた利用交通手段と経路を知り，費やした時間や費用を把握して，移動の「構造分析」を行わなくてはならない．

　このような人の移動の実態を知るために，米国では1950年代前半から「パーソントリップ（person trip）法」と呼ばれる調査が行われてきた．これは都市圏における人の移動が通常1日を単位としていることから，被調査者のある1日の交通行動をアンケート形式で調査するものである（詳しくは第4章を参照）．この調査によると，交通路上の交通問題だけでなく，②や③で挙げた，施設や土地利用と交通の関係，ライフ

スタイルと移動の関係なども把握できるという特徴を持っている．しかし，当面の最大の課題は交通問題の解決であるので，交通行動を定量的に把握するための手段として，出発地から目的地までの1回の移動を「トリップ（trip）」として定義し，分析の基本単位とすることにした（英語では journey と称されることもある）．

より厳密なトリップの定義は，一貫した移動目的をもつ出発地または起点（origin）から目的地または終点（destination）までの移動であり，途中で交通手段を複数利用しても1回のトリップとみなす．この定義は，移動目的に着目しているため「目的トリップ」と称されることもあり，トリップの起点及び終点をトリップエンド（trip end）と呼ぶ．これに対して，1つの目的トリップの中でも交通手段を変更するたびに異なるトリップとする定義もあり，これを「手段トリップ」または「アンリンクトトリップ（unlinked trip）」と呼ぶ．この意味では，目的トリップは「リンクトトリップ（linked trip）」である．単に「トリップ」と呼ばれる場合は，通常，目的トリップ（及びリンクトトリップ）を意味することに注意されたい．**図-1.1.1** に目的トリップと手段トリップの例を示した．

ここで（目的）トリップの「代表交通手段」という言葉について説明しておく．図の例のように，1つのトリップが複数の交通手段を用いて行われたとき，用いられたすべての手段を列挙することがもっとも正確な表現であるが，その中でも「代表的な」手段を1つ選んで「このトリップは鉄道を用いて行われた」などと表現したほうが便利な場合が多い．この代表交通手段を選ぶルールは，都市圏内の交通行動の場合，①鉄道，②バス，③自動車，④二輪車，⑤徒歩の優先順位を用いて，用いられた複数交通手段の中の最も優先順位の高いものを代表交通手段（main mode, dominant mode, line-haul mode など）とする．（ただし，航空機やフェリーがある場合はそれらの優先

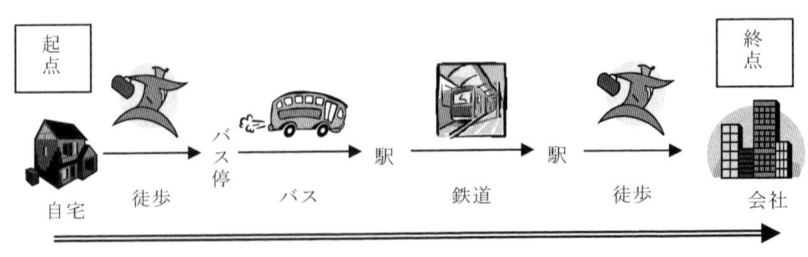

図-1.1.1 目的トリップと手段トリップ

順位を最高にする．）そして代表交通手段以外で用いられた交通手段は「端末交通手段（terminal mode）」と呼ばれる．とくにトリップの起点から代表交通手段へつなぐ部分を「アクセス（access）」，代表交通手段から終点へつなぐ部分を「イグレス（egress）」と呼ぶ．

さてこのように交通行動分析に必須の「トリップ」という概念は，その目的地でどのような活動を行うかで規程されることがわかった．逆に考えると，離れた空間で何か活動を行うためにトリップが発生するのであり，交通そのものが目的であるドライブやサイクリングは量的にも微少であり交通行動分析では通常取り扱われない．この意味で，トリップは「交通」というよりは「移動」と考えたほうが分かりやすく，離れた空間における活動（activity）から派生して生ずるため，交通は活動の「派生需要（derived demand）」であるという基本的な考えが重要である．

人が1日にいくつかの場所でいくつかの活動を行う場合，その人の「活動パターン（activity pattern）」とそれを可能にする一連の移動，すなわちトリップが鎖のようにつながった「トリップチェイン（trip chain）」が発生する．**図-1.1.2** に就業者のある1日の活動パターンとトリップチェインの例を示した．

このトリップチェインの例を見ると，1日のすべてのトリップの連鎖と個々のトリップの中間概念として，起点から出発してまた同じ起点に戻ってくる最小の閉じたトリ

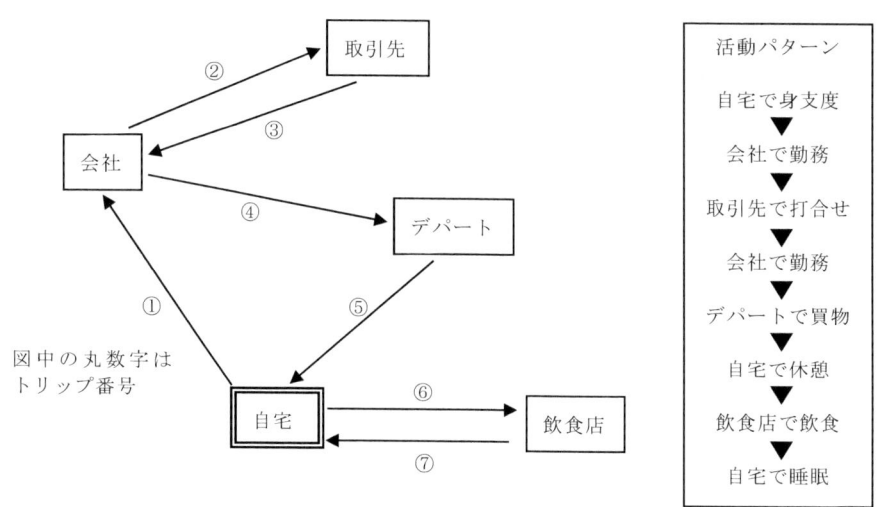

図-**1.1.2**　活動パターンとトリップチェインの例

ップチェインが浮かび上がってくる．これは，サイクル（cycle）（佐佐木，1983）またはツアー（tour）（Kawakami and Su, 1991）と呼ばれるトリップチェインの単位である．図の例では，自宅から出発してデパートに立ち寄って帰ってくる第1のサイクル，会社から取引先を経て会社に戻る第2のサイクル，自宅から飲食店を経て自宅に戻る第3のサイクルがある（第1のサイクルと第2のサイクルは入れ子構造になっている）．

サイクルの起点（及び終点）となる地点をベース（base）という．上記の例では，自宅及び会社がベースとなっている．1日の交通行動の中で，ほとんどの人は自宅をベースにしている．そのため，トリップが自宅を起点または終点にしているかどうかを分析の基準にする場合も欧米では多い．この場合，自宅を起点または終点にするトリップをホームベーストリップ（home-based (HB) trip），それ以外のトリップをノンホームベーストリップ（non-home-based (NHB) trip）と区別する．

1.2　交通行動の分析フレーム

交通行動を定量的に分析する際の単位として，最小のものとしてアンリンクトトリップがあり，続いてトリップ，サイクル，そして1日のトリップチェインがあることを述べた．もちろん買物行動のように1週間を単位と考えた方がよいものやバケーションのように1年から数年単位で意思決定されていると思われる行動もあるが，仮に1日を交通行動の意思決定単位として考えてみよう．そして，そこに交通を生じさせる本源的な需要である活動をどう分析フレームの中にとりいれるかが交通行動の分析スキームの課題である．

1日のトリップチェインとすべての活動を分析フレームに取り入れたモデルが，理論的には最も優れているが，それとても自動車保有，居住地や勤務地，ライフスタイルなどより長期の意思決定の結果は外生変数として与えなければならない．要するに，交通行動分析が出力すべき変数と，データとして与えられる入力変数を鑑みて，どこまでの要素を内生変数として分析フレームに入れることができるかをまず判断しなければならない．

この点から，最も保守的であるが分析の蓄積が多いのが，活動を外生変数として与え，トリップチェインを分解してトリップ単位で分析を進める「トリップベースアプローチ（trip-based approach）」である．活動を外生変数として捉えることは，例えば，通勤トリップのみを取り出して分析するようにトリップ目的ごとにモデルを変える一般的な手法に現れている．

なかでも最も実務上で伝統的に用いられてきたのが，いわゆる「4 段階推計法（four-step method）」である．この手法では，トリップチェインから分解された個人のトリップをトリップ目的及び代表交通手段ごとに交通ゾーン（traffic zone）で集計し，さらにゾーン間の交通量を表す OD 表（origin-destination table (or matrix)）を作成してその集計交通量をベースにモデル化を進める．「4 段階」とは，①ゾーンごとの発生及び集中交通量（trip generation and attraction），②ゾーン間の分布交通量（trip distribution），③分布交通量の代表交通手段ごとのシェア（modal share），④交通ネットワークへの経路配分交通量（network assignment）の各段階であり，この順番でゾーン単位で集計化された交通量をモデル化していく「集計分析（aggregate analysis）」である．4 段階推計法については，既存の標準的テキスト（例えば，（社）土木学会, 1981；佐佐木・飯田, 1992；Ortuzar and Willumsen, 1994）に詳しいため，本書では省略する．

ここで，交通行動（または交通需要）の「モデル化（modeling）」とは，観測された交通行動やその集計値を，それと因果関係がある他の要因との関係性を簡略な形で表現し（多くの場合数式を用いる），要素間の関係の理解や異なる入力要因に対する予測値を算出することを表す．分布交通量を表現するために万有引力の法則のアナロジーを用いた「重力モデル（gravity model）」や第 6 章で詳述する交通手段選択のロジットモデルなどはその代表的なものである．

トリップベーストアプローチは，集計的 4 段階推計法だけでなく，第 6 章で説明する離散選択モデル（discrete choice model）を用いた「非集計分析（disaggregate analysis）」でも多く適用される．非集計分析は，トリップをゾーン単位で集計することなく，個々のトリップの属性を直接モデル化することが特徴である．トリップの 1 つの属性である代表交通手段を離散選択モデルによって表現する「手段選択分析（mode choice analysis）」は，実務においても学術的研究においても最も頻繁に取り上げられたテーマである．歴史的には，1960 年代末から米国において，重力モデルに代表される集計モデルの使い勝手と予測精度の悪さの反省から，交通を行う個人の選択行動をそのままモデル化しようとする非集計行動モデル（disaggregate behavioral model）の研究が進み，交通手段選択モデルへの適用で大きく花開いたことに始まる．なかでも McFadden は，操作性のよいロジットモデルを個人の確率効用最大化（random utility maximization; RUM）理論と結びつけて理論を大きく発展させ（McFadden, 1974），その功績により 2000 年にノーベル経済学賞を受賞している．彼はサンフランシスコ湾岸地域の高速鉄道 BART の開業前の需要予測に非集計手段選択モデルを適用し，開業後のデータと比較して予測値が最大で数％しか違わなかったことを示している（McFadden, 1978a）．

手段選択以外にも，目的地選択（destination choice），経路選択（route choice），出発時刻選択（departure time choice）などは好んで取り上げられたトリップベーストの非集計分析である．目的地，手段，経路，時刻などの選択局面のうち，目的地・手段選択のように複数の局面を同時に表現するモデルもネスティッドロジットモデル（第6章参照）などの適用で行われてきた．

しかし，先進国における交通政策の主眼が，幹線交通網整備から次第に既存の交通システムの有効利用や交通需要管理（travel demand management; TDM）に移ってきた1980年代以降では，交通政策評価に必要なアウトプットにはトリップベーストアプローチだけでは不十分なことが明らかになってきた．例えば，自家用車の相乗りの奨励はトリップチェイン全体に影響を与えるし，フレックスタイム制の導入は活動時間帯の変化を通じて1日の交通行動の組み立てを変える可能性がある．要するに，1日のトリップチェインを分解してしまい，本来需要である活動の変化を考慮しないようなトリップベーストアプローチは，真の「交通行動分析（travel behavior analysis）」とは程遠いものだという認識が生まれてきたのである．

とくにヨーロッパにおいてこのような考えが早くから生まれていた．スウェーデンの地理学者 Hagerstrand（1970）は，人間の活動と移動を時空間座標にプロットした時空間パス（time-space path）を提案し，その後 Oxford 大学の交通研究グループを中心に，時空間上の活動との関係で交通を捉える「アクティビティベーストアプローチ（activity-based approach）」が盛んに研究されるようになった．時空間パスによる活動と交通の表現例を図-1.2.1に挙げておく．パス上では，異なる地点での活動と活動をつなぐ斜めの線が交通を表し，その傾きが移動速度の逆数になっている．

1981年及び1988年の2度の Oxford Conference では，アクティビティベーストアプローチの最新の研究成果が報告され（Carpenter and Jones, 1983; Jones, 1990），研究の隆盛期を迎えた．ここでは，時間制約を持つ活動と移動の速度制約から生ずる時空間制約の重要性が人間活動の理解に重要であることが強調された．

一方，トリップチェインの分析は，古くは1960年代末から70年代初頭にマルコフモデルを適用した目的地やトリップ目的の連鎖の分析が行われてきた（Horton and Wagner, 1969; Sasaki, 1972）．その後は，非マルコフモデルの開発や非集計モデルの適用（Adler and Ben-Akiva, 1979）などが行われるが，次第にアクティビティベーストアプローチの影響を受けて両者の融合の道をたどっていくことになる．

アクティビティベーストアプローチ及びトリップチェイン分析は，本書では第12章で扱われるが，より広範なレビューは近藤（1987）に詳しい．また，交通行動分析の

発展の経緯については，Pas（1990），原田ら（1993），北村（1996）などのレビュー論文を参照されたい．

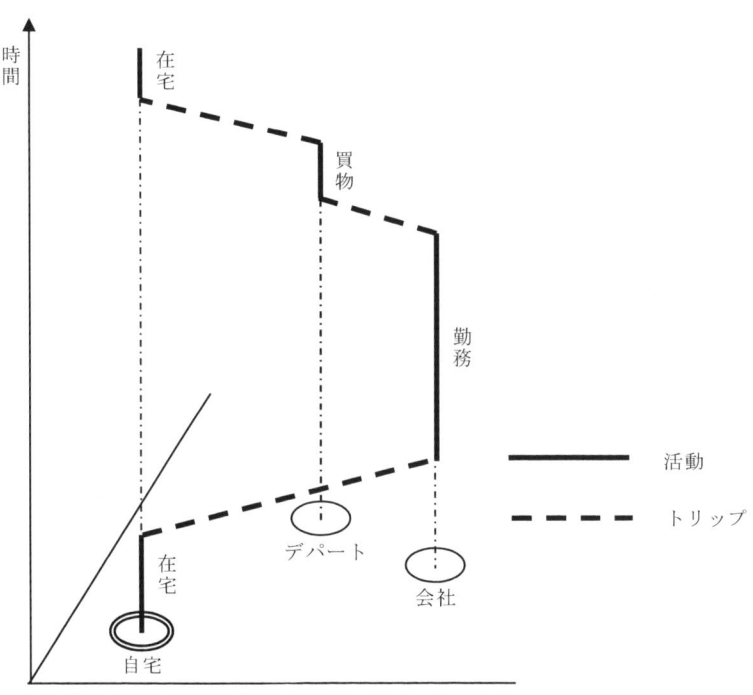

図-1.2.1 時空間パスによる活動とトリップの表現

第 2 章　行動の経済学的アプローチ

2.1　合理的個人と効用最大化

2.1.1　合理的選択

　本書の目的は，「交通」という行動を，多くの人が解釈できるように客観的に説明し，可能な限りその説明を数学的にモデル化して定量的に交通行動を分析する方法論を展開することであった．一方で，人間の行動を客観的・定量的に表現しようとする試みは，近代経済学の中心をなす消費者行動理論（consumer behavior theory）において最も精力的に行われてきた．本章では，交通行動の定量的モデル化に不可欠な，消費者行動理論の適用性とその展開方向について解説する．

　経済学における消費者行動理論の大前提は，人間の合理性（rationality）である．通常の合理性の定義は，個人は一連の目標を持ち，この目標を最もよく達成すると思われる行動を選択する，というものである．これは，いくつかある合理性の定義の中でも最もよく使われるもので，道具的合理性（instrumental rationality）と呼ばれることもある（Heap et al., 1992）．

　しかしこの定義による合理性も見かけほど単純ではない．人間は多くの目標を持つからである．例えば，同じ値段のパンと美術館の入場券のどちらを選択するかという問題を考えてみよう．Maslow（1970）は，人間の欲求を，生存，安全と安心，承認と愛情，そして自己実現という 4 段階に分類し，この順番に欲求が満たされるように行動するとしたが，はじめの「生存」以外は，必ずしもこの順序が守られているとも考えられない．いずれにせよ，個人は大いに悩むことはあっても，最終的にはパンか入場券のどちらかを選ばねばならず，その結果がその人の総合的な目標をよりよく達成していると見なすのである．この目標達成の程度が「効用（utility）」と呼ばれる．

　このような（道具的）合理性の歴史を振り返ると，Bentham（1789）の功利主義（utilitarianism）が重要な役割を果たしていることがわかる．Bentham によると行動の動機には，善意・親交・名誉など社会的なもの，反感・憎悪など反社会的なもの，肉体的欲望・金銭欲・権力欲・自己保存など自愛的なものの 3 種類があり，すべての動機には自分に対して「利益」があるとしている．そして功利の原理は，最大人数の最大幸福（the greatest happiness of the greatest number）である．個人の幸福は共同社会の幸福の一部であり，利他的社会よりも個人の幸福を追求する社会の方が功利の原理をよりよく実現できるとしている．後半の議論は，現在で言う厚生経済学の原理に近い

が，行動の動機にはすべて自己の利益が伴うという考え方が，効用という概念に結びついたといえる．ただしこの当時における効用の概念には，絶対値としての意味があり（基数的効用，cardinal utility），以下に定義する新古典派経済学における効用とは意味が異なる．

近代経済学における合理性の定義は，①個人はいくつかの目標を持ち，②その多目標に照らして行動代替案（消費する財の組み合わせ）を総合評価でき，③代替案を選好の順序に並べることができる，ということである．公理体系的に書けば，

① 再帰性

すべての代替案 $\mathbf{X}$ に対して $\mathbf{X}(\geqq)\mathbf{X}$

（$\mathbf{X}(\geqq)\mathbf{Y}$ は「$\mathbf{X}$ は $\mathbf{Y}$ より選好されるかまたは無差別である」を表す）

② 完全性

すべての代替案 $\mathbf{X}, \mathbf{Y}$ に対して $\mathbf{X}(\geqq)\mathbf{Y}$ または $\mathbf{Y}(\geqq)\mathbf{X}$

③ 推移性

すべての代替案 $\mathbf{X}, \mathbf{Y}, \mathbf{Z}$ に対して $\mathbf{X}(\geqq)\mathbf{Y}$ かつ $\mathbf{Y}(\geqq)\mathbf{Z}$ ならば $\mathbf{X}(\geqq)\mathbf{Z}$

④ 連続性

すべての代替案 $\mathbf{Y}$ に対して $\{\mathbf{X}: \mathbf{X}(\geqq)\mathbf{Y}\}$ と $\{\mathbf{X}: \mathbf{X}(\leqq)\mathbf{Y}\}$ は閉集合（境界線を含む集合）

上記の①②③が成り立てば合理性を持つ選好順序を表現でき，さらに④が成立すれば無差別曲線（indifference curve，選好の程度が同じである点の集合）を定義することができるので選好を効用関数（utility function）で表現することができる．効用関数は，代替案 $\mathbf{X}$ に対して $U(\mathbf{X})$ という関数がスカラー数を与え，$\mathbf{X}$ が $\mathbf{Y}$ より選好される（$\mathbf{X}(>)\mathbf{Y}$）ときには $U(\mathbf{X})>U(\mathbf{Y})$，$\mathbf{X}$ と $\mathbf{Y}$ が無差別（$\mathbf{X}(=)\mathbf{Y}$）のときには $U(\mathbf{X})=U(\mathbf{Y})$ という写像である．$U(\mathbf{X})=U(\mathbf{Y})$ が成り立つ点の集合が無差別曲線である．

効用関数を持つ合理的個人は，効用値の大きい代替案を選好するため，複数の代替案のうち最大の効用をもたらす代替案を選択する「効用最大化人間（utility maximizer）」として表現されることになる．

また，ここで定義した効用は，古典的な絶対値に意味のあるものでなく，選好の順序を表すだけのものであるので（序数的効用，ordinal utility），効用関数に単調増加変換を施してもその意味は変わらない．

2.1.2　制約条件下の最適行動

財の消費量の組み合わせである代替案 $\mathbf{X}$ が，2つの財の消費量 (x_1, x_2) からなると仮定しよう．現実の消費生活から考えると2財というのはいかにも少なすぎるように思わ

れるが，経済学では，注目している財とその他すべての財（合成財，composite good）というように扱うことが多く，かなり一般化された仮定と考える．

効用を最大化したい消費者は，これら2財を無限に消費できるわけではなく，消費量に対する何らかの制約条件が付加される．ミクロ経済学では，これらの消費に関わる総費用が予算制約によって上限を決められていると考える．2財の価格（単位消費量にかかる費用）をそれぞれ p_1, p_2 とし，注目している期間で使用できる最大の予算額を Y とすると，予算制約下における合理的個人の選択行動は以下の式で表される．

$$\max_{x_1, x_2} U(x_1, x_2)$$
$$\text{s.t.}$$
$$p_1 x_1 + p_2 x_2 \leq Y \tag{2.1.1}$$

式2.1.1の最大化問題をラグランジュの未定乗数法を用いて x_1, x_2 について解くと，最大の効用を与える x_1, x_2 の消費量として，

$$x_1^* = x_1(p_1, p_2, Y)$$
$$x_2^* = x_2(p_1, p_2, Y) \tag{2.1.2}$$

が求められる．これは，価格の組 (p_1, p_2) と予算 Y が与えられたときの最適な x_1, x_2 の消費量を示す関数であり，需要関数と呼ばれる．

また，この最適な需要量を効用関数に代入して得られる最大効用値，

$$U(x_1^*, x_2^*) = U\{x_1(p_1, p_2, Y), x_2(p_1, p_2, Y)\}$$
$$= V(p_1, p_2, Y) \tag{2.1.3}$$

は，間接的に価格の組 (p_1, p_2) と予算 Y によって定まるため，これを間接効用関数(indirect utility function) と呼ぶ．需要関数式2.1.2は，直接効用関数の最大化から求めたが，実は間接効用関数式から簡単に誘導されることが知られている．ロワの恒等式（Roy's identity）と呼ばれる次式によって需要関数が与えられる（証明についてはヴァリアン（1986）を参照されたい）．

$$x_1^* = -\frac{\partial V(p_1, p_2, Y)}{\partial p_1} \bigg/ \frac{\partial V(p_1, p_2, Y)}{\partial Y}$$
$$x_2^* = -\frac{\partial V(p_1, p_2, Y)}{\partial p_2} \bigg/ \frac{\partial V(p_1, p_2, Y)}{\partial Y} \tag{2.1.4}$$

需要関数については，2.3節においても引き続いて議論するが，より広範で厳密な解説については標準的なミクロ経済学のテキスト（例えば，Nicholson, 1985；ヴァリアン，1986, 1992）を参照されたい．

以上のような制約条件下における最適化行動の交通現象への応用については，例えば，都心及び郊外に買い物に行くことができる家計について以下のような最適化問題を考えよう．

$$\max_{x_1,x_2} U(x_1,x_2)$$
s.t.
$$p_1 x_1 + p_2 x_2 \leq Y$$
$$t_1 x_1 + t_2 x_2 \leq T$$
(2.1.4)

ただし，x_1, x_2 は一定期間内にそれぞれ都心と郊外へ買い物に行く回数，p_1, p_2 はそれぞれの1回当りのコスト，t_1, t_2 はそれぞれの1回当りの所要時間，Y はその期間内に買い物トリップに割くことのできる費用，T はその期間内に買い物トリップに割くことのできる時間とする．この最適化問題から得られる間接効用関数は，以下のような変数の関数となろう．

$$U(x_1^*, x_2^*) = V(p_1, p_2, t_1, t_2, Y, T) \quad (2.1.5)$$

本書の第6章，第7章で取り上げられる交通行動モデルは，いずれもこのような最適行動の結果得られる間接効用関数をもとに，交通サービスの需要関数を求める方法と言ってもよい．

2.2 不確実性下の行動分析

2.2.1 期待効用理論

前節において説明した，財の組み合わせによる行動代替案の選択問題は，どの代替案を選択するかによって一意に効用値が定まり，不確実性の入る余地はなかった．しかし実際に我々が選択という意思決定をするときには，そのように確定的に効用値が決まるであろうか．答えは「否」である．ほとんどの場合，意思決定の結果が「目標の達成に貢献する」すなわち「効用を発揮する」のは，意思決定後時間がたった後であり，それまでにさまざまな予測不可能な状況の変化が生じて目標の達成度が異なる可能性がある．つまり，目標の達成度は，多くの場合，意思決定時には不確実なのである．

雨が降りそうなときに，ごく限られた小遣いしか持っていない人が出先で雑誌を買うか傘を買うかの選択に迫られているとしよう．傘を選択した場合の効用は，明らかにその後に雨が降るか降らないかによって大きく変わる．つまり得られる結果は，選択行動（傘を買うか雑誌を買うか）と自然の状態（雨が降るか降らないか）によって

11

表-2.2.1 行動と自然の状態による利得行列

		Θ：自然の状態	
		$\theta=1$（雨が降る）	$\theta=2$（雨が降らない）
A：行動	$a=1$（傘を買う）	x_3	x_2
	$a=2$（雑誌を買う）	x_1	x_4

変化し，自然の状態は意思決定者にとって不確実であるということである．この状態を**表-2.2.1**に示した．表中で，x_1, x_2, x_3, x_4は，行動と自然の状態で決まる利得（例えば金額換算値）で，$x_1 < x_2 < x_3 < x_4$が成り立っているとする．

このように不確実性下の意思決定では，人は自然の状態が発生する可能性，つまり確率を考えて選択を行う．ここでいう自然の状態の出現確率について，ナイト（Knight）（1958（1921））は，サイコロの目の出方のように演繹的に決まるアプリオリ確率，多くの観測結果から帰納的に導かれる統計的確率，そして理論や統計には基づかず主観的に持っている主観的確率の3種類を挙げ，1，2番目の不確実性を危険（risk）と呼び，3番目を真の不確実性（uncertainty）と呼んだ．しかしここでは，真の不確実性下でも主観的確率を導入することによって確率計算ができることから，あえてriskとuncertaintyを区別しない．

さて上の例で，雨の降る確率をpとすると，任意の行動は2つの自然状態の確率とそのときに得られる利得によって表すことができるので，$a_k = \{x_i, x_j; p, 1-p\}$と表現しよう（例えば上の表では，$a_1 = \{x_3, x_2; p, 1-p\}$，$a_2 = \{x_1, x_4; p, 1-p\}$）．このような行動は，2種類の賞金がある確率で得られる「くじ（lottery）」を引くことと同じなので，しばしば「くじ」を用いた効用理論と呼ばれることがある．

このような不確実性下における合理性の公理は以下のとおりである．

① 任意の行動に対して，先に定義した①再帰性，②完全性，③推移性が成り立つ．
② $x_i (>) x_j$であり，$a_1 = \{x_i, x_j; p_1, 1-p_1\}$，$a_2 = \{x_i, x_j; p_2, 1-p_2\}$としたとき，$p_1 > p_2$のときに限り，$a_1 (>) a_2$．
③ 連続性
　$x_i (\geqq) x_j (\geqq) x_k$のとき，$x_j (=) \{x_i, x_k; p, 1-p\}$を満たすような確率$p$が存在する．
　この性質より，最善の利得をx^B，最悪の利得をx^Wとすると，任意の利得xに対して，$x (=) \{x^B, x^W; p, 1-p\}$を満たすような確率$p$が存在する．とくに，$x_j (=) \{x^B, x^W; u_j, 1-u_j\}$と定義したとき，$u_j$をNeumann-Morgensternの効用指標と呼ぶ（Neumann

and Morgenstern, 1953）．さらにこのように決まる効用指標値を利得の関数として $U(x_j)$ と定義し，これを Neumann-Morgenstern 型の効用関数と呼ぶ．

④ 独立性

$a_1 = \{x_i, x_j; p_1, 1-p_1\}$ でありかつ $x_i (=) y_i$ であるとき，$a_1(=)\{y_i, x_j; p_1, 1-p_1\}$ である．

③と④の性質より，$a_1(=)\{(x^B, x^W; u_i, 1-u_i), (x^B, x^W; u_j, 1-u_j); p_1, 1-p_1\}$ が成り立ち，さらにこれを展開すると以下のようになる．

$$a_1(=)\{x^B, x^W; p_1 u_i + (1-p_1)u_j, p_1(1-u_i) + (1-p_1)(1-u_j)\}$$

$a_2 = \{x_k, x_l; p_2, 1-p_2\}$ に対しても同様に展開すると，

$$a_2(=)\{x^B, x^W; p_2 u_k + (1-p_2)u_l, p_2(1-u_k) + (1-p_2)(1-u_l)\}$$

よって，性質②から $a_1 (>) a_2$ となるのは，$p_1 u_i + (1-p_1)u_j > p_2 u_k + (1-p_2)u_l$ となる場合に限られる．

上記のことを言い換えると，不確実性下の合理性が成り立っておれば，行動 a_1 が行動 a_2 より選好されるのは，a_1 の期待効用が a_2 のそれよりも大きいときである．このように，効用の期待値を考える理論を「期待効用理論（expected utility theory）」と呼ぶ．

2.2.2 期待効用と不確実性に対する態度

前項で定義した Neuman-Morgenstern の効用指標から，不確実性（本節では「危険」と同義）に対する個人の態度の知見が得られる．

まず，利得に対する単調性，すなわち $x_i > x_j$ のとき $U(x_i) > U(x_j)$ が成り立つと仮定する．つまり利得は大きいほど望ましいという仮定である．今，2点の利得 $x-h$，$x+h$（$h>0$）がそれぞれ確率 1/2 で得られる行動（「くじ」といってもよい）があるとしよう．このときの利得の期待値は，$(x-h) \times 1/2 + (x+h) \times 1/2 = x$ である．

もし，この期待利得 x をもたらす不確実性を伴う行動（くじ）よりも，確実に x を得られる行動を選好するならば，その個人は危険回避的（risk-aversive）であるという．逆にくじを好むならば，危険志向的（risk-prone）といい，両者が無差別であるならば危険中立的（risk-neutral）という．すなわち，Neumann-Morgenstern 型の効用関数を使って表現すれば以下のようになる．

$$\text{危険回避的} \Leftrightarrow U(x) > 1/2 \times U(x-h) + 1/2 \times U(x+h)$$
$$\text{危険中立的} \Leftrightarrow U(x) = 1/2 \times U(x-h) + 1/2 \times U(x+h)$$
$$\text{危険志向的} \Leftrightarrow U(x) < 1/2 \times U(x-h) + 1/2 \times U(x+h)$$

また，効用関数を図示すると**図-2.2.1** に示したように，それぞれ，上に凸な曲線，直線，下に凸な曲線となる．

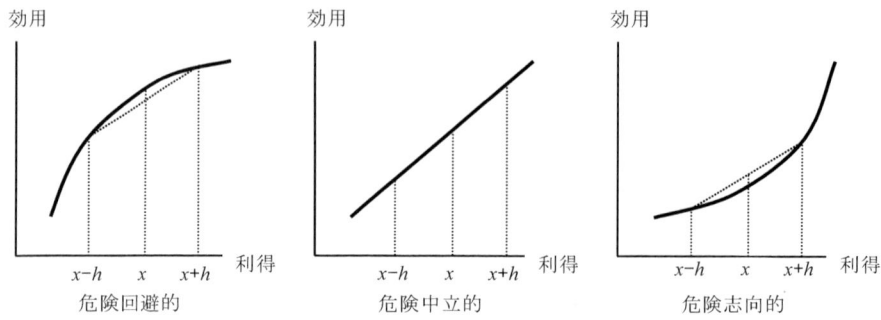

図-2.2.1　不確実性に対する態度と効用関数形

　人の不確実性（危険）に対する態度は状況によってまちまちであるが，概ね危険回避的な行動を取ることが知られている．分散的な投資や保険の加入は危険回避を表す典型的な行動である．しかし一方で多くの人がギャンブルや宝くじの購入など危険志向的な行動も取る．また，期待利得が小さい場合は危険志向的，期待利得が大きい場合は危険回避的という，効用関数がS字型になるような傾向もあるともいわれている．

2.2.3　交通行動分析における不確実性下の意思決定

　交通行動においても選択には常に不確実性が付きまとうが，中でも最も重要なものが，混雑現象によってサービスレベルが変動する選択である．道路の混雑に関係する経路・出発時刻・交通手段の選択や，容量を越えた需要によって待ち時間が生じる駐車場の選択などはその典型的な例である．例えば，到着時刻の不確実性を取り入れた出発時刻の選択分析として，Hall（1983）は次のような通勤者の損失関数を定義した．

$$L(t_d \mid t_s) = \beta(t_s - t_d) + \gamma \int_{t_s}^{\infty} f(t_a \mid t_d) dt_a \qquad (2.1.6)$$

ここに，t_d は出発時刻，t_s は勤務開始時刻，t_a は確率密度関数 f に従う到着時刻であり，β は通常の時間価値，γ は遅刻ペナルティと呼ばれる単位遅刻時間当りの損失額である．この式では，不確実な自然の状態として道路の混雑を取り上げ，それによって変化する到着時刻に対する損失（＝非効用）の期待値を考えている．

　しかし本来，混雑現象は，個人個人の交通行動によって交通需要が変化し，その結果混雑現象が生じてサービスレベルが変化するという，交通需要における内生的（endogenous）な不確実性である．このため，このような現象を厳密に分析するためには，次節で解説するような，他者の行動との相互作用の影響の考慮が必要である．

外生的（exogenous）な不確実性が入る現象では，天候に左右される余暇活動の選択や，道路混雑に影響を受けるバス利用に関する選択などが挙げられる．

そのほか，長期的な意思決定の分析にも不確実性を明示的に考慮した方がよい場合が多い．自動車保有の選択や居住地タイプの選択は，長期にわたって個人の効用に影響を与えるが，意思決定の時点では将来の不確実な生活環境や社会環境を考慮した選択を行っているはずである．

2.3 市場での相互作用と均衡分析

2.3.1 需要関数と消費者余剰

2.1.1 項において合理的な消費者の選択行動として効用最大化原理があり，それは以下に再掲された式 2.1.1 によって表されることを説明した．

$$\max_{x_1, x_2} U(x_1, x_2)$$
$$\text{s.t.}$$
$$p_1 x_1 + p_2 x_2 \leq Y$$

2.1 節においては，この最適化問題から解析的に需要関数を導いたが，本節ではより直感的に需要関数の形態について議論してみよう．まず，上の最適化問題を図示すると図-2.3.1(a)のようになる．図中に描かれた原点に凸な曲線は，等効用線または無差別曲線（indifference curve）と呼ばれ，この曲線上の財の組み合わせからは同じ値の効用が得られることを示している．予算制約線の傾きは$-p_1/p_2$であり，効用を最大にする財の消費量(需要量)の組は予算制約線と無差別曲線が接する点(x_1^*, x_2^*)で与えられる．ここで，x_1の価格 p_1 が p_1'に下がった場合を考えてみよう．このとき図-2.3.1(b)のように予算制約線の傾きが緩やかになり，価格低下後の最適な財の組み合わせは$(x_1'^*, x_2'^*)$に移り，得られる効用レベルも上がる．

まず，上図において無差別曲線が原点に対して凸になっている点に注目しよう．無差別曲線の傾きは，効用レベルを保ったまま，x_1 を 1 単位余分に消費するためにあきらめなければいけない x_2 の量であり，これを限界代替率（marginal rate of substitution; MRS）と呼ぶ．この限界代替率は，x_1 の消費量が多くなるにしたがって減少すると仮定される．これは消費者行動理論の基本的な仮定であり，限界代替率逓減（diminishing marginal rate of substitution）の法則と呼ばれる．この法則は，直感的にも納得できるが，以下に示す限界効用逓減（diminishing marginal utility）の法則の方がより理解しやすい

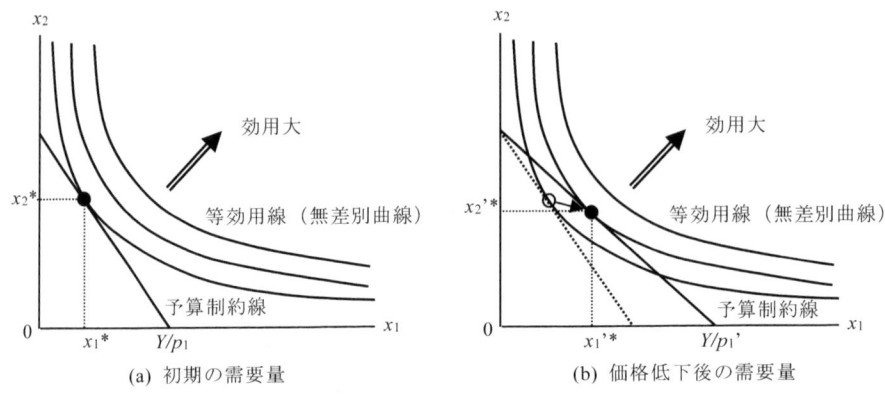

(a) 初期の需要量　　(b) 価格低下後の需要量

図-2.3.1 価格変動による財の需要量の変化

かもしれない．

　限界（marginal）という言葉は，近代経済学においては「追加の1単位」という意味で使われる．経済学を近代的にならしめたのがこの限界という概念であり，19世紀後半を経済学において「限界革命」の時期と呼んでいる．それまでの財の交換価値（つまり価格）は，Adam Smith（1723－1790）や David Ricardo（1772－1823）といった偉大な経済学者でさえ，その財を生産するのに必要な労働力で決まると考えていたが，それでは需要量や供給量の変動によって価格が変動することをうまく説明できなかった．そこで19世紀後半の限界論者たちは，財の価格は，その総量の有用性ではなく，最後の1単位（限界量）の有用性で決まると考え，ついに1890年に Alfred Marshall が発表した Principle of Economics によって，限界分析の方法と需要－供給曲線が明らかにされた．

　限界効用逓減の概念は，ごく簡単に言うと，ある財の消費量を増やしていくと，追加の1単位の価値，つまり限界効用が次第に減少するというごく常識的な考えである．卑近な例では，のどが渇いているときの最初のグラス1杯のビールには大変な価値があるが，何杯も飲み進んでいるうちに追加の1杯のビールの価値が次第に低減していくという原理である．例えば，ある人は1杯目のビールには800円の価値を見出し，2杯目には500円，3杯目は300円，4杯目は200円…と逓減していくとしよう．このそれぞれの追加の1杯の価値が限界効用であり，これを貨幣換算するということは追加の1杯を消費することとそれだけの金額の所得を得ることが無差別であるということ

である．

　もしグラス 1 杯のビールの市場価格が 350 円であったらこの人は何杯のビールを飲むことが合理的であろう．答えは 2 杯である．1 杯目，2 杯目は市場価格よりこの人が感じる価値の方が高いので「飲んだほうが得」であるが，3 杯目は両者の値が逆転するので「飲むと損」になる．ちなみに，1 杯目のビールでは 800 − 350 = 450 円分の「得」，2 杯目では 500 − 350 = 150 円分の「得」が生じ，2 杯を飲むことで合計 600 円分得をした，または効用が上がったと計算することができる．このように財を消費することによって生まれる効用の上昇分からその財を購入するのに費やした費用を差し引いた効用の純増の貨幣価値を「消費者余剰（consumer surplus）」と呼ぶ．もし 3 杯目を飲むと 300 − 350 = −50 円の（負の）消費者余剰が生まれ，3 杯の合計は 550 円となり，2 杯でやめておくよりも減ってしまう．つまり市場における合理的行動は，消費者余剰を最大化しているとも言える．

　次に，ビール 1 杯の市場価格が 250 円に下落した場合はどうであろう．この場合は 3 杯目を飲んでも正の消費者余剰が生まれ，4 杯目で負に逆転するので，この人の合理的選択の結果として需要量は 3 杯に増加する．

　このように，限界効用の逓減を仮定すると価格の低下によってその財の需要量は必ず増加する．**図-2.3.1** で限界代替率逓減を仮定した場合においても，ある財の価格を下げるとその財の需要量は増加した．限界効用逓減と限界代替率逓減は，直感的には似た概念であるが，その厳密な関係については若干の数学的展開が必要であり，本書ではこれ以上は言及しない．

　財が無限に細分化されると仮定すると，逓減する限界効用（の貨幣換算額）は，**図-2.3.2** のように滑らかな右下がりの曲線になる．この限界効用曲線が，この個人の（Marshall 型の）需要曲線に他ならない．つまり，財の市場価格が決まるとその価格と等しい限界効用をもたらす量まで需要するため，縦軸の価格に対応する横軸の消費量が需要量になるからである．この個人の需要曲線を横方向に集計したものが，市場全体の需要曲線となる．この場合も，価格が決まると市場全体の消費量が決まるというように，価格をパラメータとして需要量が変化する．また，消費者余剰は図中で示したように，先に述べた定義から需要曲線を市場価格から上の部分で積分した面積になる．

　図-2.3.1 から分かるもう 1 点は，財 1 の価格が変化したときの財 2 の需要量の変化のパターンである．**図-2.3.1** では p_1 の低下によって x_2 の需要量が減少している．この場合，財 2 は財 1 の代替財（substitute）であるという．等効用線（無差別曲線）の形に

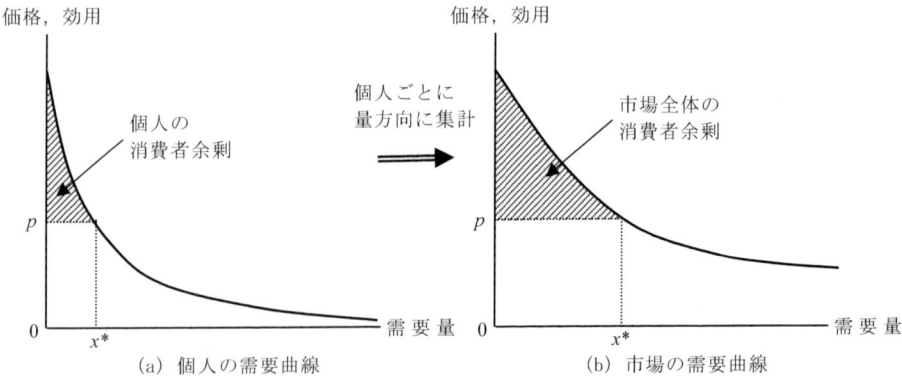

図-2.3.2　個人の需要曲線と市場の需要曲線

よっては，p_1の低下がx_2の需要量の増加をもたらすこともあり，このとき財2は財1の補完財（complement）であるという．互いに代替的な関係では，財1（例えばコーヒー）の価格が下がれば財2（例えば紅茶）の需要を減らして，同じような働き（例えばのどを潤す）をもつ財1の需要を増やそうとする．逆に補完的な関係では，財1（コーヒー）の需要が増えればそれにつられて財2（例えば砂糖）の需要が増えることになる．

2.3.2 供給関数と市場の需給均衡

前項で需要関数を定義したが，市場における実際の財の取引を分析するには，その財がどのように市場に供給されるかを知らなくてはならない．需要関数の場合と同様に，供給関数も市場価格をパラメータとして供給量が決まる．供給曲線は，需要曲線とは逆に一般に右上がりになるといわれている．これは，財の供給を行う生産者の生産過程で追加の1単位の財を生産する費用，つまり限界費用（marginal cost）が短期的には右上がりになると仮定されるからである．その場合，生産者の最適行動として，市場価格が与えられると限界費用がそれに一致するまで生産することになる．つまり各生産者の限界費用曲線がそのまま供給曲線になり，それをやはり生産者ごとに足し合わせたものが市場の供給曲線になる．

市場の需要曲線と供給曲線をプロットしたものが図-2.3.3である．両曲線が交わるp^*が均衡価格（equilibrium price）であり，この点において需要量と供給量が一致する．逆にいえば，需要と供給が一致しない点では価格は安定しない．もし，p^*よりも高い価格であれば，供給過剰になり，販売量を増やすために価格を下げる圧力が加わる．

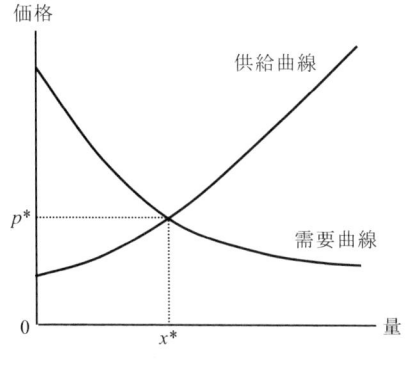

図-2.3.3 市場の需給均衡

p^*よりも低い価格であれば，需要過剰になり，財を手に入れられない消費者のために価格を上げて販売する生産者が出現し，価格を上げる圧力となる．このようにして(x^*, p^*)が市場における均衡点となる．

図-2.3.3 で示した均衡は，ひとつの財に対するものであり，部分均衡（partial equilibrium）と呼ばれる．しかし，代替財と補完財に現れたように複数の財の需要は互いに関連しあっている．また，ひとつの財の生産のためには資本，労働力，原材料などが必要であり，それらの市場とも関連しあっている．このため本当の市場均衡を示すためには，生産要素も含むこれらすべての財の市場において均衡を考えなくてはならない．Leon Walras（1831－1910）が提唱したこのような均衡の概念を，一般均衡（general equilibrium）と呼ぶ．いったん一般均衡が成立すれば，外部的な攪乱要因がない限りその均衡は維持される．しかし現実の社会では，技術革新や人の好みの変化など常に大きな外部攪乱要因が働いていることと，完全競争市場が厳密に成り立っていないために，一般均衡が成立しているとは考えられず，外的条件変化のもとで一般均衡に収斂するようダイナミックに変化しつづけていると見るほうが現実的である．

2.3.3 混雑現象とネットワーク均衡分析

交通現象解析における均衡分析では，道路のネットワーク均衡分析がよく知られている．まず，道路交通というサービスには混雑という現象が顕著であることが特徴である．一定の道路区間（リンク）を利用する車の数が多くなると車間の相互影響が激しくなり走行速度が落ちることは常識的にも知られている．あまりに車の密度が高いとまったく動かなくなり道路の交通機能は完全に失われる（飽和密度）．このような

混雑現象は，交通量（ある道路断面を単位時間に通過する車の数）の増加に伴う，所要時間という一種の費用の増加として図-2.3.4 に示すように右上がりの曲線で表される．（正確には，混雑が激しくなりすぎると速度が極端に落ちて交通量が減るため，交通量に対して費用は 2 値の関数となる．詳しくは交通工学のテキスト（例えば，佐々木・飯田（1992））を参照されたい．）

一方で道路利用者は，混雑が激しくなり費用がかさむようになると，トリップを取りやめたり，他の交通機関を利用するなどの行動を取るので，道路利用の需要曲線も通常どおり右下がりになる．この需要曲線と右上がりの費用曲線が交差する点が均衡交通量であり均衡費用（均衡所要時間）となる．

図-2.3.4 は，ひとつの出発地（origin）と目的地（destination）の間（OD 間）に 1 本の道路経路がある場合の均衡交通量のイメージである．

しかし通常の都市においては，道路はネットワーク状になっており 1 つの OD 間でもさまざまな経路を選ぶことができる．また，道路ネットワークは多くの OD ペアの交通で共有されている．このような道路ネットワークに流れる自動車交通の分析を行うために交通量配分という手法が研究されており，その核となる考え方が利用者均衡（user equilibrium）である．Wardrop（1952）が提唱した利用者均衡の概念は，「もはやどの利用者も経路を変更することによって自分の所要時間を短縮することができない状態」であり，この利用者均衡が成り立っているときには「ネットワーク上で利用される経路の所要時間はすべて等しく，利用されない経路の所要時間よりも小さいか

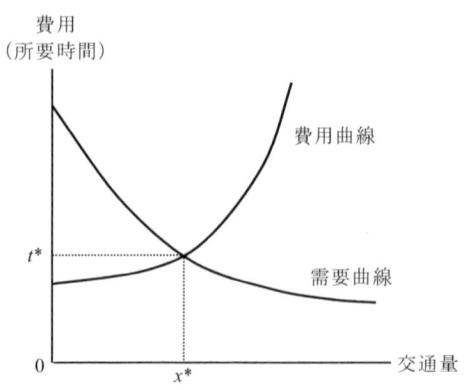

図-2.3.4　道路の均衡交通量

等しい状態」（Wardrop の交通量配分の第 1 原則）になっている．

この道路ネットワーク上の利用者均衡原理による通常の交通量配分では，OD 間の交通需要は固定，すなわち**図-2.3.4** の需要曲線は考慮せず，右上がりの費用曲線だけを考えて OD 交通量を Wardrop の第 1 原則に従うように割り振る．先に述べたように，道路ネットワークは多くの OD ペアの交通で共有されているために，均衡交通量を求めることはかなり複雑である．近似解を求めるヒューリスティックな方法として，各 OD 交通量を 5 から 10 に分割して，各分割された OD 交通需要量を OD ごとの最短経路に流し，その後各道路リンクの費用曲線（リンクコスト関数）に従ってリンクの所要時間を更新し，また次の分割量を最短経路に流すということを全交通量が流れるまで行うという分割配分法が実務的にはしばしば用いられてきた．

経済学者である Beckmann et al.（1956）は，**図-2.3.4** のように OD 交通需要の需要関数を明示的に考え，かつ Wardrop の第 1 原則が成り立っているような需要変動型のネットワーク均衡を数理最適化問題として定式化した．さらに OD 交通量の需要関数を考えない需要固定型のネットワーク均衡も Jorgensen（1963）によって同様な数理最適化問題として定式化された．このような道路のネットワーク均衡分析については，専門のテキストを参照されたい（例えば，Sheffi, 1984 ; 土木学会, 1998）．

2.4 合理性に対する批判と限定的な合理性

2.4.1 合理的選択に対する批判

2.2 節及び 2.3 節において，行動の結果が確実に分かっている場合と不確実な場合における合理的な選択行動のしくみについて述べてきた．より一般的な不確実性下における（道具的な）完全合理性は，個人の選択行動が以下のような仮定に基づいていると Simon（1987）は論じている．
① 選択可能なすべての選択肢とその属性値が分かっている
② 結果の不確実性の確率分布は既知である
③ 期待効用最大化原理を用いる

これらの仮定それぞれが非現実的であることは直感的に分かるが，ここではより具体的に完全な道具的合理性がどのような問題を持っているかを論じてみよう．

まず最も直感的で大きな問題は，経済分析上重要な選択行動の多くがこのような合理性に基づいて行われていないことを経験的に知っていることである（Simon, 1957）．極めて重要な意思決定である，進学，就職，結婚，居住地などの選択を考えてみると，

驚くべきほど多くの場合に「周囲の人が選ぶから」「縁があった（と思いたい）」「偶然」「他を捜すのが面倒くさい」「占いによって」などが理由になっている．ましてや日々の細かい選択行動は，習慣，慣習，ルールなどの影響が極めて強い．

次に同じ人であっても選好が時間とともに変化し選好順序に矛盾が生ずることが多い．物理的に同じ財であっても違う時刻での選択は違う財と考えれば矛盾はないとも考えられるが，それを融通無碍に許してしまうと，予測や便益評価などに全く使えないモデルになってしまう．このため，選好はある程度の時間に対して安定しているものと考えることが普通である．

一方で，社会心理学者たちは得意とする心理実験によって合理性の仮定が矛盾する例を次々に提示してきた．ここではその代表的なものをいくつか挙げてみよう．

a. Allais（1953）のパラドクス　　以下に示す2つの二者択一問題を考える．

問題1　A_1：確率0.33で賞金1万円，確率0.66で賞金9千円，確率0.01で賞金0
　　　　B_1：確率1.0で賞金9千円

問題2　A_2：確率0.33で賞金1万円，確率0.67で賞金0
　　　　B_2：確率0.34で賞金9千円，確率0.66で賞金0

Kahneman and Tversky（1979）は，多くの被験者がB_1とA_2を選択したことを報告しているし（彼らの実験では賞金の値はこの例とは異なる），読者の多くもそのように選好するのではなかろうか．しかしこの選好結果は，合理的選択の仮定に矛盾していることが，以下のように問題を書き換えてみると分かる．

問題1'　A_1'：確率0.66で賞金9千円，確率0.01で賞金0，確率0.33で賞金1万円
　　　　B_1'：確率0.66で賞金9千円，確率0.34で賞金9千円

問題2'　A_2'：確率0.66で賞金0，確率0.01で賞金0，確率0.33で賞金1万円
　　　　B_2'：確率0.66で賞金0，確率0.34で賞金9千円，

このように書き換えると，問題1'では「確率0.66で賞金9千円」という要素が，問題2'では「確率0.66で賞金0」という要素が，それぞれ両選択肢に共通に含まれていることがわかる．2.2節で解説した不確実性下の合理的選択では，「独立性」が仮定されており，このような共通の要素によって選好は影響を受けないはずである．この仮定に従って共通要素を取り除いてみると，実は問題1と2はまったく同じ問題であることが分かる．しかし多くの人は「同じであるべき選択問題」に対して異なる選好を示すのである．

b. Ellsberg（1961）のパラドクス　　壷の中に90個の玉が入っており，30個は赤玉であることが分かっているが，残りの60個については黒玉と黄玉がどのような割合で入

っているかは分からない．ここで壺の中から1つの玉を取り出してその色によって賞金をもらえるゲームにおいて，以下に示す2つのルールを考える．

　ルール1：赤玉なら100円，他の色なら0
　ルール2：黒玉なら100円，他の色なら0
　この2つのルールのどちらを好むであろうか．さらに以下のような2つのルールを考える．この場合はどちらを好むであろうか．
　ルール3：赤玉または黄玉なら100円，黒玉なら0
　ルール4：黒玉または黄玉なら100円，赤玉なら0
　この実験では多くの人がルール1とルール4を好むことが知られている．ルール1が2よりも選好されるということは，黒玉を引く主観確率が1/3より小さい（すなわち黄玉を引く主観確率が1/3より大きい）はずであり，その場合はルール3が4よりも選好されるべきである．すなわち確率の加法性公理が破綻することになる．Ellsberg (1961) は，この選択問題を多くの高名な経済学者や意思決定論研究者に与えて，以上のような矛盾する選択結果を得た．その中には，主観的期待効用理論を提唱したSavageも含まれており，彼さえもルール1とルール4を選好したという．

c. フレーミング効果　　まったく同じ選択肢間の選択においても，その心的構成の仕方（framing）によって，選択結果が異なることがあり，これをフレーミング効果という（竹村, 1994）．Tversky and Kahneman (1981) が挙げた典型的な例は，600人を死亡させるといわれる特殊な伝染病に対する二つの対策の比較において，

　対策A：もしこの対策を採用すれば200人が助かる．
　対策B：もしこの対策を採用すれば600人が助かる確率は1/3で，誰も助からない確率は2/3である．

と示した場合は，ほとんどの人は対策Aを選好するが，

　対策C：もしこの対策を採用すれば400人が死亡する．
　対策D：もしこの対策を採用すれば誰も死なない確率は1/3で，600人が死亡する確率は2/3である．

の比較においてはほとんどが対策Dを選択すると報告している．もちろん対策AとC，対策BとDはそれぞれまったく同じであり，4つの対策（実は2つ）の期待死亡者数はすべて400人である．この回答結果は，AとBの比較のように「助かる」という利得の側面が強調された場合には危険回避的な選択（対策A）をするが，「死亡する」といった損失が強調されたCとDの比較では危険志向的な選択（対策D）を行うことを意味している．

2.4.2 パラドクスに対するいくつかの心理学的アプローチ

前項において合理的選択に対する典型的なパラドクスを3つ紹介したが，これはいずれも特殊な心理学実験だけに現れる現象ではなく，我々の実際の選択行動においても頻繁に観測されるものである．例えばAllaisのパラドクスのような現象は，ギャンブルにおいてよく知られているように，非常に小さい確率でよい結果が得られることを期待効用以上に好み，逆に非常に小さい確率で悪い結果が得られることを期待効用以下に嫌う傾向があることに現れている（Heap et al., 1992）．

Allaisのパラドクスやフレーミング効果を説明する代表的なものに，「プロスペクト理論（prospect theory）」（Kahneman and Tversky, 1979）がある．この理論では，意思決定は，編集（editing）と評価（evaluating）の2つの局面に分けられるとしている（依田, 1997）．編集過程では，意思決定者はヒューリスティックス（heuristics, 発見的方法）に基づいた情報認知を行い，評価過程では結果の主観的価値と主観的出現確率に基づく重みによる判断を行う．結果の主観的価値で特徴的な点は図-2.4.1に示したように，①準拠点（reference point）からの乖離によって利得と損失に分け，②利得の領域では危険回避的，損失の領域では危険志向的であり，③利得よりも損失の方が勾配が急なことである．また，結果の出現確率とその重みは，図-2.4.2のように概して確率を過小評価するが極めて低い確率を過大評価し，また確率0と1において不連続である．

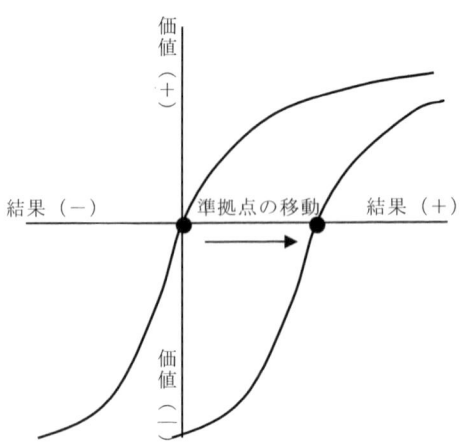

図-2.4.1 プロスペクト理論による主観的価値関数（Kahneman and Tversky（1979）より作成）

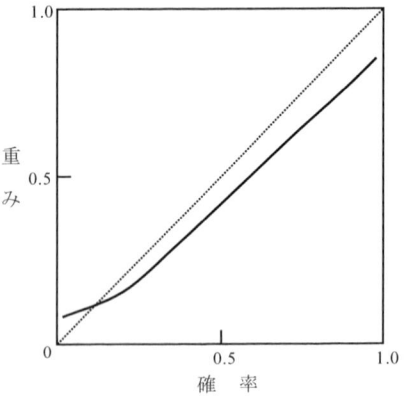

図-2.4.2 プロスペクト理論による重み関数（Kahneman and Tversky（1979）より作成）

プロスペクト理論を用いれば，客観的には同じ意思決定問題でもフレーミングの違いにより準拠点が移動し，危険回避型から危険志向型になることが説明できる．また，Allais のパラドクスで見られたように，確率 0.99 と 1.0 の差と 0.33 と 0.34 の差の意思決定における違いについても説明できる．

一方，竹村（1994）は，フレーミング効果は我々の社会生活における意思決定でほとんど常に生じているとし，プロスペクト理論では完全に説明できないとしている．そして準拠点が移動するのではなく，不確実性への焦点の当て方が変化するという「状況依存的焦点モデル（contingent focus model）」を提案している．

Allais や Ellsberg の示したパラドクスは，期待効用理論の批判的検討を招き（Schoemaker, 1982; Machina, 1983; Anand, 1987），プロスペクト理論に代表されるように期待効用理論の一部条件，とくに独立性を緩和した理論がいくつか現れた（Machina, 1982; Chew, 1983; Quiggin, 1992）．

極めて簡単な意思決定原理であるが，推移性さえ成り立たない興味深いものに「後悔（regret）」の概念を用いた理論がある（Bell, 1982; Loomes and Sugden, 1982）．最も単純な例では，赤・黒・黄の玉がそれぞれ 1 個ずつ入っている壺から 1 個取り出した玉の色によって賞金がもらえるゲームで，次の 3 つのルール A, B, C を考える．

	赤	黒	黄
ルール A	0 円	100 円	200 円
ルール B	200 円	0 円	100 円
ルール C	100 円	200 円	0 円

ルール A と B の選択においては，それぞれの利得額に対する確率分布は同じであるが，「後悔」の可能性については異なる．A を選んだときには 1/3 の確率（赤を引く確率）で「B にしておけば 200 円得られたのに A を選んでしまったために 0 円だ」という「大きな」後悔を生むが，B を選んでおけば 2/3 の確率（黒または黄を引く確率）で「A でなくて B にしために 100 円損した」という「小さな」後悔はあるが「大きな」後悔をする可能性はない．よって，もしある人が「大きな後悔を避ける」という意思決定ルールに従うならば，ルール B が選好されるべきである．同じルールを適用すると，B と C では C が選好され，A と C では A が選好される．これは明らかに推移性を破っている．

Ellsberg のパラドクスでは，主観的確率の加法公理さえも満たされていなかった．

Ellsberg (1961) は，主観的確率だけでなく，その確率値に対する確信（confidence），逆にいえば曖昧さ（ambiguity）が存在し，危険（確率値）を回避するだけでなく，曖昧さを回避する傾向があるためにこのようなパラドクスが起こることを示唆している．

2.4.3 道具的合理性・手続的合理性・表現的合理性

本章においては，合理的な人間はある目標を最大化するように選択行動を行い，それを表す（期待）効用最大化原理を用いて近代経済学が成り立っていることを述べてきたが，2.4.1項ではそのような完全な道具的合理性が非現実的な仮定（Simon, 1987）に基づいていることを指摘した．社会心理学者たちは，実際の多くの選択局面で期待効用理論が成り立たないことを示し，仮定をより緩和した行動理論を築き上げようとしてきた．これは，人間がすべての情報を収集して適確に処理し，そして効用を最大化するという機械のような情報処理能力を有すると過大評価することの危険性を指摘しているとも言える．

情報処理能力の過大評価だけでなく，情報という特殊な財の入手過程を合理的に説明することも実はむずかしい．つまり不確実性下の意思決定における合理的な確信（belief）とはどのように定義できるであろう．情報の限界効用が逓減すると仮定するならば，限界費用と限界効用が一致する点で情報の入手をストップさせ，その時点における将来の推測が合理的な確信と言えるが，実際には極めて異質性の高い情報の限界効用の逓減を仮定することは難しい．もうほんの少し情報を手に入れれば格段によい選択を行えたのにということは多いにあり得る．

ここで，人間の意思決定における「合理性」に，道具的つまり目標最大化ではない，別の概念を導入することが考えられる．その代表的なひとつが「手続的合理性（procedural rationality）」である（Heap et al., 1992）．

選択した代替案がその人の目標に照らし合わせると必ずしも最適ではないが，それを選択した過程を考えると十分合理的と考えられることがある．次項で詳しく述べる「限定合理性（bounded rationality）」（Simon, 1987）は，その代表的なものであり，人間の情報収集・処理能力が限られているために，より簡便なルールに基づいて意思決定する場合である．我々の行動の中では，ごく限られた属性のみを評価して選択したり，単に習慣的行動に従ったりし，「最適化」というよりは「満足化」で手を打つことは極めて多い．代替案評価のための情報処理過程を行う頭脳の思考容量も希少資源と考えれば，選択過程を含めたこの選択行動は合理的といえる．

限定合理性のみではなく，「社会的規範に従う」ということも手続的合理性の代表的なものである．ロビンソンクルーソーでない限り，人間は複雑な社会の中で生活し，

そこには歴史に培われた無数の明文的または暗黙のルールがあり，この多くに人が従わないかぎり生活はできない．例えば，交通信号を守るというルールに皆が従わなければ，交差点ごとに隣からやってくる車の挙動を考えて期待効用を計算し自分の車の挙動を決めなくてはならない．相手の車も同じ計算を始めると堂々めぐりとなり，いつまでたっても交差点を越えられないということにもなりかねない．別の見方をすると，一人ひとりの行動が社会の文化を形成し，そこから便益を享受しているのであり，道具的合理性を持つ個人の集合体が社会であるという見方は極めて偏っているとも言える．

　道具的合理性と手続的合理性以外にもたぶんに心理学的な合理性の定義がある．「表現的合理性 (expressive rationality)」は，ある目標を達成するための道具 (instrument) としての選択を表す道具的合理性とは異なり，その選択自体が目標であるような場合に当てはまる．例えば，ある場所により早くより安く到着するという目標を最も満足させるために，鉄道と車の中から鉄道を選ぶというのは道具的に合理的である．しかし，車を選ぶ自分を確認したい，との理由で車を選ぶ理屈は表現的合理性である．これは，選択そのもので自我を理解し，それによって態度や信念を形成していく動的な過程の一環と見ることができる．

　分かりやすい例は，心理学では有名な「認知的不協和 (cognitive dissonance) の解消」(Festinger, 1957) という行動動機である．人間は，互いに矛盾する認知を心の中に持っていることが不快であり，その不協和を解消しようとする動機が働く．解消の仕方には内的なものと外的なものがあり，過去の選択結果を後悔させるような情報から耳を閉ざすというのは内的な解消法である．一方，外部の要因を変化させて不協和を解消することもでき，自己の行動の正当化がこれにあたる．例えば，車を普段利用している人は，認知的不協和の解消のために意識調査においても車利用に対して寛容な意見を述べ，その後も車を使いつづけるであろう．この場合車を選択するということは，道具的な合理性ではなく，車を選択すること自体が目標になっていることが分かる．このような合理性は，心理的なものでありモデル化は難しいが，政策展開においては極めて重要な概念である．モータリゼーションも含めて，どっぷりとアメリカ的文明社会に慣れ親しんでいる多くの消費者は，持続可能性に疑問を抱きながらも便利さという外的な「ご褒美」によって現在の生活を正当化している．このような生活パターンを改変していくためには，持続可能性の危機の認知を高めること，便利さは若干低下するが環境問題への認知と不協和を起こしにくい選択肢を提示すること，または便利さを社会の構成員全体で低下させて持続可能性を確保しながら各構成員は「ご褒美」

を受けていると感じさせつづけることなどが考えられる．

2.4.4 限定合理性と意思決定方略

Simon（1987）によって提唱された限定合理性は，人間の情報処理能力の限界のために，2.4.1項で挙げた完全な道具的合理性の3つの仮定の代わりに次のような仮定に従っていると考える（依田，1997）．

① 所与の選択肢の集合の代わりに，選択肢の生成プロセスを考える
② 所与の確率分布の代わりに，不確実性に対処するためのヒューリスティックスを考察する
③ 期待効用最大化原理の代わりに，満足化原理を用いる

つまり，限定合理性の理論は，選択の結果から得られる期待効用だけでなく，その選択の意思決定に関わる情報収集や評価に要する（広義の）費用も考慮に入れて意思決定しているはずなので，膨大な情報処理費用がかかる完全（道具的）合理性のような期待効用の最大化ではなく，より簡略な方法を用いて満足可能な選択肢を選択するというものである．

人間が効用最大化の意思決定方略をあまり採用していないことを指摘した Simon（1957）以降，後に限定合理性と定義される，人間の情報処理能力の限界を考慮した多くの決定方略が見出されてきた．以下では，まず人間の情報処理能力の限界にかかわらず，いくつかの選択肢（または代替案，alternatives）からの選択意思決定における代表的な決定方略（decision strategy）について紹介する．

代替案には，（多くの場合不確実性を有する）結果が結びついており，さらにその結果に対して主観的な望ましさが割り当てられる．それぞれの代替案（及び結果）には多くの属性（attributes）があるが，その属性に分解して代替案を評価するか，全体として評価するかは場合による．属性による代替案の表現とは，例えばある交通手段の代替案を，「所要時間25分，乗り換え回数1回，着席確保，空調あり，料金300円」というように表すことである．

a. 加法型多属性効用理論 Keeney and Raiffa（1976）は，通常の選択意思決定においては互いに相容れない複数の目標を持ち，人はこの複数目標間のトレードオフを考えて意思決定を行っているとして多属性効用理論（multi-attribute utility theory）を提唱した．上記の交通手段の選択の例では，「なるべく早い手段を選びたいが料金も安い方がよい」といった目標である．選択可能な代替案集合のなかで最も早く最も安い代替案があれば文句なしにそれが最適であるが，そのような支配する（dominate，すべての目標で優れている）代替案が見つからないことが普通である．その場合には複数の

目標のトレードオフを表現する効用関数が必要である（2.3.1 項の「無差別曲線」や「限界代替率」を参照）．加法型多属性効用理論では，代替案を構成する複数の属性がそれぞれ効用値を持ち，代替案としての効用はその属性ごとの効用に適当な重みをつけて加算したものになると規定している．

b. 連結（conjunctive）型　　各属性について最低許容水準を設定し，代替案を構成するすべての属性についてその基準を満たす代替案のみを選択の対象とする決定方略である．この条件を満たす代替案が複数あるときはさらに他の決定方略を用いて最適な代替案を発見する場合（6.6.2 項の「2 段階モデル」参照）や，代替案を順番にサーチしていき，初めてこの条件を満たしたものを選択するという場合もある．選抜試験における「足切り」になぞらえられる．

c. 分離（disjunctive）型　　各属性で十分選択するに足る水準を設け，ひとつでもその水準を越える属性があればその代替案が選択の対象となる．複数の代替案が選択の対象となった場合は，連結型と同じような処置を取ることが考えられる．選抜試験における「一芸秀逸」になぞらえられる．

d. 辞書編纂（lexicographic）型　　その意思決定者にとって最も重要な属性についてすべての代替案を比較して最良の代替案を選択する．もし，その属性について最良の代替案が複数あれば，2 番目に重要な属性についてそれらの代替案の中で比較し，最良の代替案を選択する．以下，複数代替案が残った場合は 3 番目，4 番目というようにより重要性が低い属性について比較していく．ただし，とくに属性が連続量の場合，僅少差は同順位と見なした方が適当な場合が多い（例えば，料金が最重要属性であっても 250 円と 251 円の差は選択の決め手とはならないであろう）．このようにある僅少差は同順位と見なして次の属性に移っていく「修正辞書編纂型」「半順序的辞書編纂型」と呼ばれる方略も提案されている（Coombs, 1964）．

e. EBA（Elimination By Aspects）　　Tversky（1972）が発表した EBA モデルは，属性を 0-1 のアスペクト（例えば，料金が 200 円以下であるアスペクトや着席可能であるアスペクト）ととして捉え，各アスペクトについてそれぞれの代替案がそのアスペクトを持つか持たないかによって代替案を削除していき，最後にひとつの代替案が残されるまで順番にアスペクトを精査していく．精査していく順番は辞書編纂型のように固定されておらず，そのアスペクトの重要さに応じて確率的に決定される．EBA モデルの特徴は，このような決定方略に基づいた場合の各代替案が選択される確率値をアスペクトの重要さ指標を用いて比較的簡単に表すことができることである．

f. 勝率最大化　　2 肢選択の例をあげれば分かりやすいが，属性ごとに 2 つの代替案

で勝ち負けをつけていき，勝ち数の多いほうを選択するというルールである．多肢選択の場合は，すべての代替案の中で最も望ましい属性の数が最も多い代替案を選択するということになる．

　以上，代表的な 6 つの決定方略をここではあげたが，これらを大きく「補償型（compensatory）ルール」と「非補償型（non-compensatory）ルール」に分けることができる．補償型とは，ある属性の評価が低くても他の属性の評価が高ければ互いに補償し合い，その代替案の総合評価は保たれるようなタイプの決定ルールである．上記の中では，a および f が当てはまる．一方非補償型では，例えば連結型のようにある属性が最低許容水準に達していなければ，他の属性がいかに望ましくてもそれによって補償されることはなく，選択の対象外になるようなルールである．b～e の 4 つの方略はこのタイプに該当する．

　それでは人はどのような局面でどのような決定方略を用いるのであろうか．まず，手続的合理性の原理に従えば，選択に費やす情報処理の負荷と選択の結果がもたらす重要性の両者を勘案して意思決定するはずである．したがって，さして重要でない決定にはなるべく認知的負荷がかからない簡便な決定方略を用いるであろうことは予測できる．では認知的負荷は，どのような要因によって変化するかというと，主には選択可能な代替案の数とそれぞれの代替案を構成する属性の数である．2 肢選択など代替案の数が少ない場合は補償型の方略を使いがちであり，代替案の数が増えると，非補償型のようなより簡略な情報処理によって考慮すべき代替案の数を絞り込むことが多いことが指摘されている（Payne, 1976; Abelson and Levi, 1985; 竹村, 1996）．また Payne et al.（1993）は，代替案の数や属性の数の増加に従って，加法型多属性効用型では急激に認知的負荷が増加するが，その他の非補償型では負荷の増加は緩やかであることを示した．Beach and Mitchell（1978）によれば，どのような決定方略を用いるかは，意思決定者が正しい選択をしたいという欲求とそれに要する時間や労力との（費用便益分析的な）妥協の産物であり，対象となる問題，環境，その人の性格などによってまちまちであるとしている．

　本項のはじめに示した限定合理性の過程もとでは，すべての代替案についてすべての属性間のトレードオフを勘案して最大の効用をもたらす代替案を選択するのではなく，非補償型のような認知的負荷の少ない簡略な方略で代替案の絞込みと選択を行って満足している姿が浮かび上がってくる．別の見方をすれば，限定合理性とそこに用いられる決定方略は，期待効用理論では説明できない数多くの人間の不整合的な選択を説明するための強力な道具とも言える．

2.4.5　合理性とモデリングの議論

　離散的な選択肢からの選択行動を，合理的選択行動すなわち効用最大化理論と整合させた理論体系を構築し，ロジットモデルのような操作性の高い離散選択モデル（第6章参照）を導出した功績で2000年にノーベル経済学賞を受賞したDaniel McFaddenは，最近, "Rationality for Economists"という興味深い論文を発表している（McFadden, 1999）．その中で彼は，1970年代にTverskyとKahnemanが合理性の崩壊を次々と見事な例示と分析で示し始めたとき，経済学者達は「あたかも2人の熟練の大工が自分たちの絞首台を作っているのを眺めているような」称賛と戸惑いを隠しえなかったという．同論文でMcFaddenは，完全合理性に基づくモデルに対して以下の3つの意見を述べている．
① 便利である　　需要分析や便益評価が容易に行える．
② 不必要に強い仮定を設けている　　合理性に関する仮定がより弱くてもほとんどの分析は行うことができる．
③ 誤っている　　人間の行動はかなり合理的な側面を有しているが，このようなモデルに当てはまらない行動が圧倒的に多い．

　これまで近代経済学にベースをおく分析は，ほとんどが完全合理性に基づくものであり，我々は，まさに③の問題をそれとなく認知していながら①の魅力に抗しがたくて便利なモデルを使い続けていると言っても良かろう．今後我々の向かうべき道は，②で示されたような，より現実的な仮定を置いた操作性の高いモデルの開発ということになる（森川ら, 1998）．

　原理的には完全合理性を仮定しているが，実証分析上でその仮定を実質的に緩めることができる理論として「確率効用最大化（random utility maximization, RUM）」がある（Thurstone, 1927; Marschak, 1960; Domencich and McFadden, 1965）．これは，人は効用を最大化するように選択を行うが，それをモデル化する分析者にはその効用の全体像が不確定であるので効用を確率変数で表すというものである．Thurstone (1927) は，個人 n の代替案 i の効用 U_{in} が確定部分 V_{in} と確率部分 ε_{in} の和で表されるとし，分析者にとっては，代替案 i が選択されるのはこの確率効用が最大になる確率事象として表されるとした（詳しくは第6章参照）．

　効用の確率部分は，分析者には観測できなかった要因であるが，この中に完全合理的に選択しなかった人の影響も含まれるので，RUMはある程度完全合理性を緩和しているとも考えられる．しかし完全合理性に従わない人の影響がシステマティックであり，実用的にも無視できない大きさであるならば，やはり完全合理性を仮定しないモデル化を考えるべきであろう．

2.5 マーケティングリサーチからの知見

2.5.1 消費の顕示的効果

「3千円の値札をつけてまったく売れなかったネクタイを1万円にしたところ，次の日にさっと売れてしまった」という例が，マーケティングの講義のマクラにしばしば用いられると片平（1987）は述べている．これは，2.3.1項で解説した「価格が上がると需要は下がる」という経済学の原則と矛盾するが，市場と消費者の購買行動をさらに精査に分析するマーケティングリサーチの分野では，価格の顕示的効果に着目した「ヴェブレン効果（Veblen effect）」によって説明している．

これまで展開してきた消費者の選択行動は，市場における需給均衡以外では，基本的に消費者間の選択は互いに独立であった．しかし実際の選択行動では，他人の評価を気にしたり，他人の行動に「釣られ」て選択したりという個人間相互作用が働くケースも多い．Leibenstein（1952）は，消費者行動におけるこのような個人間相互作用について，以下にあげる代表的な3種類を紹介している．

ヴェブレン効果は，消費者がある財を消費することによって得られる効用は，その財自体の効用だけでなく，その財が他人からいくらに見えるか（顕示価格）に依存するというものである（片平，1987）．当然，顕示価格は高いほど望ましく，この影響が間接効用関数における市場価格の負の影響よりも大きく，市場価格と顕示価格が一致しておれば，先の例のような右上がりの需要曲線が得られることになる．

Leibenstein（1952）があげた他の消費者間相互依存は，「バンドワゴン効果（bandwagon effect）」と「スノブ効果（snob effect）」である．他人がその財を買えば買うほど，その財の効用が上がる（一種の「流行」）ことをバンドワゴン効果といい，逆に希少価値がなくなりその財の効用が下がる場合をスノブ効果と呼ぶ．

2.5.2 普及過程分析

マーケティングにおいては，新製品の導入後，売上がどのように推移するかを分析することは重要な課題である．新製品といっても，それが消費者にとって，まったく新しい概念の商品なのか，既存商品カテゴリーの中への新ブランド投入なのか，また，反復購入（リピート）がある製品なのか，耐久消費財のようにリピートがほとんどない製品なのかによって分析方法が異なる（片平，1987）．本項でさらに注目したいのは，普及の過程において，各消費者が独立に購入を決定する「革新的普及」と，普及状況すなわちまわりの消費者の行動を見ながら購入を決定する「模倣的普及」があるという，消費者間の相互作用問題である．ここでは，このような普及過程を表す際に一般

的に用いられる diffusion model (Mahajan and Peterson, 1985) について簡単に解説する．
Diffusion model の基本式は，次のような微分方程式で表される．

$$\frac{dN(t)}{dt} = P(t)(M - N(t)) \tag{6.5.1}$$

ここで，$N(t)$ は時点 t において製品を購入した者の累積数（顕在市場），M は最終的に製品の普及が飽和状態に達した市場（飽和市場）の大きさである．実際のデータは「t 年度の購入者数」などと離散的な時間で与えられるので，以下では，

$$\frac{dN(t)}{dt} = N(t+1) - N(t) \equiv n(t) \tag{6.5.2}$$

とおいて，$n(t)$ を t 期に製品を購入する者の数と考える．$P(t)$ は普及係数と呼ばれ，未購入者 $M-N(t)$（潜在市場）が t 期に製品を購入する確率とも考えられる．

普及係数の表現によって様々な diffusion model が考えられるが，代表的なものとして，

$$P(t) = p \tag{6.5.3}$$

$$P(t) = q\frac{N(t)}{M} \tag{6.5.4}$$

$$P(t) = p + q\frac{N(t)}{M} \tag{6.5.5}$$

の 3 種類が挙げられる．式 6.5.3 のモデルは潜在市場の一定の割合で購入が進むもので「外部影響モデル」と呼ばれる．つまり，購入者は自発的な意思によって購入するか（革新者），広告などの外部的要因によって購入を促進される場合である．式 6.5.4 のモデルは「内部影響モデル」と呼ばれ，市場の飽和度に比例して購入確率が増えるものである．これは，「隣の人が買ったから私も買おう」というような「模倣行動」や，既購入者（adopter）からの口コミによって購入が促進される場合であり，いわゆる「流行現象」を表す．式 6.5.5 のモデルはこの両方の要因を考慮したものである．式 6.5.5 のタイプのモデルは Bass (1969) によって様々な耐久消費財の普及現象に適用され，Bass モデルとも呼ばれる．

これらのモデルの未知パラメータは，M, p, q であり，とくに p を革新係数，q を模倣係数と呼ぶことがある．例えば Bass モデルの場合，これを式 6.5.1 に代入して展開すると，

$$n(t) = pM + (q-p)N(t) - \frac{q}{M}N(t)^2 \tag{6.5.6}$$

となる．データとして $n(t)$（つまり $N(t)$）が与えられると，M, p, q を最尤法または非線形最小二乗法で推定することができる．より簡便には，式 6.5.5 の $N(t)$ に関する 2 次式の 3 つの係数を最小二乗法で求め，それらの推定値から M, p, q について解く方法がある．

このように diffusion model は，極めて単純なモデルでありながら，「模倣」や「流行」といった人々の間の相互依存性を表すことができる点で興味深い．しかし，式 6.5.6 で表されるような基本的な diffusion model は，完全に閉じた市場を仮定していること，リピーターを考慮していないこと，政策変数が全く入っていないことなどから，極めて限定的な場面にしか有用性がないことは明らかである．それぞれの限定的な仮定を緩めた diffusion model の発展形がいくつか提案されている（Mahajan and Muller, 1979）．また，交通需要分析への適用では，流行現象を考慮した海外観光旅行客数の予測モデルがある（森川・村山，1992）．

第 3 章　交通行動分析の社会心理学的アプローチ

3.1　行動理解のための社会心理学

　交通行動の分析を行う主要な目的の1つは行動予測である．一人一人の行動が予測できれば，それを重ね合わせる（集計化）ことで，交通需要を量的に予測することができる．一方で，我々の日常を顧みて見れば自明なように，行動の実行に先だって，様々なことを，「思い」「考え」「感じて」いる．つまり，我々の行動は，我々の行動に関わる心理（以下，行動心理）に直接的に依存しているとともに，集計的な交通需要も一人一人の交通行動を介在する形で一人一人の行動心理に依存しているのである．

　しかし，行動心理が，交通行動分析の主役の座を担うことは，残念ながら今まで無かった．もちろん，いくつかの交通行動研究（Recker and Golob, 1976; Koppelman and Lyon, 1981; 河上・広畠, 1985; Morikawa et al., 1990; 森川・佐々木, 1993; 呉ら, 1999）の中で，行動心理が取りあげられることはあったが，それらの多くは行動理解の枠組みとして経済学的な行動モデル（効用理論）を援用するものであり，行動心理の役割はあくまでも副次的なものに過ぎなかった（第11章参照）[1]．

　経済学的行動理論が，交通行動分析の主役の座を担い続けてきた背景には，交通行動分析の目的が「行動予測」に偏重していた，という事情がある．1970年代以降，「交通需要の理論が経済学の消費者行動の理論上に明確に位置づけられ，大きな発展を見た」（土木学会, 1995, p.9）とはいうものの，その興味の対象はあくまでも「行動」そのものに過ぎなかった．この構図は，経済学者のそれと全く同じと言える．なぜなら，交通計画における行動分析が，特定地域での交通需要を理解するための道具であるように，経済学における行動分析は特定市場における経済の動向を理解するための道具であるからである．

　この構図のもとで，経済学者が採用した学問的方略は，個人の行動の因果的背景を徹底的に簡素化する，というものであった（Roth, 1996）．ここにいう行動の因果的背景とは，「なぜ，そのような行動をとったのか」という原因，理由である．ある個人のある行動の背景には,それこそ無数ともいえる因果関係を考えることができる．もし，結果としての行動そのものだけに興味があるのなら，その様な因果関係を一々枚挙していることは得策ではない．そこで，便宜的に用いられている概念的産物が「効用」（utility）である．

　効用理論では，「人々は効用を最大化するように行動をする」と仮定される．しかし，

これは「実際に効用というものが心理的潜在量として存在しており，それを最大化するように個人が行動している」という科学的根拠に基づいて，この仮定の正当性が主張されているのではない．この仮定を主張することは，「人々が効用を最大化しているという仮定に基づいて，個人の行動を記述することする」という立場を表明しているにしか過ぎない．つまり，効用理論は，行動の 1 つの解釈方法といえるのであり（Kahneman et al., 1991)，この範囲で効用を捉える限り，如何に個人の行動が効用最大化とはかけ離れたものであったとしても（例えば，Simon, 1990; Payne et al. 1993; 竹村, 1996; Dawes, 1997; Gärling, 1998），効用最大化の仮定は許容されうる．

しかし，ここで以上の議論を振り返れば分かるように，効用理論の正当性を確保するための議論は，「行動のみを興味の対象とする」という立場を前提としたものにしか過ぎない．行動の分析，とくに予測において効用理論が極めて有効な枠組みであることは論を待たないが，人間の行動を理解するために，その背後にある行動心理を理解することも不可欠である．そうした理解は，交通計画を立案する上で基礎的な情報となり得るばかりでなく，より的確な行動予測にも役立つであろう．

本章では，経済学とは異なった視点を持つ，社会心理学のパラダイムに基づいた行動分析について述べる．文字通り，社会心理学は，社会環境に生きる人間の心理に力点を置く理論体系であり，その点が経済学とは大いに異なる点である．それに加えて，社会心理学が仮説理論の構築と実データに基づく検証，反証，それに基づく仮説理論の再構築，という伝統的アプローチを尊重する科学である点も，その大きな特徴である．

3.2 態度理論

3.2.1 「態度」とは何か？

社会心理学における最も代表的な行動理論として「態度理論」が挙げられる．態度理論は，行動の背景にある様々な心理要因と行動との関係を記述する理論体系である．心理要因としては，他者からの影響を意味する個人規範（personal norm），倫理的な心理を意味する道徳意識（moral obligation），行動実行の主観的な容易性・困難性を意味する知覚行動制御性（perceived behavioral control），行動の自動性を意味する習慣（habit）など，様々なものが挙げられており，それぞれが行動に及ぼす影響や，それらの心理要因間の関係が，膨大な数の実験や調査研究などによって解明されてきている．それらの中で最も古くから研究対象とされており，中心的な心理要因と考えられ

てきたのが「態度（attitude）」である（Dawes and Smith, 1985; Eagly and Chaiken, 1993）．

従来の研究の中で，態度は様々に定義されてきたが，最も広く受容されている定義は「好ましさの程度という形で表現されうる，ある特定の対象についての，心理的傾向」というものである（Eagly and Chaiken, 1993）[2]．すなわち，単純に言うなら，ある対象についての好き嫌いの主観的傾向が態度である．例えば，ケーキが好きな人はケーキに対して肯定的態度を持つ人であり，自動車利用が好きな人は，自動車利用に対して肯定的態度を持つ人である．

しかし，好き嫌いの感情には，様々な様相があり得る．例えば，自動車のことを感情的に「嫌い（好き）」なのかも知れないし，自動車を利用することが悪い（善い）行動だと考えていることから「嫌い（好き）」なのかも知れない．また，当の本人には「好き」という自覚が無いままに，ある対象を「好き」であることさえあり得る．例えば，レストランである種類の食材ばかりを選択することを他者から指摘されて初めて，その食材を好きであるということに気付かされる場合もあるだろう（もちろん，その指摘以降は，それを好きであるという自覚を持つであろう）．

この様に，単純に「好き嫌い」というだけでも，それには多様な側面と要素が入り込んでいる．こうしたことを踏まえて，Krech et al.（1962）は，態度には，次の3つの成分があると定義している．

1) 感情（affect）的成分（情緒的な気持ちとしての，好き／嫌い），
2) 認知（cognition）的成分（認知的な評価としての，善／悪や適格／不適格）
3) 行動（behavior）的成分（具体的な行動）

例えば，「消費税」が嫌いだ，という心情は消費税に対する態度の感情的成分に対応し，「消費税は悪税だ」という評価は消費税に対する態度の認知的成分に対応する．そして，「消費税の支払いを拒絶する」という行動は，態度の行動的成分になる．

こうした広義の態度の定義は，上記の例の様な税金や政府の政策に対する人々の反応や，他人種や他民族に対する評価の分析などに応用されてきた．しかし，人間の行動に焦点をあてた研究では，「行動的成分」までを含む広義の態度の定義では，十分な分析が出来ないという問題が持ち上がった．なぜなら，ある事象（すなわち行動）を説明するためにその事象そのもの（すなわち，行動的成分）を用いるというのでは，同義反復になってしまうからである．それ故，行動分析の目的の下では，態度の感情的成分のみが態度として，狭く定義されることが一般的となった．そして，態度の認知的成分や行動的成分が別の要因として再定義された．こうした態度に関わる様々な心理要因を再整理することで，人間の行動が様々な形で分析されてきた（Ajzen and

Fishbein, 1977, 1980; Ajzen, 1985, 1991).

以下，本章で，「態度」と表記した場合，それは，上述の3要素の内の感情的要素のみを意味するものとする．その点を踏まえると，行動分析のための態度を，Eagly and Chaiken（1993）の定義に基づいて再定義すると，「感情的な好ましさの程度という形で表現されうる，ある特定の対象についての，心理的傾向」となる．

3.2.2 態度理論に基づく一般的な行動理論

初期的な態度理論に基づく行動研究では，行動と態度との関係に焦点をあてた研究が数多くなされた．しかし，研究を重ねるほど，態度の行動の説明力がそれ程高くないことが徐々に明らかとなっていった．Ajzen and Fishbein（1977）は，態度と行動との関係を報告している142の研究論文に基づいて，一般的な態度と行動との関連性をメタ分析したところ，態度と行動との相関係数が有意でなかったケースが46 (33%)，有意ではあったが0.4に満たなかったケースが57 (40%)であり，0.4を超過する相関係数が得られたのはわずか39ケース（27%）であったことを示している．

態度が限定的な行動説明力しか持たないということが明らかとなったことから，態度研究は，1）態度と行動との間に中間的な心理要因を仮定する，2）態度以外の行動規定心理要因を考慮する，という2つの方向に発展していった．この流れの中で提案された代表的な行動モデルが，合理的行為理論（Theory of Reasoned Action; TRA）（Ajzen and Fishbein, 1980），および，それを拡張した予定行動理論（Theory of Planned Behavior; TPB）（Ajzen, 1985, 1991）である（**図-3.2.1**参照）．これらの理論の中で，態

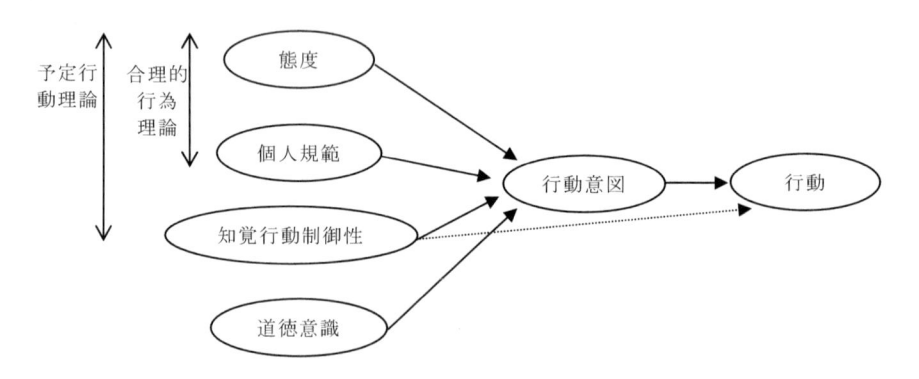

注1：Ajzen, 1985, Schwarz and Tessler, 1972に基づいて作成

図-3.2.1 態度理論における行動規定心理要因

度に取ってかわって重要な心理要因として扱われたのが「行動意図（behavioral intention）」である．すなわち，行動の実行に先だって，「〜をしよう」「〜をするつもりでいる」という意図が形成されるものと仮定したわけである．例えば，自動車利用には，「今日は自動車を利用しよう」という意図の形成が先行するものと考える[3]．

さらに，意図を形成する心理要因として，合理的行為理論では「態度」と「個人規範（personal norm）」，予定行動理論ではそれらに加えて「知覚行動制御性（perceived behavioral control）」が仮定される．これらのうち，個人規範とは「対象行動を実行したことで得られる帰結に対する，重要な他者の評価」を意味する．例えば，自動車利用を例に取るなら，家族や友人が，彼が自動車を利用することに対して，どの様な評価を下しているのか，を意味する．態度が利己的かつ私的な動機を反映する心理要因である一方で，個人規範は社会的な動機，あるいは端的に述べるなら社会圧力を反映する心理要因である．さらに，知覚行動制御性は，「その行動の実行に伴う容易さの程度に関する見込み」であり，それが高い（つまり，容易であると認識される）ほど，実行意図が形成されやすくなる．逆に，それが低い（つまり，困難であると認識される）ほど，意図の強度が弱くなる．さらに，一般には知覚行動制御性は「実際の」行動制御性（actual behavioral control）をある程度反映しているものであり，かつ，実際の行動制御性が高いほど，その実行の成功確率が高くなることから，知覚行動制御性は行動の実行そのものに対しても見かけ上，正の影響を与えることになる[4]．さらに，道徳意識の活性化によって行動の意図が形成される場合があることも知られている（Schwarz and Tessler, 1972; Gärling et al., 2003）．

このように，行動を誘発する意図を形成させる心理要因として，様々なものが知られている．交通計画者の立場にたてば，私的な好みを反映する態度から，社会的相互作用，あるいは，道徳意識にまで及ぶ様々な心理要因の1つ1つを，交通行動の誘導や変化を促すための，政策ターゲットして捉えることができる．そのような政策を具体的に考える場合，ここで述べた態度理論の枠組みは，非常に有効なアプローチとなり得るだろう．なお，態度理論に基づいた交通施策の事例は，本章の最後に述べる．

3.2.3 態度と効用

態度は以上に定義したように「好ましさの程度」であるが，効用理論における効用も「選好の程度」であるため，両者は非常に類似した概念であると思われるかもしれない．実際，態度を効用と読み替えた上で，態度理論を経済分析に応用している経済学研究も見られ，その類似性は小さくない（Wolfgang and Frey, 1982）．しかし，両者の間には，社会心理学と経済学の基本的な相違を直接的に反映した明確な相違点が存

在することも事実である．それは，効用は「行動を規定する概念」である一方で，態度は「行動に影響するかも知れない心理量」である，という点である．つまり，効用は，行動が第一義的に存在し，そこから演繹されるものである一方，態度は行動とは無関係に存立しえる内的・主観的な心理量なのである（ただし，行動にも影響すると仮定される）．この原初的相違点から，理論の適用上極めて重要な，いくつかの相違点が演繹される．

　まず第1に効用は個人間の比較が原理的に不可能とされるが，態度は比較不可能とは見なされていない（Eagly and Chaiken, 1993）．これは，効用が行動から演繹されるものである以上，ある効用 i とある効用 j の大小関係は，それらの効用に対応する選択肢 i, j のいずれが選択されたか，という行動結果からのみ判断可能だからである（佐伯，1980）．しかし，態度は，心理的に実在[5]すると想定される概念であるため，身長や体温などと同じように，（適切な測定器があるならば）個人間の比較は可能である．日常的には，「私もケーキが好きだが，彼女の方が私よりももっとケーキが好きなようだ」「彼はクルマの運転が好きだと行っているが，私のほうがもっと好きだと思う」といった会話が頻繁になされる以上，個人間の比較が不可能とする効用は少なくともわれわれの日常感覚からは乖離した概念であり，態度の方が日常的な感覚を反映しうるより豊富な概念であるということができるだろう[6]．

　第2に，効用が行動から演繹される概念である，ということを逆にいえば，効用のみが行動を規定する唯一の潜在的な要因である，ということを意味している．しかし，態度は行動を規定する一要因にしか過ぎない．したがって，態度理論の枠組みでは，上述のような道徳意識や，個人規範，社会的圧力などの行動への影響を，個人の好みを意味する態度とは別に考慮することができる．しかし，効用理論の枠組みでは，それらが行動に影響を与えている以上は，それらの要因の効果は，効用に既に含まれているものと仮定される．したがって，効用理論の枠組みでは，計量経済学的な方法論（例えば，ロジットモデルなど）に基づいて効用水準を計量化したとしても，その効用を規定している実際の要因がよく分からない，ということになってしまう．その点，心理量の個別的計量から行動を説明する態度理論では，理論的，実証的に行動の背後の心理要因の特定に焦点を当てている．したがって，交通行動分析に応用した場合，行動を規定している因果的背景を，より的確に理解することができる．

　第3に，態度は心理的に実在するものと措定されるものである以上，効用とは異なり，体温や身長と同様に，それが時間的に変動していくものと考えることができる．態度理論の1つの中心的課題は「いかにして態度変化を生じさせることができるか？」

という態度変容についてのものであるが（例えば，Petty et al., 1997; Petty and Wegner, 1997），これは態度が時系列的に変化するという性質を前提とするものと言えよう．例えば，議論，他者の態度，マスコミによる宣伝，社会的認知の変化などが，態度を変化させ，ひいては行動を変化させる重要な契機となることが従来の研究から指摘されている．

3.2.4 態度の測定方法

潜在的な心理量である態度を指標化する方法としては，アンケート調査によって，これらの反応を観測する，といういわゆる質問紙法が多く用いられている．物理的な長さを計測する際に物差しを用いるように，態度は複数の質問項目で定義される計量心理的な「尺度」（scale）を用いて計測される．計量心理学では，そうした尺度を構成する方法，すなわち，尺度構成法として様々なものが提案されているが，社会心理学研究における態度を計測するための尺度を構成する方法として頻繁に用いられるのは，SD 尺度構成法（semantic differential scaling）である．なお，SD 尺度構成法で構成された尺度によって心理量を測定する方法は，SD 法（semantic differential）と呼ばれる．

ここで，自動車利用に対する態度を計測する尺度を SD 尺度構成法で計測する場合を考えてみよう．例えば，自動車利用を態度理論の観点から分析した事例では（Gärling et al., 2001），態度を観測するために，「どちらとも言えない」を 0 とする，+5〜−5 の 11 段階の数値軸を用いて，

・楽しい−つまらない
・好き−嫌い
・感じが良い−感じが悪い

の 3 つの反応を求め，これの因子分析によって抽出された因子を自動車利用態度のスコアとして分析している．こうした尺度群を構成する方法を以下に述べる．

まず，自動車利用について「好き−嫌い」「楽しい−つまらない」などの両極とする，7 段階（あるいは，9 段階，11 段階）のバランス尺度（「どちらとも言えない」が中央値として含まれている尺度）を複数の被験者に回答を求める．ここで用意する尺度は通常 10 個以上である．

そして，得られた結果を因子分析することで，それらの尺度の因子の抽出を図る．因子分析の結果を解釈することで，抽出された因子を自動車の態度と見なしてよいか否か，すなわち，抽出された因子の自動車の態度としての妥当性（validity）を検討する．妥当性を確認する方法は，論理的妥当性検証法と経験的妥当性検証法とが提案さ

41

れている．前者の論理的妥当性検証法は，信頼できる従来の実証研究や信頼できる心理理論に適合しているか否かによって判定する方法である．一方，経験的妥当性検証法は，その尺度が対象とする心理要因と理論的に相関が存在することが知られている変数を基準として予め設定し，抽出された因子とその基準変数とが相関を持つか否かを確認することで妥当性を検証するといった方法である．十分な妥当性が得られなければ，十分な妥当性が得られるまで，不要な尺度を削除したり，新たに尺度を追加するなどして，適切な尺度群を厳選していく．

一方，適切な尺度は，上記の妥当性が保証されていることが必要であるが，時と場合が異なっても安定した計量値を与える頑健さを持つか否かも重要な条件である．こうした性質は，一般に信頼性（reliability）と言われる．信頼性のテストには，同一個人に異なる日に同一尺度の回答を求める再テスト法，提示順やわずかなワーディングを変えて同一個人に異なる日に回答を求める代替形式法などがあるが，複数の尺度群で1つの心理量（例えば，自動車利用の態度）を計量する場合には，以下に定義されるクロンバックの α 値を用いて信頼性テストを行うこともできる．

$$\alpha = \frac{k}{k-1}\left\{1 - \frac{\sum_i \sigma_i^2}{\sigma_x^2}\right\} \tag{3.2.1}$$

ここに，k は 尺度の数，σ_i^2 は尺度 i の分散（i = 1, 2, ..., k），σ_x^2 は尺度合計の分散である．一般的な目安としては，α 値が 0.7 以上あれば，その尺度群は信頼性が高いと見なされる（Nunnally, 1978）．ここでも，妥当性のテストと同様に，十分な信頼性が得られない場合には，新たな尺度を追加したり，不適切な尺度を削除したりして，適切な尺度群を厳選していく．

こうして，最初に用意した尺度群に基づいて，妥当性と信頼性のテストを行うことで，適切な尺度群を厳選していく．そして，最終的に，最初に行った因子分析の結果得られている各尺度の因子負荷量をもとに，回答者個人の因子スコアを計算する．ここでの例で言えば，これが，自動車利用の態度のスコアとなる．また，十分に信頼性が高い場合には，各尺度の合計値や平均値を近似的に態度のスコアと見なして分析される場合もある．また，いったんある研究で適切に尺度化された指標群は，それ以降の研究で様々な研究者に共有されることも一般的であり，態度理論に基づいた全ての研究で，必ずしも上記の尺度構成の手順を踏まなければならない，といったことはない．

以上に述べた SD 法は，態度分析の際に用いられる標準的な方法であるが，これ以外にも，様々な心理量の計測手法が提案されている．また，妥当性テストや信頼性テストの方法についても様々な方法が提案されているが，それらについては，例えば武藤（1982）を参照されたい．

3.2.5 行動変容と交通政策

交通速度改善やロードプライシングなどの一般的な交通施策が，人々の行動の変化，すなわち行動変容（behavioral modification）をもたらす経過を態度理論の枠組みで説明すると，

1) 交通施策によって人々の交通サービス水準が変化し，
2) それを人々が認知することで，
3) 人々の交通サービス水準に関する認知（あるいは，信念）が変化し，
4) その変化によって態度が変容し，
5) 行動変容の行動意図が形成され，
6) ようやく行動変容が生じる，

ということとなる．同様にして，個人規範や道徳意識をターゲットとした交通施策によっても，行動変容の行動意図が形成され，行動変容がもたらされることも態度理論から予測される．そうした施策としては，特定の交通手段の利用を促進したり，特定の交通手段の利用を抑制するような説得的な情報，あるいは，キャンペーンを実施することが考えられる（藤井，2001a）．とくに，道徳意識を活性化するためには，教育が重要な役割を担うものと考えられる（Klandermas, 1992; Rose and Ampt, 2001）．また，知覚行動制御性の向上を図るには，具体的情報が有効であると考えられる．例えば，電車利用の知覚行動制御性が低い場合には，電車の利用の仕方についての具体的情報を提供することで，電車の利用しやすさが向上することになると考えられる（Fujii et al., 2001）．

この様に，客観的なサービス水準を直接的に操作しなくても，人々の行動変容はもたらされる．例えば，環境心理学では，この点に着目して，エアコンの使いすぎを抑制したり，環境に配慮した商品を購入するといった行動（環境配慮行動）を誘発するために，様々な方略が検討されてきている（広瀬，1995）が，それに比べると交通計画においては十分な研究が重ねられているとは言い難い．ここでは，こうした点に着目した，交通計画の応用研究の一例として，藤井ら（2001b）の研究を紹介する．

この研究では，違法駐輪行為を止めさせるための説得を行う実験を行い，その有効性を確認している．この実験では，普段違法駐輪行為を行っている被験者を対象に，

1 交通行動の理論／第3章 交通行動分析の社会心理学的アプローチ

カラー写真入りのB5用紙4枚の冊子を2種類配布し，黙読を要請した．最初の冊子の1ページ目には，その導入として，駐輪場が無い場合や，ほんの数分の駐輪の場合，あるいは，既にたくさんの自転車が放置されている場合などでは「ついつい我々は自転車を放置してしまいがちです」との文章を掲載した．なお，冒頭にこの文章を掲載したのは，説得の際に一方的な情報の提供は，かえって反感を買い説得効果が得られない事が知られているからである．こうした情報提示の方法は一般に「2面提示」と言われる．続く3ページには，放置自転車が歩行を妨げている事や自転車撤去のために多くの税金が使われている事などを簡潔に記載した後に，「放置自転車をしないという意識を持ちましょう」との旨の文言を記載した．そして，この冊子を最初に配布して5分間の黙読を要請した．続いて，「自転車の路上放置の"減らし方"」という表題の2つ目の冊子を配布し，これも5分間の黙読を要請した．この冊子では，冒頭に違法駐輪を完全にやめることは難しいかも知れないが，意識して計画的に行動すれば，削減することは可能だと思います，との旨を記載した．これも，上述の2面提示の考え方に基づいて挿入した記述である．そして，2ページ目以降，駐輪場が少し不便な所にあっても，使うように心がける，目的地に駐輪場があるかどうかを考えてから自転車の利用を決める，などを簡便に記載し，最後に，「少しでも違法駐輪を減らすよう，心がけましょう」と記載した．

さて，この実験では，以上の「説得」（社会心理学では，こうした説得行為は，一般に説得的コミュニケーションと言われる）を行った直前と，説得後2週間が経過してからのそれぞれの時点で，過去1週間の自転車放置行為の頻度を計測した．また，一部の被験者に対してはこうした説得を行わずに，同様のタイミングで自転車放置行為の頻度を計測した．説得を行わなかった被験者については，自転車放置行為の頻度は，2時点間で全く変化がみられなかった（0.8%減少）．しかし，説得を施した被験者は，実に約3割も自転車放置行為の頻度が減少したという結果が得られた（30.9%減少）．この結果は，たかだか10分間，冊子を黙読するだけで，人々の行動変容は生じうることを示している．

以上は，放置自転車削減を目指した説得研究であるが，今のところ，交通手段選択や経路選択，あるいは，自動車保有などの交通行動に対する説得研究は，十分に重ねられていない．今後は，この点に着目した研究が大いに待たれるところである．

3.3 習慣を考慮した態度理論

3.3.1 習慣行動と予定行動

　既に述べたように，態度よりも意図の方が行動を説明する能力が高い心理要因であるが，意図だけで行動の全てを予測することもできない．実際，Sheppard（1988）は，過去の 87 の態度理論に基づいた研究論文で報告されている意図と行動との相関係数の平均を求めたところ，それが 0.53 にしか過ぎなかったことを示している．なぜ，意図にはこの程度の予測能力しかないのだろうか？

　確かに，休暇の行動や旅行など，普段あまり繰り返して行わない行動，あるいは，初めて遭遇するであろう環境に対応する場合など，その実行に先立って我々は事前に「意図」を形成する．しかし，普段使い慣れた経路を自動車で走る場合や，毎日繰り返す通勤においては，明確に「意図」をもっているわけではない．そのような場合，意図を形成して行動を実行しているというよりはむしろ，「ただ，毎日そうしているから」という以上の思いはないだろう．つまり，意図を伴う予定行動（planned behavior）とは別に，「習慣行動（habitual behavior）」も存在するのである（Gärling et al., 1998）．さらに，意図を伴わない行動として「衝動的行動（impulsive behavior）」も挙げられる．これは文字通り，「衝動的にやってしまう」行動である．

　これらの中でも，交通計画において「習慣行動」は非常に重要な研究対象となりえる．なぜなら，我々の日常生活のいたるところに何らか習慣が潜んでおり，交通需要を構成する多くの交通行動も，実は習慣行動だからである（Ronis et al., 1989; Verplanken and Aarts, 1999）．通勤通学行動は，その典型的な例である．

3.3.2 習慣行動の諸特性

　さて，こうして形成された習慣は，我々の日常生活に様々な影響を及ぼす．これまでに，数多くの実験研究，調査研究に基づいて，習慣の様々な側面が明らかにされてきた．ここでは，それらの過去の研究によって明らかにされてきた習慣の特性を，いくつか述べる．

　まず，習慣の最も重要な側面は，以下のものである（Gärling et al., 2001; Verplanken and Aarts, 1999）．

　　a)　習慣行動は，自動的に実行される

この点ゆえに，習慣の形成によって，有限の情報処理能力しか持ち合わせていない意思決定者（Simon, 1990）の認知的な負荷が大幅に削減される．そのため，我々は日々の複雑な生活環境の中で身を処していくことができるようになる．

しかし，習慣は，自動化という性質を通して我々に意思決定における効率性という恩恵を与えるだけではなく，次のような，ある種の不利益をもたらしてしまう（Ronis et al., 1989; Oullette and Wood, 1999）．

   b) 習慣行動の実行においては，態度や意図を含む様々な心理量が行動に及ぼす影響の強度が低下する．

例えば，喫煙習慣者が喫煙に対する否定的態度を持ち，そして，やめるという意思を持っているにも関わらず，どうしてもやめられない，というのもこの*b)*を反映する状況である（Verplanken and Faes, 1999）．その他，環境問題のために自動車利用を控えよう，という意図を形成しても，実際には自動的に自動車を利用してしまう，なども一例としてあげることができる．これは，習慣が形成されている場合，明確な意思決定プロセスが存在しないままに自動的に行動実行がなされてしまうため，態度や意図などの心理要因が心理的・認知的に処理されず，それらが行動に及ぼす影響が低下してしまうからである．例えば，Triandis (1977) は次のような行動モデルを提案している．

$$P_a = (w_h H + w_i I) \times P \times F \tag{3.3.1}$$

$$1 = w_h + w_i \tag{3.3.2}$$

ここに，P_a は対象とする行動を実行する可能性の強度，H は習慣の強さ，I は意向の強さ，w_h, w_i は H, I に対する重み係数，そして P, F はそれぞれ，活動実行に関する内的（主観的・心理的），および，外的（客観的・環境的）な要因である．ここで，重み係数 w_h, w_i の和が1であることは，行動に対する習慣の影響が強くなれば意向の影響が低下する一方，意向の影響が強くなれば習慣の影響が低下することを意味しており，実証的にもこの関係は確認されている（例えば，Bagozzi, 1981）

一方，*a)*は，次の性質を意味するものでもある（Verplanken et al., 1997）．

   c) 習慣を形成すると，情報を収集しなくなる．

習慣の基本的な性質は，ただただ，過去の行動を無意識に繰り返すことであるから，行動の実行のために新しい情報の収集は不要である．このことは，1) 交通計画における交通情報提供方策が有効なのは習慣の強度の弱い個人に対してのみであること，そして，2) 何らかの交通環境を改善しても，習慣の強度の強い人はそれに気づかずに習慣行動を繰り返してしまうこと，などを意味している（藤井ら，2001a）．したがって，交通政策を有効に展開するためには，強習慣者に，何らかの手法で，交通情報，あるいは，交通政策実施そのものについての情報を伝達し，その情報に「注意」を向けてもらう必要がある．この検討を十分にしないままに交通政策を実施すれば，大した効

3.3 習慣を考慮した態度理論

果が得られないまま，その政策は失敗に終わるかも知れない．

3.3.3 習慣解凍と意志

以上は，習慣がいったん形成された後の，習慣の諸性質であるが，習慣の形成と解凍（unfreeze）の問題は，交通計画上，極めて重要である．なぜなら，行動の多くが習慣行動であることを前提とするなら，交通政策が行動に影響を検討するためには，現存する習慣をいかに解凍し，新しい習慣の形成をいかにして促すのか，という問題を避けて通ることができないからである．

まず，既に述べたように，習慣形成に関しては次のことが知られている（Ronis et al., 1989; Gärling et al., 2001）．

d) 習慣は，同様の文脈のもとで，繰り返し繰り返し同様の行動を実行することによって，徐々に意思決定が自動化され，形成されていく．

例えば，Gärling et al.（2001）が提案している習慣形成プロセスモデルによれば，自動車利用の習慣は次のようにして形成される（**図-3.3.1**参照）．このプロセスモデルでは，まず，自動車利用に対してある程度，肯定的な態度を形成している個人を想定する．その個人は，上述の合理的行為理論や予定行動理論などの通常の態度理論にて実証的理論的にも示されているように，自動車に対する肯定的態度のために，何らかの意図を持って自動車利用を行うこととなる．ここで，例えば渋滞や事故などで自動車利用に満足できなかった場合には，その個人は，2度と自動車利用を繰り返さない，ある

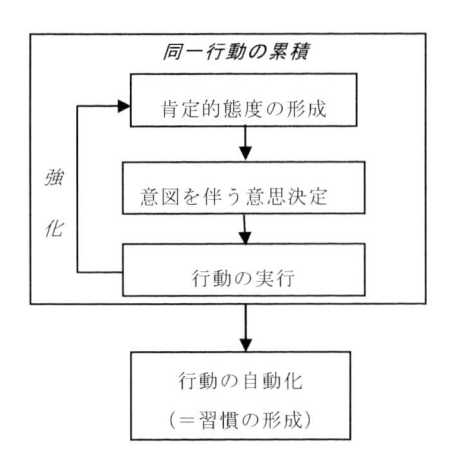

図-3.3.1 習慣の形成プロセスモデル（Gärling et al., 2001）

いは，少なくとも自動車利用を繰り返す動機は低減してしまうだろう．しかし，中にはその自動車利用によって，一定の満足を得たものと考える人もでてくる．その様な場合，その満足は，さらに自動車利用に対する態度を増強させる．すなわち，自動車利用が態度を強化することになる．そうすると，その個人は再び自動車利用を行う可能性が高くなる．その自動車利用によって再び態度が強化され，強化された態度が再び自動車利用を誘発する，という循環が生じる．このポジティブ・フィードバックの過程を通じて，自動車利用の経験が徐々に蓄積されていくことになる．それと同時に，意思決定のプロセスも徐々に自動化されていき，最終的に習慣が形成されるに至る．

この様に，習慣は短時間で簡単に形成されるものではなく，その形成のためには一定の時間と労力（すなわち，繰り返し行動を行うという労力）が必要なのである．一方，習慣の解凍に関しても，一定程度の時間と労力が必要とされるものと考えられている（Ronis et al., 1989）．すなわち，

> e) 習慣を解凍するためには，習慣が形成される際にたどった過程を逆に進む必要があり，完全に習慣を解凍するためには自動化された様々な意思決定を1つずつ意図的に解凍していくことが必要とされる．

例えば，自動車を利用する習慣は，何度も繰り返し自動車利用した結果形成されるものであり，絶えざる行動の帰結であると言えるが，その習慣の解凍のためにも，同様に，持続的な意図的な努力が必要とされる．だからこそ，いったん形成された習慣を解凍することは容易ではないのである．

さて，習慣解凍という容易ならざる過程が達成されるためには，習慣行動を打ち破るための継続的な葛藤を支える何らかの「圧力」が不可欠である．この圧力は，一般に内的圧力と外的圧力とに分類できる[7]．外的圧力とは，何らかの罰，あるいは，ペナルティによってもたらされる圧力である．今，ある交通行動の習慣の解凍を考えるなら，ロードプライシングや，処罰を伴う法的規制などがそれにあたる．言うまでもなく，従来の経済理論に基づいた様々な検討から自明であるように，これらの外的圧力が交通需要の誘導にとって有効な方策である．しかし，それだけが人間行動を規定しているのではないのも自明である．わざわざ外的圧力を行使しなくとも，人々が自主的に「それを実行しないという意志」をもつのならば，習慣の解凍は実現化されうるだろう．この意志こそが，習慣解凍を可能とするもう1つの圧力，すなわち，内的圧力である．この内的圧力を明確に意識した交通政策を考えるためには，予定行動理論や合理的行為理論などの態度理論の枠組みが大いに活用できるだろう．繰り返し指摘するまでもなく，「効用」なる概念のみに頼る経済学的枠組みでは，内的圧力を理解

3.3 習慣を考慮した態度理論

することは容易ではないだろう．

ここで，例えば自動車利用などの習慣を外的圧力によって解凍する場合に必要とされる経費について考えてみよう．外的圧力を常に与え続けるためには，それぞれの個人の行動を監視することが必要になる．そして，習慣行動の実行を検出すれば，何らかのペナルティ（具体的には，何らかの課金，罰金など）を課することが必要となる．この監視とペナルティの賦課の経費は，決して少なくはない．そして，場合によっては，経費的，技術的に外的圧力を強いつづけることが不可能である場合も考えられるであろう（Dawes, 1980）．ところが，内的圧力によって習慣解凍を図る場合，個人が自主的な意志をもって習慣解凍に取り組んでいる以上は，基本的に経費は不要である．

ならば，習慣解凍の内的圧力としての「意志」の形成を，どのようにすれば促すことができるのだろうか？

すでに，本章で述べたように，意図あるいは意志は，態度や個人規範，道徳心など様々な心理要因によって形成されるものである．しかし，それらの心理要因を規定する要因は，対象とする行動の帰結についての信念（belief），つまり，その行動がどういった帰結を生じさせるかという事前の予期である（Ajzen and Fishbein, 1980）．したがって，習慣解凍のための意志の形成を促すためには，1）その習慣がもたらす個人的利益は，短期的あるいは中長期的にそれほど大きなものではないという知識，あるいは，2）その習慣行動は社会的な短期的，あるいは中長期的な損失を与えているという知識，のいずれか，あるいは双方を供給することが有効な方法となり得る（Dawes, 1980）．これらの知識は，習慣行動への否定的態度を形成し，一方で，個人規範や道徳心を活性化させることを通じて，習慣行動の代替的行動への意図を強化することになる．実際，Dahlstrand and Biel（1997）の環境に配慮した行動に関する研究では，環境問題についての知識を豊富に持ち，環境意識を高めることによって，個人の環境に配慮しない行動の習慣が解凍されることが確認されている．その他，習慣自動車通勤者を対象とした実証分析から，1）認知的不協和[8]を低減させるために，習慣自動車通勤者は代替的交通手段である公共交通機関のサービス水準が実際の水準よりも低いと信じている，2）したがって，強制的に公共交通機関を利用させることで，その認識が思いこみであったことを悟る，3）結果的に自動車通勤習慣が解凍される方向に向かう，ということも確認されている（Fujii et al., 2001）．

これら以外にも，習慣解凍のための意志を活性化させるためには，様々な具体的な方策が考えられるだろう．しかし，いかなる知識がいかなる状況の下で，人々の交通行動に関わる態度，個人規範，道徳心を刺激し，活性化し，意志の形成を促進するの

かについては，今のところ十分には明らかにされているとは言い難い．この点に関して，研究すべき課題は数多く残されており，今後のさらなる研究が待たれる．

● 脚注

[1] 経済学的行動理論と心理学的行動理論は，本質的に異なるものであり，相互補完することは可能であっても，矛盾無く融合することは原理的に出来ない．なぜなら，行動理解のパラダイムが本質的に異なるからである．いずれも「行動と行動心理」の双方をその範疇に含む理論体系であるものの，一方の経済学的行動理論は，心理的過程の結果として現れる行動を記述するための理論体系であり，もう一方の心理学的行動理論は，行動を創出する過程である行動心理を記述するための理論体系だからである．1つの事象を記述する場合，複数のパラダイムを完全に矛盾無く融合することは不可能であろう．なお，Reibstein et al.（1980），Gärling et al（1997, 1998），Gärling, et al.（2001），Verplanken, et al.（1997）では，交通行動が態度理論の枠組みで分析されており，これらのうちのいくつかは，本章で態度理論を概説する際に簡単に紹介する．

[2] A psychological tendency that is expressed by evaluating a particular entity with some degree of favor or disfavor（Eagly and Chaiken, 1993, pp. 1-2）．

[3] 行動意図と行動との間に実行意図（implementation intention）を想定する場合には，行動意図は一般に目標意図（goal intention）と呼称される．目標意図（あるいは，行動意図）と実行意図の相違は，前者が「Xをしよう」という行動の目標のみに関与する意図である一方，後者の実行意図は，「状況Yの下では行動Xをしよう」，という形で，具体的な行動プランを含んだ意図である，という点である．一般に，行動制御性が低い状況，すなわち，行動の実行が難しい場合には，行動意図が形成されても実行意図が形成されない限りは，実際には行動は実行されないことが知られている．例えば，藤井ら（2001b）を参照．

[4] さらに，態度が高い場合（つまり，その行動が好ましいと認識されている場合），知覚行動制御性は，実際の値よりも高く見積もられてしまう，という楽観バイアスが存在することがGärling and Fujii（2001）によって示されている．この楽観バイアスの存在によって，人々は十分な準備をしないまま行動の実行を開始してしまう傾向にある．その結果，その行動が成功（実際に意図通りに行動が行える事）する割合は，それほど高いものとはならない．

[4] 注[2]と同様の問題であるが，認知旅行時間や認知地図など，ある概念が心理的に存在するものと仮定することで，複数の観測可能事象を整合的に説明可能であるとき，便宜的に，それらの概念が「実在する」ものと考える（アンダーソン，1980）．ただし，これは，認知旅行時間や認知地図が物質として存在することを意味するのではないが，「物質として存在すること」も，心理学的実在と同様，それが実在すると想定することで複数の現象を整合的に説明することが可能となる，という動機から便宜的に想定されているものに過ぎないとも言える．すなわち，心理学的実在の問題も物質の実在の問題も，同様の構図を持つ．

[5] ただし，懐疑論的立場に立つなら，潜在要因である態度が比較可能であるかは不明となる．例えば，仮に「彼女の方が私よりももっとケーキが好きなようだ」と考えたとしても，それは単なる勘違いである可能性は否定できないからである．こう考えると，極端な懐疑論的立場に立ち，かつ，論理的な整合性を突き詰めるなら，客観的な計測が困難である以上，潜在要因間の比較は不可能であるという結論に至る．しかし，より極端な懐疑論に立った場合，比較可能性についての議論はますます悲劇的な様相を呈することになる．なぜなら，例えばあるモノの長

3.3 習慣を考慮した態度理論

さにしても，測定誤差は回避出来ないし，また，仮に万人が A よりも B の方が長いと証言したとしても，それは，万人が何らかの勘違いを冒している可能性は否定出来ないからである．すなわち，論理を究極的に突き詰めるなら，いかなる変数も比較不能となるのである．それ故，本文における，他者間の態度比較が可能であるという主張は，こういった懐疑論的立場に立った上での命題ではない．そのため，態度の観測可能性について曖昧さが残されているのは事実である．しかしながら，曖昧さを認めつつも，他者間の比較が可能であると認めるからこそ，「私もケーキが好きだが，彼女の方が私よりももっとケーキが好きなようだ」「彼はクルマの運転が好きだと行っているが，私のほうがもっと好きだと思う」といった言説を，態度理論の枠組みの中で議論することが可能となるのである．例えば，態度理論に基づいた分析で，態度の良好な被験者とそうでない被験者という形で分離して，分析を進めることは極めて一般的である．

[6] ここに定義する内的圧力と外的圧力は，社会的ジレンマの理論枠組みにおいては，心理学的方略（psychological strategy）と構造的方略（structural strategy）と呼称されるもの（藤井，2001b）とほぼ同じである．

[7] 自動車通勤を習慣的に実行している個人は，その自動車通勤が他の手段での通勤に比べて相対的に合理的な選択ではない，という認知を持つと，「認知」と「行動」とが一致せず，不協和が生じることになる．一般に，その様な不協和が存在する場合，個人は行動か認知のいずれかを変更することで，その不協和を解消しようとする傾向がある（Festinger, 1957）．したがって，自らの習慣の正当性を信じたいがために，代替交通手段のサービス水準を必要以上に過小評価するに至る自動車通勤者も，少なからず出現することになる．

2 調査方法論

第4章 交通行動調査の展開

4.1 米国におけるパーソントリップ法の展開

　パーソントリップ（PT）法は第2次大戦後の米国で開発され，後に先進諸国で取り入れられた．日本では1960年代後半より主要都市圏で調査がなされている．本章では，調査手法を議論するに先立ち，Weiner (1997)にそって米国におけるPT調査・需要予測手法の進展を概観しよう[1]．

　米国における萌芽的需要予測手法の適用は第2次大戦前からみられる．1927年のCleveland Regional Area Traffic Studyでは線形外挿法による予測が適用され，1926年のBoston Transportation Studyでは簡単な重力モデルが用いられている．しかし交通調査，需要予測が本格的になされ始めたのは第二次大戦以降である．当時の米国では郊外化と自動車化が急速に展開し[2]，交通施設整備の必要性が強く認識されていた．当初，路側調査で得られたODデータが交通計画の主要情報源であったが，交通行動に影響を与える要因の調査の必要性が次第に認識され，PT法の開発が重視されるに至った．

　1944年に連邦道路局（Bureau of Public Roads, BPR）が「家庭訪問交通調査手順のマニュアル」を発行し，世帯ベースのOD調査が家庭訪問により7都市で行われている[3]．一方，やはり1940年代に交通，土地利用などの要因間の関係を計測・予測することにより交通計画を作成するというアプローチが認識され，プエルト・リコのサン・ワンおよびデトロイトで試みられている．1948年に始まったサン・ワンの調査研究では土地利用に基づく交通発生モデルが適用され，これを最初の大規模都市交通調査とみなす説もある（Dickey, 1983）．

　本格的なPT法と呼び得るものは1950年代のデトロイトとシカゴ都市圏での調査であろう．1953年に開始されたDetroit Metropolitan Area Traffic Study (DMATS)では，土地利用に基づく交通発生モデル，直線距離を用いた重力モデル，速度・距離比に基づく経路配分などのモデルを初めて一括適用している．また1955年に開始されたChicago Area Transportation Study (CATS)は4段階モデルと単純な土地利用モデルを用いた総合的なモデル系を採用し，コンピューターの交通需要予測への適用を図った．

DMATSとCATSは各々1955年と1956年に大規模な家庭訪問PT調査を実施している．

交通調査手法と同時に予測手法も開発され，1950年代にはフレーター法（Cleveland Transportation Study）を始めとする数々の手法が登場した．1952年にはCampbellにより時間比を用いた転換率曲線（diversion curve）が提案された．これに続き1956年にはVoorheesがODデータを用いて重力モデルを推定，また，1957年のMooreとDanzigの論文に基づき最短経路配分法がCATSにより開発された．

交通計画手法の発展と普及を確定的なものとしたのが1956年の連邦補助道路法（Federal-Aid Highway Act）である．この法律は未曾有の公共事業といわれるNational System of Interstate and Defense Highwaysの建設に向け，ガソリン税，重量車登録料金などを増加，連邦道路信託基金（Highway Trust Fund）を設立した．これに続く1962年の連邦補助道路法では人口5万人以上の都市地域での道路プロジェクトへの連邦補助の条件として，州・地方自治体の協力のもとに永続的に進められる3C（"continuing, comprehensive, and cooperative"）交通計画プロセスを要請している．この結果1965年7月までに該当する224都市地域全てで計画が進行し，60年代後半より70年代にかけ小規模な都市地域でもPT調査が実施されるに至った．3C計画プロセスの実施に向けて連邦道路局は数々のマニュアルを発行し[4]，実務家に向けた2週間のセミナーを開催した．このように連邦政府の主導のもと，標準的な交通需要予測プロセスが確立・普及していった．

1964年の都市公共交通法（Urban Mass Transportation Act）は望ましい地域経済と都市の成長に向けての広域公共交通システムの計画と実施をうたうものである．都市住民誰もが自動車中心の交通システムの恩恵を受けているわけではないという認識に立ち，都市公共交通局（UMTA）によるピープル・ムーバーなどを対象とした"New Systems Studies"を提唱するとともに，パーク&ライドなどの新たなサービス概念を導入した．これに続く1970年の都市公共交通法では予算を増額し，12年間で100億ドルが割り当てられている．この時期に，連邦補助の交通プロジェクトについての決定権が，個別自治体から都市圏あるいは地域へと移行している．

70年代に入り，1973～74年のエネルギー危機などにより，交通計画の焦点は国レベルでの問題の同定・ゴール設定へと移行した．これに伴い60年代にみられたような大規模データ収集・モデル開発は下火となった．また，燃料消費の低下に伴う税収の縮小，建設費の高騰に伴い，インフラ建設財源の枯渇をきたすに至った．この背景の下，非集計行動モデルが提案され，政策分析重視の交通計画へと推移した．この時期に提唱されたもう1つの概念として，既存施設の有効利用を謳うTransportation

Systems Management (TSM)がある．

1972年，Institute of Transportation Engineers (ITE)はトリップ生成率のレポート作成にむけ委員会を形成，1976年に"Trip Generation, An Informational Report"を発行，以降改訂版を適宜出版している．これは都市施設からの生成交通量を，施設タイプ毎に，床面積などの比較的容易に計測可能な変数によりあらわしたもので，インパクト・アセスメントなどに広く利用されている．

80年代に入ると，レーガン政権の下，交通計画は氷河時代とも呼べる時期に入る．地方分権，規制緩和，および民間セクター参加 (private sector participation) がこの時期を象徴するテーマである．交通計画手法上の重要な展開は，民間コンサルタントが主体でPCベースの4段階推定法プログラム・パッケージが開発され，都市圏計画機構 (Metropolitan Planning Organization, MPO) がそれらを用い独自に需要予測，政策解析を行う能力を得たことであろう．これらパッケージはネットワーク編集機能や配分結果のグラフィックス表示を備え，大規模ネットワーク上での均衡配分や確率配分を可能としている．この時期を経て，交通計画は90年代の戦略的計画 (strategic planning) へと移行する．

交通計画は90年代に転機を迎え，新たな計画手法が要請されるに至った．この背景にあるのが1990年に制定された改訂大気浄化法（Clean Air Act Amendments, CAAA）と1991年の総合陸上交通効率化法（Intermodal Surface Transportation Efficiency Act, ISTEA）である．またITSに象徴される交通システムの高度化，Travel Demand Management (TDM)の重要性の増加，コンピュータの低価格化とGISなどのソフトウエアの普及などの変化も，新たな計画手法の要請に導き，またその開発を可能とした．これらについては北村（1996）を参照されたい．

4.2 調査方法の変遷

交通計画の理念と方法論が変遷するなか，データ収集手法も移り変わりをみせている．BPRの1944年のマニュアルに示されるように，米国での初期の調査は世帯での面接調査であった．世帯は住居をベースに抽出され，一般に予告無しで調査の依頼（cold contact）がなされた．面接は前日の行動の回顧調査という形態をとり，5歳以上の世帯構成員のトリップについての情報が収集された．抽出法としては無作為抽出あるいはクラスター抽出法が一般である．PT調査がなされた当初は高い抽出率（〜5%）が用いられていたが，70年代に小規模標本が試みられた．米国での近年の調査

の標本サイズは 2,000 から 10,000 世帯で，90 年代初頭の平均は 2,500 とされる（Cambridge Systematics, 1996）．1967 年に我が国初の PT 調査が広島都市圏でなされてから 30 年以上が経ち，日本の主要都市圏では 4 回目の PT 調査が実施されつつあるが（石田ら，1998）当初の抽出率（約 3%）がほぼそのまま用いられている．

　米国での当初の交通計画調査は道路網の整備を主目的としたため，徒歩・自転車トリップは近年まで対象外とされていた．例えばデトロイトでの 1955 年および 1965 年の調査は徒歩・自転車トリップを除外，1980 年の調査でこれらのトリップが始めて対象とされた．近年，多数の MPO で機関分担モデルの見直しがなされてきたが，徒歩・自転車トリップの導入が一環として含まれている．

　面接調査は，調査員と回答者の直接の対話を可能とし，最も望ましい調査形態であるが，費用の面で非現実的なものとなった．米国では現在電話を用いた調査が主流となっている．初期の cold contact による前日の行動の回顧調査に替わり，電話による勧誘，趣意書の郵送，調査日の指定，などを踏んだ調査体系が取られることが多い．米国での最近の調査手順を要約すると以下のとおりである．

① 電話あるいは手紙による調査参加の勧誘（recruiting）
② 趣意書，交通（活動）日誌や覚書帖（memory jogger）などの調査器具の郵送，調査日の指定
③ コンピュータを用いた電話インタビュー（computer-aided telephone interview, CATI）によるデータ収集

　調査方法の変遷に伴い，調査票の形態，コーディング法も変化した．初期の調査では，訓練された面接調査員が調査用紙に回答を記入，後にコーディング，キー・パンチがなされた．その後自己回答型の調査票が用いられ，近年の "respondent friendly" な日誌形式の調査票の使用，および CATI による情報収集・データ入力へと移り変わっている．

　しかし，様々な改良の努力にもかかわらず，欧米での現行の調査方法は数々の問題を含んでいる．例えば交通日誌や覚書帖が回答者にどう使われているかについての知見はほぼ皆無で，その有効性が確認されているわけではない．また，代理回答者（proxy）なしに電話インタビューを完了することは世帯が大きくなるにつれより困難となり，系統的なバイアスが導入される可能性がある．さらに電話による調査の場合，調査協力の依頼に返答せず通話が切られた場合，この番号は調査対象となる番号ではないという基準で回答率を計算するという慣行が米国では出来上がっており，実際の回答率は報告されているものより相当低いと考えられ，無回答バイアスの存在が

危惧される[5].

日本での PT 調査は，訪問配布・訪問回収の形態をとってきた．世帯は住民台帳をベースに抽出されている．米国と同様，5 歳以上の世帯構成員を対象とし，調査日は「典型的」な平日[6]とされた．調査で収集される情報項目は比較的均一で，欧米での調査項目と大差ない．**表-4.2.1** に第 1 回から 3 回の京阪神都市圏 PT 調査に含まれた項目を整理する．日本の調査では今なお BPR の調査票の枠組が踏襲されているため

表-4.2.1 京阪神都市圏 PT 調査の調査項目

調査項目	1970	1980	1990
【個人・世帯属性】			
自宅住所	○	○	○
勤務先・通学先所在地	○	○	○
性別，年齢	○	○	○
職業	○	○	○
産業	○	○	○
従業上の地位	○		
事業所の規模	○	○	
運転免許の所有		○	○
世帯保有の自動車等の台数	○	○	○
1日の生活時間	○		
最寄りの駅への通常の交通手段と所要時間	○		
住宅の所有形態，建て方，使用形態，部屋数	○		
来客の人数と住所	○		
【トリップ属性】			
出発地の所在地	○	○	○
出発地の施設	○	○	○
出発時刻	○	○	○
到着地の所在地	○	○	○
到着地の施設	○	○	○
到着時刻	○	○	○
目的	○	○	○
利用した交通手段，交通手段別所要時間，乗り継ぎ地点	○	○	○
自動車運転の有無	○	○	○
自動車の所属	○	○	○
乗車人員	○		○
高速道路利用の有無		○	
立ち回り個所数		○	
駐車場所	○		○

出典：京阪神都市圏交通計画協議会 (2000) 第 4 回京阪神都市圏パーソントリップ調査の企画（案）．第 4 回交通調査委員会資料，平成 12 年 3 月 24 日．

報告されないトリップが多いせいか，日本のPT調査から得られる生成原単位は一般に欧米の調査で得られるものよりも小さい．

調査の回答率，回答精度は，調査のテーマ，調査法，調査票の長さ，調査票の「見てくれ」，個々の質問の言い回し，謝礼（incentives），世帯・個人属性など，様々な要因に左右される．電話によるインタビュー調査は，回答者と調査員の接触を可能にし，回答の質を高め得るという点に大きな利点がある．CATIの場合SP調査で有効となる設問の個別化（customization）が可能となる，複雑な分岐を含んだ設問が可能となるといった利点がある．また，電話調査一般の利点として，不在の場合の再呼（callback）が簡単にできるという点が挙げられる．逆に欠点として，電話非保有世帯が存在する，電話によるセールスなどの増加により調査実施が困難になっている，留守番電話による"call screening"による応答拒否，応答が無い場合に調査対象となる番号（eligible number）かどうかを決定できない，などの問題がある．

もう1つの問題は加入者の希望で電話帳に記載されていない電話番号が多数存在することである．このため，電話帳に基づく標本抽出はバイアスを導入すると考えられ，random digit dialing（RDD）により無作為に電話番号を抽出する手法が開発されてきたが（Groves et al., 1988），これは必然的に標本抽出の費用を増加させる．また，電話番号に基づく無作為標本抽出の場合，ある世帯が抽出される確率は，その世帯が使用している電話回線数により変化する．したがって標本世帯の各々について使用電話回線数を聞き取り，適切な重み付けを施す必要がある．

さらに近年の問題として携帯電話の普及がある．携帯電話のみを保有し固定電話をもたない層の出現は，固定電話の番号のみに基づく抽出の場合，RDDを用いても標本にバイアスが生じること意味する．また，固定電話の場合の不在に対応するものとして，携帯電話の電源を切った状態がある．さらに携帯電話の場合，呼び出し人の電話番号を確かめてから応答するという行為が頻繁と考えられ，調査の実施はより困難なものとなっていると推察される．携帯電話が急速に普及するなか，電話を用いた標本抽出の方法論の再考が必要とされているといえよう．

一方，面接調査は最善の方法ではあるが，前述のように費用の面で非現実的であり，また，女性の雇用増大に伴い昼間留守の世帯が増加している，「オートロック」の集合住宅などで調査員が訪問できない，などの問題をはらんでいる．また，郵送配付・郵送回収は廉価であるが，回答率，回答精度の双方において過度の問題をはらんでいる．日本のPT調査では「留置き・回収」法が用いられてきたが，後に挙げる例のように，その精度と費用に関して，面接法，郵送配付・郵送回収法などとの比較分析が

なされつつある.

ここまでの議論は,不在,回答拒否,無記入のまま調査票を返却などの理由で,抽出の対象となる世帯あるいは個人から回答が一切得られない場合を暗に想定してきた.これは個体無回答(unit non-response)と呼ばれるもので,次節に述べる不在バイアスと密接に関連している.これに対して,回答は得られたものの,すべての質問に対して回答が得られていない場合が考えられる.これは項目無回答(item non-response)と呼ばれる.個体無回答については,頻繁な再呼の実施や二段階抽出法を用いるなどの工夫により対応する必要がある(Groves, 1989).項目無回答については,まず調査票,調査手順の設計の段階で項目無回答が発生しないよう極力努力することが必要である.項目無回答が発生した場合,欠損している回答を内挿(imputation)法により補完するという方法が有効と考えられる(Rubin, 1987, 藤原ら, 1999).

第 4 回京阪神 PT 予備調査の結果:京阪神 PT 調査では,2000 年秋に実施された本調査に先立ち,4 種類の調査票を用い,郵送配布−訪問回収,訪問配布−訪問回収の 2 方法で予備調査がなされた[7].調査票は堺市,海南市で 1025 世帯に配布され,768 世帯から回収されている.全体の回収率は 74.9%,郵送配布−訪問回収の場合が 64.9%,訪問配布−訪問回収の場合が 88.3%であった.**表-4.2.2** からわかるように,回収率は配布方法のみならず,調査票の設計によっても変化し,より大きな活字を用い記入のし易さを図った B 票,C 票が高い回答率を持つ結果となった.項目回答率は質問毎に変化し,調査票の優劣をつけがたいことが**表-4.2.3** から見て取れる.同行者人数,駐車場所,有料道路の利用など,より二義的なトリップ属性についての項目回答率に調査票間のばらつきが大きいことがわかる.

4.3 現行の PT 調査の問題点

1 日の全ての交通行動を対象とする PT 調査では,世帯人員によって生成された全てのトリップについての正確な情報を取得することが目標となる.しかしながら現行の PT 調査はトリップ報告の精度についていくつもの重要な問題をはらんでいる.まず,

- 短いトリップ
- 徒歩・自転車トリップ
- Non-home-basedトリップ
- 業務トリップ

表-4.2.2 配布方法，調査票別回収率

配布方法	A票	B票	C票	D票
郵送配布	65.6%	66.9%	62.2%	59.4%
訪問配布	65.0%	71.5%	74.2%	66.4%
合計	65.4%	68.9%	67.3%	62.5%

表-4.2.3 調査票別項目回答率

調査項目	A票	B票	C票	D票
住所	100.0%	100.0%	100.0%	100.0%
保有車輌台数	96.8%	98.5%	94.9%	94.9%
性別	100.0%	99.4%	98.8%	97.2%
年齢	99.8%	99.8%	99.8%	100.0%
運転免許保有	94.5%	98.1%	96.5%	97.2%
通勤先住所	88.1%	89.8%	96.4%	91.7%
トリップ出発時刻	98.9%	94.9%	97.0%	98.8%
トリップ到着時刻	97.9%	94.4%	97.3%	98.7%
トリップ目的	96.4%	95.3%	94.3%	98.2%
同行者人数（家族）	72.2%	85.3%	84.4%	91.3%
駐車場所	71.3%	87.9%	89.1%	85.5%
有料道路利用の有無	65.4%	49.5%	73.1%	71.1%

出典：京阪神都市圏交通計画協議会 (2000) プリサーベイの実施と分析．第4回交通調査委員会参考資料，平成12年3月24日．

- 帰宅トリップ

は調査時に報告されないことが多いことが知られている．これに加え，他の世帯人員による代理回答が頻繁なことによる精度低下の問題がある．複数交通機関を用いたトリップでの部分的報告漏れについては検証結果が存在しないようである．

全てのトリップが報告されない理由の1つとして，調査票でトリップの定義が十分に説明されておらず，どのトリップを報告すべきなのかが回答者に良く理解されていないという点を挙げることができよう．交通計画の文脈と政策の重点の変遷に伴い，旧来の自動車や鉄道トリップを念頭に置いたトリップの定義が不適切となりつつあり，トリップを簡潔に定義し調査回答者に何をどのように報告するかを説明することが困難な作業となっている．例えば，

- 通勤の途中駅前で新聞を買った場合，駅前までの移動は買い物トリップか？
- 同一施設あるいは複合施設からなる区域（例えば商店街）内での移動をどう報告するか？

- 犬の散歩やジョギング，ドライブなどの移動そのものを目的とした動きをどう報告するか？
- トリップと呼ぶべき移動の最低単位は何か？隣に醤油を借りにいくのはトリップか？
- 複数の活動が同一目的地で行われた場合トリップ目的をどう報告するか？

これらについて，十分な指示が回答者に与えられてきたとは考え難い．結果として調査主体の念頭にあるトリップの定義が回答者に正確に理解されているとは考えがたい．名取ら（1999）は同一回答者から得られた活動日誌と PT 型調査票の記入結果の比較に基づき，トリップが報告されない理由として，短時間の移動や再外出がトリップとして認識されていない点を挙げている．

トリップが報告されたとしても，その属性が必ずしも正確に報告されているわけではない．特にトリップの開始・終了時刻は，00, 15, 30, 45 分に丸めて報告される傾向があり，精度低下の一因となる．例えば米国で 1990 年に実施された全国 PT 調査（NPTS）データの例では，00 分開始と報告されているトリップが 36.2%，30 分と報告されているものが 27.8%，45 分が 9.2%，15 分が 8.7% で，これら以外は僅か 18.1% である（Kitamura, 1995）．トリップ長も同様に丸めて報告される傾向がある．また午前・午後の表示の欠落や，回答者が 24 時間制に不慣れな故の間違いにより開始・終了時刻の誤差が発生する．後述のように，調査結果の精度は，activity-based 調査，あるいは時間利用調査を行うことにより向上することが知られている．また，新技術の適用による交通行動の高度化に伴い，調査回答者により報告されるトリップの開始・終了時刻やトリップ長の精度についての新たな知見が得られつつある（4.6 節参照）．

交通行動調査において，訪問，電話などで連絡した時に不在である世帯をどう扱うかは極めて重要な点である．世帯員が不在ということはトリップを生成しているということを意味し，連絡時に不在である世帯を抽出しない場合，系統的なバイアスが導入される．言い換えると，在宅確率と交通行動の間に相関があるため，不在バイアスと呼ばれる修正が困難な系統的無回答バイアスが導入される．従って不在世帯に繰り返し連絡を取り，調査を遂行することが肝要である．日本の PT 調査では一定回数の再訪問の後「予備サンプル」により不在世帯を置き換えるということがなされているが，これによりどの程度の不在バイアスが導入されているかは不明である．

最後に，日本での PT 調査の問題点として，標本世帯の抽出に当たり住民基本台帳を用いている点，また，予測手法が個人を解析単位とするにもかかわらず，世帯を標

本抽出の単位として用いているという点を挙げる．まず前者については，親元を離れた学生や単身赴任者は居住地で住民登録をする確率が少ないと考えられ，住民台帳を用い標本抽出する場合，これらの単身世帯が系統的に過少抽出されよう．これら単身世帯の個人が，より大きな世帯に属する同一の年齢・性別の個人と異なった交通行動をとることは十分に考えられ，現行の年齢・性別のみに基づく標本拡大法では，系統的バイアスが導入されることになる．

日本の PT 調査は世帯を無作為に抽出し，5 歳以上の世帯人員についての情報を収集し，個人を単位とした解析を行うという過程を踏んでいる．PT 調査では世帯が居住地域別に無作為抽出されるのが一般で，各地域内で全ての世帯が同一の抽出確率を持つ．回答率が世帯人員数により変化しない場合，このことは問題とはならないが，小さな世帯，特に単身世帯の回答率は低く，この傾向は近年より顕著となりつつある．このため，PT 調査から得られる標本は大きな世帯からの個人標本をより多く含むものとなる．結果として，住民台帳を使用することから生じる問題と同様，適切な標本拡大が適用されないとき系統的バイアスが導入される．

4.4 PT 調査の課題

施設拡充の時代が終焉し，交通計画，需要分析に求められるものも，PT 調査が開始された頃のものから大きくかけ離れたものとなっている．多くの都市圏で都市化・郊外化の傾向が頭打ちとなり，高齢・小子化に伴い通勤人口が減少を見せ始めた現在，平日の通勤トリップの重要性は相対的に低くなりつつあるといえよう．同時に，自動車普及の速度は緩みつつあるもののその利用は増加し続け，都市圏周辺部での交通混雑が問題として顕在化してきた．また，女性の雇用の増加に伴い，週末の買い物トリップなどの頻度が増加していると考えられる．都心部への通勤交通需要を如何に満たすかというのが急務であった時代から，高齢・小子化，休日や都市圏周辺部での交通問題，さらに自動車化と郊外化による中心市街地の衰退などの新たな問題にどう対処していくかが課題となる時代へと推移してきた．

一方，60 年代からの自動車化の波は自動車交通のはらむ問題点を明らかなものとし，施設拡充により問題の解決を図ることの限界が明らかとされてきた．さらに地球規模での環境への関心が高まるなか，自動車交通需要の抑制が急務と認識され，TDMなどの自動車から他の交通手段への需要の転換を図る施策が重視されるに至った．これらの変化は，通勤トリップの OD の推定といった作業より遥かに精緻な需要解析を

要請している．例として，TDM 施策として都心部での自動車駐車に賦課金が課せられた場合を考えよう．この場合，自動車利用の来訪者は，都心部から離れた場所に駐車し都心まで歩くか，公共交通を利用することにより，賦課金を支払うことを避けるという対応策を採る可能性がある．このことは，駐車賦課金という TDM 施策の効果を解析するためには，駐車場・P&R 選択行動のモデルが必要とされていることを示している．さらに中心市街地活性化の観点からは，この施策が都心来訪者数にどのような影響を及ぼすかを見極めることが必要となろう．さらに環境への影響の評価にあたっては，一日を通じての自動車の交通量と走行速度の変動を把握すること，また，コールド・スタート（cold start）による汚染物質排出量[8]を推定するために，自動車トリップの開始・終了時刻を予測することが必要とされる．これまでに需要予測，政策分析に援用されてきた手法は，これらの能力を持ち合わせるものではない．

これらの交通計画，交通需要分析への要請に応えるためには，新たなモデルの開発が必要であり，そのためにはこれまでの PT 調査では収集されてこなかったデータが必要となる．現行の PT 調査は，調査結果を拡大することにより OD 表を推定することを重視し，膨大な標本を抽出してきた．しかし，1990 年の京阪神 PT 調査データを集計したところ，小ゾーン OD 表の場合，OD 交通量を±10%で推定するに十分な観測トリップ数がある OD ペアは全体の僅か 0.60%，精度±50%で推定できる OD ペアの割合は 9.58%，さらに精度±100%の場合でも全体の 21.04%に過ぎない．膨大な標本が抽出されているにもかかわらず，推定される OD 表は極めて信頼度の低いものである．もちろんより粗いゾーンを用いることによって推定の精度は向上するが，このことはとりもなおさず需要予測の精度と有用性の低下を意味する．

限られた調査費用の下で膨大な標本が抽出されるとき，当然のことながら各標本から得られる情報の量と質は限られたものとなる．結果として生じる現行の PT 調査データの問題点を要約すると以下の通りである．

- ゾーン体系が粗すぎ，地理コード化が不適切．
- 結果として，精度の高い LOS データの作成が不可能となり，非集計モデルの適用に支障をきたす．
- 利用自動車，駐車個所，公共交通料金の費用負担者，定期券の保有などの情報が欠落している．
- 結果として，徒歩，自転車トリップを含む交通手段選択，駐車場選択，公共交通経路選択などの解析が困難，あるいは不可能となる．
- 交通需要の季節変動を推定する情報が皆無である．

- 休日のデータを収集していない調査が多い．など．

これらの問題点の討議に基づき，日本における PT 調査の形態・実施法の見直しとその改良が要請されている．

PT 調査のような，組織的・大規模な交通行動調査の将来を考えるに当たっての課題の 1 つが，限られた調査予算を如何に効率的に使うかという点であろう．ここで着目すべきなのが標本量とデータの質との関係である．世帯当りの調査費用を増加することによりより頻繁な再呼などが可能となり，回答率・回答精度は向上すると期待される．また標本当りの設問数を増やし，保有自動車などについての設問を導入することも可能となるし，より精緻な地理コード化の費用の捻出も可能となろう[9]．しかし限られた予算下では標本量が当然縮小するため，データの量と質の関係を鑑みつつ最適な標本量を決定する必要がある．調査の頻度についても，現行のように 10 年毎に大規模調査を行うのに対し，より小さな標本でより頻繁に調査を実施する，あるいは第 5 章で述べるパネル調査を実施することにより，より継続的に都市圏での交通需要の変化を監視することが可能となる．また，調査時期を分散させることにより，交通需要の季節的変動を把握することも可能となろう．

4.5 時間利用調査方法論

時間利用調査は人々の活動の詳細についての情報を得る目的で今世紀初頭からなされてきた (Kitamura et al., 1997)．これまでに標準的な活動分類体系が開発され，1960 年代末には大規模な時間利用の国際比較研究がなされている (Szalai, 1972)．交通計画分野での最初の時間利用調査は 1940 年代半ばにさかのぼるが (Pas and Harvey, 1997)，米国では 1990 年代から activity-based analysis の影響を受け，活動について質問し，活動場所が変化した場合にトリップについての情報を得るという形での調査がなされ始めた[10]．トリップではなく，活動を軸として調査を組み立てることの利点は

- 活動ベースでデータを収集することによりトリップ報告の精度が向上する（杉恵, 1988, 杉恵ら, 1988），
- 交通行動のより根源的な解析が可能となる，
- 施設内トリップなどの役割の把握，予測手法への導入が可能となる，
- 交通政策，プロジェクトのより総合的な評価が可能となる (Kitamura et al., 1997)，

などに求められる．活動日誌の日本での適用例には原田・太田 (1988) や中村ら

（1997）がある．

交通分野での活動調査は，家庭内活動の取り扱いについて大きく異なる．例えばサンフランシスコの調査では回答者は所要時間が30分以上の家庭内活動のみ報告することを促されているが，ラレイ・デュラムの調査では，家庭外活動と代替関係にある家庭内活動のみ報告することが促されている．これに対し，時間利用調査は家庭内での活動も，所要時間や家庭外活動との関係に関わりなく全て対象としている．

時間利用情報の収集法には，活動遂行に着目したもの，時間区間毎の代表的活動に着目したもの，および無作為抽出によるものがある．最初の方法は，新たに活動が開始される毎に，開始時刻，活動タイプなどの情報を収集するものである．活動の報告漏れが無いとすれば，この方法は最も正確な時間利用データを提供する．時間区間を用いた方法は，15分程度の比較的短い時間区間毎に，その区間での代表的活動のタイプを聞くというものである．区間の中で最も長い時間を占める活動が代表的活動と定義される場合，この方法は所要時間の短い活動の頻度，総時間が過小評価されるという問題を持つ．無作為抽出法は，回答者にポケットベルのような装置を持たせ，それに信号が送られる毎にその時点で遂行している活動のタイプの記録を促すというものである．この方法により活動タイプ別の総遂行時間は偏りなく推定できるが，活動の頻度や各活動の遂行時間についての情報は得られない．交通計画の分野でこれまでに解析されてきた時間利用データは最初の2方法によるものである．調査によっては活動タイプ，開始・終了時刻に加え，活動場所（自宅，住区内，住区外，など）や誰と活動を遂行したかが記録されている．

時間利用調査手法の興味深い適用例として，Robinson and Godbey（1997）による労働時間の推定がある．米国の社会学者 Schor（1992）はベストセラーとなった著書「働きすぎるアメリカ人」で，米国の勤労者の平均労働時間は増加しつつあると報告している．しかし Robinson and Godbey は，Schor の結果は1週間の総労働時間についての設問への回答によるもので，回答者が何を念頭において回答したかが明確でなく信頼度が低いと主張し，時間利用調査で実際にどれだけの時間が労働に充てられたかを測定した場合，労働時間の増加傾向はみられないとしている．Robinson and Godbey と Schor のどちらが正しいかを結論づける術はないが，活動毎に遂行時間情報を収集することにより精度の高い時間利用の推定が可能となるとする Robinson らの主張には説得力がある．

上述のように交通計画の分野でも時間利用調査によりより正確な交通行動情報の収集が可能となると考えられてきた．このことを示す例として，オランダおよびカリフォ

ルニアの時間利用データに基づいたトリップ生成量の推定例を**表-4.5.1**に示す．オランダの時間利用データは時間区間法に，一方のカリフォルニアのデータは活動遂行法によるものであるが，睡眠，食事などの基礎的活動についてこれらデータ間の整合性は非常に高い（Robinson et al., 1992）．表には，トリップ目的およびベース別に回答者により報告されているトリップ数と，データから推定された報告されていないトリップ数が示されている．両データには活動場所の区分（自宅，近隣，その他，など）が記録されており，この区分が活動間で変化したとき，トリップがあったものとみなしている．したがってこの方法により全ての未報告トリップを捉え切れているわけではない．

時間区間法を用いたオランダの調査より，活動遂行法を用いたカリフォルニアの調査の方が報告トリップ数は多い．これは主として宅外－宅外トリップ数の差による．これら報告されているトリップ数の平均がオランダで 2.484，カリフォルニアで 3.046

表-4.5.1 時間利用データに基づくトリップ生成量の推定

トリップ		H – NH	NH – NH	NH – H	合計
報告・通勤	NL	1.059 (.985)	.364 (1.173)	.968 (.950)	2.391 (2.028)
	CA	1.014 (.776)	.787 (1.338)	1.040 (.760)	2.840 (1.927)
報告・自由	NL	.020 (0.155)	.055 (.519)	.018 (.144)	.093 (.492)
	CA	.010 (.103)	.120 (.528)	.008 (.097)	.137 (.570)
報告・その他	CA	.032 (.179)	.009 (.273)	.028 (.168)	.068 (.309)
報告・合計	NL	1.080 (1.028)	.419 (1.067)	.985 (.980)	2.484 (2.192)
	CA	1.055 (.787)	.915 (1.509)	1.076 (.773)	3.046 (2.045)
未報告	NL	.786 (1.007)	.815 (2.288)	.854 (1.023)	2.455 (3.012)
	CA	.425 (.669)	1.297 (1.923)	.408 (.668)	2.130 (2.248)
合計	NL	1.866 (1.235)	1.234 (2.842)	1.839 (1.226)	4.939 (3.626)
	CA	1.480 (.886)	2.212 (2.667)	1.484 (.892)	5.176 (3.173)

H = 自宅，NH = 宅外，NL = オランダ，CA = カリフォルニア．
N_{NL} = 20,784, N_{CA} = 1,579.
( )：標本標準偏差
出典：Robinson, Kitamura & Golob（1992）

と，日本の PT 調査で一般に得られる値を含む幅となっている．平均未報告トリップ数はオランダで 2.455，カリフォルニアで 2.130 と，オランダの場合は報告されたトリップ数に匹敵し，カリフォルニアの場合も報告トリップ数の 70%に上る．推定された総トリップ数はオランダで 4.939，カリフォルニアで 5.176 と，極めて近い値となっている．これらの値は日本の PT 調査で得られる典型的なトリップ数の 2 倍近いことに着目されたい．

オランダの調査は各種メディアへの暴露時間を推定すること，またカリフォルニアでの調査は非喫煙者が喫煙者と一緒に屋内にいる時間を推定することを目的とするもので，いずれも交通行動に関わるものではない．未報告のトリップ数が多いのは 1 つにはこのせいであると考えられる．にもかかわらず，これら調査で，日本の PT 調査で報告されるトリップ数に匹敵するトリップが報告されており，さらに総計 5 トリップ前後の生成量が推定されたという結果は，交通行動に主眼を置いた時間利用調査にトリップ報告の精度を飛躍的に高めることが可能であることを示唆しており，杉恵ら（1988）の主張を裏付けるものである．

4.6 通信技術の適用

近年の通信技術の進歩は，個人あるいは車輌の時空間内での軌跡を，数年前には考えられなかった精度で追跡することを可能とした．交通行動調査の高度化の最初の試みの 1 つが連邦道路局によるケンタッキー州レキシントンでの GPS の適用である（Battel Transportation Division, 1997）．これは当該地域で電話インタビューにより勧誘された 100 世帯からの 216 運転者を対象とした実証実験で，これら世帯の保有する自動車に GPS を装填し，手持ちコンピュータに GPS からのデータおよび被験者により入力されるトリップに関する付帯情報（運転者，同乗者，移動目的）を記録するものである．GPS からの位置，速度情報は 1 秒毎の抽出，記録が試みられたが，通信エラーのためかなり不規則なものとなっている．

この実証実験の結果で注目すべきなのはトリップ開始時刻の分布である．第 4.3 節で述べたように PT 調査ではトリップ開始時刻が 00，15，30，45 分に丸めて報告される傾向があるのに対し，GPS による計測の結果は，実際には 0 分から 59 分までほぼ一様に分布していることを示している．同様にトリップ距離については，5 マイル以下のトリップについては各整数マイルで報告され，5 マイル以上のトリップでは 5 マイル毎に丸めて報告される傾向があるのに対し，当然のことながら，実際の分布は滑

らかなものとなっている．また，トリップ毎の GPS 測定値と被験者による回顧報告値の比較からは，トリップ距離，トリップ時間ともに実測値より大きく回顧報告される傾向にあることが示されている．

一方日本では，携帯型の GPS に加え，PHS の適用可能性が検討されてきた．これについては 5.5 節で触れる．

● 脚注

[1] 戦後日本での交通計画史については新谷（1993）を参照されたい．米国については Weiner（1997）に加え，西村（1998），榊原ら（1994）を参照されたい．
[2] 自動車生産台数は 1945 年の 7 万台から 1946 年の 210 万台，そして 1947 年の 350 万台へと急増した．
[3] Tulsa (OK), Little Rock (AR), New Orleans (LA), Kansas City (KS), Memphis (TN), Savannah (GA) および Lincoln (NE).
[4] 主なものに Calibrating and Testing a Gravity Model for Any Size Urban Area (1963), Calibrating and Testing a Gravity Model with a Small Computer (1963), Traffic Assignment Manual (1964), Population Forecasting in Urban Transportation Planning (1964), The Standard Land Use Coding Manual (1965), The Role of Economic Studies in Urban Transportation Planning (1965), Traffic Assignment and Distribution for Small Urban Areas (1965), Modal Split -- Documentation of Nine Methods for Estimating Transit Usage (1966), Guidelines for Trip Generation Analysis (1967) がある．
[5] 交通調査のバイアスについての過去の研究結果を整理したものに原田（1989）がある．
[6] 祝日を除く火，水，木曜日．
[7] A 票と呼ばれる調査票は従来のものを踏襲したもので，A3 用紙に個人属性およびトリップに関する質問が掲載されている．B 票は発着地の記入とトリップ属性の記入の流れを分離すると同時により大きな活字を用い，回答，記入をしやすくすることを図ったものである．C 票は個人属性の記入欄を別紙に移し，トリップに関する質問を A3 用紙に載せ，活字，回答欄を大きくしたもの，そして，D 票は世帯票を分離し，個人票から個人属性に関する質問を一部削除したもので，それ以外は B 票に準じる．
[8] エンジンが冷えた状態で始動することを指す．現行の触媒コンバータを搭載した車輌の場合，エンジンを停止して 1 時間以上経って再始動した場合，コールド・スタートとなるとされる．コールド・スタートに伴い多量の汚染物質が排出されることが知られている．
[9] Oregon 州 Portland では需要予測マイクロシミュレータ TRANSIMS の適用に際し，ゾーンを撤廃，125,000 のリンクに情報を保存するという形で地理コード化を行っている．
[10] Dallas/Fort Worth (TX), Raleigh-Durham (NC), San Francisco (CA)などで 1990 年代半ばに活動日誌を用いた PT 調査がなされている．標本数は各々 5000, 2000, 3800 世帯程度である．

第5章 交通行動モデル推定のための調査法

5.1 離散選択モデル（discrete choice model）推定のための調査項目

5.1.1 基礎的調査項目

　離散選択モデルは，第2章で解説したように，確率効用最大化という選択原理に基づいたモデルである．簡単には，選択肢（alternatives）に対する意思決定者の選好（preference）を，確率効用関数（random utility function）で表現し，最大効用（maximum utility）を与える選択肢を選択するという行動をモデル化したものである．このような離散選択モデルを推定するためには，被説明変数としての選好の観測および説明変数として各選択肢の属性，時間や費用などの制約要因，経験などの状況要因，および個人属性が挙げられる．本節ではこれらの要素を列挙し解説する．

(1) 選好の観測値

　離散選択モデルで一般的に用いられる効用は，序数効用（ordinal utility）であり，その大小関係のみが問題となるものである．そのため，効用の大小関係が被説明変数の観測データとして必要である．一般には，消費者によって選択されるものは選択されないものより選好されるという顕示選好の弱公理（Samuelson, 1947）に従い，実際の選択結果を効用の大小関係の観測値として用いる．5.3節で説明する仮想状況における選好意思表示を用いる場合は，選択肢の順位付けや評点付けなどが効用の順序関係の観測データとして用いることが可能である．

(2) 選択肢の属性

　離散型選択モデル構築のためには，選択問題と選択肢集合を特定化し，各選択肢を特徴付ける選択肢の属性が必要になる．特定の選択問題に対しては，その選択に影響を与える属性を効用関数に用いることになる．例として交通手段選択の場合には，各交通手段の所要時間や費用などのサービスレベル（level of service; LOS）変数，目的地選択の場合には各目的地の魅力度や目的地までの交通抵抗を表す変数が用いられる．**表-5.1.1** に交通行動分析の主な対象として，交通手段選択，目的地選択，経路選択を取り上げ，そこに用いられる代表的な変数を示す．

　選択行動を正確に再現するためには，選好を規定する効用関数を適切に表現する必要があるが，各属性がどのように認知され，どのように意思決定に導入されているのかを正確に知ることは難しい．意思決定者が認知した値と分析者が設定する客観値と

の差は，効用関数の誤差要因となるが，これがランダムに分布した場合は，離散選択モデルの誤差項に関する仮定は維持される．よって，このような条件下では，選択肢の属性として客観的データによって測定される選択肢の属性データを認知属性値の代理変数として用いることが可能である．鉄道の所要時間や費用，ゾーン内の施設数や就業者数といった時間的に安定している変数については，この条件を満たすと考えられる．しかし，自家用車の旅行時間や費用といった，非定常な属性の場合には，認知されている値と客観値のランダム性は保証されにくいと考えられる．非定常な値の例として自動車の旅行時間を考えると，最も簡単な方法は，トリップ起終点のゾーン中心（centroid）間の工学的計測値（ネットワークデータ）を用いることである．しかしゾーン分けが粗い場合には，真の起終点間の所要時間からの乖離が大きくなる．このことは特に短距離トリップにおいて顕著になると考えられる．

　非定常な変数の客観的値の設定方法として，大サンプルであるパーソントリップ（person trip; PT）調査データを用いて，時間帯別，OD別の自動車所要時間などから算定された代表値を用いることがある．しかし，PT調査は，実際に選択された交通手段のデータであるため，所要時間の短い領域のサンプルに偏っていると考えられる．この問題を回避するために，自動車OD交通量をパーソントリップ調査から求め，対象地域の道路ネットワークに配分した結果をOD自動車所要時間として用いる方法もある．この場合も，所要時間の値が配分方法などに影響されるため，配分方法によってはPT調査から計算される値と比較して，再現性が優れているとは限らない．アンケート調査などによって，意思決定者に直接属性値を尋ねることで，認知所要時間や費用などを知ることは可能であり，これらに基づいてモデルを構築した場合，その現況再現性が高くなることが報告されている（鈴木ら，1986）．ただしこの場合には，行動予測を行う際に，認知属性の将来値を求める必要があるため，属性の認知を観測可能な変数を用いて関数化するなどの工夫が必要となる．この他にも，選択しなかった選択肢の属性と，選択した選択肢の属性値が異なるデータソースより特定される場合は，整合性を持っていることが望ましい．

　目的地選択においてはゾーンの魅力（attractiveness）を表現する変数が重要であり，**表-5.1.1**にあげた，ゾーンの従業者数，事業所面積，各種施設数などは，ゾーンの魅力度を表す変数としてしばしば用いられている．この魅力度は，通勤・通学，買物・観光といった行動目的に応じてその性質が異なるため，それに応じた魅力度を表す変数を用いる必要がある．

5.1 離散選択モデル（discrete choice model）推定のための調査項目

表-5.1.1 分析対象別の効用関数に用いられる変数の例

選択行動	交通手段選択	目的地選択	経路選択
変数	支払い費用 幹線旅行時間 端末旅行時間 乗換え回数 運行頻度	出発地と目的地間の交通抵抗 ゾーンの経済活動指標 ゾーンの観光魅力指標	経路所要時間 経路費用 所要時間の信頼性指標

(3) 制約変数（constraint variable）

　離散選択モデルに用いられる効用関数は，所得をはじめとして各種の制約下で効用最大化を行った間接効用（indirect utility）関数であるため，分析対象の行動が受ける制約に関する要因を入れる場合が多い．一般に交通行動に働く制約としては所得や時間，自家用車の有無などがある．対象となる行動にどのような制約が働くのかをあらかじめ知ることができる場合には，それに関するデータの収集が可能となる．具体的には，通勤・通学や業務系交通に大きな影響を与える時間制約（time constraint），自由目的交通にも影響を与える費用制約（budget constraint），交通手段の利用可能性制約（availability constraint）である．費用や時間の制約については，所得や利用可能時間帯，所要時間などを説明変数として用いることが多い．(2)で取り上げた選択肢属性としての所要時間なども，制約変数としての側面を有している．この他にも，交通手段選択において，利用可能な自家用車は家庭で保有している自家用車の数を超えないなどの制約がある．この場合，家庭の所有自家用車台数や免許保有者数などが，利用可能制約を示す変数として導入される．

(4) 状況要因（contextual factor）

　交通行動をより総合的に分析するためには，時刻依存特性や前後の活動，活動履歴なども必要になる．このような変数を状況要因（contextual factor）と定義する．例えば，その後で飲酒が控えているのならば，交通手段選択で自家用車を選択する効用は大きく低下する．また，観光目的地選択の場合に，過去に選択対象の目的地へいった履歴が，魅力度を低下させたり上昇させたりする．交通行動においては，これらの要因が非常に大きな意思決定要因になるものがあり，その場合には，ダイアリー調査や回顧的な質問や縦断的な調査などによってこれらのデータを得る必要がある．

(5) 個人属性 (individual attributes)

モデルに用いた説明変数以外の要因 (omitted variables),たとえば個人の好みの異質性 (taste variation) などは全て誤差項に含まれることになる.これらのなかで,誤差項の分布に大きな影響を与えたり,各選択肢で一定でない要因が存在する場合,離散選択モデルの誤差項に仮定される「選択肢間の誤差分散の同一性 (homoskedasticity)」が成立しなくなったり,誤差項の分散が大きくなりモデル全体の有意性が低下したりする.このような問題は,性別や年齢などの個人属性を効用関数に導入することで緩和されることがある.つまり個人属性を効用関数に導入することは,誤差項の中から観測可能な個人属性に依存する成分を分離抽出していることになる.比較的容易に観測可能な個人属性で,交通行動に影響を与えるものとしては,性別,年齢,ライフサイクルステージ,職業,家庭の就業者数,学歴などがある.

5.1.2 発展的モデル作成のための追加調査項目

(1) 意識データ (psychological data)

交通行動に心理的要因が重要であるとの指摘は,1970年代からなされており,これらの潜在的意識要因を離散選択モデルに導入する研究が継続的に行われている.潜在的・主観的な心理要因をモデルに取りこむためには,どのような意識要因が意思決定に関わっているのかを明確にする必要がある.McFadden (1986) は選択行動の意思決定過程をパスダイヤグラムで表し,それに影響を及ぼす潜在的要因や顕在的要因の因果関係や測定関係を明示的に示した.その後1998年にパリで行われた選択行動分析に関する会議において,選択行動分析のフレームが再構築され,新たな意思決定過程のパスダイヤグラムが示された (Ben-Akiva et al., 1999).このパスダイヤグラムを図-5.1.1に示した.図中の実線は標準的な消費者行動分析で用いられる関係を表しており,破線はより心理学的な分析で用いられる関係を示している.本項では,この図の中の主な潜在的意識要因として,知覚,態度,選好を取り上げ,それらに関する調査方法とモデルへの導入について概説する.

a. 知覚 (perception)　　知覚とは,意思決定者が認知した選択肢の属性で,その人の記憶や,その人が得ている選択肢の属性に関する情報に影響されていると考えられる.5.1.1項で述べたような所要時間や費用といった客観的に測定される要因の他にも,乗り心地や安全性などの主観的な属性も知覚には含まれる.これらの認知された値を直接的に計測することは困難で,アンケート調査などによって間接的に測定することが多い.利便性や安全性といった主観的で,具体的な尺度が現実に存在しないものについては,被験者の回答における不安定さを軽減するために,5段階や10段階の評価レ

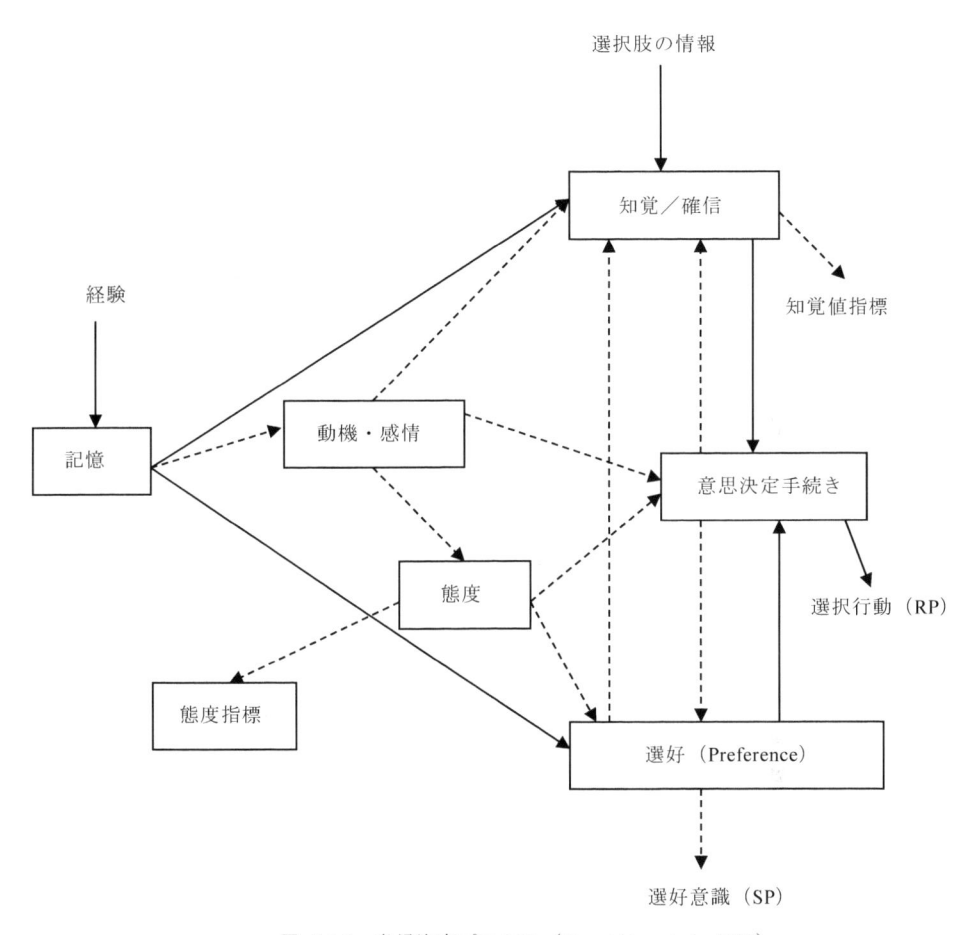

5.1 離散選択モデル (discrete choice model) 推定のための調査項目

図-5.1.1 意思決定プロセス (Ben-Akiva et al., 1999)

ベルからの選択形式(**図-5.1.2**参照)にすることが望ましいとされている.(第3章参照)主観的評価値を用いた例として,Morikawa et al. (1990) や森川・佐々木 (1993) が McFadden (1986) の提案したパスダイヤグラムに従って,主観的評価と選択を統一的フレームで分析した研究がある.この研究では構造方程式モデル(第8章を参照)を,主観的評価の分析に用いている.

```
┌─────────────────────────────┐   ┌─────────────────────────────┐
│   この交通手段の利便性に対する   │   │  選択における属性Aの重要性を   │
│     評価点を選択してください      │   │      下記より選んでください      │
│                             │   │                             │
│   5  利便性が非常に高い       │   │   5  非常に重要である         │
│   4  利便性がやや高い         │   │   4  重要である               │
│   3  普通                   │   │   3  どちらとも言えない       │
│   2  利便性がやや低い         │   │   2  関係が無い               │
│   1  利便性が低い            │   │   1  まったく関係が無い       │
└─────────────────────────────┘   └─────────────────────────────┘
```

図-5.1.2　潜在的知覚測定の例（利便性評価）　　　図-5.1.3　態度測定の例

b. 態度（attitude）[1]　態度とは心理学の分野で古くから用いられている概念である．マーケティングの分野では，その定義は 100 以上あり，計測方法としてそれ以上多くのものが提案されているが，現時点で明確な定義と測定方法は定まっていない（Peter and Olson, 1999）．多くの態度の定義に共通の概念として「個人のある概念に対する全体評価」があり，これは Fishbein（1980）の定義した「問題となる対象に対する好みの感覚」を拡大した表現と言える．McFadden の示したパスダイヤグラム中の態度とは，意思決定者の動機・感情，マーケットの情報などに影響を受ける潜在的意思決定要因であり，具体的には選択肢の属性や選択肢そのものに抱く感情を示している．態度は意思決定に多大な影響を及ぼしているとの認識から，これまで多くの交通調査において，5.1.1 項で示したような項目の外に「どの属性を重視して選択を行うのか」などといった形式で調査されてきた．態度の測定には，調査実施側の提示する 5 段階や 7 段階などの尺度基準からの選択の形式（**図-5.1.3** 参照）や，提示したいくつかの項目について重要度にしたがって並べ替えを行う形式，とくに重要な上位項目を選択するなどの形式がある．**図-5.1.3** に示した形式は，連続変数化しやすいなど分析に便利であるが，回答者がすべての項目が重要であると答えた場合など，重要度の識別が困難となる．重要度の順位付けや上位重要度項目の選択といった非尺度的回答形式は，被験者の負担は減るが定量的分析を行う際には離散選択分析と同様な潜在変数（第 8 章参照）を介した手法が必要になる．Sasaki et al.（2000）は離散的な態度変数と離散選択モデルの融合手法を提案している．

c. 選好（preference）　直接観測は不可能であるが，顕示選好の弱公理（WARP；weak axiom of revealed preference）に基づくと，市場における選択を観測することで，その順序関係を規定できるとされている．また，80 年代以降交通行動分析の分野において，

選択結果の代替的な情報源として，仮想の条件下での選好の意思表示である SP（stated preference）データが，用いられるようになっている．SP データの性質や利用方法については 5.3 節で詳しく取り上げて説明する．

(2) 潜在的制約

5.1.1 項で示した制約条件の他に，選択肢の認知制約や情報利用可能性の制約などが存在する．行動制約は主に経験による制約と市場の制約に分類される．市場の制約は 5.1.1 項で示した予算や時間といった制約が主なものであり，顕在化するものと，潜在的なものが存在する．また，経験による制約とは，それまでの経験によって意思決定に制約が生じるものである．例えば買い物目的地選択を例にとると，ほぼ無数の目的地となりうる商店が存在するが，これらすべての選択肢の属性を考慮して選択を行っているとは考えられず，それまでの経験などに基づいて目的地の選別（elimination）を行い，いくつかの目的地を選択肢集合として考慮する行動が想定される．また，意思決定時点において商店の情報をまったく手に入れていない場合には，その商店は認知されることも無く選別の対象からはずされる．つまり経験や収集された情報によって選択が制約を受けていると考えられる．

これらの潜在的な制約要因を直接観測することは困難であり，その目的のために設計されたアンケート調査項目を追加する方法や（Ben-Akiva et al., 1997），選択肢の市場における情報などを用いる手法，もしくは別の行動の調査結果から潜在的な制約を推定することになる．Swait and Ben-Akiva（1987）や森川ら（1992）は，このような潜在的な制約を考慮した行動モデルを構築している．これらのモデルについての詳細は，6.6.2 項を参照されたい．

(3) 活動および縦断的データ

この他に追加的調査項目として，交通行動に関する動的な情報の収集や活動データの収集が挙げられる．パネルデータ（panel data）およびアクティビティダイアリデータ（activity diary data）がそれぞれの代表的なものとしてあげられ，パネルデータ収集については 5.4 節，アクティビティダイアリデータについては 4.2 節をそれぞれ参照されたい．

5.2 標本抽出と重み付け

調査で得られた標本が自動的に母集団の偏りない縮図となるとは限らない．無作為抽出により個人が抽出された場合でも，回答率が年齢や就学年数などにより異なるた

⁅2⁆ 調査方法論／第5章　交通行動モデル推定のための調査法

め，得られる標本は母集団を代表しないのが一般である．非集計モデル推定のための調査の場合，内生標本抽出（後述）と呼ばれる交通行動に基づく標本抽出がなされることが多いが，結果として得られる標本は，母集団とは極めて異なったものとなる可能性がある．このような場合，これら偏った標本を用い母集団モーメントやモデルを推定する際に必要となるのが標本の重み付けである．

本節では内生標本抽出に着目し，これまでに開発されてきた重み付け理論を紹介し，さらに重み付け方法論を一般化し複雑な内生標本抽出法を用いた標本への適用を試みる．また，路側調査や乗客調査などの内生標本抽出が複数箇所で（あるいは複数時点で）行われる場合，各調査地点での抽出率に基づいて単純に重みを算出するという従来の方法の問題点を指摘し，本節で得られた重み付け法の適用を例示する．さらに離散選択モデルが内生標本を用いて推定された場合，モデル係数の共分散行列の適切な推定方法を紹介する．なお，本節は煩雑な数式を含んでいる．標本の重み付け理論に興味を持たない読者は次節へと読み飛ばすことも可能である．

5.2.1　内生標本抽出

4.2節で述べたように，PT調査などでは無作為抽出が採用されることが一般である．しかし，観光交通行動や低密度地域での公共交通機関利用トリップのように，低頻度で発生する事象のデータを調査から得ようとする場合，通常の無作為抽出による調査は極めて効率性の低いものとなる．このような場合，観光地や鉄道駅のように対象とする事象を直接観測できる場所で標本の抽出を行うことにより，より効率的な調査が可能となる（森地・屋井，1984）．このように研究の対象とする事象（あるいはそれにより決定される事象）に基づいて標本が抽出される場合，これを内生標本抽出（endogenous sampling）と呼ぶ．典型的な例は選択肢別抽出（choice-based sampling）で，路側で抽出された自動車利用者と，駅や車内で抽出された公共交通機関利用者を組み合わせることにより交通手段選択解析のための標本を準備する場合などがこれにあたる．また，交通行動調査でしばしば用いられる加重層別標本（enriched sample）は，無作為抽出による標本を選択肢別抽出による標本で補完したもので，これも内生標本抽出によるものである．

無作為抽出や，外生的に定義された層を用いた層別抽出の場合と異なり，内生抽出法により得られた標本の解析にあたっては，標本平均や標本分布などを用いた単純集計による母数の推定の場合のみならず，モデル推定の際にも重み付けによるひずみ修正が必要となる（森地・屋井，1984；土木学会，1995）．選択肢別抽出の場合，重み付けおよび離散選択モデルの推定の方法論はこれまでに開発，適用されてきた（森地・

屋井，1984；Cosslett, 1981；Manski and McFadden, 1981)．とくに，多項ロジットモデルは効用関数の説明変数の未知係数は一致性を持って推定され，定数項のみにひずみの修正が必要となることが知られている（Manski and Lerman, 1977; Manski and McFadden, 1981)．本節ではより複雑な内生抽出が行われた場合を対象としている．

5.2.2 複雑な選択肢別抽出法に基づく標本の重みづけ[2]

ここではこれまでの研究（Cosslett, 1981; Manski and McFadden, 1981; Lancaster and Imbens, 1990; Thill and Horowitz, 1991; Kitamura et al., 1993）に基づき，選択肢別抽出により得られた標本の重みづけ理論の枠組みを示し，それを多次元選択肢別抽出の場合へと拡張する．互いに排反な $J(<\infty)$ 個の離散選択肢からなる選択肢集合を C，説明変数の標本空間を $\mathbf{X}$ と表し，対象とする母集団が空間 $C \times \mathbf{X}$ に含まれるとしよう．選択肢を $j(\in C)$，説明変数を $\mathbf{x}(\in \mathbf{X})$ で表し，この母集団から得られる標本を $(j, \mathbf{x})$ とする．この標本が得られる同時確率密度を

$$g(j, \mathbf{x}|\boldsymbol{\theta}) = q(\mathbf{x}) \Pr[j|\mathbf{x}, \boldsymbol{\theta}] \tag{5.2.1}$$

と表そう．ここに，$g(j, \mathbf{x}|\boldsymbol{\theta})$ は標本 $(j, \mathbf{x})$ の同時確率密度関数，$q(\mathbf{x})$ は説明変数 $\mathbf{x}$ の周辺密度関数，$\boldsymbol{\theta}$ は選択 j と説明変数 $\mathbf{x}$ の関係を規定する母集団パラメータのベクトルである．説明変数 $\mathbf{x}$ の周辺確率密度関数は $(j, \mathbf{x})$ の同時確率密度関数を j について足し合わせることにより得られ，$q(\mathbf{x}) = \sum_{j \in C} g(j, \mathbf{x}|\boldsymbol{\theta})$ である．純粋な無作為抽出が用いられた場合，標本 $(j, \mathbf{x})$ が抽出される確率はその確率密度に比例する．したがって無作為抽出の下での標本 $(j, \mathbf{x})$ の確率密度，$L_r(j, \mathbf{x})$，は

$$L_r(j, \mathbf{x}) = g(j, \mathbf{x}|\boldsymbol{\theta}) \tag{5.2.2}$$

と表される．

次に選択肢別抽出の場合について標本の選択確率密度を考えよう．選択肢集合 C が B 個の必ずしも排反ではない部分集合 C_b ($b = 1, 2, ..., B$) に分割され，各々の部分集合を層とみなして標本が抽出されたとする．各層の母集団は $\mathbf{A}_b = C_b \times \mathbf{X}$ に含まれている．また $C_1 \cup C_2 \cup \cdots \cup C_B = C$ である．例えば，選択肢集合が ｛一人乗り自動車，カープール，バス，鉄道｝ と与えられ，部分集合が $(C_1, C_2) = $（｛自動車｝，｛公共交通｝）と定義されたとしよう．この場合 $B = 2$ で，j が一人乗り自動車あるいはカープールのとき，その標本は C_1 に含まれ，j がバスあるいは鉄道のとき，C_2 に含まれる．

次にある標本の選択肢が C_b に含まれる確率を考えよう．この確率は $(j, \mathbf{x})$ の同時確率密度を $\mathbf{x}$ について積分し，得られる周辺確率をさらに C_b に属する j について足し合わせることにより得られる．この確率を $Q(b|\boldsymbol{\theta})$ とすると，

$$Q(b|\boldsymbol{\theta}) = \sum_{j \in C_b} \int_{\mathbf{x} \in \mathbf{X}} g(j, \mathbf{x}|\boldsymbol{\theta}) d\mathbf{x} = \sum_{j \in C_b} \int_{\mathbf{x} \in \mathbf{X}} q(\mathbf{x}) \Pr[j|\mathbf{x}, \boldsymbol{\theta}] d\mathbf{x} = \sum_{j \in C_b} Q(j|\boldsymbol{\theta}) \tag{5.2.3}$$

である．ここに $Q(j|\boldsymbol{\theta})$ は選択肢 j が選ばれる周辺確率である．$Q(b|\boldsymbol{\theta})$ は C_b に属する選択肢の市場でのシェアに対応することに注目されたい．

選択肢別抽出の場合に層 b が選出され標本 $(j, \mathbf{x})$ が抽出される同時確率密度 $L_c(j, \mathbf{x}, b)$ は，層 b が選出される確率に，層 b が選出されたとして標本 $(j, \mathbf{x})$ が抽出される条件付確率密度をかけ合わせることにより得られ，式5.2.3で定義された $Q(b|\boldsymbol{\theta})$ を用い，

$$L_c(j, \mathbf{x}, b) = H(b) \Pr[(j, \mathbf{x}) \in A_b | b, \boldsymbol{\theta}] = \frac{H(b) g(j, \mathbf{x}|\boldsymbol{\theta})}{Q(b|\boldsymbol{\theta})} \tag{5.2.4}$$

と与えられる．ここに $H(b)$ は選択肢別抽出において層 b が選出される確率である．層 b が選出されたとして標本 $(j, \mathbf{x})$ が抽出される条件付確率密度は，標本 $(j, \mathbf{x})$ が抽出される条件無しの確率密度を，層 b が選出される確率で除したものである．層 b が選出される確率は，調査設計の段階で決定されていると考えることができる．

さて，式5.2.2と式5.2.4を比較すると

$$L_r(j, \mathbf{x}) = L_c(j, \mathbf{x}, b) \frac{Q(b|\boldsymbol{\theta})}{H(b)} \tag{5.2.5}$$

であることがわかる．したがって，$\left[\dfrac{H(b)}{Q(b|\boldsymbol{\theta})}\right]^{-1}$ を選択肢別抽出により得られた標本の抽出確率密度，$L_c(j, \mathbf{x}, b)$ ，に適用することにより，その抽出確率密度は無作為抽出の場合と同一とのものとなる．このことは，$\left[\dfrac{H(b)}{Q(b|\boldsymbol{\theta})}\right]^{-1}$ が選択肢別抽出法により得られた標本の重みとして適用可能であることを意味する．この重みは，標本抽出時に層 b が選出される確率と，層 b に属する選択肢の市場でのシェアとの比の逆数であることに注目されたい．$H(b) > Q(b|\boldsymbol{\theta})$ の場合，すなわち層 b が過大に選出された場合，抽出された標本の重みは1以下となり，逆に層 b が過少に選出された場合には重みは1を越える．

次にこれを j が複数の層に含まれる場合に一般化しよう．特定の標本の抽出にあたり，複数の層が選出されることは有り得ないから，$(j, \mathbf{x})$ が抽出される確率密度は，j が属する層の各々から $(j, \mathbf{x})$ が抽出される確率密度の和として表され，

$$L_c(j,\mathbf{x}) = \sum_{b,j\in C_s} L_c(j,\mathbf{x},b) = \sum_{b,j\in C_s} \frac{H(b)g(j,\mathbf{x}|\boldsymbol{\theta})}{Q(b|\boldsymbol{\theta})} = g(j,\mathbf{x}|\boldsymbol{\theta}) \sum_{b,j\in C_s} \frac{H(b)}{Q(b|\boldsymbol{\theta})} \quad (5.2.6)$$

である．式 5.2.6 と式 5.2.2 の比較から，選択肢 j を含む標本の重みは

$$\omega(j) = \left[\sum_{b,j\in C_s} \frac{H(b)}{Q(b|\boldsymbol{\theta})}\right]^{-1} \quad (5.2.7)$$

と得られる．

　次にこの重み付け理論を拡張し，多次元選択肢別抽出法が用いられた場合の標本の重み付け法を考えよう．観測される行動が D 次元の選択行動であるとし，標本を $(j_1, j_2, ..., j_D; \mathbf{x}) = (\mathbf{j}, \mathbf{x})$ と表そう．ここに $j_d \in C_d$, ($d = 1, 2, ..., D$), C_d は d 次元目の選択肢集合，$\mathbf{x}$ はこれまでのように説明変数のベクトルである．さらに各々の選択肢集合が B_d に分割されており，$C_d = C_1^d \cup C_2^d \cup \cdots \cup C_{B_d}^d$ が成立するとする．また b_{j_d} により j_d が属する層を表し，$\mathbf{b} = (b_{j_1}, b_{j_2}, ..., b_{j_D})$ とする．各次元での各々の層において選択肢別標本が抽出されるとする．例として，観光客を，宿泊地，社寺仏閣などの観光目的地，鉄道駅や高速道路出口などの交通拠点の各々で抽出する場合が挙げられる．$\mathbf{j}$ に含まれている選択肢が必ずしも調査の結果得られる標本を用いて推定される離散選択モデルの選択肢と一致するわけではないことに注意されたい．

　さて，現実の標本抽出においては母集団が標本数に比べ格段に大きく，抽出率は極めて小さいことが通常である．したがって特定の個体が標本として複数次元において抽出されることは実際上起こり得ないと考えて差し支えないであろう．仮にある個体が複数次元において繰り返し抽出されるとしても，その確率は極めて小さく，安全に無視し得るものと考えられるからである．すなわち，$\mathbf{j}$ を持つ個体が抽出される確率，$p(\mathbf{j})$ は，その個体が層 b_{j_d} で抽出されるという事象を B_{j_d} とすると

$$p(\mathbf{j}) = \Pr[B_{j_1} \cup B_{j_2} \cup \cdots \cup B_{j_D}] = \Pr\left[\sum_{d=1}^{D} B_{j_d} + \sum_{i=1}^{D-1}(-1)^i \sum_{k=1}^{D-i}\left(\bigcap_{d=k}^{k+i} B_{j_d}\right)\right]$$

$$\cong \Pr[B_{j_1}] + \Pr[B_{j_2}] + \cdots + \Pr[B_{j_D}] \quad (5.2.8)$$

により十分に近似されると考えられる．すると式(5.2.6)と同様，

$$L_c(\mathbf{j},\mathbf{x}) = \sum_{d}\sum_{b,j_d\in C_s^d} L_c(\mathbf{j},\mathbf{x},b) = g(\mathbf{j},\mathbf{x}|\boldsymbol{\theta})\sum_{d}\sum_{b,j_d\in C_s^d} \frac{H^d(b)}{Q^d(b|\boldsymbol{\theta})} \quad (5.2.9)$$

が得られる．選択肢ベクトル $\mathbf{j}$ を含む標本の重みは

$$\omega(\mathbf{j}) = \left[\sum_d \sum_{b, j_d \in C_j^d} \frac{H^d(b)}{Q^d(b|\boldsymbol{\theta})} \right]^{-1} \quad (5.2.10)$$

と表される.

式 5.2.10 の適用には $H^d(b)$ および $Q^d(b|\boldsymbol{\theta})$ の値が必要となる.前者が標本内での層の構成比により,また後者がマーケットにおける層の構成比により表されると考え,各々を

$$\hat{H}^d(b) = \frac{\sum_{j_d \in C_j^d} n_{j_d}}{n}, \quad \hat{Q}^d(b|\boldsymbol{\theta}) = \frac{\sum_{j_d \in C_j^d} \hat{N}_{j_d}}{\hat{N}} \quad (5.2.11)$$

と表そう.ここに n_{j_d} は標本内で d 次元目の選択肢別抽出で得られた標本のうち選択肢 j_d を持つ標本の頻度,$\hat{N}_{j_d}$ は母集団内で次元 d の選択肢 j_d を持つ個体の頻度の推定値,n は総標本数,$\hat{N}$ は母集団内の総個体数の推定値である.すると選択肢ベクトル $\mathbf{j}$ を持つ標本の重みは

$$\hat{\omega}(\mathbf{j}) = \left[\frac{\hat{N}}{n} \sum_d \sum_{b, j_d \in C_j^d} \frac{\sum_{j_d \in C_j^d} n_{j_d}}{\sum_{j_d \in C_j^d} \hat{N}_{j_d}} \right]^{-1} = K \left[\sum_d \sum_{b, j_d \in C_j^d} \frac{\sum_{j_d \in C_j^d} n_{j_d}}{\sum_{j_d \in C_j^d} \hat{N}_{j_d}} \right]^{-1} \quad (5.2.12)$$

と表される.ここに K は定数で,その値を調整することにより標本の拡大率を定めることができる.

5.2.3 路側調査と家庭訪問調査に基づく標本への適用

この重み付け方法の適用例として,新規高速道路が都市圏住民の 1 日の交通パターンに与えるインパクトを把握することを目的とした,圏域における 1 日の総トリップを母集団とした調査を考えよう.この調査の抽出単位は個人で,標本は新規高速道路と競合する路線での路側調査で車種別に抽出された個人(運転者)と,住民登録台帳に基づき地域別に層化抽出された個人から成るとする.調査の目的が 1 日の交通パターンの推定であり,道路網上での各トリップの通過点は個人の交通パターンにより規定されるから,路側調査での標本抽出は内生的であると考えるのが妥当である.結果として得られる標本は,路側調査による内生的標本抽出と,住民台帳に基づく層別無作為抽出が組み合わされたもので,加重層別標本と見なすことができる.なお,住民台帳に基づき抽出された個人が,路側調査で再抽出される,あるいは同一の個人が路側調査で複数回抽出される可能性はあるものとする.

5.2 標本抽出と重み付け

　路側調査が M 個所で行われたとし，ある標本個人が i 番目の調査地点を通過した回数に等しい値をとる変数 m_i $(=0,1,2,...)$ を定義し，その個人が1日に路側調査地点の集合を通過した頻度を $(m_1, m_2, ..., m_M)$ と表す．変数 m_i の値は個人が調査地点 i を通過した頻度のみにより定義され，地点 i でその個人が抽出されたか否かによらないことに注意されたい．また，車種が総計 V あるとし，標本個人の利用車輛の車種を v で，居住地域が L あるとし，標本個人の居住地域を l で表す．標本個人の路側調査地点通過頻度と居住地域を離散選択の結果と見なし，$\mathbf{j}=(m_1, m_2, ..., m_M, v, l)$ とすると，あるベクトル $\mathbf{j}$ の重み $\hat{\omega}(\mathbf{j})$ は式 5.2.12 に従って

$$\hat{\omega}(\mathbf{j}) = K \left[\sum_{i=1}^{M} m_i \frac{n_i^v}{N_i^v} + \frac{w_l}{W_l} \right]^{-1} \tag{5.2.13}$$

のように得られる．ここに，n_i^v は標本内で地点 i での路側調査で抽出された車種 v の車輛台数，N_i^v は1日に地点 i を通過する車種 v の車輛の観測台数，w_l は標本内で住民台帳により抽出された地域 l に居住する個人の総数，W_l は地域 l の住民台帳に登録された個人総数である．ここで定義された重みは，路側調査で抽出されたか住民台帳で抽出されたかにかかわらず，各々の標本個人に一元的に適用される．

　以上の解析は住民台帳で抽出された個人を路側調査で抽出されることを妨げないという前提に立っている．住民台帳で抽出された個人を路側調査では抽出しないよう調査がなされた場合，特定の $\mathbf{j}$ を持つ個人が抽出される確率は，その個人が住民台帳から抽出される確率と，住民台帳からは抽出されず路側調査で抽出される確率の和である．$\mathbf{j}$ が与えられたとして，後者の積は路側調査の抽出率で近似される．したがって，住民台帳で抽出された標本については m_i をすべて0とした上で式 5.2.13 を適用し，路側調査で抽出された標本には式 5.2.13 をそのまま適用することにより重み付けが可能となる．

　選択肢別標本抽出法や加重層別標本抽出法は交通手段選択のように単独のトリップを対象とした場合に適用される場合が多い．このような場合でも，路側調査や乗客調査などの選択肢別抽出が複数地点で（あるいは複数交通機関について）行われる場合，適切な重み付けのためには全調査地点の通過情報（あるいは全調査対象交通手段の利用に関する情報）が各標本について必要となるのが一般である．したがって調査票の設計にあたり，これらの重み付けに必要となる情報に関する設問を設けることが肝要である．

　現存の調査結果の重み付けに当たって問題となるのはこのような情報が必ずしも存

在しないということであろう．例えば，路側調査の回答者からは他の調査地点の通過についての情報は一切得られていないのが一般である．したがって，これらの標本について $(m_1, m_2, ..., m_M)$ を推定することは不可能である．1つの対応策として，住民台帳などから抽出された標本から $\mathbf{j}$ の分布が推定されるとすれば，それに基づき路側調査地点 i で抽出された標本について，その属性とそれが地点 i を通過したことを所与として，$\mathbf{j}$ の未知要素を内挿（impute）し，$\hat{\omega}(\mathbf{j})$ を算定するという方法が考えられる．このような方法は重みの決定に当たり複雑な推定を必要とするものであるが，調査方法を変更することなく適切な重み付けをしようとする場合，重み付けの過程が複雑化することは避けえないといえよう．

5.2.4 内生的重みを用いた離散選択モデルとパラメータ共分散行列の推定

内生抽出法により得られた標本に基づいて離散選択モデルを推定するときに用いられるのが WESML（weighted exogenous sample maximum likelihood）（土木学会，1995; Manski and Lerman, 1977）法である．この推定法では

$$\ln L = \sum_{i=1}^{N} \hat{\omega}(\mathbf{j}_i) \ln \Pr[J_i | \mathbf{x}_i, \boldsymbol{\theta}] \tag{5.2.14}$$

と定義される対数尤度関数を最大化することによりモデルが推定される．ここで J_i は標本 i で意思決定者により選ばれた選択肢，$\Pr[J_i | \mathbf{x}_i, \boldsymbol{\theta}]$ は $\mathbf{x}_i$ が与えられたとき選択肢 J_i が選ばれる確率である．この関数を最大化する $\boldsymbol{\theta}$ を母集団パラメータの最尤推定値とし，$\hat{\boldsymbol{\theta}}$ で表す．

内生抽出標本を用い WESML 法を用い離散選択モデルを推定した場合，共分散行列は

$$\Sigma = \frac{1}{N} \Omega^{-1} \Lambda \Omega^{-1} \tag{5.2.15}$$

と与えられる（Manski and McFadden, 1981）．ここに

$$\Omega = E\left\{\left[\frac{\partial \ln \Pr(J_i | \mathbf{x}_i, \boldsymbol{\theta})}{\partial \boldsymbol{\theta}}\right]\left[\frac{\partial \ln \Pr(J_i | \mathbf{x}_i, \boldsymbol{\theta})}{\partial \boldsymbol{\theta}'}\right]\right\} \tag{5.2.16}$$

$$\Lambda = E\left\{\hat{\omega}(\mathbf{j}_i)\left[\frac{\partial \ln \Pr(J_i | \mathbf{x}_i, \boldsymbol{\theta})}{\partial \boldsymbol{\theta}}\right]\left[\frac{\partial \ln \Pr(J_i | \mathbf{x}_i, \boldsymbol{\theta})}{\partial \boldsymbol{\theta}'}\right]\right\} \tag{5.2.17}$$

である．推定にあたっては，

$$\hat{\Omega} = \frac{1}{N}\sum_{i=1}^{N}\left\{\left[\frac{\partial \ln \Pr(J_i | \mathbf{x}_i, \boldsymbol{\theta})}{\partial \boldsymbol{\theta}}\right]\left[\frac{\partial \ln \Pr(J_i | \mathbf{x}_i, \boldsymbol{\theta})}{\partial \boldsymbol{\theta}'}\right]\right\} \tag{5.2.16'}$$

$$\hat{\Lambda} = \frac{1}{N}\sum_{i=1}^{N}\left\{\hat{\omega}(\mathbf{j}_i)\left[\frac{\partial \ln \Pr(J_i \mid \mathbf{x}_i, \boldsymbol{\theta})}{\partial \boldsymbol{\theta}}\right]\left[\frac{\partial \ln \Pr(J_i \mid \mathbf{x}_i, \boldsymbol{\theta})}{\partial \boldsymbol{\theta}'}\right]\right\} \qquad (5.2.17')$$

を適用する．この推定量の過去の適用例には山本ら（1997）がある．WESML 法による共分散行列の推定に当たり式 5.2.15 を用いた場合と通常の推定量を用いた場合の比較については北村ら（2001a）を参照されたい．WESML 法を含め，これまでに提案されてきたモデル係数の推定法の比較については森地ら（1983）を参照されたい．

5.3 Stated Preference 調査

5.3.1 SP の特徴と性質

仮想の状況下での選好意思表示を観測したデータを stated preference（SP）データと呼ぶ．これに対し，実際の状況における選択行動を観測したデータを revealed preference（RP）データと称する．SP データを用いることで，RP データでは分析が困難であった，現存しない新規の交通サービスの需要分析や，新規の政策の効果などを大規模な社会実験などに頼ることなく計測することが可能である．2000 年前後に SP データを用いた交通行動分析に関する書籍が発行されるなど（Ortuzar, 1999; Louviere and Hensher, 2001），交通行動分析において SP データを用いた分析については多くの研究の蓄積と発展が存在する．

SP データは一種の実験的データであるため，制約条件などの外部要因のコントロールが可能であり，属性間のトレードオフの影響が相対的に高まる．また，同一個人から多数の情報を得ることも容易であり，個人の嗜好の異質性などが明確になるなどの特性を持つ．森川（1990）は SP データと RP データの特質を示し，**表-5.3.1** のようにまとめている．この表からわかるように SP データと RP データは相互補完的関係にある．

このような特徴を持つ SP 調査は，海外では実務への適用が 90 年代初頭から進んでいるが，国内においても 90 年代後半より実務への適用事例が増えている．

5.3.2 SP 調査の選好表明形式

表-5.3.1 に示したように，SP 調査において回答者の選好を表現する形式には，順位付け（ranking），選択（choice），評点付け（rating），マッチング（matching）がある．またこれらの特殊形として，3 項以上の選択肢の中から 2 選択肢を取り出して比較する一対比較（pair-wise）形式，マッチングを価格で行うトランスファープライス（transfer price）データがある．なお，以下に示す様々な回答形式で得られた SP データから離散

表-5.3.1　RPデータとSPデータの比較（森川（1990）に加筆修正）

	RPデータ	SPデータ
選好情報	実際の行動結果に基づく 市場における行動と一致 得られる情報は「選択結果」	仮想の状況における意思表示 市場での行動と不一致の可能性 「順位付け」「評点づけ」「選択」など
選択肢	現存しない選択肢は取り扱えない	現存しない選択肢も取り扱える
選択肢の属性	定量的属性のみ 測定誤差があることが多い 属性値の範囲が限られている 属性間の重共線性が大きい	定量的および定性的属性 測定誤差はないが知覚誤差の可能性 属性値の範囲を拡張できる 属性間の相関を制御できる
選択肢集合	不明瞭	明瞭

選択モデルを推定する方法は，6.2.6項を参照されたい．

(1) 順位付け

　回答者に複数の選択肢を示し，望ましさの順序に選択肢を並べかえることを促すという形式で行われる．順位付けは必ずしもすべての選択肢を並べかえる必要性は無く，例えば5つの選択肢の中で上位3位までの順位付けといった形でもよい．6.2.6項で解説するランクロジット（rank logit）を用いて順序付けデータの信頼性を分析した研究（Ben-Akiva et al., 1989）において，上位の順序付けは比較的信頼性が高いが，下位の順位付けは信頼性に乏しいとされており，選択肢数が多い場合は必ずしも全体の順位付けは分析の精度を高めない．Bradley and Daly（1994）は順位付けデータを用いる場合には，最初の3〜4位までを用いるべきであり，その上で誤差分散の違いを考慮するために，スケールファクター（scale factor）を導入することが必要であると述べている（6.2.2項を参照）．

(2) 選択

　順位付けの中で上位1位だけを回答するというものが選択に相当すると考えられる．この特殊形として仮想の選択肢を1つ示し，それを選択するか否かを尋ねる選択意向（stated intention）と呼ばれる形式もよく用いられる．選択意向調査は，選択肢集合を明示しない場合もあるが，被験者は実際に選択している選択肢との比較を行っていると想定され，現況と仮想の2項選択を行っていると考えられる．同じように多数の選択肢の中から2項選択を繰り返す形式の一対比較法は，回答者が選択を行いやすいこ

とや，被験者の選択結果によって提示する選択肢を変えることなどにより，より信頼性が高く有効な選好情報を得ることが可能である．

(3) 評点付け

選択肢の評価を，一次元尺度上に各選択肢を位置付けてもらう形式の調査である．各選択肢に 10 点満点の点数を与える形式がよく用いられるが，得られる点数の信頼性はそれ程高くなく，その順序を順位付けデータとして利用するなどの加工が必要である（森川，1990, Louviere et al., 2000）．評点付けの信頼性を高めるために，一次元尺度の代りに，少数の意味付けされたカテゴリーからの選択とする方法も可能である．例えば，「非常に望ましい」，「望ましい」，「普通」，「あまり望ましくない」，「望ましくない」からの選択形式にするような場合である．ただしカテゴリー数をあまりに少なくした場合には，多くの選択肢が同一カテゴリーに入る可能性があるなど，選好順序が明確にならない可能性がある．

(4) マッチング形式

固定された属性を持つ選択肢 A と，1 つの属性が自由に変動できる選択肢 B の 2 つを示し，2 つの選択肢が選好無差別（または B が選好優位）になるように，被験者が変動可能な属性の値を設定（回答）する形式である．特に変動できる属性が価格の場合にはトランスファープライス（transfer price；TP）データと呼ばれる（Bonsall, 1985）．マッチングデータは順位付けや選択とは異なり，選択肢の選好無差別という明確な選好情報を観測可能であるが，被験者が選好無差別を明確に表明することが困難な場合が多く，確定的に選好無差別（indifferent）という仮定のもとでの選好分析は，コンジョイント測定法（conjoint measurement）の解の不定性（大澤ら，1980）と同様の問題が生じる．また，TP データを用いた場合には，選好無差別となる価格が，同時に行った選択形式の SP データや RP データから算定されるものと比較して，小さくなるとの報告がある（藤原，1993）．これは 5.3.5 項で述べる CVM の研究において，同じ対象に対して，支払い意志額（willingness to pay；WTP）は有意に受容意志額[3]（willingness to accept compensation；WTA）よりも小さい値を示す（Bishop and Heberlein, 1979）ことと同様のバイアスであると考えられる．

5.3.3 選択肢の設定

SP 調査の目的は，仮想または現実に存在する選択肢の属性変動によって選好を測定し，選好情報と提示された属性を用いて，効用関数（需要関数）を推定することである．しかしその選択肢の設定によっては，選好情報と属性の関係が明確に得られない可能性がある．属性の設定で考慮される要因は，①選択肢をどのように提示するのか，

②どの属性を変動させるのか，③属性の水準値はどの範囲にするのか，④属性値の提示方法はどのようにするか，が主なものである．

(1) 選択肢の提示方法

選択肢の提示方法として，選択肢を特定せず，属性だけを提示する場合と，選択肢を特定して，その属性を同時に提示する方法がある．その例を**表-5.3.2**に示す．

選択肢を明示しない方法は，料金などの共通項目だけで選択肢を定義するため，提示可能な属性の効用パラメータのみを求めたい場合に用いられる．提示可能な属性の効用パラメータだけではなく，観測が困難な要因を考慮して選択肢固有変数を導入した需要予測モデルを構築する場合には，選択肢を明示する必要があり，SP調査の目的によって提示方法は異なる．

表-5.3.2 選択肢の提示方法（交通手段を選択してもらう場合の例）

選択肢の提示方法	選択肢を特定しない方法			選択肢を特定する方法		
選択肢の属性	選択肢A	選択肢B	選択肢C	地下鉄	バス	LRT
料金	500円	300円	350円	500円	300円	350円
定時性	高い	低い	中程度	高い	低い	中程度
総所要時間	30分	50分	35分	30分	50分	35分
もっとも望ましい交通手段にνをつけてください	□	□	□	□	□	□

(2) 提示する属性の選択

SP調査で提示する属性は，2つの観点から選択することができる．ひとつは分析者の必要とする情報に基づく選択であり，もうひとつは意思決定者の選好に基づく選択である．具体的には，分析者が価格に対する需要の変動を知りたいのであれば，価格を提示する属性に入れなければ，そのような分析は不可能である．その一方で，被験者にとって意思決定に影響を及ぼさない属性を提示しても，分析結果に影響を与えず，分析の効率が低下する．どの属性が被験者の選択に影響を与えているのかを，事前に予想できない場合には，プリサーベイやフォーカスグループなどを行って，あらかじめそれを調査することが調査効率を高める．

提示する属性の数については，その数が少ない場合には，分析者の意図が明確にな

ることがあり，5.3.4 項に述べるような政策操縦バイアスの影響を受けやすくなる（藤原・杉恵, 1993）．例えば，自家用車の都心乗り入れに対してプライシングを行う SP 調査を，徴収額だけを示した場合を考えてみよう．この場合，分析者がプライシングによる自家用車乗り入れ規制の効果を測定しようとしていることが被験者にとって明確であり，被験者がその背後にはプライシング導入の可能性があると感じ取り，プライシング導入の効果を低く見積もらせようと，自家用車利用の選好をより高く提示してしまう可能性がある．このため SP 調査を設計するにあたっては，属性の数を増やすなどして，分析の意図を感じ取らせないようにする必要がある．ただしあまりに属性を多くした場合には，被験者が属性間のトレードオフを明確に認識できなくなり，一部の属性だけを考慮するなどの代替的な思考方法によって選好を表明してしまい，属性の選好への影響が明確にならない事があるため，通常 3〜7 程度（Miller, 1956；藤原, 1993）の属性が提示されることが望ましい．

(3) 属性の水準設定

Green and Srinivasan (1978) は選択肢の属性の範囲は，現実的な範囲でばらつかせることが望ましく，属性間の相関は極力小さくするべきであるとしている．その上，選択肢を明示した場合の属性値の設定は，提示した選択肢が，ばらつきを持って選択されることが望ましい．なぜなら，特定の選択肢だけが選ばれた場合には，属性間の代替性に関する情報が明確に得られないことがあり，推定される効用関数の信頼性が低くなる．コンピューターベースの調査（CATI；5.6 節参照）を用いた場合には，個人間で設定値を変化させることが容易であることや，被験者の選択が変化する属性値を調査中に推定可能なことから，より効率的で有効な調査が可能になると考えられる．

SP 調査では属性の水準の組み合わせを工夫することで，属性間の共線性（colinearity）を減少させることができる．とくに，完全要因配置計画（full factorial design）に基づいて，各属性を直交させることで共線性は完全に除去可能である．ただしその場合には，提示する属性が増加するにつれてその組み合わせの数が増大していき，あまりに評価すべき選択肢数が増加した場合には疲労（5.3.4 項参照）などの影響によって，回答の信頼性が低下する（Widlert, 1998；Ortuzar and Rodriguez, 2000）．そのため優越（dominate）している選択肢を除く方法や，一部要因配置計画（fractional factorial design）や選択肢間の属性の差によって選択肢を定義する方法などによって，評価すべき選択肢の数を低減させる方法が提案されている（Kuhfeld et al., 1994；藤原, 1996）．

(4) 属性値の提示方法

属性値の提示方法は，数字で示せるものに対しては，具体的に絶対量で示す方法の他にも，選択意向調査のように特定の基準が存在する場合には，変化を割合で示す方法がある．つまり，料金を提示するときに，500円と絶対量で示す場合と，現況を基準として10%の上昇といった割合で示す方式である．もちろん選択意向調査においても，選択肢の属性を絶対量で示すことは可能である．調査対象となる被験者の現況の水準にばらつきがある場合には，(3)で述べたように，選択のばらつきを確保するためには，被験者の現況に合わせて属性水準の異なる調査票の設計を行う必要が生じる．

数字で示せないような属性，例えば「予約無しで駐車可能」「シートの快適性」といった属性は，被験者に正確に認識してもらう必要があるので，できるだけ具体的にかつ視覚的表現をなるべく活用して提示するのが望ましい．ここでもコンピュータ支援調査を用いることで，具体的な写真などを多用することができ，より有効性の高い調査を行うことができる．

5.3.4 SP調査とデータのバイアス

SP調査は，仮想の状況での意向調査という調査自体の本来的な性質により，信頼性の低さを避けがたい．森川（1990）は，SPデータの信頼性には2つの重要な側面があると指摘している．1つはSPデータの信憑性であり，もう1つはその安定性である．SPデータの信憑性とは，SP調査では選択結果が被験者の現実の効用に影響を与えないため，実際の行動の場合とは異なった意思決定のプロセスによって答えてしまう問題である．SPデータの安定性とは，SP調査での属性や選択肢の設定の仕方によって回答が変動する問題である．森川はとくに信憑性に対して以下の4つ問題を指摘している[4]．

① 被験者が分析者の意図にあわせようとする「肯定（追従）バイアス」
② 利用時の制約をあまり考えないことによる「無制約バイアス」
③ 自己の行動の矛盾を正当化する「正当化バイアス（justification bias）」
④ 政策決定を自分に有利な方向へ導こうとする「政策操縦バイアス（policy-response bias）」

安定性については，一般的にはSP回答の時間的な安定性を指し，選択肢属性に対する嗜好の安定性，非観測要因の時間的安定性の2種類に分類される．SP調査では統計的な有効性を高める目的と，より多くの選好情報を得るという目的で，被験者に複数の設問に対する回答を求めることが多い．このような同一の調査での複数回のSP回答における首尾一貫性も安定性の問題とみなすことができる．また，このような複数回答で採取されたSPデータの安定性には，以下のような影響が加わっていると考えられ

る.
① 被験者の疲労によるデータ精度の低下（fatigue effect）
② 複数回の回答が意思決定に影響を与えそれぞれの選択が独立性を失う（inertia effect）
③ 最初の方の質問が，回答に慣れるための練習となり，その信頼性が低下する（warming up effect）

藤原ら（1992）がSPデータを含むパネル調査に基づいて，個人の選好意識の安定性を分析した結果によると，SP調査で設定された属性に対する嗜好は，4年間の調査期間中では安定しており，各wave[5]の繰り返し質問数も，5回までであれば許容できる範囲にあると結論付けている．Bradley and Daly（1994）によると，一対比較で繰り返し尋ねた事例研究の結果では，10以内の選択では疲労によるバイアスは避けられ，回答の文脈性による推移率の不安定性も，提示する仮想選択肢の順序をランダムにすることで避けられるとしている．一対比較でない場合には，同時に考慮する選択肢が増えるため，より少ない回数で疲労の影響が出てくると考えられる．また，Morikawa（1989）によって提案されたRPデータとSPデータを同時に用いるモデリング手法も，SPデータの安定性や信頼性を向上させることに役立つと考えられる．このモデルについては6.5.3項で詳しく解説されるが，このモデルはSPの信頼性の低さとRPの様々な制約によるバイアスを補完する意味において非常に有効な手法であると考えられる．この他にも複数のデータソースを用いてSPデータの有効性を高める手法はいくつか提案されており，態度データとSPデータの同時利用，集計量やTPデータを用いたSPモデルの修正などがある．

5.3.5 SPの信頼性とCVM論争

SPデータの最大の問題である信頼性について，CVM（contingent valuation method；栗山，1997；吉田，1999）に関連した議論を紹介する．CVMとは仮想（市場）評価法と訳され，ある非市場財について，仮想の状況下での支払（受容）意志額を直接・間接的に尋ね，その財の影響が及ぶ個人全員の支払意志額（受容意思額）の総和を求めることで，その価値を計測するする手法である．「環境」や「景観」など明確な市場が存在せず，市場価格が存在しない財の価値を計測する手法の1つであり，仮想の状況下での意向分析としてSP分析と似た性質を持つ．

CVM手法の発展は1980年にアメリカ合衆国で通称スーパーファンド法が制定され，環境を破壊した者に対して，損害賠償を請求できることが定められたこと，またそれに対して米国内務省（US department of the interior；USDI）が，この法律に基づいた補

償額評価のガイドラインを定めたことに端を発する．そのガイドラインに対していくつかの団体より異議申し立てが行われ，これに関して争われたオハイオ裁判の判決では，CVM を環境の価値測定に用いることが認められた．そして同年に起きたバルディーズ号によるアラスカ沖原油流出事故では，海洋汚染の損害額算定のために CVM が本格的に適用されることとなった．これに対する産業界などからの CVM 批判を受けて，米国国家海洋大気管理局（NOAA）が Arrow や Solow といった著名な経済学者を集めたパネルを開催し，CVM を実施するにあたり注意すべきポイントをまとめた報告を 1993 年に発表した．この報告では，CVM による環境評価が，提示したガイドラインに適切に従っている場合には，その値が信頼できないとする適切な理由は無いとされていた．このガイドラインは，CVM の信頼性向上のために，調査設計に対する詳細な指針を与えており（ガイドラインの詳細については栗山（1997）などを参照のこと），その主要な点は，以下の 3 つである（Hanemann, 1996）．

① 住民投票形式（referendum format）：オークション形式で支払い意思額などを直接尋ねるのではなく，提示した政策（金額）に対する賛否の投票形式にする．
② 支払い意思額（WTP）：提示する税金などの提示形式は，受容額よりも支払い額の方が信頼性の高い回答になる．
③ 現実的支出の考慮：提示する税金などの額は，現実に起こりうる税金の支払いと有意な差が無いこと．

このように，SP 分析と同様に，仮想状況下での意向を用いる CVM において，適切な調査に基づいた結果であれば，その信頼性が保証されることとなった．しかし，Kahneman and Knetsch（1992）は，CVM によって計測された環境の価値が，評価対象の範囲を変化させてもほとんど変化しない例を指摘し，CVM によって計測されるのは環境の価値ではなく，環境を保全するために支払い意志表示をするという行為によって生じる「道徳的満足」購入の支払い意志額であると主張した．実際にこの主張に従う例が報告され，Fujii et al.（2000）も同様の結論を導き出しており，CVM の信頼性は更なる検討の余地があるといえる．

5.4 パネル調査

交通行動の経時的な変動を分析する動的解析の重要性と，そのための経時的データ収集手法としてのパネル調査の必要性は，これまでに数々の研究者により強調されてきた（Hensher, 1985; Kitamura, 1987; Kitamura, 1990; Goodwin et al., 1990; 杉恵ら，1992;

5.4 パネル調査

内田・飯田, 1993; Lidasan ら, 1993; Raimond and Hensher, 1993). 日本国内でも, 消耗バイアスの特性と補正(内田・飯田, 1993; 鈴木ら, 1990; 杉恵ら, 1993; 西井ら, 1995; 藤原ら, 1996; 佐々木ら, 1996; 杉恵ら, 1997; 西井ら, 1997), 状態依存と系列相関(杉恵ら, 1992; 杉恵ら, 1997; 西井ら, 1997; 河上・三島, 1993; 西井ら, 1995), 時間的同質性と経時的行動変化の特性(西井ら, 1992; 飯田ら, 1993; 毛利ら, 1995; 倉内ら, 1996; 藤井ら, 1997; 西井ら, 1998; 西井ら, 1999), パネル調査設計(張ら, 1997), 連続時間軸の導入と滞在時間(山本ら, 1997; 藤井ら, 1998; 山本ら, 1998), また交通行動の動的特性全般(Lidasan ら, 1993; 小林ら, 1995)について, 幅広く研究がすすめられてきた. 本節ではパネル調査とは何かをまず示し, パネル調査から得られるパネルデータを用いた動的解析とは何かをみる. これらに続きパネル調査の利点と課題に触れ, パネルの問題点とされてきた消耗の問題(後述)への対応法に触れる. 最後に, パネル調査の設計とパネルデータの解析に際して念頭に置くべきこととして, 離散時点でなされるパネル調査の限界に触れる.

5.4.1 パネルデータと動的解析

パネル調査は, 同一の個人あるいは世帯を繰り返し調査し, 行動などの変化を記録することを目的とする. この様に繰り返し調査される標本の集合を「パネル」と呼ぶ. 本節では個人あるいは世帯が, 同一または類似した質問を含む調査票を用い, 原則として等間隔の離散調査時点で調査された場合を想定する.

交通行動の解析にパネルデータを用いることの利点として, 統計的により効率的な行動変化の測定が可能となる, より整合的で正確な予測が可能となる, 交通行動の動的側面が解析できる, 非観測異質性の影響を考慮できる, 都市圏での交通需要の動向を監視できる, などが挙げられてきた. これらに加え, 交通計画や交通政策分析において交通行動の動的特性の把握自体が重要となる場合が考えられる. 例えば 1 時点での調査から通勤者の 15%が高速道路を利用していることがわかったとしよう. しかし, これはある特定の 15%の通勤者が常に高速道路を利用していることを意味し得るし, また, 全ての通勤者が 15%の確率で高速道路を利用することをも意味し得る. したがって, この様な断面データから高速道路利用者の母集団を特定することは不可能である. とすれば, 高速道路改良の便益がどの程度広範な人々に享受されるかを推定することも断面データからは不可能である.

交通計画で用いられているモデルのほとんどは断面データに基づくものである. これらのモデルは 1 断面で観測された変数間の統計的相関関係を集約するものである. しかしながら, これら統計的相関関係は個体間の差異に関するもので, 必ずしも各個

体の行動の変化に対応するものではない．例えば，高収入世帯と低収入世帯の間で生成トリップ数に差異があったとしよう．しかしこの差異は必ずしも収入変化に伴う生成トリップ数の増減に対応するものではない．経時的データから得られる行動変化に基づいて算定された動的弾力性と，断面データから得られる個体間の差異に基づいて算定された静的弾力性を比較し，Goodwin（1998）は「経時的行動変化は1断面で観測される関係に対応するものではない」と結論づけている．すなわち，「断面での差異を経時的に外挿」することによって行動変化を予測することに正当性を見出すことはできない（Kitamura, 1990）．逆に，動的モデルをパネルデータなどの経時的データに適用することにより，より整合的かつ正確な予測が可能になると期待される．

　パネルデータとその解析を支持するもう1つの理由が非観測異質性である．交通行動に影響を与える変数が全てデータに含まれていることは希で，調査設計上の理由か，あるいは観測が不可能なため，観測されていない影響変数が存在するのが通常である．このような非観測影響変数が，観測されている変数と相関を持っているとしよう．すると後者が交通行動に影響を与えない場合でも，それは行動と虚偽の（spurious）相関を持ち，そのためモデルに説明変数として導入されるであろう．しかしこの観測変数と非観測変数の間の相関が定常であるとは限らず，時間が経つにつれ両者間の相関は消滅するかもしれない．すると観測変数は行動の説明能力を失い，モデルの予測能力は低下する．もし交通行動の真の説明要因である非観測変数が，確立した価値観や態度のように，経時的に変化しないとすれば，パネルデータを用いこの変数の存在を前提としてモデルを不偏的に推定することが可能となる[6]．逆に，観測された変数と相関を持つ非観測影響変数が存在する場合，断面データを用いモデルの係数を不偏的に推定することは不可能である（Davies and Pickles, 1985）．より一般的に，誤差項により表される非観測影響要因がより統制の取れたものとなるため，パネルデータにより統計的により効率的な行動変化の測定が可能となる．このように，断面データを用いた「差異」の分析から，パネルデータによる行動の「変化」の分析へと移行することにより得られるものは多い．動的解析については，第9章でさらに討議を深める．

5.4.2　パネル調査の利点と課題

　前節で述べたパネルデータを用いた動的解析の利点に加え，パネル調査そのものにもいくつかの利点がある．Duncan et al.（1987）は調査設計の視点から，態度を表す変数などの経時的測定はパネル調査を通じてのみ可能であること，また，比較的短い間隔で調査が行われるため，過去の事象回顧（episodic recall）の精度を向上することが可能であることなどをパネル調査の利点として挙げている．また，同一の回答者を繰

り返し調査するため，標本抽出の費用が軽減されることもパネル調査の利点である．同時に，パネル調査の設計と実施にあたっての課題も挙げられてきた（Kitamura, 1987; Hensher, 1987）．すなわち，

- 回答者への負担増とそれに伴う個体無回答の増加
- パネル消耗 (panel attrition)
- パネル疲労 (panel fatigue)
- パネル条件化 (panel conditioning)
- 初期条件の調査
- 離散観測点での情報の限界と連続データの必要性

などである．ここでパネル消耗は，調査が繰り返されるにつれ個体無回答が増加し，パネルが縮小していく現象を指す．パネル疲労は，回答者が類似した調査票に回答を重ねるにつれ，回答の精度が低下し，項目無回答が増加していくことを指す．また，パネル条件化は，調査への回答，あるいは行動そのものが，過去の調査に回答したことにより影響を受けることを指す．例えば，新たな行政サービスについて「○○についてご存知ですか？」という質問を受けること自体により，回答者のサービスについての認識が変化し，後の情報収集も影響を受けるであろうから，この質問をパネル調査で繰り返すことにより，この行政サービスの認知度の変化を偏りなく測定することは不可能である．

また，パネルの質を維持するためには，

- 移転した世帯，世帯から転出した個人，あるいは離婚などにより分解した世帯の構成員などを追跡する
- パネル消耗による標本数の減少を補うため更新標本（refreshment sample）を新たに抽出する
- パネルの母集団代表性を保つため，調査地域に転入する世帯を抽出する

などの努力が必要となる．さらに，

- 長期にわたる調査期間
- 多年度にわたる予算獲得の必要性

は，パネル調査の実施を困難なものとする場合もあろう．

　これらの問題の存在は決してパネル調査が不可能であることを示すものではない．最後の調査期間と調査財源の問題は別として，ほとんどの問題に対してこれまでの研究で対応策が提案されてきた．とくにパネル消耗に関しては，次節に述べるように研究が積み重ねられ，バイアス減少のための方法が提案されてきた．過去のパネル疲労

およびパネル条件化によるバイアスの研究は，調査設計の改善によりこれらの問題に対応できることを示している．また，複雑な抽出法を用いたパネル標本の重み付け手法も提案されてきた（Kitamura et al., 1993）．十分な謝礼の支払や頻繁な callbacks の実施により高い回答率が保持された場合，パネル調査は繰返し断面調査より標本抽出費用が少なく，行動変化についてのより正確な情報をもたらす有効な調査法であるということができよう．

5.4.3 パネル消耗とそれへの対応

すでに述べたように，パネル消耗の問題を対象として多数の研究が積み上げられてきた．その理由は消耗がパネル調査固有の問題であることにあろう．これに加え，パネルから離脱する回答者も初期の調査に参加しているため，離脱行動の解析を可能とするに足るだけの個人，世帯情報が存在するという点を挙げることができる．このためパネル消耗の解析とそれへの対応は，断面調査における固体無回答への対応に比べはるかに容易である．

パネルから離脱する回答者は特定の属性を持つ傾向にあることが知られている．例えば Kitamura & Bovy（1987）は在学年数の多いものほどパネル調査に継続参加する傾向にあること，また，若年層が離脱する傾向にあることを示している．明らかに，パネル消耗により，パネルの母集団代表性は損なわれる．これを防ぐためには，調査票の質を高め，頻繁にパネル参加者と連絡を取るなどの方策により，離脱率を極力低めることをまず考えるべきであろう．パネル消耗が生じた場合，①継続参加する回答者に適切な重みを適用する，あるいは，②新たな標本を追加することにより母集団代表性を達成するという施策が考えられる．

パネル離脱－継続参加の過程を標本抽出の特殊形と考えると，5.2節の考え方に習い，継続参加した回答者に対し，継続参加の確率（標本抽出確率に対応）の逆数に等しい重みを適用することにより母集団代表性を維持するという方策が考えられる．継続参加確率は，観測されたパネル離脱－継続参加行動に基づき，継続参加モデルを構築することにより推定される．例えば，2回のパネル調査が行われた段階で，1回目の調査の回答者が 1000 名，2回目の調査の回答者が 750 名であったとしよう．すなわち第1回調査の参加者のうち 750 名が継続参加，250 名が離脱したとする．この場合，1000名全員を対象とし，離脱－継続参加を従属変数とする離散選択モデルを 1 回目の調査から得られる情報を説明変数として組み立てることが可能である．推定されたモデルを用い継続参加確率を第 2 回調査の回答者について算定し，その逆数を重みとして適用することにより，第2回調査の結果を用いた母集団パラメータの推定が可能となる．

消耗により標本数が過少となった場合，重み付けによる推定の信頼度は低下するため，標本数そのものを増加させることが必要となる．一般には，消耗による標本数の減少を見越し，第2回以降の調査毎に新規標本（refreshment sample）を追加するということがなされる．更新標本の導入と同時に一定回数の調査に参加した回答者は意図的にパネルから外し，一定数の標本をパネルに維持する調査は rotational panel 調査と呼ばれる．この調査法は，その都度新規に標本を抽出する繰り返し断面調査（repeated cross-sectional surveys）に比べ標本抽出の費用が小さく，マーケティングの分野などで頻繁に用いられる．

　パネル消耗にともなう標本の歪を新規標本により是正しようとする場合，離脱した回答者の母集団から新規標本を抽出することが必要となる．このためには潜在的な標本の各々についての微細な情報が必要となるため，標本抽出の費用は莫大なものとなる．したがって，新規標本のみにより標本の歪を是正することは非現実的である．実際には，一定の標本数を確保するために無作為抽出あるいは層別無作為抽出による新規標本を調査毎に導入し，継続参加回答者に適切な重みを適用することにより，母集団パラメータの推定を行うのが一般である．

　パネル離脱－継続参加モデルによる重み付けは，継続参加確率がモデルの説明変数により特定される限りにおいて妥当である．しかしながら，離脱－継続参加行動が態度などの調査では計測されていない要因に因ることは十分に考えられる．Kitamura & Bovy は第1回調査のトリップ生成モデルの誤差項と，離脱－継続参加モデルの誤差項の間に相関があることを報告している．すなわち，第1回調査時の交通行動に関する非観測要因と，離脱－継続参加行動に関する非観測要因との間に何らかの共通項があったと推察される．このような非観測要因が十分に同定されないとき，離脱－継続参加モデルにより適切な重み付けが達成できるという保証は無い．非観測要因がパネル離脱に大きく影響を及ぼす場合，パネル消耗への対応は断面調査の個体無回答への対応と同様の問題をはらみうることに留意しなければならない．

5.4.4　離散パネルの限界

　ある時点での交通行動が，離散状態（例えばその日通勤に利用された交通手段）として，あるいは連続的状態（例えば通勤に費やした時間）として記述されるとしよう．さらに交通行動の変化は，状態の確率的変化として捉えられるとする．このとき交通行動は確率過程として記述される．起こり得る全ての状態からなる集合を状態空間と呼び，状態変化はこの状態空間内で瞬時的に完了するものとする．また状態の変化を以下では事象と呼ぶこととする．

[2] 調査方法論／第5章　交通行動モデル推定のための調査法

　このような確率過程は以下の3方法により記述することができる．まず，各々の事象の生起時刻とその特性（注目する変数の変化量，あるいは遷移後の離散状態）を記録するのが第1の方法である．この方法によって得られるデータは連続データ（continuous data）と呼ばれ，確率過程の最も正確な記述を可能とする．第2の方法は一定期間毎に生起する事象の頻度と特性を記録するものである．もし事象が純粋にランダムならば，第1の方法からは負の指数分布を持つ事象間経過時間分布が得られ，第2の方法からはポアソン分布を持つ事象の期間当りの頻度分布が得られる．第3の方法は，一定間隔で観測された確率過程の状態を記述するものである．先の2方法が状態変化の観測に基づくものであるのに対し，第3の方法は状態の観測のみに基づくもので，その限界については9.4節で論じられている．

　これら3種類の記述法の中で，連続データをもたらす最初の方法が行動解析の観点からは最も望ましいことは明らかであろう．しかしながら，対象とする行動とそれに影響を与える要因を測定するにあたり，我々の持つ能力は限られたものである．4.6節で述べたようにコンピュータ・通信技術の進歩は車輌や人々の位置を時空間内で連続的に測定することを可能としつつある．しかし人々の時間利用や同行する人の有無などを測定することは技術の進歩をもってしてもさほど容易ではない．さらに行動に影響を与える幾多の要因を時間軸に沿って長期間測定することは，不可能ではないとしても現実的ではないであろう．

　離散時間パネル調査により行動およびその影響要因についての連続データを得るためには，離散時間点での観測値に加え，それらがいつ変化したかを回答者に尋ね事象生起の時点を同定するという方法が考えられる．例えば電気自動車の需要推定のためのデータを得る目的で行われたカリフォルニアでのパネル調査（Bunch et al., 1996）では，自動車保有とその影響要因の連続データを構築するため，前回の調査以降の自動車購入，取換え，売却・処分に加え，世帯構成員の転入，転出などの事象の生起点を月単位で聞いている．しかしながら，態度変数などについて典型的に言えることだが，影響要因の中にはその変化の時点が人々の記憶に残り難いものもあろう．また，調査と調査の間の経過時間が長くなるにつれ，記憶の信頼度が低下することも否めない．Duncan et al.（1987）が主張するように，パネル調査の利点の1つは，信頼性が疑わしい回顧データ（Kalton et al., 1989）への依存を最小化する点にあり，パネル調査から得られた回顧データに基づき連続データを構築するということはパネルの利点を否定することでもある．しかし，連続データが不可欠な場合，パネル調査を密な間隔で実施し，回顧データの信頼性を高めることが最も実用的な調査法であろう．連続データを

得るためのパネル調査の設計については研究の蓄積が皆無で，今後の課題として残る．

最後に，対象とする行動が確率的で，特定の個人あるいは世帯の行動に着目した場合でも，経時的に大きな分散を持つ場合を考えよう．例としては1日の生成トリップ数，総旅行時間，宅外自由活動時間などが考えられる．このような場合パネル調査時点での観測値は大きな分散を持つ分布からの1実現値で，結果として調査時点間の観測値の差も大きな分散を持つこととなり，経時的行動変化推定の精度が低下する．この問題は大規模施設建設やTDM施策などが交通行動へ及ぼす影響を評価する目的で，事前・事後のパネル調査を行う場合に典型的に生じる問題である．一般に，行動自体が極めて確率的である場合，影響要因の変化に伴う行動の系統的変化を推定するためには大きな標本が必要となる．パネル調査の典型的な標本数（数百から2,000程度）が十分かどうか，疑問の残るところである．この観点からパネル調査の最適標本規模，あるいは交通行動の最適調査日数を決定することも今後の課題である．

5.5 交通行動データ収集の技術

5.5.1 調査形態

5.1節，5.3節で示した情報を収集するために用いられる調査形態は，大きくわけて下に記す4種類の形態をとる．

(1) 家庭または職場での訪問聞き取り調査

調査員を家庭や職場へ派遣し，直接その場で回答者にインタビューを行う形式であり，調査票には調査員が記入を行う．記入漏れや誤りが少なく，調査結果の信頼性が高い．ただし，調査員の習熟に時間を要することや，被験者一人あたりの費用が，郵送調査など調査員を派遣しない形式の調査に比べて高くなるなどの欠点もある．

また，調査票の代りに，携帯型のコンピュータを現場に持ち込む方式の聞き取り調査も増えてきている．4.2節で触れたコンピュータ支援調査（CATI）は，あらかじめ組み込んだプログラムにより，個々の被験者に対応した質問事項を設定できる，論理矛盾のチェックも自動的に行えるため調査の回答における矛盾を減らすことができる，質問や選択肢の明示された以外の属性を視覚的に表示できる，調査後のデータ入力の手間を省くことができるなどの利点がある．このようなコンピュータ支援調査は，多くの属性を変動させるSP調査に対して特に有効であると考えられ（McMillan et al., 1997; Bradly, 1997），海外では汎用性のあるパッケージが販売されており（例えばHague Consulting Group：WinMINT2.1, Sawtooth Software, Ci3 with ACA など），実務的にも用

いられている．国内で交通調査に対して行われた例としては，鈴木・原田（1988），杉恵ら（1992）が行ったものがあげられる．調査支援ソフトウェアの例として**図-5.5.1**に Hague Consulting Group の WinMINT の画面を示した．

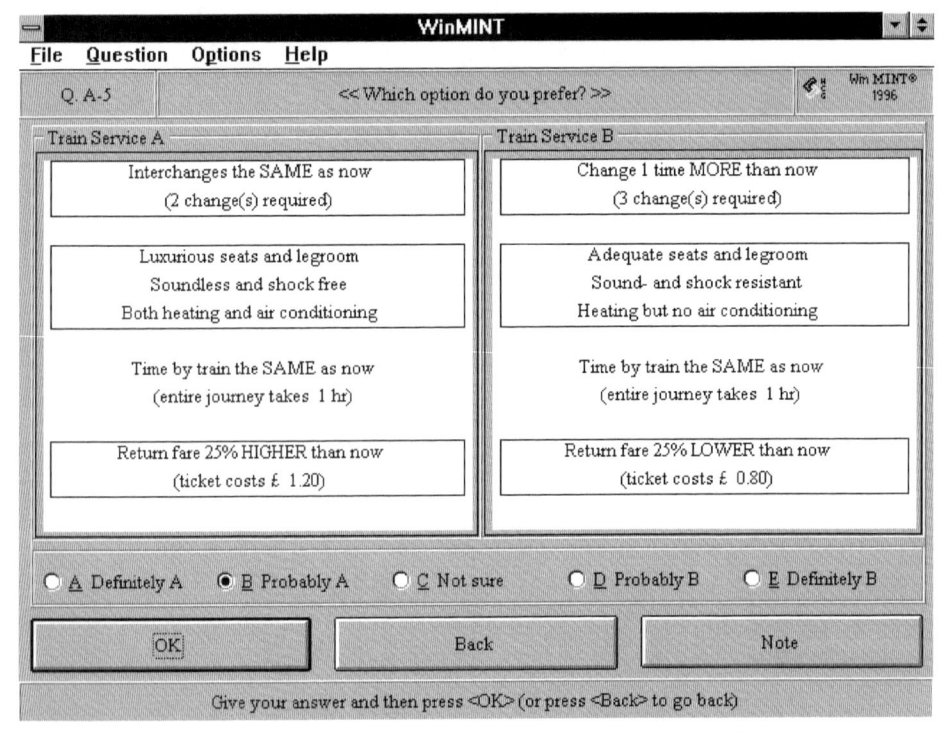

```
┌─────────────────────────────────────────────────────────────┐
│                         WinMINT                              │
│ File  Question  Options  Help                                │
├─────────────────────────────────────────────────────────────┤
│  Q. A-5        << Which option do you prefer? >>    WinMINT® │
│                                                        1996  │
│  ┌─ Train Service A ──────┐   ┌─ Train Service B ──────┐    │
│  │ Interchanges the SAME  │   │ Change 1 time MORE than│    │
│  │ as now                 │   │ now                    │    │
│  │ (2 change(s) required) │   │ (3 change(s) required) │    │
│  ├────────────────────────┤   ├────────────────────────┤    │
│  │ Luxurious seats and    │   │ Adequate seats and     │    │
│  │ legroom                │   │ legroom                │    │
│  │ Soundless and shock    │   │ Sound- and shock       │    │
│  │ free                   │   │ resistant              │    │
│  │ Both heating and air   │   │ Heating but no air     │    │
│  │ conditioning           │   │ conditioning           │    │
│  ├────────────────────────┤   ├────────────────────────┤    │
│  │ Time by train the SAME │   │ Time by train the SAME │    │
│  │ as now                 │   │ as now                 │    │
│  │ (entire journey takes  │   │ (entire journey takes  │    │
│  │ 1 hr)                  │   │ 1 hr)                  │    │
│  ├────────────────────────┤   ├────────────────────────┤    │
│  │ Return fare 25% HIGHER │   │ Return fare 25% LOWER  │    │
│  │ than now               │   │ than now               │    │
│  │ (ticket costs £ 1.20)  │   │ (ticket costs £ 0.80)  │    │
│  └────────────────────────┘   └────────────────────────┘    │
│                                                              │
│  ○ A Definitely A  ● B Probably A  ○ C Not sure              │
│                    ○ D Probably B  ○ E Definitely B          │
│  ┌────────────┐   ┌────────────┐   ┌────────────┐           │
│  │    OK      │   │    Back    │   │    Note    │           │
│  └────────────┘   └────────────┘   └────────────┘           │
│  Give your answer and then press <OK> (or press <Back> to go back) │
└─────────────────────────────────────────────────────────────┘
```

図-5.5.1　WinMINT の画面一例（Hague Consulting Group 社[7]）

(2) 公共交通での乗込みまたは路側での聞き取り調査

　公共交通機関の搭乗口や下車口，または路側でドライバーに直接聞き取り調査を行う形式がある．この形式は調査対象者を絞り込むことが容易であるが，時間の制約などにより複雑な設定や時間のかかる質問を含む調査を行うことが難しい．この方式においても(1)で述べたようなパーソナルコンピュータを援用した調査を行うことで，より有効な調査が可能である．

(3) 電話での聞き取り調査

日本の交通調査で行われた例はあまり無いが，4.2節で触れたように米国における近年の交通調査のほとんどはコンピュータ支援による電話調査である．被験者に対して，あらかじめ用意した質問項目について質問を行い，調査員が回答を記録する．サンプル当りの費用が訪問聞き取り調査より少なく迅速な調査が可能なため，世論調査やマーケット調査などでよく行われている．ただし，複雑な条件設定や質問を行う場合には，視覚的な補助が無いため，被験者が正確に条件や質問を聞き取れ無い場合や，理解しきれない場合があり，回答の信頼性が低下することがある．Dillman (1978) は抽出したサンプルにあらかじめ調査依頼の手紙を送る，あらかじめ用意された回答項目からの選択というかたちで設問する，さらに回答の負担を軽減するため選択肢の数を絞り込む，調査員の訓練を十分行う，被験者の質問に対する回答をあらかじめ用意しておくなどを実行することで，より高い回収率と信頼性の高いデータが得られるとしている．4.2節で述べたように，これらの多くが近年の米国の調査で用いられている．電話調査での標本抽出で留意すべき点については4.2節を参照されたい．

(4) 回答者自身が記入を行うアンケート調査（配布調査）

調査票を郵送または直接配布し，回答者に自分で記入してもらい郵送または訪問によって回収を行う形の調査である．Mangione (1995) によると，郵送配布・郵送回収形式の利点は以下の8点である．

① 費用がそれほど高くならない
② 比較的短期間に多数のサンプルからデータを収集できる
③ 被験者が時間をかけて回答でき，必要な情報を参照できる
④ 被験者のプライバシーが守られやすい
⑤ 視覚による情報提供が可能である
⑥ 被験者が都合のよいときに回答できる
⑦ 質問における一連の文脈を理解しやすい
⑧ 調査員による誘導を受けることが少ない

このような長所を持つ配布調査であるが，被験者に回答を任せるため，回答率，信頼性は一般に低くなる．しかし，訪問回収を行う場合には，わが国におけるパーソントリップ調査のように回収時に聞き取り調査を行うことで，コストをそれほどかけることなく精度を高めることができる．また Dillman (1978, 2000) は，調査の有効性と効率性を高めるための一連の技法である TDM（total design method）を提案し，これを用いることで回収率が格段に上がるとしている．Dillman の提案した TDM とは，調査票や調査の趣意書，フォローアップの方法や返信用封筒の設計など調査全般にわたる

調査設計の指針である．4.2節で触れた最近の米国での交通行動調査手法はこの考え方を反映するものである．

(5) その他の手法

このほかにも近年発展してきたデータ収集方法としてシミュレーション実験，GPS装置や携帯端末を用いた移動軌跡調査がある．これらについても簡単に紹介する．

a. シミュレーション実験　シミュレーション実験によるデータ収集の目的は，現実の交通現象を忠実に再現する目的で行われるものと，ある特定の要因に対する分析を目的として，他の要因を排除するために行われるものの2つが存在する．このような研究の例として，通勤の出発時刻と経路選択の日々の変動における学習効果の抽出を目的とした Mahmassani (1989)，通勤トリップの手段・出発時刻選択行動をシミュレートすることを目指した内田ら（1991），ドライビングシミュレータを用いて，情報獲得による経路選択行動の分析を行った Adler et al. (1994)，Bonsall (1995) などがあげられる．シミュレーション実験を行った場合には，比較的費用が少なくてすむ，要因をコントロールし易いなどの利点があるが，現実の行動を再現したものではないため，SPデータと似たような性質を持ち，同様のバイアスの発生が指摘されている．そのため主に影響を与える要因や行動原理の抽出の目的に使われることが多い．

b. GPS装置や携帯端末を用いた移動軌跡調査　GPS (global positioning system) は，米国防総省が運用する衛星からの電波を利用して，緯度，経度，高度，時刻など測定する技術である．DGPS (differential global positioning system) を併用することで，全国的に誤差が数メートル程度の正確な移動情報を提供可能である．また，PHS (personal handyphone system) や携帯電話などの携帯通信端末は，最寄りの基地局を特定するために，数秒おきに端末と基地局間で情報をやり取りすることで，通信ネットワークに接続している．これを利用することで端末の位置をほぼリアルタイムで特定することが可能である．PHSは，基地局が携帯電話に比べて密に配置されていることや，基地局あたりの範囲が都市部では半径100〜500mと狭く，複数の基地局の電界強度を算出し，基地局までの距離を推測することで，端末の位置を半径100m以内で特定可能である．また，地下街やビル内でもPHSのサービスエリアにあれば，その位置の特定が可能である．それに対して，携帯電話は基地局1つあたりのカバーする範囲が広く，基地局が特定できたとしても，基地局のカバーする範囲が半径1〜5kmの範囲になるため位置情報の精度はそれほど高くなかったが，新たに複数の基地局との電界強度を利用して精度を高める方法や，GPSを援用した位置測定技術の開発により，見通しのよい場所で数メートル，都市部でも20〜50mの範囲で位置の特定を可能になった．これら

の特性を用いて通信会社，警備会社，地理情報会社，電気メーカーなどによる実用的な位置情報サービスが提供されている．これらの技術に関する研究例として Murakami and Wagner（1999），大森ら（1999），寺部（1999），牧村ら（2000），高橋ら（1999），Asakura and Hato（2000）があげられる．応用事例としては，物流調査，一週間にわたる高齢者の交通行動の調査，大規模イベント参加者の交通行動調査への PHS の適用などである．

このような GPS や PHS・携帯電話の適用により，トリップの報告漏れを防止し，正確な時刻，位置，経路データの入手が可能となることは，これらの研究により実証されつつある．これらの情報に加えて，活動日誌などを複合的に用いることで，1 日の活動の様子を正確に把握することが可能となる．しかし，位置の精度が移動速度や地理条件などによって変動するなどの技術的な問題がいまだ残されていることや，渋滞や信号待ちなどの停止と，トリップ目的地での短時間の活動（例えばコンビニでの買い物）をどう峻別するか，調査参加者の自己選択性をどのように低減させるか，などの課題も残る．しかし，これらの新技術の適用により，豊富でより精度が高い交通行動情報を得ることが可能となりつつあることは疑いない．近年の交通行動モデルの進展は，標本が小さなものであっても，より広範で精度の高い情報を提供する調査を要請している．新技術の適用により，膨大な標本を有するものの極めて精度の低いデータしか提供できない旧来の PT 調査から，1 つ 1 つの標本に投入される費用を上げ，標本は小さくとも正確なデータをもたらす調査への移行が図られる時が来ている．

● 脚注

[1] 社会心理学における態度の取り扱いについては第 3 章が詳しい．
[2] 以下は北村ら（2001a）に拠る．
[3] 筆者の知る範囲で，WTA は補償受容額，受入意志額，受入補償額，受入容認意志額，補償受取意志額，受取意志額と様々に訳されているが，本節では受容意志額とする．
[4] ①，③，④については SP 調査だけでなく，意識調査全般についてもいえる．
[5] パネル調査におけるそれぞれの調査時点
[6] 9.3 節の誤差要素モデルを参照されたい．
[7] http://www.hcg.nl/software/vmintsc1.htm

3 モデリング

第6章 離散選択モデル

6.1 離散選択モデルの導出

6.1.1 離散選択と確率効用

社会科学において，個人，家計，企業，政府など意思決定単位の行動を科学的・定量的に分析するニーズは極めて多い．ここでは，これら意思決定単位をまとめて「個人」と呼ぼう．個人の行動を科学的に分析するフレームワークは，第2章で解説したようにミクロ経済学において最も進んでいる．本章で扱う離散選択モデルも，新古典派経済学的な個人の選択行動原理，すなわち人間の道具的合理性に基づくものである．つまり個人は，なんらかの制約条件を満たすいくつかのオプションのうち最も望ましいもの，すなわち最大の効用をもたらすものを選択すると仮定する．

このように個人の行動は何らかの「選択（choice）」と考えることができる．このとき，選択肢が連続量（continuous）または連続量に近似される離散量の場合と，選択肢が連続量に近似されない離散量（discrete）の場合とがある．前者の例として，1ヶ月の電話通話時間，1年間の労働日数など，後者の例として，ブランドの選択，交通手段の選択，子供を作るか作らないか，本社の設置都市の選択などが挙げられる．個人の行動分析では，この「選択」がモデルで説明されるべき変数，つまり被説明変数（dependent variable）であり，後者のような例では被説明変数が離散型になる．

被説明変数が離散型か連続型かでモデルの構造が大きく異なる．連続型の場合，式6.1.1のような線形モデルを最小二乗法（least square method）によって推定するのが最も一般的に用いられる手法である．ここで「モデルを推定する」とは，観測されたデータを用いてモデルに含まれる未知パラメータの値を統計的に推測することである．

$$Y_n = \beta_1 x_{1n} + \beta_2 x_{2n} + \cdots + \beta_K x_{Kn} + \varepsilon_n \tag{6.1.1}$$

ここに，Y_n：個人 n の連続型被説明変数，x_{kn}：個人 n の k 番目の説明変数，β_k：k 番目の未知パラメータ，ε_n：確率項．

被説明変数が離散型の場合（例えば，交通手段の選択で，バス，鉄道，自動車の選択肢の中から1つを選ぶ）はこのような定式化によって未知パラメータを推定することが不可能である．ここで，離散的なそれぞれの選択肢（alternative）（代替案とも呼

ばれる）の望ましさを表す潜在的（latent）な変数の存在を仮定すると，合理的な個人は最も望ましい選択肢すなわちその潜在変数が最大になる選択肢を選択するはずである．第2章で論じたように経済学では，この望ましさを表す潜在変数を「効用（utility）」と呼んでいる．この直接に観測することのできない「効用」を連続変数であるとし，式 6.1.1 と同様に説明変数の線形和と仮定すると式 6.1.2 の線形効用関数（linear utility function）が得られる．

$$V_{in} = \beta_1 x_{1in} + \beta_2 x_{2in} + \cdots + \beta_K x_{Kin} \tag{6.1.2}$$

ここに，V_{in}：個人 n の選択肢 i に対する効用（$i = 1,...,J$），x_{kin}：個人 n の選択肢 i に対する k 番目の説明変数（$i = 1,...,J$），β_k：k 番目の未知パラメータ．

例えば交通手段選択の場合，説明変数には旅行時間，費用，乗り換え回数などの交通サービス特性と性別，収入などの個人属性が含まれるが（5.1 節参照），個人の選択行動はこれら以外の多くの要因に影響を受けると考えられる．また，個人個人の重み付け（β_k）のばらつきや，属性値（x_{kin}）の測定誤差などがあるので，式 6.1.2 の効用関数は真の効用関数の近似に過ぎないと考えられる．ここで，真の効用関数は式 6.1.2 で表される測定可能な部分と測定不可能な部分の和であると考え，測定不可能な部分を確率変数とおくと効用関数は式 6.1.3 のようになる．

$$\begin{aligned} U_{in} &= \beta_1 x_{1in} + \beta_2 x_{2in} + \cdots + \beta_K x_{Kin} + \varepsilon_{in} \\ &= V_{in} + \varepsilon_{in} \end{aligned} \tag{6.1.3}$$

ここに，V_{in}：効用の確定部分，ε_{in}：効用の確率項

これを確率効用（random utility）と呼ぶ．ここで注意すべき点は，分析者が行動者の真の効用を知り得ないために効用が確率変数とならざるを得ないことであり，行動者が確率的な効用を持って確率的に行動していることを表そうとしているのではないということである．つまり，分析者が行動者の効用の確定部分を知り得ても，効用の未知の部分（確率項）があるために，観測される行動は確率的に見えることになる．

効用の確率項には，以下のような要因が含まれると考えられる．

① 確定部分に含まれる変数以外の要因（抜け落ちた変数（omitted variables））
② 確定部分を線形和とした関数形の誤差
③ 属性の重み β_k を個人間で均一とした誤差
④ 説明変数の測定誤差

6.1.2　RUM モデルの選択確率

ある個人がある選択肢を選択するということは，その個人にとってその選択肢の効

用値が他の選択肢の効用値よりも大きいときであると考えられる．このとき，先に述べたように分析者は行動者の効用を確率変数として捉えているので，選択行動も確率的な事象として表される．つまり，個人 n が選択肢 i を選択する確率 $P_n(i)$ は，以下のように表現できる．

$$P_n(i) = \Pr[U_{in} \geq U_{jn}, \text{for } \forall j, i \neq j] \tag{6.1.4}$$

効用の確率項の確率分布を特定化することによってこの選択確率が同定できる．このように，個人が確率効用を最大化するとして導かれるモデルを確率効用最大化 (random utility maximization (RUM)) モデルと呼ぶ．

以下では，選択肢が 2 つの場合の 2 項選択，そしてそれを 3 つ以上の選択肢に拡張した多項選択の順に代表的な RUM モデルの選択確率の導出を行う．

(1) 2 項選択モデル (binary choice model)

選択できる選択肢が 2 つしかない 2 項選択問題は，選択確率を考える上で基本となる．2 つの選択肢を i, j とすると，式 6.1.4 は次のように変形できる．

$$\begin{aligned} P_n(i) &= \Pr[U_{in} \geq U_{jn}] \\ &= \Pr[V_{in} + \varepsilon_{in} \geq V_{jn} + \varepsilon_{jn}] \\ &= \Pr[\varepsilon_{jn} - \varepsilon_{in} \leq V_{in} - V_{jn}] \end{aligned} \tag{6.1.5}$$

ここで，$\varepsilon_n \equiv \varepsilon_{jn} - \varepsilon_{in}$ と定義すると

$$\begin{aligned} P_n(i) &= \Pr[\varepsilon_n \leq V_{in} - V_{jn}] \\ &= F_\varepsilon(V_{in} - V_{jn}) \end{aligned} \tag{6.1.6}$$

ただし F_ε は ε_n の累積分布関数 (CDF) である．

さまざまな要因が重なり合った効用の確率項 ε_n の分布形としては，中心極限定理 (central limit theorem) により正規分布を仮定することが最も妥当性が高い．確率項が正規分布に従うと仮定すると，選択確率が式 6.1.7 で表される（2 項）プロビットモデル ((binary) probit model) が導かれる．

$$\begin{aligned} P_n(i) &= \Phi_\varepsilon\left(V_{in} - V_{jn}\right) \\ &= \int_{-\infty}^{V_{in}-V_{jn}} \frac{1}{\sqrt{2\pi\sigma^2}} \exp\left[-\frac{1}{2}\left(\frac{\varepsilon}{\sigma}\right)^2\right] d\varepsilon \\ &= \int_{-\infty}^{(V_{in}-V_{jn})/\sigma} \frac{1}{\sqrt{2\pi}} \exp\left[-\frac{1}{2}z^2\right] dz \\ &= \Phi\left(\frac{V_{in} - V_{jn}}{\sigma}\right) \end{aligned} \tag{6.1.7}$$

ここでσはε_nの標準偏差,Φは標準正規分布の累積分布関数である.このようにプロビットモデルは選択確率式に積分形が残るので計算が煩雑である.

計算上の簡便さから最も頻繁に用いられるのがロジットモデル(logit model)と呼ばれるもので,これは2つの選択肢の確率項の差ε_nにロジスティック分布を仮定したものである.2項ロジットモデルの選択確率は次のように表される.

$$P_n(i) = \frac{1}{1+\exp\{-\mu(V_{in}-V_{jn})\}} = \frac{\exp(\mu V_{in})}{\exp(\mu V_{in})+\exp(\mu V_{jn})} \tag{6.1.8}$$

ここでμはε_nのばらつきの程度を表すスケールパラメータであり,標準偏差に反比例する値を取る.

2項プロビットモデルも2項ロジットモデルも選択確率は図-**6.1.1**に表されるようなS字型をしている.

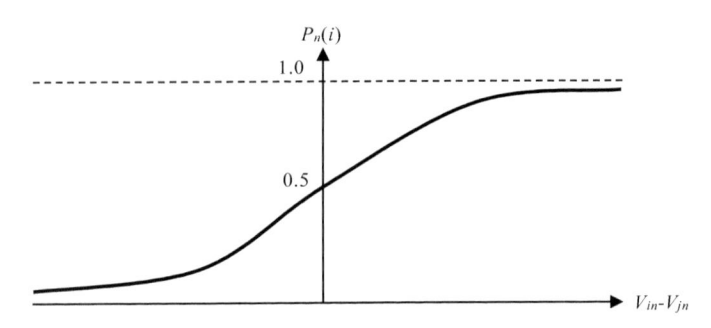

図-**6.1.1** 2項プロビットモデル,2項ロジットモデルの選択確率

(2) 多項選択モデル(multinomial choice model)

2項選択モデルを一般化し,選択できる選択肢を3つ以上にしたものが多項選択モデルである.多項選択モデルの選択確率の導出方法はいくつかあるが,最も直感的にわかりやすいものは式6.1.9の関係を用いるものであろう.

$$\begin{aligned} P_n(i) &= \Pr[U_{in} \geq U_{jn}, \text{for } \forall j, i \neq j] \\ &= \Pr\left[U_{in} \geq \max_{\forall j, j \neq i} U_{jn}\right] \end{aligned} \tag{6.1.9}$$

つまり,他の選択肢の中で最大の効用をもたらすものよりも選択肢iが大きな効用をもつときに選択肢iが選択されると考える.

確率効用項に正規分布を仮定するプロビットモデルは,2項プロビットモデルでも示

したように最大効用を表現する際に多重積分形が残ってしまう．選択肢の数が増えると積分計算が煩雑になるため，実務的に多項プロビットモデル（multinomial probit model; MNP）を使用することはこれまでほとんどなかった（6.4.4項参照）．

多項選択モデルでも選択確率に積分形が残らず解析的に計算できる特徴を持つものが多項ロジットモデル（multinomial logit model; MNL）である．多項ロジットモデルでは，それぞれの選択肢の確率効用項に，独立で同一な（identically and independently distributed; IID）ガンベル（Gumbel）分布を仮定している．ガンベル分布は二重指数型の極値分布であり，次のような分布形をしている．

＜累積分布関数＞
$$F(\varepsilon) = \exp[-\exp\{-\mu(\varepsilon-\eta)\}] \tag{6.1.10}$$

＜確率密度関数＞
$$f(\varepsilon) = \mu\exp\{-\mu(\varepsilon-\eta)\}\exp[-\exp\{-\mu(\varepsilon-\eta)\}] \tag{6.1.11}$$

ここで，μ は分布のばらつきを表すスケールパラメータ，η は分布の位置を表すロケーションパラメータである．

ガンベル分布は次のような性質を持っている．
① 最頻値は η．平均値は $\eta + \gamma/\mu$（γ はオイラー定数 $\cong 0.577$）．
② 分散は $\pi^2/6\mu^2$．
③ ε_1 と ε_2 がそれぞれ $(\eta_1,\mu),(\eta_2,\mu)$ のパラメータを持つ互いに独立なガンベル分布に従うとき $\varepsilon = \varepsilon_1 - \varepsilon_2$ は以下のようなロジスティック分布に従う．
$$F(\varepsilon) = \frac{1}{1+\exp\{\mu(\eta_2-\eta_1-\varepsilon)\}} \tag{6.1.12}$$
④ $\varepsilon_1, \varepsilon_2, ..., \varepsilon_J$ がそれぞれ $(\eta_1,\mu),(\eta_2,\mu),...,(\eta_J,\mu)$ のパラメータを持つ互いに独立なガンベル分布に従うとき，$\varepsilon_1, \varepsilon_2, ..., \varepsilon_J$ の最大値 $\max(\varepsilon_1, \varepsilon_2, ..., \varepsilon_J)$ もガンベル分布に従い，そのパラメータは以下のようになる．
$$\left(\frac{1}{\mu}\ln\sum_{j=1}^{J}\exp(\mu\eta_j), \mu\right)$$

各選択肢の効用の確率項 $\varepsilon_1, \varepsilon_2, ..., \varepsilon_J$ がそれぞれパラメータ $(0, \mu)$ を持つ互いに独立なガンベル分布に従うとすると，上記の性質から多項ロジットモデルの選択確率は以下のように導出される．個人 n が選択肢 1 を選択する確率を考えよう．

$$P_n(1) = \Pr\left[V_{1n} + \varepsilon_{1n} \geq \max_{j=2,3,...,J}\left(V_{jn} + \varepsilon_{jn}\right)\right] \tag{6.1.13}$$

ここで $U_n^* \equiv \max_{j=2,3,\ldots,J} (V_{jn} + \varepsilon_{jn})$ と定義すると,U_n^* はパラメータ,

$$\left(\frac{1}{\mu} \ln \sum_{j=2}^{J} \exp(\mu V_{jn}), \mu\right)$$

を持つガンベル分布に従う.つまり,$U_n^* = V_n^* + \varepsilon_n^*$ とすると,

$$V_n^* = \frac{1}{\mu} \ln \sum_{j=2}^{J} \exp(\mu V_{jn}) \tag{6.1.14}$$

であり,ε_n^* はパラメータ $(0, \mu)$ を持つガンベル分布に従う.

これより,性質③を用いて式 6.1.13 が以下のように変形される.

$$\begin{aligned}
P_n(1) &= \Pr[V_{1n} + \varepsilon_{1n} \geq V_n^* + \varepsilon_n^*] \\
&= \Pr[\varepsilon_n^* - \varepsilon_{1n} \leq V_{1n} - V_n^*] \\
&= \frac{1}{1 + \exp\{\mu(V_n^* - V_{1n})\}} \\
&= \frac{\exp(\mu V_{1n})}{\exp(\mu V_{1n}) + \exp(\mu V_n^*)} \\
&= \frac{\exp(\mu V_{1n})}{\exp(\mu V_{1n}) + \exp\left(\ln \sum_{j=2}^{J} \exp(\mu V_{jn})\right)} \\
&= \frac{\exp(\mu V_{1n})}{\sum_{j=1}^{J} \exp(\mu V_{jn})}
\end{aligned} \tag{6.1.15}$$

これが多項ロジットモデルの選択確率式である.より一般的に,個人 n が選択肢 i を選択する確率は,次のように表現できる.

$$P_n(i) = \frac{\exp(\mu V_{in})}{\sum_{j=1}^{J} \exp(\mu V_{jn})}, \quad i = 1, \ldots, J \tag{6.1.16}$$

これは式 6.1.8 で表される 2 項ロジットモデルの一般形となっており,2 項ロジットは多項ロジットの特殊形であることがわかる.

6.2 離散選択モデルの推定

6.2.1 モデルの特定化

モデル分析において，説明変数の関数形を決めたり，誤差項に用いる確率変数を特定の分布系に仮定したりすることをモデルの特定化（specification）と言う．実務的に最も重要な特定化は，どのような説明要因をどのような形（2 乗する，対数変換するなど）で用いるかを決めることであり，離散選択モデルにおいては，それぞれの選択肢の効用関数にどのような説明変数を用いるかを決めることである．通常，モデルの特定化には，前もってこの変数は入るべきだという理論的側面と，推定・検定を行いながら用いるべき変数を決めていく経験的側面の両面が必要である．

ここでは，交通手段の 3 肢選択問題の例を用いて説明しよう．ある地域に住む人の通勤に用いる代表的な交通手段として，自動車（A），鉄道（R），バス（B）の 3 つの選択肢があるとする．その地域に住む通勤者から無作為に N 人を抽出し，普段使っている通勤手段（被説明変数）とすべての利用可能な交通手段の属性や個人の属性（説明変数）のデータを得たとしよう．

通勤交通手段を決める主な要因として，所要時間（t），費用（c），性別（f），その人が免許を持っているかどうか（l），の 4 つがあるとしよう．最初の 2 つの説明変数は，「分」や「円」で測られる連続変数であるが，あとの 2 つは定性的属性を示す変数である．このような定性的属性を表現するためには，その属性を有しているときには 1 の値を，有していないときには 0 の値をとる「ダミー変数（dummy variable）」を通常用いる．この例では，f は「女性ダミー」，l は「免許所持ダミー」であるとする．このとき，例えば次のような効用関数（の確定部分）の特定化が考えられる．

$$V_{An} = \beta_1 + \beta_3 t_{An} + \beta_4 c_{An} + \beta_5 l_n \tag{6.2.1}$$

$$V_{Rn} = \beta_2 + \beta_3 t_{Rn} + \beta_4 c_{Rn} \tag{6.2.2}$$

$$V_{Bn} = \phantom{\beta_2 +{}} \beta_3 t_{Bn} + \beta_4 c_{Bn} + \beta_6 f_n \tag{6.2.3}$$

この特定化では，β_1 は自動車の定数項，β_2 は鉄道の定数項を表している．定数項とは，この例では所要時間，費用，性別，免許保有では表せなかったその選択肢の効用のうち，全個人について共通となる効用値を表している．（ちなみに，説明変数で表せなかった効用のうち，全個人で共通でなく個人ごとに異なるものは誤差項で表される．）例えば自動車の定数項には，ドアツードア性の効用，プライバシーの効用，快適性の効用，などが含まれる．β_3 は全選択肢に共通な所要時間の限界効用（単位時間当たりの効用，通常は負の値），β_4 は全選択肢に共通な費用の限界効用（単位費用当

表-6.2.1 Specification table の例

	β_1	β_2	β_3	β_4	β_5	β_6
Auto	1	0	t_A	c_A	l	0
Rail	0	1	t_R	c_R	0	0
Bus	0	0	t_B	c_B	0	f

たりの効用,通常は負の値)を表し,β_5 は免許保有が自動車に与える効用,β_6 は女性であることがバスに与える効用を表している.このような特定化をわかりやすく表形式にしたのが,**表-6.2.1** の specification table である.この表では,一番上の行にパラメータ名が,各選択肢の行にはそれぞれのパラメータに対応する変数が示されている.

この例でわかるように,離散選択モデルの説明変数は大きく以下のような 3 つのグループに分けることができる.

a. 定数項　説明変数では表せなかった効用のうち,全個人で共有する値.Specification table からわかるように,選択肢を識別するダミー変数(0-1 変数)にかかる係数と考えることもできる.

b. サービスレベル変数　Level of service という言葉から LOS 変数とも呼ばれる.上の例では,所要時間と費用がこれにあたり,各選択肢独自のサービスレベルを表す変数である.

c. 社会経済変数　Socio-economic という言葉から SE 変数とも呼ばれる.上の例では,免許保有と性別がこれにあたり,意思決定者の属性やトリップの属性をあらわす.各選択肢間で値が変化しないことが特徴である.

離散選択モデルの特定化において注意が必要なことは,「効用」という値は選択肢間の相対的な値にのみ意味があり,絶対値には意味が無い点である(2.2.1 項の「序数的効用」参照).例えば,この 3 肢選択の例で,式 6.2.1〜6.2.3 の効用関数にそれぞれ 10 という値を加えようが,それぞれ 100 を引こうが,まったく同じモデルである.このため,定数項を入れる場合は,少なくとも 1 つの選択肢の定数項を任意の値(通常,便利のため 0 にする.上の例ではバスの定数項が 0)に定める必要がある.また,各選択肢間で値が変わらない社会経済変数も,すべての選択肢で同じパラメータを持つような特定化はできない.選択肢間で効用の差を取ると,キャンセルアウトされてしまい変数の意味がなくなるからである.

6.2 離散選択モデルの推定

　所要時間や費用のパラメータは上の例では各選択肢で共通になっているが，各選択肢で異なるパラメータを持たせることも可能である（**表-6.2.2**）．例えば，自動車に乗っている1分，鉄道に乗っている1分，バスに乗っている1分，それぞれが効用に異なる影響を与えると考えられるときである．後者の方がより「一般化された（general）」特定化であり，モデル推定の結果，各選択肢の所要時間のパラメータ推定値が有意に異ならない場合は共通パラメータとして特定化して再推定を行う，というのが本来の考え方である．なお，**表-6.2.1**の所要時間の係数のように各選択肢で共通の値を持つ場合を「共通係数（generic coefficients）」，**表-6.2.2**のようにそれぞれの選択肢で異なる値を持つ場合を「選択肢固有係数（intrinsic or alternative-specific）coefficients）」と呼んでいる．

　効用関数の形としては，パラメータ推定が容易であるために，この例で示したような線形効用関数が一般的である．ここで「線形」とは，パラメータについて線形であるという意味で，説明変数の非線形性は問わない．例えば，所要時間を対数変換したり，費用を所得で割ったものを使ったりという説明変数の非線型変換は，きわめて一般的に行われる．

表-6.2.2 所要時間に選択肢別のパラメータを割り当てた場合の specification table

	β_1	β_2	β_3	β_4	β_5	β_6	β_7	β_8
Auto	1	0	t_A	0	0	c_A	l	0
Rail	0	1	0	t_R	0	c_R	0	0
Bus	0	0	0	0	t_B	c_B	0	f

6.2.2　誤差項の分散と効用関数のスケール

　前項において，各選択肢の効用の絶対値ではなく，選択肢間の効用の差に意味があることを述べた．さらに，確率効用理論においては，効用の確定部分と誤差項の相対的大きさが重要である．例えば2肢選択において，選択肢間の確定効用の差が10であっても，誤差項の影響が卓越しており例えばその標準偏差が100もあれば，この離散選択モデルはほとんど意味をなさず，予測選択確率はどちらの選択肢もほぼ0.5である．しかし誤差項の影響が小さく，例えばその標準偏差が1であれば，確定効用の値を知っただけでほぼ確実に選択を予測できる優れたモデルになる．

　換言すれば，効用の確定部分と確率部分の相対的大きさを分離して考えることはで

きず，絶対的な効用の何らかのスケールを定める必要がある．確率効用モデルでは，通常，誤差項の標準偏差を適当な値に定めることによって効用全体のスケールを定めている．

式 6.1.16 のロジットモデルの選択確率式を見ればこれは明らかである．式中では，ガンベル分布の（標準偏差に反比例する）スケールパラメータ μ と効用の確定部分 V が積の形で入っており，両者のスケールを同時に定めることはできない．よって通常のロジットモデルでは，ガンベル分布のスケールパラメータ μ の値を 1 に定め，選択確率式を，

$$P_n(i) = \frac{\exp(V_{in})}{\sum_{j=1}^{J} \exp(V_{jn})} , \quad i = 1,...,J \tag{6.2.4}$$

として効用関数中の未知係数 β だけをデータから推定する．

プロビットモデルの場合は，正規分布する誤差項の標準偏差を 1 と定めることが普通である（2 項プロビットの選択確率式 6.1.7 を参照）．

このような誤差項のスケールの標準化は，市販のロジットモデルやプロビットモデルの推定ソフトウェアでも組み込まれており，通常は誤差項と確定効用のスケールを気にすることなく適用することができる．しかし，後述するような，誤差項の選択肢間の相関を考えたネスティッドロジットモデルや，複数のデータソースを用いたモデル推定では，スケールの問題は重要である．

6.2.3 最尤法によるモデルの推定

モデルの推定とは，理論モデルに含まれる未知パラメータを，実験や観測データを最も良く再現するように同定することである．通常の離散選択モデルにおける未知パラメータは，効用関数の説明変数にかかる未知係数（先の例の β）と誤差項のスケールパラメータ（同じく μ）である．

離散選択モデルは，非集計モデル（disaggregate model）とも呼ばれるように個人個人の選択データを用いてモデル推定がなされる．より具体的には，数百人程度を対象にアンケート調査や面接調査によってどのような状況のときにどの選択肢を選択したかを尋ねて推定データを作成する．

個人個人の選択確率が未知パラメータを含む理論式で与えられたとき，推計データに最も適合するパラメータ値を求める方法として最尤推定法（maximum likelihood estimation; MLE）が最も一般的に用いられる．MLE の考え方は，行動を表す理論モデル（ここに未知パラメータが含まれている）が正しいとの仮定のもとで，観測された

データが得られるもっともらしさ（尤度（likelihood））が最大になるようにパラメータを定めることである．

離散選択モデルのもとでの，データの尤度は選択確率を用いて次のように表される．

$$L = \prod_{n=1}^{N}\prod_{i=1}^{J} P_n(i)^{d_{in}} \tag{6.2.5}$$

ここに，d_{in}：個人 n が選択肢 i を選択したとき 1，そうでないとき 0．

これは，まず個々のサンプルの尤度はそのサンプル（個人）が実際に選択した選択肢の理論的選択確率で表され，サンプルに含まれる個人個人の選択が統計的に独立であるという仮定の下で，サンプル全体の尤度は個々のサンプルの尤度の積になるということを表している．理論モデルが多項ロジットモデルの場合，$P_n(i)$ は式 6.2.4 で置き換えられ，そこに未知パラメータ β が含まれている．

実際のモデル推定では，推定計算の簡便性のため式 6.2.4 の両辺の対数を取った対数尤度関数 6.2.6 を未知パラメータに関して最大化する．

$$\ln L = \sum_{n=1}^{N}\sum_{i=1}^{J} d_{in} \ln P_n(i) \tag{6.2.6}$$

McFadden（1974）は，多項ロジットモデルの対数尤度関数は大局的に凹であり，最大化の 1 階の条件，すなわち式 6.2.6 の未知パラメータに関する 1 次の微係数を 0 として連立方程式を解けば最大値が得られることを証明した．ただし，この式は選択確率式からわかるように，未知パラメータに関して非線形であるので最大化には Newton-Raphson 法などの数値計算法が必要である．

6.2.4 パラメータ推定値の統計的性質と検定

統計的に推定されたパラメータ値は，データすなわちサンプルに依存し，異なるサンプルを用いて同じモデルを推定すれば当然異なるパラメータ推定値を得る．つまりパラメータ推定値は確率変数であり，そのためにばらつきがある．最尤推定法によって得られるパラメータ推定値は，一致性（consistency），漸近的有効性（asymptotic efficiency），漸近的正規分布（asymptotic normality），という統計学的に望ましい性質をもっていることがわかっている．すなわち，サンプル数が十分大きくなると，パラメータ値の分布は，分散がクラメール・ラオの分散下限値になる正規分布に近づき，その期待値は真値に確率的に近づいていく（Theil, 1971）．

なお，パラメータ値の分散の推定値は，式 6.2.6 の対数尤度関数から求めることができる．式 6.2.6 を最大化する際に用いるヘッセ行列（式 6.2.6 をそれぞれのパラメー

で 2 回微分した行列）の逆行列に負号をつけたものがパラメータの分散共分散行列の推定値になる．

これを用いてパラメータ値の信頼性についての統計的検定（statistical test）を行なうことができる．得られたパラメータ推定値が確率変数のひとつの実現値である以上，その実現値がどれほどの意味をもつかを検定することは重要である．もっともよく行なわれる検定は，それぞれの係数が 0 から統計的に有意に離れているかどうか，すなわち各説明変数が効用値に影響を与えているかどうかの検定である．検定値は，パラメータ推定値をその推定値の標準偏差の推定値で除した値で，最尤推定量の漸近的正規性から t 検定となる．通常各係数の推定値と共に「t 値」として出力されているもので，この値の絶対値が 1.96 以上であれば十分（有意水準5%で）0 から離れていると言える．

注意すべきことは，離散選択モデルのパラメータ推定量が一致性を持つのは，完全な無作為抽出のような外生標本抽出（exogenous sampling）によるデータを用いた場合であり，内生標本抽出（endogenous sampling）を行った場合は，5.2 節で解説したように適切な重み付けを行って推定しなければならない．ただし，選択肢別標本抽出（choice-based sampling）によるデータで，選択肢別定数項を含む多項ロジットモデルを推定した場合は，定数項を除いて一致性を持つ推定量が得られる（Manski and Lerman, 1977）．さらに，選択肢 i の母集団シェア（W_i）が分かっている場合は，バイアスを持つ定数項推定値から $\ln(H_i/W_i)$（ただし H_i は選択肢 i のサンプル内のシェア）という値を引いておくことによって一致性のある推定値とすることができる．

6.2.5 モデルの適合度

個々のパラメータの統計的検定は，上記の方法で行えるが，モデル全体としてサンプルにどれくらい適合しているかの指標はどうであろうか．

きわめて直感的な適合度指標は，「的中率」である．これは，パラメータ推定値と説明変数値を用いて計算される効用の確定部分の推計値が最大となる選択肢が選択されると予測し，この選択予測と実際の選択が一致しているサンプルを「的中」として，全サンプルのうち何パーセントが的中したかを表したものである．

効用の確定部分の推計値を選択確率式に代入すると，各選択肢の予測選択確率が個人ごとに計算できるが，予測選択確率が最大となる選択肢が選択されると予測することと同じである．2 項選択問題を例にとると，ある個人が選択肢 1 を実際に選択しているとき，あるモデルは選択肢 1 の予測選択確率を 0.99，選択肢 2 を 0.01 と計算し，別のモデルはそれぞれ 0.51 と 0.49 と予測したとしよう．的中率の指標ではどちらのモデ

6.2 離散選択モデルの推定

ルもこの個人の行動を正しく予測したとして差は出ないが，現実には前者のモデルのほうがはるかに価値の高い情報を与えている．これは，的中率の考え方が確率的選択モデルの本来の考え方から離れて，確率的情報を 0-1 の離散的な情報に置き換えていることから生じている．このようなことから，確率的選択モデルの適合度指標としては，以下の尤度比（likelihood ratio）に基づくものを用いるべきである．なお，尤度「比」は対数尤度を用いた場合は，対数尤度「差」になることに注意されたい．

ベースとなる尤度として，各選択肢の選択確率が等確率になる「無情報モデル」（これはすべての選択肢の効用を同じ値，例えば 0 にしたモデル）を考える．最尤推定法は，この無情報の状態から尤度を高める方向にパラメータ値を変化させていく過程とも考えられ，最大の尤度に達した点でパラメータ値が定まる．なお，実際に選択された選択肢の予測選択確率がすべて 1 になる「完全情報モデル」の尤度は，式 6.2.5 からもわかるように 1（対数尤度では 0）となる．つまり無情報モデルの尤度を $L(0)$ とすると，パラメータ推定値を定める最大尤度 $L(\boldsymbol{\beta}^*)$ は，$L(0)$ と 1 の間に存在する．

ここで，尤度比（対数尤度差）$-2(\ln L(0) - \ln L(\boldsymbol{\beta}^*))$ の値は，最尤法により推定されたモデルが無情報モデルと比べて統計的に有意に差があるかどうかの検定に用いられる．すべての効用関数の係数値が 0 である，つまり真のモデルは無情報モデルという帰無仮説の下で，上記の尤度比の値は漸近的にカイ二乗分布（自由度は推定される係数の数）に従うことがわかっている．設定した有意水準から定まる棄却領域にこの尤度比の値が入っていれば，構築した離散選択モデルが，まったくの「当てもの」的な無情報モデルよりも統計的に優れているという結論になる．

もう 1 つのベースとなる尤度は，選択肢固有定数のみによるモデルの最大尤度 $L(\mathbf{c})$ である．これは，所要時間や費用など政策的に変化させうる変数や性別・免許保有状況など将来フレーム変数など，選択肢固有定数以外の変数が，需要モデルにおいて意味を持っているかどうかの検定を行う場合に用いられる．この場合，$-2(\ln L(\mathbf{c}) - \ln L(\boldsymbol{\beta}^*))$ の値が，選択肢固有定数以外の係数値がすべて 0 であるという帰無仮説の下でカイ二乗分布（自由度は選択肢固有定数以外の係数の数）に従う．とくに，選択肢固有定数だけからなる多項ロジットモデルでは，モデルから計算される予測選択確率はサンプル中のシェアに等しくなるため，他の説明変数を加えたモデルが，サンプルシェアだけから予測を行う場合より統計的に優れているかの検定を行うことができる．

このようなベースとなる尤度と最大尤度との比を用いた，モデルの適合度の指標値が提案されている．尤度比指標（likelihood ratio index）または McFadden の決定係数とも呼ばれる，対数尤度の差を用いた適合度指標は以下の式で表される（Domencich and

McFadden, 1975）．

$$\rho^2 = \frac{\ln L(\beta^*) - \ln L(0)}{\ln 1 - \ln L(0)} = \frac{\ln L(0) - \ln L(\beta^*)}{\ln L(0)} \tag{6.2.7}$$

この適合度指標は，的中率のように確率的予測情報を 0-1 の離散的情報に変換することなく利用している点で優れている．この指標は，線形回帰分析における決定係数 R^2 が，データ全体の変動のうち何パーセントをモデルで表現できているかを表していることに類似しているが，R^2 ほど明確な解釈はない．そのため，式 6.2.7 の値がいくら以上なら十分適合しているといった直感的な目標値はないが，経験的にサンプル数が数百で選択肢数が 5 程度ならば，0.2 程度以上あれば適合度に問題はないとしていることが多い．

式 6.2.7 の指標のもうひとつの短所は，回帰分析の R^2 と同様に，説明変数を増やせば必ず指標値が増加することである．回帰分析においてこの欠点を克服したものが自由度調整済み決定係数 $\overline{R}^2$ であった．McFadden の決定係数にも同様の考え方が適用され，以下のような自由度調整済み決定係数が提案されている（Ben-Akiva and Swait, 1986）．

$$\overline{\rho}^2 = \frac{\ln L(0) - (\ln L(\beta^*) - K)}{\ln L(0)} \tag{6.2.8}$$

ここに，K はモデルに含まれる未知パラメータの数．

また，式 6.2.8 に含まれる $-\ln L(\beta^*) + K$ という値は，「赤池の情報量規準（Akaike's information criterion; AIC）」（Akaike, 1973）と呼ばれるものであり，最尤法によって推定されるどのようなモデルに対しても用いることのできる適合度指標である．AIC はその値が小さくなるほど適合度が良いことと，文献によってはこの値を 2 倍したもの（さらにはサンプル数で割ったものもある）を AIC として定義していることに留意されたい（坂元ら，1981）．

6.2.6　様々な SP 回答形式に対応した離散選択モデル

これまでの議論では「観測された被説明変数」は，RP データで得られる「選択結果」を暗黙のうちに仮定していた．しかし実験データである SP データでは，提示されたいくつかの選択肢の望ましい順序を回答する「順序付け」，提示されたそれぞれの選択肢の望ましさの程度を評点で答える「評点付け」，提示された一対の選択肢のどちらがどの程度望ましいかを答える「一対比較」など多様な回答形式，すなわち被説明変数の形式が考えられる（5.3 節参照）．ここでは，回答結果の信頼性が比較的高く，現存しない交通サービスの需要予測にしばしば用いられる「順序付け」と「一対比較」

の回答形式に対するモデル化の方法について解説する．

(1) 順序付けデータからのモデル化

　J 個の選択肢を提示された回答者が，それらに対して望ましさの順序をつける SP 質問を考えよう．一番望ましい（第 1 位）と回答された選択肢は，通常の選択データのように式 6.2.4 を用いて定式化できる．第 2 位の選択肢は，第 1 位の選択肢を除いた $J-1$ 個の選択肢集合の中で最も望ましく，この縮小された選択肢集合から選択されたとみなして式 6.2.4 を適用することができる．第 3 位の選択肢は，第 1 位と 2 位の選択肢を除いた $J-2$ 個の選択肢集合から選択されたとみなし，以下，第 $J-1$ 位の選択肢は最後に残された 2 つの選択肢からなる選択肢集合からの選択まですべて式 6.2.4 で表すことができる．すなわち，多項ロジットモデルの仮定のように，効用の確率項が選択肢間で独立であるならば，次の式が成り立つ．

$$P_n(1,2,...,J) = P_n(1|\{1,2,...,J\})P_n(2|\{2,...,J\})...P_n(J-1|\{J-1,J\}) \qquad (6.2.9)$$

ただし，$P_n(1,2,...,J)$ は選択肢 1 が第 1 位に，選択肢 2 が第 2 位にというように選好順位が付けられる確率で，$P_n(j|\{j,...,J\})$ は選択肢集合 $\{j,...,J\}$ の中から選択肢 j が選択される選択確率であり式 6.2.4 で表現される．これより，式 6.2.9 の順位付けの確率は，以下のように表される．

$$P_n(1,2,...,J) = \prod_{j=1}^{J-1} \frac{\exp(V_{jn})}{\sum_{i=j}^{J} \exp(V_{in})} \qquad (6.2.10)$$

　このように，確率効用項に独立性の仮定をおくことによって，順位付けデータを独立選択データに分解し，多項ロジットモデルを用いて尤度関数を計算することができる．つまり，1 つの順位付けデータを $J-1$ 個の選択データに分解して，それぞれをあたかも独立な選択データのように取り扱うことによって，通常の多項ロジットモデル推定のソフトウェアを用いてパラメータ推定を行うことができる．この手法は，rank logit または exploded logit と呼ばれている．

(2) 一対比較データからのモデル化

　順位付けデータと並びよく用いられる回答形式に一対比較がある．一対比較は，提示した 2 つの選択肢の相対的な選好度を尋ねるものであるが，回答形式が単にどちらが望ましいかを尋ねるものであれば通常の 2 項ロジットや 2 項プロビットが適用できる．しかし，一対比較では，単にどちらが望ましいかではなく，どちらがどの程度望ましいかを尋ねることが多い．例えば，1) 選択肢 1 の方が非常に望ましい，2) 選択肢 1 の方がどちらかというと望ましい，3) どちらも同程度の望ましさである，4) 選

|3| モデリング／第6章　離散選択モデル

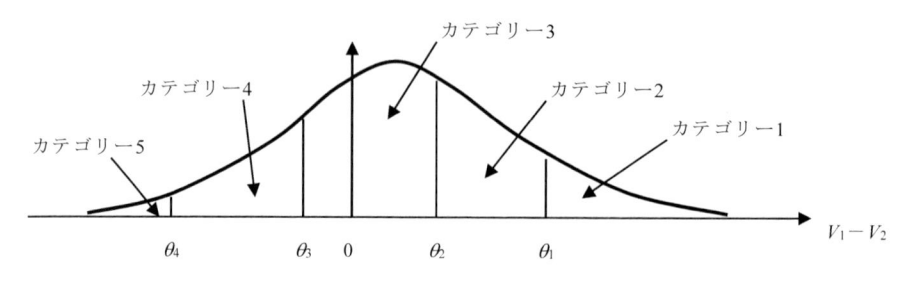

図-6.2.1　効用値の分布と閾値

択肢2の方がどちらかというと望ましい，5) 選択肢2の方が非常に望ましい，といった5つの回答カテゴリーや，1) 選択肢1を選択する，2) どちらとも言えない，3) 選択肢2を選択する，といった3つの回答カテゴリーなどが多く用いられる．被験者は，この回答カテゴリーの中から1つのカテゴリーを選ぶことになる．

この場合は，2つの選択肢の効用値の単なる大小関係だけでなく，効用の差の大きさの情報も与えていると考えられ，以下のようにモデル化される．例として，一対比較の回答が上記のような5つのカテゴリーを持つ場合を考える．このとき選択肢1と選択肢2の効用差が，ある閾値 θ_1 以上の場合はカテゴリー1（選択肢1の方が非常に望ましい，以下同様），閾値 θ_1 と閾値 θ_2 の間にある場合はカテゴリー2，閾値 θ_2 と閾値 θ_3 の間にある場合はカテゴリー3，閾値 θ_3 と閾値 θ_4 の間にある場合はカテゴリー4，閾値 θ_4 以下の場合はカテゴリー5，というように回答カテゴリーの自然の順位（natural order）と効用差の大きさを閾値というパラメータを介して関係付けることができる．このような関係を示したのが**図-6.2.1**である．

以上の関係を式で表すと，回答カテゴリーが k ($k=1,...,5$) である確率 $P(k)$ は次のようになる．

$$\begin{aligned}P(k) &= P(\theta_k \leq U_1 - U_2 < \theta_{k-1}) \\ &= P(\theta_k \leq V_1 - V_2 + \varepsilon_1 - \varepsilon_2 < \theta_{k-1}) \\ &= P(\theta_k - V_1 + V_2 \leq \varepsilon_1 - \varepsilon_2 < \theta_{k-1} - V_1 + V_2) \\ &= \int_{\theta_k - V_1 + V_2}^{\theta_{k-1} - V_1 + V_2} f(\varepsilon) d\varepsilon \end{aligned} \quad (6.2.11)$$

ただし，$\varepsilon = \varepsilon_1 - \varepsilon_2$ であり $f(\varepsilon)$ は ε の確率密度関数である．また，$\theta_0 = +\infty$，$\theta_5 = -\infty$ とする．ε の確率分布としては，通常の2項選択モデルと同様に正規分布またはロジステ

ィック分布を用いることが多く，正規分布を仮定した場合は ordered-response probit モデル，ロジスティック分布を仮定した場合は ordered-response logit モデルと呼ばれる（ordered-response logit と先に説明した rank logit を混同しないように注意されたい）．また，εにロジスティック分布を仮定することは，ε_1とε_2に独立で同一のガンベル分布を仮定することと同値であることも付記しておく．

ordered-response probit モデルのカテゴリー選択確率は，Φを標準正規分布の累積分布関数として

$$P(k) = \Phi(\theta_{k-1} - V_1 + V_2) - \Phi(\theta_k - V_1 + V_2) \qquad (6.2.12)$$

と表され，ordered-response logit モデルの場合のカテゴリー選択確率は，

$$P(k) = \frac{1}{1 + \exp(V_1 - V_2 - \theta_{k-1})} - \frac{1}{1 + \exp(V_1 - V_2 - \theta_k)} \qquad (6.2.13)$$

と表される．各個人の尤度は，回答されたカテゴリーの選択確率であり，通常の離散選択の場合と同様に尤度関数を計算することができる．最尤推定法によって効用関数の係数と閾値θを同時に推定することができる．

6.3 離散選択モデルによる予測

6.3.1 予測と集計化の考え方

交通行動に離散選択モデルを適用する主な目的は，個人の行動をシステマティックに理解することと，何らかの交通政策（何もしないということを含めて）に対して交通現象の予測を行い，政策の効果を評価し意思決定を支援することである．前者の目的では，例えば費用と所要時間のトレードオフ関係から人の時間価値を計測したり，高齢者であることが交通手段選択にどのように影響するかなどを，推定された効用関数のパラメータから知ることができる．後者の「予測」という目的では，個人個人の行動を予測することはほとんどなく，母集団全体やあるサブグループ（例えば，バスを利用している高齢者，など）について集計化した予測値が必要なことがほとんどである．このため，非集計レベルで推定したモデルを，予測段階では「集計化（aggregation）」する必要がある．

当然ながら，説明変数に含まれていない要因の影響を予測することはできない．年齢に関する変数が含まれていないモデルを用いて高齢化の影響を予測したり，料金変数を入れられなかったモデルで運賃政策の評価を行うことはできない．逆に，時系列的な予測を行う場合，すべての説明変数の将来値をモデルに入力する必要があるため，

将来値を得られないような説明変数をモデルに入れることも無駄である．例えば，交通手段選択モデルに，車の詳細な買い替え履歴を表す説明変数を入れても，その説明変数自体の将来値を得ることが困難であれば，そのような変数を入れる効果はほとんどない．

また，推定されたモデルを遠い将来の予測に用いたり，別の地域の予測に用いたりする際には，モデルの「移転可能性（transferability）」に注意が必要である．とくに前者を「時間的移転可能性」，後者を「空間的移転可能性」と呼ぶ．これは，推定に用いたデータを最もよく再現するように定めたパラメータの値が，予測を行う時点や地域においても有効であるかどうかを問題にしているからである．移転可能性を厳密にチェックすることは困難であるが，時間的移転可能性については，過去の 2 時点以上のデータがあれば，それぞれのデータから同じモデルを推定してパラメータの同一性を検定することができ，空間移転可能性については，予測地域における少数のサンプルや集計データ（交通手段分担率など）が入手可能であれば，モデルによる集計予測値と比較することによってその有効性を大まかに判断することができる．詳しくは，6.5.2 項を参照されたい．

6.3.2 数え上げ法（総当り法）

離散選択モデルにおける未知パラメータ（効用関数の未知係数や場合によっては誤差項のスケールパラメータなど）が最尤法によって推定されると，推定されたパラメータ値と説明変数値を式 6.2.4 に代入することによって，各選択肢の予測選択確率が各個人ごとに計算できる．個人個人の予測選択確率をマーケット（母集団全体や当該のサブグループ）のシェアに拡張する手法として最も頻繁に用いられる手法は，以下に示す「数え上げ法（sample enumeration，「総当り法」とも呼ばれる）」である．これは，モデル推定に使われたサンプルがマーケット全体を十分よく表すと仮定し，サンプル中のシェアを以下の式によって計算し，それをマーケットシェアに用いるものである．

$$S(i) = \frac{1}{N} \sum_{n=1}^{N} P_n(i) \qquad , i = 1,...,J \qquad (6.3.1)$$

ここに，$S(i)$：選択肢 i のマーケットシェア，$P_n(i)$：個人 n の選択肢 i に対する選択確率，N：サンプル数

ここで重要なことは，ある選択肢のマーケットシェアは，個人の選択確率の重みつき総和であり，各個人ごとにどの選択肢を選択するかを 0-1 で予測してから求めるのではないことである．シェアではなく実数（人数など）が知りたい場合は，当然シェア

にマーケットの大きさを掛ければよい．また，モデルが多項ロジットですべての選択肢に選択肢別定数項が入っている場合（6.2.1 項の議論より 1 つの選択肢の定数項は任意の値にセットしておく必要はあるが），数え上げ法による現況シェアの再現は保証されている．これは，最尤法による定数項の推定値はサンプル中のシェアを再現するように定まるためであり（Ben-Akiva and Lerman（1985）参照），このようなモデルを用いる場合「完璧な現況再現性を持つ」ことは自明なのである．

また，選択肢別に標本抽出を行なった場合はモデルによる各選択肢ごとのマーケットシェアは次のようになる．

$$S(i) = \sum_{j=1}^{J} W_j \frac{1}{N_j} \sum_{n=1}^{N_j} P_{nj}(i) \quad , i = 1,...,J \tag{6.3.2}$$

ここに，$P_{nj}(i)$ = 現在選択肢 j を選択している個人 n の選択肢 i に対する選択確率，N_{sj} = 選択肢 j のサンプル数，W_j = アンケート調査時の実際のマーケットシェア．

6.3.3 代表的個人法

もう 1 つよく用いられる集計法として「代表的個人法」がある．これは，母集団の「代表的」な仮想の個人の説明変数値を計算し，その個人の選択確率をそのセグメントにおけるシェアとするものである．「代表的」な変数値としては，モデル推定に用いたサンプルにおける平均値を用いることが多い．この手法は，非線形の選択確率式 6.2.4 に対して，説明変数の平均値を用いて選択確率の平均値を近似するためバイアスが生じることが知られているが，計算が簡単なことやモデルを他の地点に移転して使用するときに便利なことからしばしば実務的に利用される．

母集団の中で説明変数のばらつきが大きい場合には予測の精度が落ちるために，なるべく説明変数がばらつかない同質的なグループごとに「代表的個人」を立てることが重要である．このような同質的なグループをマーケットセグメント（market segment）と呼び，通常は年齢階層，性別，職種などセグメント分けが容易なグループを用いることが多い．しかし，このようなグループ内が同質的である保証はないため，代表的個人法の適用には慎重になるべきである．

6.3.4 ロジットモデルによる弾性値

需要分析における重要な評価値に「弾性値（elasticity）」がある．A に対する B の弾力性とは，A の単位変化比率に対する B の変化比率であり，経済学では多くの場合「需要の価格弾力性」が注目される．複数の財（離散選択では複数の選択肢）を考えた場合，ある財（選択肢）の属性を変化させたときのその財の需要変化に対するものを「直接弾性値（direct elasticity）」，他の財の需要変化に対するものを「交差弾性値（cross elasticity)」と呼ぶ．ここでは，ロジットモデルによって需要関数が表されている場合の弾性値を考えてみよう（選択確率式は一種の需要関数と考えられる）．

個人 n の選択肢 i の k 番目の属性値に対する直接弾性値は，

$$E_{x_{ink}}^{P_n(i)} = \frac{\partial P_n(i)}{\partial x_{ink}} \frac{x_{ink}}{P_n(i)} = \{1 - P_n(i)\} x_{ink} \beta_k \tag{6.3.3}$$

という単純な形になることが式 6.2.4 から簡単に確かめられる．

同様に交差弾性値は，

$$E_{x_{jnk}}^{P_n(i)} = \frac{\partial P_n(i)}{\partial x_{jnk}} \frac{x_{jnk}}{P_n(i)} = -P_n(j) x_{jnk} \beta_k \quad , j \neq i \tag{6.3.4}$$

と計算され，選択肢 i の選択確率に影響を受けないことがわかる．つまり，選択肢 j の属性が変化したときの交差弾性値は，すべての選択肢で同じ値になる．この特徴は，次節で詳しく述べる，ロジットモデルの持つ IIA 特性のひとつの表現方法でもある．

式 6.3.3 及び 6.3.4 は，個人の弾性値を表している．集計化された弾性値は，ある説明変数の値を全個人について単位割合変化させたときの集計シェアの変化率である．マーケットシェアが数え上げ法により式 6.3.1 によって表されていると，集計弾性値は次式のように，個人の弾性値を選択確率によって重み付けした値になる．

$$E_{x_{ink}}^{S_n(i)} = \frac{\sum_{n=1}^{N} P_n(i) E_{x_{ink}}^{P_n(i)}}{\sum_{n=1}^{N} P_n(i)} \tag{6.3.5}$$

6.4 IIA 特性をもたない離散選択モデル

6.4.1 ロジットモデルと IIA 特性

ロジットモデルの選択確率式 6.2.4 から，2 つの選択肢の選択確率の比に関して以下のような式が得られる．

$$\frac{P_{in}}{P_{jn}} = \exp(V_{in} - V_{jn}) \tag{6.4.1}$$

これは，2 つの選択肢の選択確率の比は，その選択肢の確定効用にのみ影響を受け，選択肢集合に含まれる他の選択肢の影響を受けないということである．このような性質を「無関係な選択肢からの選択確率の独立性」または「IIA (independence from irrelevant alternatives) 特性」と呼ぶ．前節の最後で触れた，交差弾性値の均一性も IIA 特性の別

6.4 IIA特性をもたない離散選択モデル

の表現である．

IIA特性には，長所と短所がある．長所としては，選択肢集合に含まれるすべての選択肢を知らなくとも，その部分集合を用いてモデルを推定してもパラメータ推定値にバイアスが生じないことである．これはとくに選択肢集合が極めて大きいか不確定である場合，例えば目的地選択問題などに威力を発揮する．また，現存しない選択肢の需要予測も，新たな選択肢の効用関数を設定して選択肢集合に加えることによって予測できる．ただしこれらの長所は，実際の選択状況がIIA特性に従っている場合である．

それでは実際にはIIAが成り立っていない場合はどうであろう．以下の有名な「赤バス－青バス問題」を考えてみよう．

ある人にとって，効用の確定部分の大きさが全く同じである車とバス（赤く塗ってあるバスとしよう）が選択肢集合にあるとすると，式6.4.1により選択確率の比は1となるので，車と赤バスの選択確率はそれぞれ1/2になる．ここに新たに，赤バスと全く同じ属性であるが，青く塗られている青バスが導入されたとしよう．バスの色は選択に無関係だと仮定すると，車，赤バス，青バスの確定効用の大きさはすべて同じになり，すべての選択肢ペアの選択確率比は1になる．そのような選択確率の解は，1/3, 1/3, 1/3であり，青バスの導入によってバスの選択確率が1/2から2/3に増えることになる．しかし実際には，青バスが導入されてもこの人のバスの効用は変化しないので，直感的に正しい解は，車が1/2，赤バスが1/4，青バスが1/4であろう．

この赤バス－青バス問題のように，極めて類似した選択肢の選択確率がロジットモデルによって過大評価されるのは，選択肢間の確率効用項が独立であるという仮定が誤っていたためである．赤バス－青バス問題は極端な例であるが，交通行動分析に離散選択モデルを適用する際には，すべての確率効用項が独立ではなく，いくつかの選択肢間に相関が生じることは，以下の例のように多くある．

＜一部の選択肢間の誤差項に相関が生じやすい例＞
- 交通手段選択－車・鉄道・バス
    鉄道とバスは，公共交通機関という表現しにくい共通項がある．
- 経路選択
    一部のリンクを共有している経路間には相関が生じやすい．
- 目的地選択
    近い目的地同士には相関が生じやすい．
- 幹線手段と端末手段の複合選択

幹線手段を共有している選択肢間では相関が生じやすい．
・統合モデル（例：目的地選択と手段選択）
共通の目的地または共通の手段を持つ選択肢間では相関が生じやすい．

このような選択問題を正確に表現するためには，確率効用項の独立性の仮定を緩めたより一般的なモデルの適用が必要である．次項以降では，IIA 特性を緩和した GEV モデルとその特殊系であるネスティッドロジットモデル，さらにより一般化された多項プロビットモデルや最近の研究成果である一般化ネスティッドロジットモデルについて解説する．

6.4.2 GEV モデル

名古屋圏に居住する家族の小旅行を調査したところ，典型的な旅行先として伊勢と高山があり，用いる交通手段として車と鉄道があったとしよう．旅行先と交通手段の組み合わせの需要予測を行おうとすると，典型的な家族は，1 {伊勢，車}，2 {伊勢，鉄道}，3 {高山，車}，4 {高山，鉄道} という 4 つの選択肢の中から選択を行っていると考えることができる．この例は，前項の例における，目的地と手段選択の統合モデル分析であり，この 4 つの選択肢の効用の誤差項が互いに独立であるとは考えにくい．つまり，これは目的地と手段という 2 次元の選択問題と考えられ，例えば，目的地の選択行動において，伊勢，高山それぞれに観測できない要因があるとするとそれは効用の誤差項に含まれ，伊勢を含む 2 つの選択肢どうし，高山を含む 2 つの選択肢どうしでそれを共有するために，誤差項に相関が生じる．言い換えれば，選択肢 1 と 2 が伊勢特有の誤差項を共有するサブグループ，選択肢 3 と 4 が高山特有の誤差項を共有するサブグループとなり，このような状況を図-6.4.1 のようなツリー図で表現す

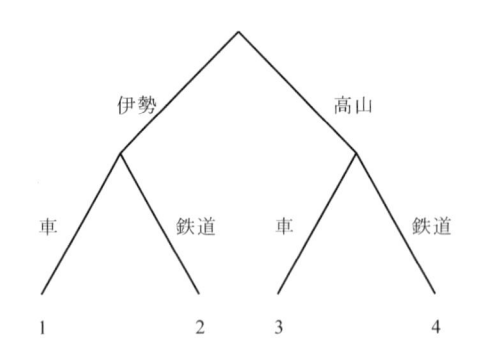

図-6.4.1 旅行先・手段選択モデルのツリー図

る.

　ロジットモデルでは，効用の誤差項に独立で同一な極値分布のひとつであるガンベル分布を仮定したが，GEV（generalized extreme value，一般化極値分布）モデルでは，その名のとおりより一般的な極値分布を仮定する．

　個人 n が J_n 個の選択肢を持ち，それが $B_n^1,...,B_n^K$ という K 個のサブグループに分かれているとしよう（上記の例では，4 つの選択肢が伊勢グループと高山グループという 2 つのサブグループに分かれている）．選択肢 i の効用を通常のように $U_{in} = V_{in} + \varepsilon_{in}$ と表すと，ε_{in} が従う一般化極値分布の同時累積分布関数は

$$\exp\left\{-\sum_{k=1}^{K} \alpha_k \left(\sum_{i \in B_n^L} \exp(-\varepsilon_{in}/\lambda_k)\right)^{\lambda_L}\right\}$$

と表される．λ_k は 0 と 1 の間の値をとるサブグループ内の相関の程度を表すパラメータである（1 のとき無相関）．

　そしてこのときの選択確率は，

$$P_n(i) = \frac{\exp(V_{in}/\lambda_k)\left(\sum_{j \in B_n^L} \exp(V_{jn}/\lambda_k)\right)^{\lambda_L - 1}}{\sum_{k=1}^{K}\left(\sum_{j \in B_n^L} \exp(V_{jn}/\lambda_k)\right)^{\lambda_L}} \tag{6.4.2}$$

となることが証明されている（McFadden, 1978）．この選択確率式はあまり直感的ではないが，選択肢のサブグループ内で誤差項が無相関のとき，つまり $\lambda_k = 1$ のとき式 6.4.2 が通常のロジット式 6.2.4 に等しくなることから，ロジットモデルは GEV モデルの特殊形であることが分かる．

　GEV モデルの本領は，選択肢のサブグループ内で IIA 特性をもつが，異なるサブグループ間では IIA が成り立たない選択状況を表現できることである．前項で例示した「赤バス－青バス問題」を考えてみよう．これは｛車, 赤バス, 青バス｝という 3 肢選択問題であるが，第 1 のグループに｛車｝，第 2 のグループに｛赤バス, 青バス｝というサブグループに分かれていると考えられる．バスのサブグループ内の相関の程度を表すパラメータを λ とすると，式 6.4.2 から選択肢 1 すなわち車が選択される確率は以下のようになる．

$$P_n(1) = \frac{\exp(V_{1n})}{\exp(V_{1n}) + \left(\exp(V_{2n}/\lambda) + \exp(V_{3n}/\lambda)\right)^{\lambda}} \tag{6.4.3}$$

Daganzo and Kusnis（1990）は，このときの各選択肢の確率効用項の共分散行列が以下のようになることを示した．

$$\frac{\pi^2}{6}\begin{bmatrix} 1 & 0 & 0 \\ 0 & 1 & \rho \\ 0 & \rho & 1 \end{bmatrix}$$

ここで，$\rho = 1 - \lambda^2$．

赤バス－青バス問題では，確定効用の値は各選択肢ですべて等しいので $V_{1n} = V_{2n} = V_{3n} = 0$ とおくと，式 6.4.3 は，

$$P_n(1) = \frac{1}{1 + 2^\lambda} \tag{6.4.4}$$

となる．

もし赤バスと青バスの確率効用項が無相関であれば，$\rho = 0$ すなわち $\lambda = 1$ であり，車の選択確率は 1/3 になるような IIA 特性を持つモデルになる．逆に，色だけが違うというように完全相関，すなわち $\lambda = 0$ であれば車の選択確率は 1/2 となり，前項で示したような直感と合致するモデルになる．

次項では，このような確率効用項の間で相関がある状況をモデル化するのに適した，GEV モデルのひとつの特殊系であるネスティッドロジットモデルについて解説する．ネスティッドロジットモデルが GEV モデルの特殊形であることが証明されているが，この関係については他書（Train, 1986）に譲り，本書ではネスティッドロジットのより直感的な導出を行う．

6.4.3　ネスティッドロジットモデル
(1) ネスティッドロジットモデルの誘導

再び図-**6.4.1** で示した目的地・交通手段選択の例を用い，さらに以下の記号を定義しよう．

  目的地選択の選択肢 d　　　$d = \{I: 伊勢,\ T: 高山\}$
  手段選択の選択肢 m　　　$m = \{A: 車,\ R: 鉄道\}$

このとき同時選択の選択肢 dm の効用関数は，以下のように分解して表すことができる．ただし，式の煩雑さを避けるために，個人を表す n の添え字は省略してある．

$$U_{dm} = V_d + V_m + V_{dm} + \varepsilon_d + \varepsilon_{dm} \tag{6.4.5}$$

  V_d：目的地選択肢 d に特有な効用の確定項
  V_m：手段選択肢 m に特有な効用の確定項
  V_{dm}：目的地選択肢 d と手段選択肢 m の組み合わせで決まる効用の確定項

6.4 IIA特性をもたない離散選択モデル

ε_d：目的地選択肢 d に特有な効用の確率項

（$\max_{m \in \{A,R\}} U_{dm}$ がスケールパラメータ μ^d を持つガンベル分布になるよう

な分布に従うと仮定）

ε_{dm}：目的地選択肢 d と手段選択肢 m の組み合わせで決まる効用の確率項
（スケールパラメータ μ を持つ IID ガンベル分布に従うと仮定）

ここに，目的地ごとに共通な誤差項 ε_d があるために，$\{I,A\}$ と $\{I,R\}$ の間，及び $\{T,A\}$ と $\{T,R\}$ の間の確率項に相関が生じることが，通常の多項ロジットモデルを適用することの問題であった．

まず，選択肢 dm の選択確率は，以下のように条件付確率と周辺確率の積によって表されることに注目する．

$$P(d,m) = P(m|d)P(d) \tag{6.4.6}$$

ここで周辺確率を導出してみよう．

$$\begin{aligned} P(d) &= \Pr\left[\max_{m \in \{A,R\}} U_{dm} \geq \max_{m \in \{A,R\}} U_{d'm}, d' \neq d\right] \\ &= \Pr\left[V_d + \varepsilon_d + \max_{m \in \{A,R\}} (V_m + V_{dm} + \varepsilon_{dm}) \geq V_{d'} + \varepsilon_{d'} + \max_{m \in \{A,R\}} (V_m + V_{d'm} + \varepsilon_{dm}), d' \neq d\right] \end{aligned} \tag{6.4.7}$$

ε_{dm} は，スケールパラメータ μ を持つ IID ガンベル分布に従うと仮定しているので，

$$\max_{m \in \{A,R\}} (V_m + V_{dm} + \varepsilon_{dm})$$

も同じスケールパラメータ μ を持つガンベル分布に従い，そのロケーションパラメータの値を以下のように V'_d と定義する（6.1.2 項参照）．

$$V'_d \equiv \frac{1}{\mu} \ln \sum_{m \in \{A,R\}} \exp\{\mu(V_m + V_{dm})\} \tag{6.4.8}$$

この値は，ツリーの下位レベルの「合成効用（inclusive value）」またはその式形から「ログサム（logsum）変数」と呼ばれている．これを用いて式 6.4.7 を書き直すと，

$$P(d) = \Pr[V_d + V'_d + \varepsilon_d + \varepsilon'_d \geq V_{d'} + V'_{d'} + \varepsilon'_{d'}, d' \neq d] \tag{6.4.9}$$

ただし，

$$\varepsilon'_d \equiv \max_{m \in \{A,R\}} (V_m + V_{dm} + \varepsilon_{dm}) - V'_d \tag{6.4.10}$$

で定義される新たな誤差項である．

これより周辺確率を与える目的地の選択は，目的地 d が持つ効用の確定項（目的地の測定可能な魅力度など）V_d と車と鉄道両方を考えた交通アクセスの合成効用 V'_d の和で確定効用が与えられ，確率項として $\varepsilon_d + \varepsilon'_d$ が与えられる離散選択モデルになる．ここで式 6.4.5 の仮定より $\varepsilon_d + \varepsilon'_d$ は，スケールパラメータ μ^d を持つガンベル分布であるから，結局周辺確率は以下のロジット式で与えられる．

$$P(d) = \frac{\exp\{\mu^d(V_d + V'_d)\}}{\sum_{d' \in \{I,T\}} \exp\{\mu^d(V_{d'} + V'_{d'})\}} \quad (6.4.11)$$

次に，目的地が決まった場合の手段の選択確率である条件付確率を考えよう．目的地 d が与えられたときの手段選択では，選択肢間の共通項である V_d や ε_d は選択に関与しないので，

$$\begin{aligned}P(m|d) &= \Pr[U_{dm} \geq U_{dm'}, m \in \{A,R\}, m' \neq m | d] \\ &= \Pr[V_m + V_{dm} + \varepsilon_{dm} \geq V_{m'} + V_{dm'} + \varepsilon_{dm'}, m' \neq m | d]\end{aligned} \quad (6.4.12)$$

となり，式 6.4.5 で，ε_{dm} はスケールパラメータ μ を持つ IID ガンベル分布に従うと仮定しているので，この条件付確率は次のような通常のロジット式で与えられる．

$$P(m|d) = \frac{\exp\{\mu(V_m + V_{dm})\}}{\sum_{m' \in \{A,R\}} \exp\{\mu(V_{m'} + V_{dm'})\}} \quad (6.4.13)$$

以上より，各選択肢の選択確率である同時確率は以下のようになる．

$$\begin{aligned}P(d,m) &= P(m|d)P(d) \\ &= \frac{\exp\{\mu(V_m + V_{dm})\}}{\sum_{m' \in \{A,R\}} \exp\{\mu(V_{m'} + V_{dm'})\}} \cdot \frac{\exp\{\mu^d(V_d + V'_d)\}}{\sum_{d' \in \{I,T\}} \exp\{\mu^d(V_{d'} + V'_{d'})\}}\end{aligned} \quad (6.4.14)$$

ここで，第 2 項の指数関数の中にある $\mu^d V'_d$ に着目すると，式 6.4.8 から，

$$\mu_d V'_d = \frac{\mu_d}{\mu} \ln \sum_{m \in \{A,R\}} \exp\{\mu(V_m + V_{dm})\} \quad (6.4.15)$$

である．さらにこの式中の μ^d/μ に注目すると，ガンベル分布のスケールパラメータは標準偏差に反比例し，式 6.4.10 より ε'_d のスケールは ε_{dm} と同じであることから，

$$\frac{\mu_d}{\mu} = \sqrt{\frac{Var(\varepsilon_{dm})}{Var(\varepsilon_d + \varepsilon'_d)}} = \sqrt{\frac{Var(\varepsilon_{dm})}{Var(\varepsilon_d) + Var(\varepsilon_{dm})}} \leq 1 \quad (6.4.16)$$

が成り立つ.

式 6.4.14 において, 2 つのスケールパラメータ μ^d と μ を同時に定めることはできない. もし条件付選択確率のスケール μ を通常のロジットのように 1 に定めると, 式 6.4.14 と 6.4.15 から, ログサム変数の係数として μ^d が推定され, 式 6.4.5 の仮定が正しいならば, その値は 0 と 1 の間になくてはならない.

(2) ネスティッドロジットモデルの推定

ネスティッドロジットモデルの推定方法には, 同時推定と段階推定の 2 通りの方法がある.

同時推定は, 式 6.4.14 で表される選択確率式を用いて, 通常のロジットモデルの推定と同じように尤度関数を表せばよい. ただし, 先に述べたように μ^d または μ を任意の値（通常 1）に定めなければならない. 問題は, 上記のように $\mu=1$ と定めたとしても, V_{dm} や V_m の中にパラメータ β が含まれているので, 式 6.4.15 の中で μ^d と β が非線形の形で存在することである. このような尤度関数を持つモデルを, 通常のロジットモデル推定ソフトウェアを用いて推定することはできない. よって, 同時推定を行うには, 尤度関数を書き下し, それを最大化するルーチンをプログラムしなくてはならない. しかし同時推定は, 厳密な最尤推定法（FIML, full information maximum likelihood）であるので, 得られる推定量は, 一致性と漸近的有効性を持つ. ただし同時推定の尤度関数は, 大局的な凹関数ではないので, プログラムによって得られた推定値が真の最尤推定値でない可能性もある. 数値計算の初期値を様々に変えてみるなどのチェックが必要である.

パラメータの非線形性を回避し, 通常のパッケージソフトウェアを利用する方法が, 段階推定法である. これは以下のようなステップで推定を行う.

- Step 1 　式 6.4.13 の選択確率式を用いて, ツリー下位の条件付選択モデル（例では手段選択モデル）を推定する. つまり, V_{dm} と V_m に含まれるパラメータ β が推定される. この際, スケールパラメータ μ は 1 に正規化される.
- Step 2 　推定されたパラメータを用いて, 式 6.4.8 によって下位ツリーのログサム変数値（合成効用値）を計算する.
- Step 3 　計算されたログサム変数を説明変数とみなして, 式 6.4.11 によって周辺選択モデル（例では目的地選択モデル）を推定する. つまり, V_d に含まれるパラメータ β が推定される. 同時にログサム変数の係数値が, ツリー上位のスケールパラメータ μ^d として推定される.

段階推定は, 準最尤推定法であるので, 得られた推定量に一致性はあるが, 有効性

はない．また，パッケージから得られるパラメータの標準誤差は過小推計されている（つまり t 値は過大推計されている）ことに注意が必要である．また，より重要な段階推定の限界として，複数の段階の間で共通のパラメータ値を設定することができないということがあるので，可能な限り同時推定法を用いるべきである．

ネスティッドロジットモデルの推定で，とくに注意が必要なのは，μ^d/μの値（$\mu=1$ とした場合はログサム変数の係数値）である．式 6.4.16 から分かるように，この値が 1 に極めて近い場合は，ε_d の影響がほとんどないことであり，これはネスティッドでなく，多項ロジットモデルで表現が可能であることを示している．逆に 0 に極めて近い場合は，ε_d の影響が ε_{dm} に比べて卓越しており，先の赤バス・青バス問題に近く，下位ツリーの変化が上位の選択にほとんど影響しないことを表している．

また，μ^d/μ の値が 1 を有意に越えて推定された場合は，ツリーの上下関係が逆転していることを示唆しており，ツリーの構造を変えて再推定するべきである．

最後に，段階的意思決定とネスティッドロジットモデルの関係について述べておく．ネスティッドロジットは，図-6.4.1 で示したようなツリー図で説明されることから，段階的な意思決定に適用されるものだという誤解がある．例えば，居住場所の選択，車の保有，通勤交通手段の選択がこの順序で段階的に意思決定されているとすると，この順序に上位からツリー構造を設定してネスティッドロジットで表現すべきである，という誤解である．ネスティッドロジットが表現すべき選択は，これまで述べてきたようにあくまで同時選択であり，かつ選択肢のサブグループ内で誤差項の相関が見られる場合である．このような選択状況は，多次元の選択（目的地と手段の 2 次元など）であることは多い．ただし，多時点と多次元は別物であり，段階的意思決定＝ネスティッドロジットという誤解は拭い去らなければいけない．

6.4.4 一般化ネスティッドロジットモデル

前項で解説したネスティッドロジットモデルは，選択肢間の誤差項の相関を取り入れることができ，かつ取り扱いも容易な操作性の高いモデルであった．しかし，誤差項間の相関が必ずしもネスト（入れ子）構造ではなく，交錯して相関が考えられる場合には適用できない．例えば，先の目的地・手段選択の例で，同一の目的地に伴う誤差相関と同一の交通手段に伴う誤差相関のどちらもが無視できない大きさである場合がそうであるし，道路ネットワークの経路選択問題で経路の重なり部分が代替経路間の相関をもたらす場合には多くの経路間で非常に複雑に交錯した誤差相関が見られるであろう．

そこで誤差項の相関を必ずしも選択肢間のネスト構造に限定せず，より自由な相関

パターンを許容したモデルが GEV のフレームワークのなかで近年開発されてきている．2 つの選択肢間の相関を自由に許容した paired combinatorial logit (PCL)モデル（Chu, 1989; Koppelman and Wen, 2000），各選択肢がある重みに従っていくつかのサブグループに属すると考えサブグループ内の相関を考えた cross-nested logit (CNL)モデル（Vovsha, 1997），さらにこの両者を包含したより一般的な generalized nested logit (GNL) モデル（Wen and Koppelman, 2000）が提案されている．

これらの手法を実証的に比較した兵藤・室町（2000）は，これら選択肢間の相関構造を一般化したモデルは，柔軟性が高く説明力も上がるものの，先験的に相関構造を特定化できる事例に適しているとした．

6.4.5 多項プロビットモデル

本章では，ここまで選択確率の計算の容易さから多項ロジットモデルやネスティッドロジットモデルやその一般形という GEV モデルを中心に解説を行ってきた．しかし，確率効用モデルで最も仮定が緩いものは多項プロビットモデル（multinomial probit; MNP）である（Daganzo and Sheffi, 1977; Daganzo, 1979）．すなわち，確率効用モデルの基本式 6.1.3，

$$U_{in} = V_{in} + \varepsilon_{in} \quad , i = 1,...,J$$

において，確率効用項ベクトル，

$$\boldsymbol{\varepsilon}_n = (\varepsilon_{1n}, \varepsilon_{2n},..., \varepsilon_{Jn})'$$

が，平均値 0 ベクトル，共分散行列が $\boldsymbol{\Omega}$ であるような多変量正規分布をすると仮定したモデルである．この場合，$\boldsymbol{\Omega}$ の構造に何らの制約を設けない限り，選択肢間の誤差項の相関や異分散性を自由に表現できる．

ただし選択確率式には J 次元の多重積分が残り，選択肢の数が 4 つ以上の場合，実務的に計算が極めて困難なことがその適用を妨げていた．しかし，1990 年代後半になって MNP の実用化を促進する 2 つの進展があった．

ひとつは，mixed logit または logit kernel と呼ばれる，MNL と MNP の融合形モデルの開発である（Ben-Akiva and Bolduc, 1996; Bhat, 1997; Revelt and Train, 1998）．今，確率効用関数の確率項 ε_{in} を 2 つの確率変数に分解して，

$$U_{in} = V_{in} + (\eta_{in} + \xi_{in}) \quad , i = 1,...,J \tag{6.4.17}$$

とおき，$\boldsymbol{\eta}_n$ を共分散行列 $\boldsymbol{\Omega}$ を持つ多変量正規分布に従う誤差項，ξ_{in} を IID ガンベルに従う誤差項とする．そうすると，$\boldsymbol{\eta}_n$ の値が与えられたときの条件付選択確率は，

$$P_n(i|\boldsymbol{\eta}_n) = \frac{\exp(V_{in} + \eta_{in})}{\sum_{j=1}^{J}\exp(V_{jn} + \eta_{jn})} \tag{6.4.18}$$

と表され，この式のに$\boldsymbol{\eta}_n$関する数学的期待値を取ったものが，以下のように選択確率となる．

$$P_n(i) = \int P_n(i|\boldsymbol{\eta}_n) f(\boldsymbol{\eta}_n|\boldsymbol{\Omega}) d\boldsymbol{\eta}_n = \int \frac{\exp(V_{in} + \eta_{in})}{\sum_{j=1}^{J}\exp(V_{jn} + \eta_{jn})} f(\boldsymbol{\eta}_n|\boldsymbol{\Omega}) d\boldsymbol{\eta}_n \tag{6.4.19}$$

ただし，$f(\boldsymbol{\eta}_n|\boldsymbol{\Omega})$は共分散行列$\boldsymbol{\Omega}$を持つ多変量正規分布の密度関数とする．

さて，この選択確率の計算を行うためにはJ次元の多重積分を行わなくてはいけないことに変わりないが，この積分をモンテカルロ・シミュレーションにより近似することができる．多重積分の残る選択確率をシミュレーションによって近似する方法は，Manski and Lerman（1981）によって紹介されたが，近年になってより効率的な多変量確率分布のシミュレーションの方法が開発されてきている（McFadden, 1989; Hajivassilou et al., 1996）．Markov Chain Monte Carlo法と呼ばれるものがそれで，その代表的なものに Gibbs sampling法がある（McCulloch and Rossi, 1994; Geweke et al., 1997）．このようなシミュレーションの方法の開発が2つ目の進展である．

シミュレーションによる選択確率の近似式は，乱数の発生回数をRとすると以下のようになる．

$$SP_n(i) = \frac{1}{R}\sum_{r=1}^{R} P_n(i|\boldsymbol{\eta}_n^r) \tag{6.4.20}$$

$SP_n(i)$：シミュレーションによる選択確率の近似値

$\boldsymbol{\eta}_n^r$：r回目の乱数による$\boldsymbol{\eta}_n$の値

$SP_n(i)$は$P_n(i)$の偏りのない推定値であり，乱数発生回数Rが大きくなるほど分散が小さくなる．条件付選択確率にロジット式を用いることにより，式6.4.20が未知パラメータについて滑らかで2回微分可能になり，この近似選択確率を用いた最尤法によってモデルを推定することができる．

6.5 複数データに基づくモデル推定

6.5.1 複数データソースの考え方

これまでは，ある時点でのアンケート調査データなど単一のデータソースから得ら

れたデータを用いてモデルを推定し，それを予測に用いる方法を主に述べてきた．しかし，データは採取方法によって利害得失があるため，分析の目的に添った1種類のデータソースで最適なモデル推定ができるとは必ずしも限らない．また，世の中には各種の既存データが存在しており，これを新たに採取したデータと組み合わせることによって，より精度の高いモデルが構築できることもある．

複数のデータソースをモデル推定に用いる場合は，それぞれのデータがどのような特徴をもっており，それをひとつのモデル化の枠組みの中でどう活かすかを考えなくてはいけない．まず，特徴としては，

- 集計データと非集計データのように，被説明変数と説明変数の関係を，大まかであるが精度よく表しているのか，詳しい説明要因はわかるがモデル化しにくいものなのか．
- カウントデータとアンケートデータのように，属性は分からないが物理量はバイアスなく捉えているのか，属性は分かるが回答バイアスやサンプリングエラーが生じるものなのか．
- RPデータとSPデータのように，実行動を観察しているが属性値との関係が不明確なものなのか，実験的に属性値をコントロールできるが実行動との関係が不明確なものなのか．
- 異なる地域におけるデータのように，その地域の特徴がどのように反映されているか．
- 異なる時点のデータのように，その時点の特徴がどのように反映され，また時点間のつながりがどのように捉えられているか．

などが挙げられ，モデル化の枠組みとしては，次の2つの方針が考えられる．

① あるデータソースから推定されたモデルを，別のデータによって更新する方法
② 複数のデータソースの特徴を考慮して，モデル推定時に同時に使用する方法

いずれにせよ重要な観点は，データは確率変数であり，それを用いて推定されるモデルパラメータも確率変数であるということである．つまり，データにバイアスがあれば，その情報だけから得られるパラメータにもバイアスが生じるし，データに確率変動誤差が大きければ，パラメータ推定値の誤差も大きくなる．とくに離散選択モデルでは，効用関数の誤差項の大きさが効用のスケールを決定するので，データのバイアスだけでなく，誤差項の大きさにも留意した複数データの利用が必要である．

6.5.2 新たなデータによるモデルパラメータの更新
(1) モデル移転における一部パラメータの再推定

離散選択モデルの移転可能性については6.3.1項において述べたが，その際，移転先に少数でもモデル推定に使用できるデータがあれば，モデルの一部のパラメータを再推定することによって，より移転先に適合したモデルに更新することができる．例えば，交通手段選択においては，移転元と移転先で属性間のトレードオフ（例えば，時間と料金のトレードオフから求まる時間価値）は同じであるが，地域の特性が大きく影響する手段別定数項が異なることが多い．Atherton and Ben-Akiva（1976）は，移転先の小数のサンプルを用いて，以下のように定数項を再推定する方法を提案した．またここでは，両データソースの精度の違いから効用のスケールが変化する可能性も含めて，以下のようなロジットモデルの選択確率式を用いて，新たなパラメータ μ と α_i を再推定している．

$$P_n(i) = \frac{\exp(\alpha_i + \mu \hat{V}_{in})}{\sum_{j=1}^{J} \exp(\alpha_j + \mu \hat{V}_{jn})}, \quad i = 1,...,J \tag{6.5.1}$$

ただし，$\hat{V}_{in}$ は移転元で推定された効用関数のパラメータと移転先の説明変数値で計算された効用確定項の推計値である．

(2) ベイズ法によるパラメータの更新法

ベイズの方法（Bayesian）は，ある確率変数の事前分布を，データを得ることによって事後分布に更新する方法である．未知パラメータが事前分布を持つ確率変数であるとして，追加で得られたデータを用いて事後分布を求めることができる．一般に，パラメータベクトルを $\boldsymbol{\theta}$，データを $\mathbf{X}$ とするとベイズの定理により以下の式が成り立つ．

$$p(\boldsymbol{\theta}|\mathbf{X}) = \frac{f(\mathbf{X}|\boldsymbol{\theta})\pi(\boldsymbol{\theta})}{\int f(\mathbf{X}|\boldsymbol{\theta})\pi(\boldsymbol{\theta})d\boldsymbol{\theta}} \tag{6.5.2}$$

ここに，$\pi(\boldsymbol{\theta})$：$\boldsymbol{\theta}$ の事前分布，$f(\mathbf{X}|\boldsymbol{\theta})$：$\boldsymbol{\theta}$ が与えられたときの $\mathbf{X}$ の出現確率，すなわち尤度，$p(\boldsymbol{\theta}|\mathbf{X})$：$\mathbf{X}$ が与えられたときの $\boldsymbol{\theta}$ の事後分布

パラメータの事後分布に損失関数を掛け，期待損失が最小になるパラメータ値をベイズ推定量とするが，損失関数が通常の2次関数である場合には事後分布の期待値が推定値となる．ここでは例として，事前分布，尤度関数とも分散既知の正規分布である場合のベイズ推定量を示しておく（例えば Theil, 1971 を参照）．

$$\hat{\boldsymbol{\theta}} = \left(\boldsymbol{\Sigma}_0^{-1} + \boldsymbol{\Sigma}_1^{-1}\right)^{-1}\left(\boldsymbol{\Sigma}_0^{-1}\boldsymbol{\theta}_0 + \boldsymbol{\Sigma}_1^{-1}\boldsymbol{\theta}_1\right) \tag{6.5.3}$$

ここに，$\boldsymbol{\theta}_0$：$\boldsymbol{\theta}$ の事前分布の期待値，$\boldsymbol{\theta}_1$：尤度関数から求められる $\boldsymbol{\theta}$ の推定値，$\boldsymbol{\Sigma}_0$：$\boldsymbol{\theta}$ の事前分布の共分散行列，$\boldsymbol{\Sigma}_1$：尤度関数から求められる $\boldsymbol{\theta}$ の推定値の共分散行列．

この方法は，あるデータソースから推定したパラメータ推定量を事前情報とし，別のデータソースから推定した推定量の分布を尤度関数とみなして，両推定量の重み付き平均と考えることができる（藤原・杉恵，1990）．また，森地ら（1987）は非集計モデルから推定されたパラメータを，選択肢のシェアという集計データを用いてベイズ流に更新する方法を提案している．

ベイズの方法は，事前情報や損失関数など，統計的サンプルでない情報を組み込むことができる点で古典的な統計的推測と大きく異なる．例えば，所要時間や費用のパラメータは負であるべきだという事前情報があれば，それを事前分布に反映させることもできる．しかしそれは両刃の剣で，恣意性が高く客観性に乏しいという指摘も根強い．

6.5.3　RP/SP モデル

(1) 基本的な考え方

5.3節で述べたように，RPとSPの利害得失は互いに補完的なものになっており，両方のデータソースの長所を助長して利用できれば望ましい．RPデータとSPデータを同時に利用して離散選択モデルを推定する方法（以下，RP/SPモデル）は，両データを統計的に融合して，RPデータだけからでは正確に推定できないパラメータをSPデータの情報によって同定すると同時に，SPデータに含まれるバイアスやランダムエラーを修正する手法として開発された（Morikawa, 1989; Ben-Akiva and Morikawa, 1990a, 1990b）．より具体的には，RP/SPモデルは，次のような3つの特徴を持っている．

① バイアスの修正：2つのデータ発生過程を別々にモデル化することによってSPバイアスの影響を需要予測から除去することができる．
② 統計的有効性の増大：属性間のトレードオフを表すパラメータをRPデータとSPデータから同時推定することによって統計的有効性が増大する．
③ パラメータの同定：全く新しいサービスに関する変数の係数など，RPデータだけからでは同定できないパラメータを推定することができる．

(2) フレームワーク

図-6.5.1に示すように，RPデータとSPデータは，個人の持つ共通の潜在的な「選好（preference）」から発生して顕在化したものであるが，その顕在化の方法の違いによりデータ発生過程が異なると考える．このそれぞれのデータ発生過程を，RPモデル及びSPモデルによって表現するが，基本的な選好は共通であるので，それぞれのモデルの効用関数の多くの部分は共通であると考える．より具体的には，同一の個人においては主要な属性間のトレードオフ関係はRPとSPで共通と考える．しかし，選好の

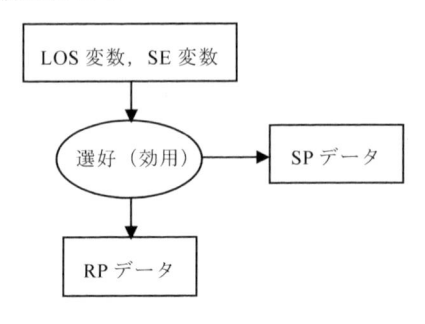

```
┌─────────────────┐
│ LOS 変数,SE 変数 │
└────────┬────────┘
         │
         ▼
     ╱─────╲      ┌──────────┐
    (選好(効用))──▶│ SP データ │
     ╲──┬──╱      └──────────┘
        │
        ▼
   ┌─────────┐
   │ RP データ │
   └─────────┘
```

図-6.5.1 RP/SP モデルのフレームワーク

顕在化の方法の違いにより，効用の誤差項で表現される「ノイズ」の大きさは異なると考えられる．また，SP には先述した独特のバイアスが存在することも考えられ，効用関数のいくつかの項は異なることが考えられる．

このような考え方は，以下のように定式化される．なお，添字の RP，SP は変数がそれぞれ RP，SP データから得られるものであることを表す．

＜RP モデル＞

$$U_{in}^{RP} = \boldsymbol{\beta}'\mathbf{X}_{in}^{RP} + \boldsymbol{\alpha}'\mathbf{W}_{in}^{RP} + \varepsilon_{in}^{RP} \equiv V_{in}^{RP} + \varepsilon_{in}^{RP} \quad (6.5.4)$$
$$(i=1,...,J_n^{RP}, n=1,...,N^{RP})$$

＜SP モデル＞

$$U_{in}^{SP} = \boldsymbol{\beta}'\mathbf{X}_{in}^{SP} + \boldsymbol{\gamma}'\mathbf{Z}_{in}^{SP} + \varepsilon_{in}^{SP} \equiv V_{in}^{SP} + \varepsilon_{in}^{SP} \quad (6.5.5)$$
$$(i=1,...,J_n^{SP}, n=1,...,N^{SP})$$

＜確率項の分散の関係＞

$$Var\left(\varepsilon_{in}^{RP}\right) = \mu^2 Var\left(\varepsilon_{in}^{SP}\right), \forall i,n \quad (6.5.6)$$

ここに，$\mathbf{X}_{in}$, $\mathbf{W}_{in}$, $\mathbf{Z}_{in}$：個人 n の選択肢 i に対する説明変数ベクトル，$\boldsymbol{\alpha}$，$\boldsymbol{\beta}$，$\boldsymbol{\gamma}$：未知係数ベクトル，μ：ランダム項の分散の違いを表すスケールパラメータ，J_n：個人 n の選択肢集合に含まれる選択肢の数，N：データに含まれる観測数．

この定式化において，$\mathbf{X}$ は RP モデルと SP モデルで共通の係数ベクトル $\boldsymbol{\beta}$ を持つ説明変数ベクトルであり，$\mathbf{W}$, $\mathbf{Z}$ はそれぞれ RP モデル，SP モデルで異なる係数を持つ説明変数ベクトルである．つまり，$\boldsymbol{\gamma}'\mathbf{Z}$ が SP バイアスおよび SP データにしか含まれ得ない属性項（例えば新しいサービスの影響）を表している．

例えば，RP モデルの確率効用項にスケールパラメータ 1 を持つ IID ガンベル分布を仮定すると次のロジットモデルが得られる．

6.5 複数データに基づくモデル推定

$$P_n^{RP}(i) = \frac{\exp(V_{in}^{RP})}{\sum_{j=1}^{J_n^{RP}} \exp(V_{jn}^{RP})}, \quad i = 1, \ldots, J_n^{RP} \tag{6.5.7}$$

SP モデルについても同様にロジットモデルが得られるが，式 6.5.6 で定義したスケールパラメータ μ が確定効用に掛けられている点に注意が必要である．

$$P_n^{SP}(i) = \frac{\exp(\mu V_{in}^{SP})}{\sum_{j=1}^{J_n^{SP}} \exp(\mu V_{jn}^{SP})}, \quad i = 1, \ldots, J_n^{SP} \tag{6.5.8}$$

(3) パラメータの推定

SP データ及び RP データを用いて，未知パラメータベクトル α，β，γ およびスケールパラメータ μ を同時にまたは段階的に推定することができる．まず，以下に示すそれぞれのモデルの対数尤度関数を考える（式 6.2.6 参照）．

$$\ln L^{RP}(\alpha, \beta) = \sum_{n=1}^{N^{RP}} \sum_{i=1}^{J_n^{RP}} d_{in}^{RP} \ln P_n^{RP}(i) \tag{6.5.9}$$

$$\ln L^{SP}(\beta, \gamma, \mu) = \sum_{n=1}^{N^{SP}} \sum_{i=1}^{J_n^{SP}} d_{in}^{SP} \ln P_n^{SP}(i) \tag{6.5.10}$$

式 6.5.6 を最大化すれば通常の RP データによるロジットモデル推定量が得られ，同様に式 6.5.7 からは SP データに基づくモデルが得られる．ただし，式 6.5.10 だけからでは，μ と β，γ を分離して推定することはできないので，通常の $\mu=1$ の正規化が必要である．ここで提案する手法は RP データと SP データの同時利用であり，式 6.5.11 のような対数尤度関数を考える．

$$\ln L^{RP+SP}(\alpha, \beta, \gamma, \mu) = \ln L^{RP}(\alpha, \beta) + \ln L^{SP}(\beta, \gamma, \mu) \tag{6.5.11}$$

RP モデルと SP モデルの効用の確率項が統計的に独立ならば，式 6.5.11 は正しい同時対数尤度関数となり，これを最大化することによって一致性と漸近的有効性を持つすべてのパラメータの最尤推定量を得ることができる．確率項に独立性が成り立たない場合でも一致性を持つ推定量を得ることができる．この対数尤度関数は μ の導入によりパラメータについて非線形であるため通常のロジットモデルの推定パッケージを使用することはできず，尤度関数のプログラミングが必要である．

段階推定法は，次に示すように式 6.5.9 と式 6.5.10 の尤度関数を段階的に最大化することによってパラメータの非線形性を避け，通常のパッケージの使用を可能にするものである．以下に，段階推定法の推定手順を示す．

Step 1：式 6.5.10 の対数尤度関数を最大化して SP モデルのパラメータの推定値，$\widehat{\mu\beta}$ お

およびμ̂γ を得，次式の値を計算する．

$$y_{in}^{RP} = \hat{\mu\beta}' X_{in}^{RP} \tag{6.5.12}$$

Step 2：RP モデルの効用の確定項を，

$$V_{in}^{RP} = \lambda y_{in}^{RP} + \mathbf{a}' \mathbf{W}_{in}^{RP} \tag{6.5.13}$$

とし，これに基づく RP モデルで式 6.5.9 を最大化して最尤推定値 $\hat{\lambda}$ および $\hat{\mathbf{a}}$ を得，次のように各パラメータの推定値を計算する．

$$\hat{\mu} = \frac{1}{\hat{\lambda}}, \quad \hat{\boldsymbol{\beta}} = \frac{\hat{\mu\boldsymbol{\beta}}}{\hat{\mu}}, \quad \hat{\boldsymbol{\gamma}} = \frac{\hat{\mu\boldsymbol{\gamma}}}{\hat{\mu}} \tag{6.5.14}$$

これが通常の段階推定であるが，$\mathbf{a}$，$\boldsymbol{\beta}$，$\boldsymbol{\gamma}$ の推定値の精度は，次の Step 3 を行なうことによって向上させることができる．

Step 3：$\mathbf{X}^{SP}$ と $\mathbf{Z}^{SP}$ を $\hat{\mu}$ 倍してスケール変換された SP データを作成する．この変換済みの SP データと RP データをプールして RP モデルと SP モデルを同時推定する．この同時推定はパラメータについて線形なので通常の推定パッケージを使用することができる．

RP/SP モデルでは，通常同じ個人から RP データと SP データ（場合によっては複数の SP データ）を取るので，RP モデルと SP モデルの誤差項間で何らかの相関が生ずることが考えられる．例えば，確定項では表現できない個人の嗜好があれば，両モデル共通にその影響が確率項に現れる．このような誤差項の相関を考慮したモデルも提案されている（森川・山田，1993 ; Morikawa, 1994）．

(4) モデルによる予測

前節で述べた方法で RP，SP 両モデルの未知パラメータが推定されると，その推定値を用いて需要予測を行なう．その際使用すべきモデルは実際の選択行動を表す式 6.5.4 の RP モデルである．つまり確定効用の予測値は，

$$\hat{V}_{in} = \hat{\boldsymbol{\beta}}' \mathbf{X}_{in}^{RP} + \hat{\mathbf{a}}' \mathbf{W}_{in}^{RP} \tag{6.5.15}$$

で与えられる．

ただし，SP モデルに特有な説明変数ベクトル $\mathbf{Z}$ の中で，将来予測に必要な属性（たとえば，ある選択肢にまったく新しいサービスを加える場合そのサービスレベル）がある場合には，その属性の効用項を RP モデルの効用関数に加えて予測を行なう．すなわち，そのような属性ベクトルを $\tilde{\mathbf{Z}}_{in}^{SP}$（$\tilde{\mathbf{Z}}_{in}^{SP}$ は $\mathbf{Z}_{in}^{SP}$ の部分ベクトル），それに対応する係数ベクトル推定値を $\tilde{\hat{\boldsymbol{\gamma}}}$（$\tilde{\hat{\boldsymbol{\gamma}}}$ は $\hat{\boldsymbol{\gamma}}$ の部分ベクトル）とすると，予測に用いる期待効用値

は式 6.5.16 で与えられる.

$$\hat{V}_{in} = \hat{\boldsymbol{\beta}}'\mathbf{X}_{in}^{RP} + \hat{\boldsymbol{\alpha}}'\mathbf{W}_{in}^{RP} + \hat{\tilde{\boldsymbol{\gamma}}}'\tilde{\mathbf{Z}}_{in}^{SP} \tag{6.5.16}$$

ここで $\hat{\tilde{\gamma}}$ はスケールパラメータ μ の導入によって RP モデルのスケールに変換されているためにこのような効用関数の融合が可能である.

6.6 離散選択モデルの応用

6.6.1 嗜好の異質性

これまでの解説の中では,効用関数中の説明変数の係数パラメータは,母集団の中で同一 (homogeneous) であると仮定してきた.しかし実際には,個人ごとに嗜好 (taste) は異なり,それによって係数の真値も個人ごとに異なると考える方が自然である.このような嗜好の異質性 (taste variation) をモデル中で表現するいくつかの方法について解説する.

(1) 個人属性の導入

6.2.1 項で解説したように,効用関数に導入する変数には大きくサービスレベル変数と社会経済変数がある.社会経済変数の代表的なものは,性別,所得,職業,運転免許の有無などの個人属性である.個人属性を式 6.6.1 のように効用関数に加法的に導入するときは,その属性によって選択肢の効用値が直接変動すると考えられる場合である.言い換えれば,選択肢別定数項の値が,個人属性によって変化すると考えられる場合である.

$$U_{in} = \alpha_i + \boldsymbol{\beta}'\mathbf{X}_{in} + \gamma_1 s_n + \gamma_2 l_n + \varepsilon_{in} \tag{6.6.1}$$

ここに,α_i:選択肢 i の定数項,$\boldsymbol{\beta}$:サービスレベル変数の係数ベクトル,$\mathbf{X}_{in}$:選択肢 i のサービスレベル変数ベクトル,s_n:個人 n の性別を表すダミー変数,l_n:個人 n の運転免許の有無を表すダミー変数,γ_1, γ_2:個人属性変数の係数.

サービスレベル変数にかかる係数を個人属性によって変化させることも可能である.例えば,男性と女性では単位所要時間当りの非効用値が異なると考えられるときには,$(\beta_1 + \beta_2 s_n)t_{in}$ という特定化で対処できる.この特定化は,説明変数に関しては非線形であるが,パラメータに関しては線形であるので,パラメータ推定には何らの困難さも伴わない.

個人属性の導入によって嗜好の異質性を表すことは最も簡単であるが,どのような属性によって異質性を表すことができるのかを先験的に,または試行錯誤的に決めなくてはならない点が短所である.

(2) マーケットセグメンテーション

母集団を，嗜好がおおよそ均一だろうと思われるいくつかのサブグループに分け，サブグループごとにパラメータを推定することも多い．このサブグループをマーケットセグメント（market segment）と呼び，この手法をマーケットセグメンテーション（market segmentation）という．セグメントは個人属性によって定義されることが多く，言い換えれば，個人属性のダミー変数をすべてのパラメータについて先に説明したような方法によって入れ込んだものがマーケットセグメンテーションといえる．このため，個人属性導入の場合と同じように，どのような属性でセグメントを定義すればよいか先験的に決めなければいけないことと，限られたサンプル数でセグメントを多くすると，セグメントごとのサンプル数が小さくなり，パラメータ推定に問題が生じることが短所である．

(3) 潜在クラスモデル

マーケットセグメンテーションでは，どのような個人属性がセグメントを定義するかは分析者には不明であるが，これを先験的に決定しなければならない．潜在クラスモデルは，個人がどのセグメントに属するかを確率モデルで表す方法である．このときある個人の選択確率は次の式で表される．

$$P_n(i) = \sum_{s=1}^{S} P_n(i|s) Q_n(s) , \quad i = 1,...,J \tag{6.6.2}$$

ここに，$P_n(i|s)$：個人 n がセグメント s に属しているときの選択肢 i の選択確率，$Q_n(s)$：個人 n がセグメント s に属する確率（帰属確率）．

帰属確率モデルとしては，重要な属性の重みの値によって決める方法（Gopinath, 1994）や，帰属度関数によるロジット型（Sasaki et al., 1999）などが提案されている．セグメントの総数 S は事前に定めておかなくてはならないが，セグメントごとの係数パラメータや帰属確率モデルのパラメータは，式 6.6.2 を用いた尤度関数により同時に推定されることが特徴である．

また，(2)のマーケットセグメンテーションの方法は，式 6.6.2 において帰属確率を先験的に 0 と 1 に割り振ったものであり，潜在クラスモデルの特殊形と見なすこともできる．

(4) 個人別パラメータモデル

究極のマーケットセグメンテーションは，個人個人がセグメントを形成している個人別パラメータモデルである．個人別パラメータが精度よく推定されるためには，個人ごとにかなりの数の観測値が必要になることは言うまでもない．このような観測が

可能になる例として，何時点にもわたる個人の選択行動の時系列データが得られているパネル調査（5.4 節参照）や，SP 調査において個人ごとにかなりの数の質問を尋ねた場合などが考えられる．

個人ごとの嗜好の異質性を重要視するマーケティングリサーチにおいては，モニター制度による長期にわたる購買行動の記録が得られていたり，時間をかけた詳細な SP 調査を行ったりして，個人ごとに多くの観測値を得て個人別パラメータを推定することがかなり一般的に行われている（片平，1987）．

(5) 確率係数モデル

効用関数の係数パラメータを，以下のように確率変数として表現するのが確率係数（random coefficient）モデルである．

$$U_{in} = \boldsymbol{\beta}'\mathbf{X}_{in} + \varepsilon_{in}$$
$$\boldsymbol{\beta} \sim \text{MVN}(\overline{\boldsymbol{\beta}}, \boldsymbol{\Omega}) \quad (6.6.3)$$

ここに，$\overline{\boldsymbol{\beta}}$：平均値ベクトル，$\boldsymbol{\Omega}$：共分散行列

式 6.6.3 を書き直すと，

$$U_{in} = \overline{\boldsymbol{\beta}}'\mathbf{X}_{in} + \left(\boldsymbol{\eta}'\mathbf{X}_{in} + \varepsilon_{in}\right)$$
$$\boldsymbol{\eta} \sim \text{MVN}(0, \boldsymbol{\Omega}) \quad (6.6.4)$$

となり，ε_{in} の分布が多変量正規分布であれば，通常の多項プロビットモデルになり，IID ガンベル分布であれば式 6.4.15 と同様の mixed logit モデルになる．いずれにしても選択確率の計算には，6.4.4 項で述べたような数値的な計算を要する．

6.6.2 選択肢集合の考え方

(1) 先験的に選択肢集合を与えられる場合

通常の離散選択モデルは，個人個人の選択肢集合にどのような選択肢が含まれているかが明確に分かっている場合にのみ適用可能である．選択肢集合に入る選択肢とは，その個人にとって物理的に選択可能であり，かつその中からの選択が RUM で表されるものである．例えば，運転免許を保有していないものは「自動車の運転」という選択肢を物理的に取ることができないので選択肢集合から除去すべきである．また，4km 以上も離れた目的地へ「徒歩」という手段を選択する人は，効用関数で仮定している時間と費用のトレードオフといったルールではなく，健康上の理由など特殊なルールによってしかのみ選択されないと考えられ，そのような手段も選択肢集合から除去すべきであろう．

誤った選択肢集合を仮定してモデルを推定した場合，パラメータ推定値にバイアスが生じたり，予測の段階でも誤った予測値をもたらすので，選択肢集合の設定は効用

関数の特定化と同じくらいの重要性がある．先の例のように，交通手段選択分析など，もとより選択肢の数が限られており，かつ選択肢集合に入るかどうかを先験的なルールで判断できる場合は，それに従えばよい．以下では，選択肢集合は分かっているがその数が膨大であるために何らかの近似を行った方がよいケース，そして RUM の枠組みを超えて，選択肢集合形成段階までをモデル化するケースについて解説を加える．

(2) IIA は成り立っているが選択肢の数が極めて大きい場合

選択肢集合に入るべき選択肢の範囲は明確に分かっており，その中からの選択には IIA 特性（6.4.1 項参照）が成り立っているが，その選択肢の数が膨大であるために選択確率の計算の際にすべてを書き下すことが困難な場合を取り上げる．

1つ目の方法は，選択肢の集計化である．目的地選択の選択肢をゾーンにするような場合がこれにあたる．つまり，真の目的地（これを要素選択肢と呼ぼう）は1つ1つの施設であるが，これは膨大な数になるのでその施設が立地しているゾーンを集計化された選択肢にしているのである．要素選択肢の効用値がすべて同じ値の確定効用を持ち，スケールパラメータ μ の IID ガンベルに従うと仮定できる場合には，（集計化された）選択肢の選択確率は，以下のように表される．

$$P_n(i) = \frac{\exp\left(V_{in} + \frac{1}{\mu}\ln M_i\right)}{\sum_{j=1}^{J}\exp\left(V_{jn} + \frac{1}{\mu}\ln M_j\right)} \tag{6.6.5}$$

ここに，V_{in}：（集計化された）選択肢 i の中の要素選択肢の確定効用値，M_i：（集計化された）選択肢 i の中の要素選択肢数．

式 6.6.5 から，集計化された選択肢の確定効用には，要素選択肢の確定効用値に，集計された「規模」の補正項が入った形になっている．さらに，要素選択肢の確定効用値がすべて同じでない場合は，さらに要素選択肢の多様性を表す補正項が入る形になる（Lerman, 1975; McFadden, 1978; Kitamura et al., 1979）．

もうひとつの方法が，選択肢のサンプリングと呼ばれるものである．6.4.1 節で述べたように，IIA 特性の長所であった，選択肢集合にあるすべての選択肢を考えなくとも一部の選択肢だけを用いてもバイアスなく効用関数のパラメータを推定できる性質を利用するものである．選択肢集合に含まれる選択肢からある一定の数の選択肢を無作為抽出し，それを選択肢集合と見なしてロジットモデルを推定してもパラメータ推定値にバイアスは生じない（McFadden, 1978）．ただし，無作為抽出する際には，実際に選択された選択肢が必ず含まれるようにしなくてはならない．

目的地選択や経路選択のように，選択できる選択肢の数が膨大になるときには，上記の2つの方法が極めて有効になる．ただし，膨大な選択肢にIIA特性が成り立つかどうか（経路選択問題の経路の重なりによる相関など）や，果たして巨大な選択肢集合の情報をすべて考慮して人は効用最大化行動を取っているかどうかという根本的な問題に留意すべきである．この点から以下の選択肢集合形成の明示的なモデル化は興味深いテーマである．

(3) 選択肢集合形成過程のモデル化

通常は所与とされている選択肢集合が分析者にとって不確定である場合は，以下のような確率的な選択肢集合を考えた分析が有効である（Manski, 1977）．

$$P_n(i) = \sum_{C \in G} P_n(i|C) Q_n(C) \tag{6.6.6}$$

ここに，$P_n(i|C)$：個人 n の選択肢集合が C であったときの選択肢 i の選択確率，$Q_n(C)$：個人 n の選択肢集合が C である確率，G：選択肢のすべての部分集合（空集合を除く）の集合．

このモデルは，$Q_n(C)$で表される選択肢集合の形成と，$P_n(i|C)$で表される，選択肢集合が所与の元での選択行動，という2段階の構成になっている．この2つの段階が行動論的に異なる規範に基づいていると思われるケースにおいても，それぞれをその規範に基づいてモデル化し，最終的に式6.6.6を用いて選択肢集合の不確実性を考慮した離散選択モデルとして表現できるという特徴をもっている．

多くの物理的に選択可能な選択肢から選択肢集合を形成する過程，すなわち選択肢の絞込みには，すべての属性のトレードオフを考えて総合的に評価する補償型の意思決定よりも，2.4節で論じたように，より簡略な非補償型のルールを用いていると考えた方が自然な場合も多い．なかでも，属性のひとつでも許容水準を満たさないと選択肢集合から外れるという「連結型（conjunctive）ルール」（2.4.4項参照）が「絞込み」という性質から適しているであろう．先に述べた，先験的に選択肢集合を決定していくプロセスも多くの場合このルールを用いている．属性ごとの足切り条件を互いに独立確率モデル（independent availability）で表現し，式6.6.6の2段階モデルに組み込んだ先駆的な研究がある（Swait and Ben-Akiva, 1987）．

ただし，この2段階モデル適用上で問題になるのが，集合 G の要素の多さである．物理的に選択可能な選択肢が$\{1,2,3\}$という3つの場合でさえ，Gには$\{1\}$, $\{2\}$, $\{3\}$, $\{1,2\}$, $\{1,3\}$, $\{2,3\}$, $\{1,2,3\}$という7つの要素が含まれる．一般に J 個の選択肢があった場合，G の要素数は2^J-1（-1は空集合を除くため）と膨大な数になり，10個の選択肢でも

式 6.6.6 では 1023 項の和を取らねばならず，実質的に適用不可能である．この問題を，森川ら (1991) は independent availability の仮定の下では，たかだか一重の積分で式 6.6.6 の値を計算できることを示し，観光旅行の目的地選択問題に適用した．

6.6.3 便益指標としてのログサム変数

6.4.3 項において，ツリーに含まれる全選択肢の効用の確率項が IID ガンベル分布に従うとき，全選択肢の最大効用値も同じスケールパラメータ μ のガンベル分布に従い，その最頻値がいわゆるログサム変数になり，それが全選択肢の合成効用を表すことを述べた．ガンベル分布では，最頻値と期待値は $0.577/\mu$ だけ異なるが，はじめから各選択肢の確率項の期待値が 0 になるように最頻値を定めておけば，ログサム変数は全選択肢の最大効用の期待値となる．すなわち，個人 n の選択肢集合が C_n であるとき，

$$E\left[\max_{i \in C_n} U_{in}\right] = \frac{1}{\mu} \ln \sum_{i \in C_n} \exp(\mu V_{in}) \tag{6.6.7}$$

であり，このログサム変数には選択肢集合の合成効用として望ましい次の 2 つの性質がある．

① 新しい選択肢が加わるとログサム変数の値は必ず大きくなる．つまり，

$$E\left[\max_{i \in C_n} U_{in}\right] \le E\left[\max_{i \in C'_n} U_{in}\right] \tag{6.6.8}$$

C_n は C'_n の部分集合

これは，もし全選択肢の効用の平均値を合成効用としたときには，効用値の低い選択肢が選択肢集合に加わった場合，合成効用値が下がってしまうことと比較するとその望ましさが理解できる．

② 選択肢の確定効用値が上がるとログサム変数の値は必ず大きくなる．つまり，

$$\frac{\partial}{\partial V_{jn}} E\left[\max_{i \in C_n} U_{in}\right] = P_n(j) > 0 \quad , \forall j \in C_n \tag{6.6.9}$$

これも合成効用として望ましい性質である．さらに式 6.6.9 から，次式が得られる．

$$\frac{\partial P_n(j)}{\partial V_{in}} = \frac{\partial^2 E\left[\max_{i \in C_n} U_{in}\right]}{\partial V_{in} \partial V_{jn}} = \frac{\partial P_n(i)}{\partial V_{jn}} \tag{6.6.10}$$

この関係式から，Williams (1977) は，政策施行前後におけるログサム変数の変化が消費者余剰の変化に等しいことを示した．すなわち，離散選択モデルを個人の需要関数と見なすて，政策施行の前と後の各選択肢の確定効用値を表すベクトルをそれぞれ $\mathbf{V}_n^1, \mathbf{V}_n^2$ とすると，消費者余剰の変化が次のように求められる．

$$\Delta CS_n = \sum_{i \in C_n} \int_{\mathbf{V}_n^1}^{\mathbf{V}_n^2} P(i \mid \mathbf{V}) d\mathbf{V} = \frac{1}{\mu} \ln \sum_{i \in C_n^2} \exp\left(\mu V_{in}^2\right) - \frac{1}{\mu} \ln \sum_{i \in C_n^1} \exp\left(\mu V_{in}^1\right) \quad (6.6.11)$$

上式の単位は,効用レベルの無次元数であるので,これを金額単位に直すには,効用関数中の費用の係数値で割り戻せばよい.

第7章　離散・連続選択モデルと連立方程式モデル系

これまでの章では単一の方程式からなる行動モデルを対象としてきた．本章ではこれを拡張し，離散選択モデルと連続従属変数モデルが組み合わさった連立方程式モデル系を考える．未知係数の推定にあたっては，これまでと同様，最尤推定法を適用している．第8章では，モーメント推定法を適用した線形構造方程式系の推定が論じられている．

7.1　離散選択モデルと線形回帰モデルの結合

離散選択モデルと，線形回帰モデルのような連続従属変数を持つモデルを組み合わせることにより，より広範かつ的確な行動分析，政策解析が可能となる場合がしばしばある．典型的な例は，世帯の自動車購入にあたっての車種選択と購入した自動車の利用度の推定である（Train, 1986）．この場合，長距離通勤などにより自動車利用度が高い世帯は燃費の優れた車種を選択する傾向にあるなどの理由で，車種選択と自動車利用とが独立でないことは十分に考えられる．すなわち，車種選択は想定される自動車利用度の関数と考えられると同時に，自動車利用は選択された車種の関数と考えられる．車種と自動車利用度は各々のモデルの従属変数であり，モデル系内で決定される内生変数である．したがって両モデルは内生変数を説明変数として持ちうることとなる．本節では，まず内生変数を説明変数として用いた場合の問題を簡単なモデル系を用いて例示する．次に離散選択モデルと線形回帰モデルが組み合わされた場合について，モデル系の尤度関数を定義し，全情報最尤推定法（full information maximum likelihood estimation; FIML estimation）について論じる．これに続き，自己選択性バイアス（selectivity bias）の修正項を用いた簡便法を示す．

7.1.1　内生変数が説明変数となった場合のモデル推定

本節では，内生変数がモデルの説明変数として用いられた場合に生じ得るバイアスを，以下の簡単な線形モデル系を用いて示すこととする：

$$\begin{cases} Y_n = a + bX_n + u_n \\ Z_n = \alpha + \beta Y_n + v_n \end{cases} \quad (u_n, v_n) \sim MVN(0, \Sigma) \tag{7.1.1}$$

7.1 離散選択モデルと線形回帰モデルの結合

ここにすべての変数はスカラーである．X_n は先決変数（predetermined variable）であり，外生変数であるが，Y_n と Z_n は内生変数である．Z_n は内生変数の関数であることに注意されたい．

未知係数の OLS 推定量は，N を標本数とし，$\overline{X} = \frac{1}{N}\sum_n X_n$，$\overline{Y} = \frac{1}{N}\sum_n Y_n$，$x_n = X_n - \overline{X}$，$y_n = Y_n - \overline{Y}$ とすると，

$$\hat{b} = \frac{\sum x_n y_n}{\sum x_n^2}, \quad \hat{\beta} = \frac{\sum y_n z_n}{\sum y_n^2} \tag{7.1.2}$$

と表される．ここで $\overline{u} = \frac{1}{N}\sum_n u_n$ とすると，$\overline{Y} = a + b\overline{X} + \overline{u}$ である．さらに $\overline{u} = 0$ を仮定すると $y_n = bx_n + u_n$ が成立し，$E[u_n] = 0$ であるから，

$$E[\hat{b}] = E\left[\frac{\sum x_n y_n}{\sum x_n^2}\right] = \frac{1}{\sum x_n^2}E\left[\sum x_n y_n\right] = \frac{1}{\sum x_n^2}E\left[\sum x_n(bx_n + u_n)\right] = b + \frac{1}{\sum x_n^2}E[x_n u_n] = b. \tag{7.1.3}$$

すなわち OLS 推定量 $\hat{b}$ は b の不偏推定量である．

次に，z_n を x_n などと同様に定義し，

$$E[\hat{\beta}] = E\left[\frac{\sum y_n z_n}{\sum y_n^2}\right] = \frac{1}{\sum y_n^2}E\left[\sum y_n(\beta y_n + v_n)\right] = \beta + \frac{1}{\sum y_n^2}E[y_n v_n]$$

$$= \beta + \frac{\sum (bx_n + u_n)v_i}{\sum (bx_n + u_n)^2} = \beta + \frac{b\sum x_n v_n}{\sum (bx_n + u_n)^2} + \frac{\sum u_n v_n}{\sum (bx_n + u_n)^2} \tag{7.1.4}$$

が得られる．ここで $\text{plim}(\hat{\theta}) = \theta^*$ により

$$\lim_{N \to \infty} \Pr[|\hat{\theta} - \theta^*| \leq \varepsilon] = 1 \quad \text{for} \quad {}^\forall \varepsilon > 0 \tag{7.1.5}$$

を示すものとすると，x_n と v_n は独立であるから $\text{plim}(\sum x_n v_n) = 0$ となり，

$$\text{plim}\left(\frac{b\sum x_n v_n}{\sum (bx_n + u_n)^2}\right) = \frac{b\,\text{plim}\left(\frac{1}{N}\sum x_n v_n\right)}{\text{plim}\left(\frac{1}{N}\sum (bx_n + u_n)^2\right)} = 0 \tag{7.1.6}$$

が得られる．また，変数 X の分散を $\text{Var}(X) = \frac{1}{N}\sum_n (X_n - \overline{X})^2 = \frac{1}{N}\sum_n x_n^2$ と表し，

$$\text{plim}\left(\frac{1}{N}\sum (bx_n + u_n)^2\right) = b^2 \text{Var}(X) + \sigma_u^2 \tag{7.1.7a}$$

[3] モデリング／第7章 離散・連続選択モデルと連立方程式モデル系

$$\text{plim}\left(\frac{1}{N}\sum u_n v_n\right) = \text{Cov}(u_n v_n) = \sigma_{uv} \tag{7.1.7b}$$

であることに着目すると，

$$\text{plim}\left(\frac{\sum u_n v_n}{\sum (bx_n + u_n)^2}\right) = \frac{\text{plim}\left(\frac{1}{N}\sum u_n v_n\right)}{\text{plim}\left(\frac{1}{N}\sum (bx_n + u_n)^2\right)} = \frac{\sigma_{uv}}{b^2 \text{Var}(X) + \sigma_u^2} \tag{7.1.8}$$

となり，一般に

$$\text{plim}\hat{\beta} = \beta + \frac{\sigma_{uv}}{b^2 \text{Var}(X) + \sigma_u^2} \neq \beta \tag{7.1.9}$$

と表される．すなわち OLS 推定量 $\hat{\beta}$ は，u_n と v_n が独立でない限り，不偏推定量ではない．

このように内生変数が説明変数として用いられた場合，OLS 推定量の適用は適切ではない．系が線形モデルのみからなる場合，2段階最小自乗（2SLS）推定法などの手法が提案されているが（例えば Theil（1971）を参照されたい）非線形モデルの場合に簡便かつ有効な一般的推定法は未だ確立されていない．次節以降では，モデルが線形でない場合，どのような推定法が存在するのかを概観する．

7.1.2 モデル系の FIML 推定

以下の二項離散選択 D_n と，それにより規定される連続変数 Y_n ($-\infty < Y_n < \infty$) から成る2方程式モデル系を考えよう．

$$\begin{cases} Y_n = \alpha + \beta D_n + \varepsilon_n \\ Z_n = \gamma \mathbf{X}_n + \xi_n \end{cases}$$
$$D_n = \begin{cases} 1, & \text{if } Z_n > 0 \\ 0, & \text{otherwise} \end{cases} \tag{7.1.10}$$
$$(\varepsilon_n, \xi_n) \sim \text{MVN}(0, \mathbf{\Sigma}),\ \mathbf{\Sigma} = \begin{pmatrix} \sigma_\varepsilon^2 & \sigma_{\varepsilon\xi} \\ & 1 \end{pmatrix}$$

ここに α と β はスカラー係数，γ は係数ベクトル，$\mathbf{X}_n$ は説明変数のベクトル，ε_n, ξ_n は誤差項，Z_n ($-\infty < Z_n < \infty$) は D_n に対応した潜在変数である．なお本節では簡単のため Y_n が D_n 以外の説明変数を持たない形としたが，以下の手法は外生説明変数が含まれる場合にも適用可能である．

誤差項の確率密度関数は，ε_n と ξ_n の相関係数を $\rho = \sigma_{\varepsilon\xi}/\sigma_\varepsilon$ とすると，

7.1 離散選択モデルと線形回帰モデルの結合

$$f_{\varepsilon\xi}(s,t) = \frac{1}{2\pi\sigma_\varepsilon\sqrt{1-\rho^2}}\exp\left[-\frac{1}{2(1-\rho^2)}\left\{\left(\frac{s}{\sigma_\varepsilon}\right)^2 - 2\rho\left(\frac{s}{\sigma_\varepsilon}\right)t + t^2\right\}\right], -\infty < s,t < \infty \quad (7.1.11)$$

と表される．したがって観測値，$(Y_n, D_n, \mathbf{X}_n)$，$n=1,2,...,N$，が与えられたとき，それに対応する対数尤度関数は
$L(\alpha,\beta,\gamma,\mathbf{\Sigma})$

$$= N\ln\frac{1}{2\pi\sigma_\varepsilon\sqrt{1-\rho^2}} + \sum_n D_n \ln \int_{-\gamma\mathbf{X}_n}^{\infty}\exp\left[-\frac{1}{2(1-\rho^2)}\left\{\left(\frac{Y-(\alpha+\beta D_n)}{\sigma_\varepsilon}\right)^2 - 2\rho\left(\frac{Y-(\alpha+\beta D_n)}{\sigma_\varepsilon}\right)t + t^2\right\}\right]dt$$

$$+ \sum_i (1-D_n)\ln \int_{-\infty}^{-\gamma\mathbf{X}_n}\exp\left[-\frac{1}{2(1-\rho^2)}\left\{\left(\frac{Y-(\alpha+\beta D_n)}{\sigma_\varepsilon}\right)^2 - 2\rho\left(\frac{Y-(\alpha+\beta D_n)}{\sigma_\varepsilon}\right)t + t^2\right\}\right]dt \quad (7.1.12)$$

と表される．

この対数尤度関数は数値積分により容易に算定することができ，未知係数の推定に何ら問題はない．しかしこれは式 7.1.10 に示されるモデルが極度に単純なものであるからで，一般的な多項選択モデルについて尤度関数を設定し最大化することは，不可能ではないとしても，多大の労力を要するものとなる．そのような場合，推定の統計的効率性は低く適用範囲も限られているとはいうものの，次節に述べる自己選択性バイアスの修正項を用いた推定法は有効なものといえよう．

7.1.3 自己選択性バイアス修正項を用いたモデル推定

本節ではまず誤差項が多変量正規分布を持つと仮定し，理論的に自己選択性バイアス修正項を導出する．モデル系（7.1.10）について，これまでのように $d_n = D_n - \overline{D}$ などを定義すると，β の OLS 推定量は

$$\hat{\beta} = \frac{\sum y_n d_n}{\sum d_n^2} = \frac{\sum (\beta d_n^2 + \varepsilon_n d_n)}{\sum d_n^2} = \beta + \frac{\sum \varepsilon_n d_n}{\sum d_n^2} \quad (7.1.13)$$

と表され，

$$\mathrm{E}[\hat{\beta}] = \beta + \mathrm{E}\left[\frac{\sum \varepsilon_n d_n}{\sum d_n^2}\right], \ \mathrm{plim}(\hat{\beta}) = \beta + \frac{\mathrm{plim}\frac{1}{N}\sum \varepsilon_n d_n}{\mathrm{plim}\frac{1}{N}\sum d_n^2} \quad (7.1.14)$$

が成立する．ここで $Z_n > 0$ のとき $d_n = 1-\overline{D}$，$Z_n \leq 0$ のとき $d_n = -\overline{D}$ が成立するから，

$$\mathrm{E}[\varepsilon_n d_n] = \Pr[Z_n>0]\mathrm{E}[(1-\overline{D})\varepsilon_n \mid Z_n>0] + \Pr[Z_n\leq 0]\mathrm{E}[-\overline{D}\varepsilon_n \mid Z_n\leq 0] \quad (7.1.15)$$

である．また，周辺確率に着目すると，

$$\Pr[Z_n > 0] = \Pr[\xi_n > -\gamma \mathbf{X}_n] = 1 - \Phi(-\gamma \mathbf{X}_n) = \Phi(\gamma \mathbf{X}_n) \tag{7.1.16a}$$

が成り立つ．ここにΦは標準累積正規分布関数である．同様に

$$\Pr[Z_n \leq 0] = \Phi(-\gamma \mathbf{X}_n) \tag{7.1.16b}$$

が成立する．ここで，$N \to \infty$のとき$\text{Var}(\overline{D}) = \text{Var}(D)/N \to 0$であり，$\overline{D}$を定数と見なすことができるから

$$\mathrm{E}[\varepsilon_n d_n] = \Phi(\gamma \mathbf{X}_n)(1-\overline{D})\mathrm{E}[\varepsilon_n \mid \xi_n > -\gamma \mathbf{X}_n] + \Phi(-\gamma \mathbf{X}_n)(-\overline{D})\mathrm{E}[\varepsilon_n \mid \xi_n \leq -\gamma \mathbf{X}_n] \tag{7.1,17}$$

と表される．

さて，

$$(u_1, u_2) \sim \text{MVN}(0, \mathbf{\Sigma}),\ \mathbf{\Sigma} = \begin{pmatrix} 1 & \sigma_{12} \\ & 1 \end{pmatrix} \tag{7.1.18}$$

のとき，

$$\mathrm{E}[u_1 \mid u_2 > c] = \sigma_{12} \mathrm{E}[u_2 \mid u_2 > c] = \sigma_{12} \frac{\phi(c)}{1-\Phi(c)} \tag{7.1.19a}$$

$$\mathrm{E}[u_1 \mid u_2 \leq c] = \sigma_{12} \mathrm{E}[u_2 \mid u_2 \leq c] = -\sigma_{12} \frac{\phi(c)}{\Phi(c)} \tag{7.1.19b}$$

が成立する（Johnson and Kotz, 1972; Maddala, 1983）．すなわち，変数u_2が「打ち切られた」（"truncated"）ときの変数u_1の条件付き期待値および分散は，2変数間の共分散と正規確率密度関数および正規累積分布関数により表現される．この結果を適用し，

$$\mathrm{E}[\varepsilon_n \mid \xi_n > -\gamma \mathbf{X}_n] = \sigma_\varepsilon \sigma_{\varepsilon\xi} \frac{\phi(-\gamma \mathbf{X}_n)}{1-\Phi(-\gamma \mathbf{X}_n)} = \sigma_\varepsilon \sigma_{\varepsilon\xi} \frac{\phi(-\gamma \mathbf{X}_n)}{\Phi(\gamma \mathbf{X}_n)} \tag{7.1.20a}$$

$$\mathrm{E}[\varepsilon_n \mid \xi_n \leq -\gamma \mathbf{X}_n] = -\sigma_\varepsilon \sigma_{\varepsilon\xi} \frac{\phi(-\gamma \mathbf{X}_n)}{\Phi(-\gamma \mathbf{X}_n)} \tag{7.1.20b}$$

が得られる．式7.1.15にこれを適用すると

$$\mathrm{E}[\varepsilon_n d_n] = \Phi(\gamma \mathbf{X}_n)(1-\overline{D})\sigma_\varepsilon \sigma_{\varepsilon\xi} \frac{\phi(-\gamma \mathbf{X}_n)}{\Phi(\gamma \mathbf{X}_n)} + \Phi(-\gamma \mathbf{X}_n)(-\overline{D})\sigma_\varepsilon \sigma_{\varepsilon\xi} \left(-\frac{\phi(-\gamma \mathbf{X}_n)}{\Phi(-\gamma \mathbf{X}_n)}\right)$$

$$= \sigma_\varepsilon \sigma_{\varepsilon\xi} \phi(-\gamma \mathbf{X}_n) = \sigma_\varepsilon \sigma_{\varepsilon\xi} \phi(\gamma \mathbf{X}_n) \neq 0 \tag{7.1.21}$$

が得られる．式7.1.14と照らし合わせると，$\sigma_{\varepsilon\xi} \neq 0$のとき，すなわち$\varepsilon_n$と$\xi_n$が相関を持つとき，OLS推定量$\hat{\beta}$は不偏推定量でも一致推定量でもないことがわかる．

2つの標準正規確率変数の一方が打ち切られたとき，もう1つの変数の条件付き分布は式7.1.19に示される期待値を持つという性質を用い，Heckman (1979) は以下の修正項を用いた推定法を提案している．ここでも式7.1.10のモデル系を用いること

とする．D_n に対応する 2 項プロビットモデルは，Z_n の方程式が内生変数を説明変数として含まないため，通常の最尤推定法により推定することができる．これにより得られた係数推定値ベクトルを $\hat{\gamma}$ とし，

$$\hat{\lambda}_n = \hat{\gamma} \mathbf{X}_n$$

$$\hat{W}_n = \begin{cases} \dfrac{\phi(-\hat{\lambda}_n)}{\Phi(\hat{\lambda}_n)} & \text{if } D_n = 1 \\ -\dfrac{\phi(-\hat{\lambda}_n)}{\Phi(-\hat{\lambda}_n)} & \text{if } D_n = 0 \end{cases} \tag{7.1.22}$$

を定義する．ここで Y_n の誤差項を $\varepsilon_n = \sigma_\varepsilon \sigma_{\varepsilon\xi} \hat{W}_n + w_n$ と表すと，w_n は漸近的に期待値 0 の独立な確率変量と見なすことができる．したがって

$$Y_n = \alpha + \beta D_n + \theta \hat{W}_n + w_n \tag{7.1.23}$$

に OLS を適用することにより α, β, θ の一致推定値を得ることができる．こうして得られた $\hat{\theta}$ は $\sigma_\varepsilon \sigma_{\varepsilon\xi}$ の一致推定量である．式 7.1.23 の誤差項 w_n は heteroskedastic であるため，GLS の適用により統計的効率性の向上が可能である．誤差項の分散の算定については文献 Johnson and Kotz（1972），Maddala（1983），および 7.2.2 項を参照されたい．

7.1.4 多項離散選択モデルを含むモデル系への拡張

前節で用いたモデル系（7.1.10）は二項離散選択を含む単純なものであった．本節では Dubin & McFadden (1984) にならい，これを多項選択を含むモデル系へと拡張する．表記を単純化するため，ここでは個人を示す添え字 n を省略する．以下の累積分布関数を持つ多項ロジットモデルの誤差項を考えよう．

$$\Pr[\varepsilon_i \leq x] = \exp\left[-\exp\left(-x\pi/\sqrt{3}\lambda - \gamma\right)\right], \quad -\infty < x < \infty. \tag{7.1.24}$$

ここに $\gamma = 0.577$ は Euler の定数で，このガンベル分布の期待値は 0，分散は $\lambda^2/2$ である．この離散選択と関連を持つ現象を線形モデルで表記できるとし，その誤差項を η，その条件無し期待値を 0，分散を σ^2 とする．また，m 個の選択肢が存在するとし，R_i により ε_i と η との間の相関係数を指し，$\sum_{i=1}^{m} R_i = 0$, $\sum_{i=1}^{m} R_i^2 < 1$ が成立するものとする．さらに誤差項 $(\varepsilon_1, \varepsilon_2, ..., \varepsilon_m)$ が与えられたときの η の条件付き期待値と分散は各々

$$\frac{\sqrt{2}\sigma}{\lambda}\sum_{i=1}^{m}R_i\varepsilon_i, \quad \sigma^2\left(1-\sum_{i=1}^{m}R_i\right) \tag{7.1.25}$$

と与えられると仮定する．これらが満たされるとき，選択肢 j が選ばれたという条件下での ε_i の期待値は，

$$E[\varepsilon_i|\delta_j=1]=\begin{cases} -\dfrac{\sqrt{3}\lambda}{\pi}\ln P_j & \text{if } i=j \\ \dfrac{\sqrt{3}\lambda}{\pi}\dfrac{P_i}{1-P_i}\ln P_i & \text{if } i\neq j \end{cases} \tag{7.1.26}$$

と表される．ここに δ_j は選択肢 j が選ばれたときにのみ 1 の値を採る指標変数である．式 7.1.25 と式 7.1.26 より

$$E[\eta|\delta_j=1]=\frac{\sqrt{6}\sigma}{\pi}\left[-R_j\ln P_j+\sum_{i\neq j}R_i\frac{P_i}{1-P_i}\ln P_i\right] \tag{7.1.27}$$

が得られる．

これらの関係を用い，Dubin and McFadden は，まず離散選択モデルを推定し各選択肢の選択確率の推定値 $\hat{P}_i$ を算定し，選択肢 j が選ばれたとして，以下に示す修正項を導入することにより線形モデル $Y_i=\beta\mathbf{X}_i+\eta_i$ を推定することを提案している．

$$Y_i=\beta\mathbf{X}_i+\sum_{i\neq j}\gamma_i\left[\frac{\hat{P}_i\ln\hat{P}_i}{1-\hat{P}_i}+\ln\hat{P}_j\right]+\varsigma \tag{7.1.28}$$

ここで γ_i は $(\sqrt{6}\sigma/\pi)R_i$ に対応する．式 7.1.28 の右辺第 2 項に $\ln\hat{P}_j$ を含み，和の算定に際して選択肢 j を除外することにより，$\sum_{i=1}^{m}R_i=0$ の条件が満たされ，式 7.1.25 の関係が満足されている．

Dubin and McFadden は本節に示した修正項法を耐久電化製品と電力使用量の選択モデルの推定に適用している．世帯の自動車車種選択と走行距離の選択モデルへの適用は Mannering and Winston (1985), Train (1986), Kitamura et al. (2000)などに見られる．同様の枠組が溝上ら (1997)，森川ら (1999)により異なった離散・連続選択問題に適用されている．正規分布に基づく解析は，Kitamura (1987) に見られる．また，ここで概観した方法をより一般化したものとして Lee (1983) がある．

7.2 限定従属変数を含む連立方程式モデル系

本節では限定従属変数を含む連立方程式モデル系の事例を挙げる．2 変量 2 項選択問題への 2 変量プロビット (bivariate probit) の適用例を 7.2.1 項に，線形モデル－2

項離散選択モデル－線形モデル，の組み合わせを扱った事例を 7.2.2 項に示す．後者の事例では 7.1.3 項の修正項法が適用されている．最後に 7.2.3 項では修正項法の限界に簡単に触れる．

7.2.1　2 変量 2 項選択モデル

Kitamura et al.（1993）はパネルデータの解析にあたりより適切な標本の重み付けを可能とする目的で，初回調査で観測された交通手段選択と，その後のパネルからの離脱行動を 2 変量 2 項選択問題として解析している．モデル系は

$$\begin{aligned}
C_n^* &= \theta \mathbf{Z}_n + \psi_n \\
m_n &= \begin{cases} 1 & \text{if } C_n^* > 0 \\ 0 & \text{otherwise} \end{cases} \\
A_n^* &= \beta \mathbf{X}_n + \gamma m_n + \varepsilon_n \\
w_n &= \begin{cases} 1 & \text{if } A_n^* > 0 \\ 0 & \text{otherwise} \end{cases}
\end{aligned} \quad (7.2.1)$$

と表される．ここに

C_n^* ＝ 初回調査での個人 n の交通手段選択に対応する潜在変数

m_n ＝ 観測された手段選択の指標（単独で運転の場合 1，それ以外は 0）

A_n^* ＝ パネル離脱行動に対応する潜在変数

w_n ＝ パネル離脱行動の指標（パネルに参加した場合 1，離脱した場合 0）

θ，β は係数ベクトル，γ はスカラー係数，$\mathbf{Z}_n$，$\mathbf{X}_n$ は説明変数のベクトル，ψ_n，ε_n は誤差項である．

パネル離脱行動に着目するとき，初期選択 m_n は以下の条件のいずれかが満たされるとき外生変数であると見なすことができる．

i)　$\mathbf{X}_n$ と ψ_n が独立で，かつ $\gamma = 0$．

ii)　誤差項間に相関がない，すなわち $\mathrm{E}[\psi_n \varepsilon_n] = 0$．

両者のうちいずれかが満たされる時，各々の方程式を単独のモデルとして扱い，個別に推定する（単一方程式法; single-equation method）ことにより，モデル系を推定することが可能である．条件 i) が成立するとすれば，A_n^* の説明変数は ε_n との相関を持たないため，通常の最尤法を用いた単一方程式法により β の推定が可能である．条件 ii) が満たされるとき，m と ε_n は独立となり，単一方程式法により β の推定が可能である．また，C_n^* の説明変数は全て外生変数であるため，初期選択モデルはこれら条件に関わりなく，常に単一方程式法による推定することが可能である．逆にこれらの条件が満たされないとき，A_n^* のモデルの説明変数と誤差項 ε_n との間に相関が生じ，

単一方程式法の適用は一致推定量をもたらさない結果となる．ここで 7.1 節に示した自己選択性バイアスの修正項を用いた単一方程式法の適用が考えられるが，7.2.3 項で述べる理由により，この例では一致推定量は得られない．

これら条件が満たされない場合に適用可能なのが 2 変量プロビットモデルである．2 変量プロビットモデルは Ashford and Sowden（1970），Amemiya（1974）などにより提案されてきた．近年の計算機能力の進歩と計量経済ソフトの開発により，その適用は極めて容易なものとなった．各々の誤差項が単位分散を持つように標準化されているとし，誤差項間の相関係数を ρ とすると，(ψ_n, ε_n) の同時確率密度関数は

$$f_{\psi\varepsilon}(s,t) = \frac{1}{2\pi\sqrt{1-\rho^2}} \exp\left[-\frac{s^2 - 2\rho st + t^2}{2(1-\rho^2)}\right], \quad -\infty < s, t < \infty \tag{7.2.2}$$

と表される．これを用い，例えば $(m_n=1, w_n=1)$ が得られる確率は

$$\begin{aligned}
\Pr[m_n=1, w_n=1] &= \Pr[m_n=1]\Pr[w_n=1 \mid m_n=1] = \Pr[C_n^* > 0]\Pr[A_n^* > 0 \mid C_n^* > 0] \\
&= \Pr[\psi_n > -\theta\mathbf{Z}_n]\Pr[\varepsilon_n > -(\beta\mathbf{X}_n + \gamma) \mid \psi_n > -\theta\mathbf{Z}_n] \\
&= \Pr[\psi_n > -\theta\mathbf{Z}_n, \varepsilon_n > -(\beta\mathbf{X}_n + \gamma)] \\
&= \int_{-\theta\mathbf{Z}_n}^{\infty}\int_{-(\beta\mathbf{X}_n+\gamma)}^{\infty} f_{\psi\varepsilon}(s,t)\,dtds
\end{aligned} \tag{7.2.3}$$

である．この結果から式 7.2.1 のモデルに対応する対数尤度関数は

$$\begin{aligned}
L = &\sum_{\substack{n \\ m_n=1 \\ w_n=1}} \ln \int_{-\theta\mathbf{Z}_n}^{\infty}\int_{-(\beta\mathbf{X}_n+\gamma)}^{\infty} f_{\psi\varepsilon}(s,t)\,dtds + \sum_{\substack{n \\ m_n=1 \\ w_n=0}} \ln \int_{-\theta\mathbf{Z}_n}^{\infty}\int_{-\infty}^{-(\beta\mathbf{X}_n+\gamma)} f_{\psi\varepsilon}(s,t)\,dtds + \sum_{\substack{n \\ m_n=0 \\ w_n=1}} \ln \int_{-\infty}^{-\theta\mathbf{Z}_n}\int_{-\beta\mathbf{X}_n}^{\infty} f_{\psi\varepsilon}(s,t)\,dtds \\
&+ \sum_{\substack{n \\ m_n=0 \\ w_n=0}} \ln \int_{-\infty}^{-\theta\mathbf{Z}_n}\int_{-\infty}^{-\beta\mathbf{X}_n} f_{\psi\varepsilon}(s,t)\,dtds
\end{aligned} \tag{7.2.4}$$

と表される．上述のように，この対数尤度関数は数値計算により容易に評価され，計算量は 3 選択肢プロビットモデルと同等である．

7.2.2　線形−2 項離散選択−線形モデル

本節のモデルもパネル調査に関するもので，初回調査でのトリップ数，次回調査でのトリップ数，およびパネル離脱行動の関係を解明することを目的としている．モデル系は

$$y_{1n} = \alpha_1 \mathbf{V}_{1n} + \xi_{1n}$$
$$A_n^* = \beta \mathbf{X}_n + \varepsilon_n$$
$$a_n = \begin{cases} 1 & \text{if } A_n^* > 0 \\ 0 & \text{otherwise} \end{cases} \tag{7.2.5}$$
$$y_{2n} = \alpha_2 \mathbf{V}_{2n} + \xi_{2n} \qquad \text{iff } a_n = 1$$

と表される（Kitamura and Bovy, 1987）．ここに

- y_{1n} = 世帯 n の初回調査での 1 週間当り総トリップ数
- a_n = パネル離脱行動の指標（パネルに参加した場合 1，離脱した場合 0）
- A_n^* = パネル離脱行動に対応する潜在変数
- y_{2n} = 世帯 n の第 2 回調査での 1 週間当り総トリップ数

$\alpha_1, \alpha_2, \beta$ は係数ベクトル，$\mathbf{V}_{1n}, \mathbf{V}_{2n}, \mathbf{X}_n$ は説明変数のベクトル，また，$\xi_{1n}, \xi_{2n}, \varepsilon_n$ は以下の分布を持つ誤差項である．

$$(\xi_{1n}, \xi_{2n}, \varepsilon_n) \sim \text{MVN}(0, \mathbf{\Sigma}), \quad \mathbf{\Sigma} = \begin{pmatrix} \sigma_1^2 & \rho_{12}\sigma_1\sigma_2 & \rho_{1\varepsilon}\sigma_1 \\ & \sigma_2^2 & \rho_{2\varepsilon}\sigma_2 \\ & & 1 \end{pmatrix}. \tag{7.2.6}$$

この 3 変量正規分布の密度関数を $f_{\xi_1\xi_2\varepsilon}(s,t,u)$ とするとモデル系（7.2.5）の対数尤度関数は

$$L = \sum_{\substack{n \\ a_n=1}} \ln \int_{-\beta \mathbf{X}_n}^{\infty} f_{\xi_1\xi_2\varepsilon}(y_{1n} - \alpha_1\mathbf{V}_{1n}, t, y_{2n} - \alpha_2\mathbf{V}_{2n})dt + \sum_{\substack{n \\ a_n=0}} \ln \int_{-\infty}^{\infty}\int_{-\infty}^{-\beta \mathbf{X}_n} f_{\xi_1\xi_2\varepsilon}(y_{1n} - \alpha_1\mathbf{V}_{1n}, t, u)dtdu \tag{7.2.7}$$

と表される[1]．この対数尤度関数を数値解析により最大化し，FIML 推定を行うことは困難ではないが，前節の 2 変量プロビットモデルの場合と異なり標準的なモデルの形態を採らないため，既成の推定ソフトを適用することはできない．Kitamura and Bovy（1987）は以下に示す自己選択性バイアス修正項を用いた段階推定法を提案している．

単一推定法による段階推定にあたり，誤差項間に**図-7.2.1** に示す経時的従属性を仮定する．すなわち，ある事象の誤差項は先行する事象の誤差項に条件付けられるとする．すると前節と同様，

$$\text{E}[\varepsilon_n | \xi_{1n}] = \frac{\rho_{1\varepsilon}}{\sigma_1}\xi_{1n} \tag{7.2.8}$$

が成立する．この場合，誤差項 ξ_{1n} は打ち切られているのではなく特定の値が所与であるため，誤差項 ε_n の条件付き分布は正規分布である．その分散は $1-\rho_{1\varepsilon}^2$ となり

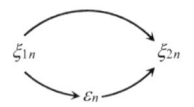

図-7.2.1 誤差項（$\xi_{1n}, \xi_{2n}, \varepsilon_n$）間の従属性

(Johnson and Kotz, 1972),

$$\varepsilon_n = \frac{\rho_{1\varepsilon}}{\sigma_1}\xi_{1n} + u_n, \ u_n \sim N(0, 1-\rho_{1\varepsilon}^2) \tag{7.2.9}$$

が成立し、u_n は同一の分布を持ち、互いに独立（identically and independently distributed; i.i.d.）である。

初回調査の誤差項ξ_{1n}と第2回調査に参加するという条件が与えられたとき、ξ_{2n}は以下の期待値と分散を持つ（Kitamura and Bovy, 1987）.

$$\mathrm{E}[\xi_{2n}|\xi_{1n}, \varepsilon_n > -\beta\mathbf{X}_n] = \frac{\rho_{12}\sigma_2}{\sigma_1}\xi_{1n} + \sqrt{1-\rho_{12}^2}\sigma_2\rho_{2\varepsilon|1}\frac{\phi(W_n)}{\Phi(-W_n)}$$
$$\mathrm{Var}(\xi_{2n}|\xi_{1n}, \varepsilon_n > -\beta\mathbf{X}_n) = (1-\rho_{12}^2)\sigma_2^2\{1+\rho_{2\varepsilon|1}^2(W_n\lambda_n - \lambda_n^2)\} \tag{7.2.10}$$

ここに

$$W_i = \frac{-\beta\mathbf{X}_n - \frac{\rho_{1\varepsilon}}{\sigma_1}\xi_{1n}}{\sqrt{1-\rho_{1\varepsilon}^2}}$$

$$\rho_{2\varepsilon|1} = \frac{\rho_{2\varepsilon} - \rho_{12}\rho_{1\varepsilon}}{\sqrt{1-\rho_{12}^2}\sqrt{1-\rho_{1\varepsilon}^2}} \tag{7.2.11}$$

$$\lambda_n = \frac{\phi(W_n)}{\Phi(-W_n)}$$

である。ξ_{2n}の条件付き分散が観測値毎に変化することに注意されたい。また、ε_nが打ち切られているために、ξ_{2n}の条件付き分布は正規分布ではない。これが意味することについては7.2.3項で論じる。

以上の結果を用い、以下の段階推定法が導かれる。まずy_{1n}の方程式の説明変数はすべて外生変数であることに着目し、このモデルを OLS（または GLS）により推定し、得られた$\hat{\alpha}_1$を用い$\hat{\xi}_{1n} = y_{1n} - \hat{\alpha}_1\mathbf{V}_{1n}$を推定する。これを用い$A_n^*$を

$$A_n^* = \beta\mathbf{X}_n + \gamma_1\hat{\xi}_{1n} + u_n \tag{7.2.12}$$

と表す．前述のように u_n は i.i.d.正規確率変量であるから，式 7.2.12 は単独に最尤法により推定可能である．次にこのようにして得られた $\hat{\beta}$ を用い y_{2n} を

$$y_{2n} = \alpha_2 \mathbf{V}_{2n} + \gamma_2 \hat{\xi}_{1n} + \hat{\gamma}_3 \hat{\lambda}_n + u_{2n} \tag{7.2.13}$$

と表す．ここに

$$\hat{\lambda}_n = \frac{\phi(\hat{W}_n)}{\Phi(-\hat{W}_n)} \tag{7.2.14}$$

$$\hat{W}_n = -\hat{\beta}^* \mathbf{X}_n - \hat{\gamma}_1^* \hat{\xi}_{1n}$$

$\hat{\beta}^*$，$\hat{\gamma}_1^*$ は式 7.2.12 を推定することによって得られた推定値である．式 7.2.13 を推定し得られた推定値 $\hat{\gamma}_2$ と $\hat{\gamma}_3$ は各々 $\rho_{12}\sigma_2/\sigma_1$ と $\sqrt{1-\rho_{12}^2}\sigma_2\rho_{2\varepsilon\parallel}$ に対応する．推定にあたっては，式 7.2.10 に示される ξ_{2n} の条件付き分散に基づき得られる重みを用いた GLS の適用が望ましいが，この重みの算定は不可能なため OLS を適用せざるを得ない．ただし，パネル参加による自己選択性バイアスがないという仮説（$H_0: \gamma_3 = 0$）は OLS の結果を用い検証可能である（Heckman, 1979）．

7.2.3 自己選択性バイアス修正項適用にあたっての問題点

本章でみたように自己選択性バイアス修正項は簡単に算定でき，特定の条件の下で，離散選択モデルを含む連立方程式系を単一方程式法により段階的に推定することを可能とする実用的な方法ということができる．とくに，正規確率変数の実現値が与えられたとき，それと相関を持つ正規確率変数の条件付き分布は正規分布であり，その条件付き分散は前者変数の実現値に依存しない．したがって連続線形モデルの従属変数が離散選択モデルの説明変数となるとき，離散選択モデルに修正項を導入することにより i.i.d.な誤差項が創出され，離散選択モデルの一致推定が可能となる．線形モデルの場合と異なり，ロジット，プロビットなどの非線形モデルで誤差項が heteroskedastic な場合，効率性のみならず一致性も失われる．そのため，本章で述べた修正項などを用い heteroskedasticity に対応することが不可欠である．

正規確率変数の実現値が所与の場合とは逆に，正規確率変数が打ち切られている場合，それと相関を持つ正規確率変数の条件付き分布はもはや正規分布ではなく，その条件付き分散は前者変数の実現値に依存する．したがって離散選択の結果を内生説明変数として持つモデルの場合，修正項の導入によって得られる誤差項は正規性も持たず，heteroskedastic である．モデルが線形の場合，OLS は一致推定量であるが，自己選択性バイアスが存在するとき統計的検定は有効ではない．また，この誤差項の分

散の算定は困難であるため，heteroskedasiticity の修正は困難である．さらに，修正項をプロビット離散選択モデルに導入した場合，非正規性と heteroskedasiticity ゆえに一致推定は不可能となる．これが 7.2.1 項のモデルに自己選択性バイアス修正項が適用できない理由である．このような限界を理解した上で修正項が適用可能な場面が峻別されるとき，本章で紹介した方法はモデル推定に当っての労力を削減する上で有効なものとなろう．

● 脚注

[1] 線形モデルの従属変数は 1 週間当りの世帯の総トリップ数で，その平均は第 2 回調査に参加した世帯の平均が 56.5 トリップ，パネルから離脱した世帯の平均が 39.3 と極めて大きく，線形モデルの適用が妥当と見なされる．

第8章　構造方程式モデル

8.1　構造方程式モデルの特徴

　構造方程式モデル（structural equation model, SEM）は多変量解析手法（multivariate analysis method）の1つであり，その代表的な推定プログラムや分析上の特性[1]によってLISREL（linear structural relationships）モデル，共分散構造モデル（covariance structure model）とも呼ばれている．構造方程式モデルは多様な潜在変数（latent variables）をモデルシステム内に定義可能であり，複雑な要素が絡み合った現象に，構成概念（construct）を導入して分析するのに適したモデルである．ここでいう構成概念とは，「その存在を仮定することにより複雑にこみ入った現象を比較的単純に理解することを目的とした概念（松原，1997）」を指し，それを表現するために導入された直接観測不可能な変数を潜在変数と呼ぶ．このように潜在変数を用いる例は，日常生活の様々な局面における広い意味での分析においてよく見られる．例えばスポーツチームの強さを表現しようとしたときには，漠然と強さを説明するのではなく，**図-8.1.1**のように攻撃力，守備力，総合力というような潜在変数とその関係を仮定して説明した方が，分析のフレームが明快になり表現が簡単になる．もちろんミクロ経済学で仮定される効用（utility）も，行動理解のための構成概念である．

　また，構造方程式モデルは，同様に構成概念を用いる因子分析（factor analysis）や，因果関係を規定するパス解析（path analysis）や重回帰分析（multiple regression analysis），質的データの分析手法である数量化理論（Hayashi's quantification theory）I,II,III類などの代表的な多変量解析手法の一般形として定義されうるため，多変量解析手法として非常に汎用性が高い．重回帰分析や因子分析などの多変量解析手法は，例をあげるまでもなくこれまで交通行動分析に用いられ，様々な要因が対象になってきた．利用する分析手法は対象となる変数の特性に応じて手法が使い分けられてきたが，構造方程式モデルを用いた場合には，統一的なフレームで複数の多変量解析を行うことが可能である．

　構造方程式モデルは，1970年代にJöreskog（1970）によってその理論的基礎が形成され，彼とSörbomによって開発さ

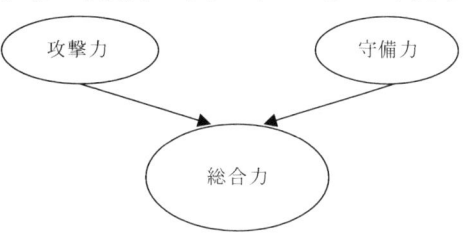

図-8.1.1　スポーツチームの強さの表現

れた構造方程式モデル推定コンピュータプログラム"LISREL"の発表（Jöreskog and Sörbom, 1979）によって急速に理論・応用とも発展し，90年代になり交通行動分析の分野でも数多く用いられるようになった．広範に用いられる用になった理由としては，以下の3点があげられる．

① 潜在変数を導入することが可能で，潜在変数を仮定した因果関係の仮説検証が可能であること
② 各種変数間の因果関係の設定が柔軟性に富み，因果構造をモデル化するのに非常に役に立つこと
③ 各種多変量解析の一般形として，汎用性が高いこと

本章ではその基本的な性質とその利用方法について解説し，いくつかの適用事例を示すが，より詳細な構造方程式モデルについての解説は，構造方程式モデルの専門書を参考にされたい（例えば Bollen, 1989；豊田, 1992）．

8.2 構造方程式モデルの定式化

構造方程式モデルの一般形は構造方程式（structural equations）と測定方程式（measurement equations）の2種類によって構成されている．構造方程式は潜在変数間の因果関係を示す式で，測定方程式は多くの潜在変数とその観測変数（observed variables）の間の関係を表現するものである．この一般形は以下のように示される．

構造方程式
$$\eta = B\eta + \Gamma\xi + \zeta \tag{8.2.1}$$

測定方程式
$$x = \mu_x + K\eta + \Lambda\xi + \varepsilon \tag{8.2.2}$$

ここに μ_x は x の期待値であり，B, Γ, K, Λ は未知パラメータ行列である．

その他はいずれも潜在変数であるが，これらの変数のうち潜在変数及びその観測変数 x, η, ξ を構造変数と定義し，確率的に変動する要因 ε, ζ を誤差変数として定義する．構造変数はその性質に応じて**表-8.2.1**のように分類される．

内生変数（endogenous variables）とは構造方程式・測定方程式のいずれかの左辺に配される変数で，左辺に配されないものは外生変数（exogenous variables）である．観

表-8.2.1 変数の性質と定義

	外生変数	内生変数
観測変数		x
潜在変数	ξ	η

測変数とは変数が直接データとして観測されるもので，直接観測されないものが潜在変数である．つまりξは外生的潜在変数，$\mathbf{x}$は内生的観測変数，ηは内生的潜在変数である．この表記方法の他にも観測方程式を外生変数と内生変数に分離した

$$\mathbf{x}_\xi = \Lambda_\xi \xi + \varepsilon_\xi$$
$$\mathbf{x}_\eta = \Lambda_\eta \eta + \varepsilon_\eta \tag{8.2.3}$$

という表記も用いられる．

　この定式化より，構造方程式だけを取り出すと同時方程式やパス解析の一般形であること，測定方程式だけを取り出すと因子分析の一般形であることが示され，パラメータの特定化に応じて様々な多変量解析を構造方程式モデルの枠組の中で行うことができることが理解できる．この他にも，式 8.2.3 で外生的観測変数に関連するパラメータ $\Lambda_\xi = \mathbf{I}$，$\varepsilon_\xi = 0$ と定式することで，$\mathbf{x}_\xi$ を外生的観測変数と定義でき，8.4 節で述べる MIMIC モデルなどの外生的観測変数を用いるモデルを定式化することができる．

8.3　構造方程式モデルの母数の推定

　構造方程式モデルの推定は主に 2 種類の方法によって行われる．1 つは最尤推定法（maximum likelihood estimation）であり，もう 1 つは最小二乗法（least square method）である．一般的には最尤推定法が用いられるが，いくつかのケースにおいては最小二乗法が用いられることがある．ここで，先に定義された構造方程式および測定方程式を変形して，この共分散行列を未知パラメータの関数として構造化する．

$$\begin{aligned}
E(\mathbf{xx'}) &= E\left[(\mathbf{K}\eta + \Lambda\xi + \varepsilon)(\mathbf{K}\eta + \Lambda\xi + \varepsilon)'\right] \\
&= E(\mathbf{K}\eta\eta'\mathbf{K'} + \Lambda\xi\xi'\Lambda' + \varepsilon\varepsilon') \\
&= E\left[\mathbf{K}(\mathbf{I}-\mathbf{B})^{-1}(\Gamma\xi + \zeta)(\Gamma\xi + \zeta)'(\mathbf{I}-\mathbf{B})^{-1'}\mathbf{K'} + \Lambda\xi\xi'\Lambda' + \varepsilon\varepsilon\right] \\
&= E\left[\mathbf{K}(\mathbf{I}-\mathbf{B})^{-1}(\Gamma\xi\xi'\Gamma' + \zeta\zeta')'(\mathbf{I}-\mathbf{B})^{-1'}\mathbf{K'} + \Lambda\xi\xi'\Lambda' + \varepsilon\varepsilon\right] \\
&= \mathbf{K}(\mathbf{I}-\mathbf{B})^{-1}(\Gamma\Psi\Gamma' + \Phi)'(\mathbf{I}-\mathbf{B})^{-1'}\mathbf{K'} + \Lambda\Psi\Lambda' + \Theta
\end{aligned} \tag{8.3.1}$$

ここに Ψ, Φ, Θ はそれぞれ ξ, ζ, ε の共分散行列である．

　θ を推定母数全体を表現したベクトルとすると，この構造方程式モデルより導出される共分散行列には総ての未知パラメータが含まれており，$\Sigma(\theta)$ と表現できる．この $\Sigma(\theta)$ を構造化共分散行列と定義する．構造化共分散行列を十分統計量である標本共分

散行列に近づけることが，最尤推定法，最小二乗法いずれを用いる場合においても未知パラメータ推定の基本的な方向となる．

(1) 最尤推定法

観測変数 $\mathbf{x}$ が式 8.3.2 に示すような確率密度関数（probability density function）を持つ多変量正規分布（multivariate normal distribution）に従っていると仮定する．

$$f(\mathbf{x}|\boldsymbol{\mu},\boldsymbol{\theta}) = (2\pi)^{-\frac{n}{2}} |\boldsymbol{\Sigma}(\boldsymbol{\theta})|^{-\frac{1}{2}} \exp\left[\frac{-1}{2}(\mathbf{x}-\boldsymbol{\mu})'\boldsymbol{\Sigma}(\boldsymbol{\theta})^{-1}(\mathbf{x}-\boldsymbol{\mu})\right] \quad (8.3.2)$$

ただし $\boldsymbol{\mu}$ は期待値ベクトル，$\boldsymbol{\theta}$ は推定母数ベクトル，n は内生的観測変数の次元を示す．

このとき同じ母集団から標本ベクトル $\mathbf{X} = (\mathbf{x}_1, \cdots, \mathbf{x}_n)$ が独立に観測されたとすると，その同時生起確率密度は，個々の標本が観測される確率密度の積で表現される．これの対数を取り，母数に関連する項目だけに簡略化したものが次の式 8.3.3 になる．

$$F_{ML} = tr\left(\boldsymbol{\Sigma}(\boldsymbol{\theta})^{-1}\mathbf{S}\right) - \log|\boldsymbol{\Sigma}(\boldsymbol{\theta})^{-1}| \quad (8.3.3)$$

ただし，一般的には母数に関係の無い項をいくつか残した式 8.3.4 が尤度関数（likelihood function）として使われることが多い．

$$F_{ML} = tr\left(\boldsymbol{\Sigma}(\boldsymbol{\theta})^{-1}\mathbf{S}\right) - \log|\boldsymbol{\Sigma}(\boldsymbol{\theta})^{-1}\mathbf{S}| - n \quad (8.3.4)$$

ただし，$\mathbf{S}$ は標本共分散行列，$\boldsymbol{\Sigma}$ は推定共分散行列，n は観測変数の次元である．

$\mathbf{S}, n$ が与えられた条件下で，式 8.3.4 を $\boldsymbol{\theta}$ について最大化することによって，母数である $\boldsymbol{\theta}$ の最確値を求めることができる．

(2) 最小二乗法

十分統計量である標本共分散行列 $\mathbf{S}$ と，母数の関数である構造化共分散 $\boldsymbol{\Sigma}(\boldsymbol{\theta})$ の各要素との差を残差として設定すると，残差二乗和は定義より以下のような形になる．

$$f_{LS}(\boldsymbol{\theta}) = tr\left[\{\mathbf{S}-\boldsymbol{\Sigma}(\boldsymbol{\theta})\}\{\mathbf{S}-\boldsymbol{\Sigma}(\boldsymbol{\theta})\}'\right] \quad (8.3.5)$$

式 8.3.5 を最小化する $\boldsymbol{\theta}$ が，最小二乗基準によって推定される母数ベクトルとなる．8.5 節で述べるように，標本ベクトル $\mathbf{X} = (\mathbf{x}_1, \cdots, \mathbf{x}_n)$ に，離散変数やカテゴリカル変数，切断変数[2]などが含まれる場合には，標本共分散行列が直接的に求められず，標本共分散行列自体を推定する必要がある．このとき，推定された推定標本共分散を標本共分散の代わりに用いるが，その場合，最尤推定法や最小二乗法でなく，重み付け最小二乗基準を用いることが望ましい．なぜなら推定標本共分散 $\hat{\mathbf{S}}$ 自体が推定値であり，

その確からしさは一様でないからである．一般的にはウェイトとして，推定相関係数行列の共分散行列[3]の逆行列を用いる（Golob et al., 1997）．この定式化を式 8.3.6 に示す．

$$f_{GLS}(\theta) = tr\left[\{S - \Sigma(\theta)\}W^{-1}\{S - \Sigma(\theta)\}'\right] \tag{8.3.6}$$

ただし，W は推定標本共分散の共分散行列である．式 8.3.6 を最小化する θ が最確値となり，推定標本共分散行列の各要素の確からしさを考慮した推定値が求められることになる．このようにして得られる $f_{GLS}(\theta)$ は漸近的有効性を持つ．

(3) モデルの推定プログラム

　構造方程式モデルを推定するためには，ここにあげた尤度関数や，最小二乗基準を用いるプログラムを書く方法もあるが，一般的には構造方程式モデルの推定が可能なソフトウェアを用いることが多い．代表的なソフトウェアとして，AMOS, CALIS, EQS, LINCS, LISREL, Mplus, Mx があげられる．それぞれの特徴については章末に各ソフトウェアの解説や販売元の URL（uniform resource locator）を示したのでそれを参照していただきたい．現在ではこれらのソフトウェアのほとんどが，パス図を描くだけでモデルの定式化が可能なツールを装備しており，モデルの推定が視覚的に行える．これらのソフトウェアから選択を行う場合の参考として，いくつかの推定ソフトウェア（CALIS (SAS), LINCS (GAUSS)）は，統計パッケージのプロシージャとして提供されており，他の分析をその統計パッケージで行っている場合には，それらを選択すると分析上の利便性が高い．また，AMOS, CALIS, EQS, LISREL については日本語による解説書が出版されている（狩野，1997；豊田，1992；山本・小野寺，1998）．この他に Mx はこの中で唯一のフリーソフトウェアであるので，試験的に構造方程式モデルを適用したい場合などには費用がそれほどかからない．Mplus も体験版があり，その操作性などを確認することが可能である．

8.4　代表的な分析モデル

　構造方程式モデルを用いた分析は 8.1 節でも述べたように多くの多変量解析手法の一般形となっており，様々な形式のモデル構成が可能である．その代表的な例として多重指標（multiple indicator）モデル，多重指標多重原因（multiple indicator multiple cause；MIMIC）モデルを取り上げる．これらは構造誤差，観測誤差や潜在変数間の関係などによって区別され，これらのモデルの違いや観測変数と潜在変数の因果関係を

理解するためには，パス図（path diagram）を用いることが便利である．図-8.4.1〜8.4.2（豊田ら，1992 より抜粋）に典型的な多重指標モデルと MIMIC モデルを示した．構造方程式モデルは，多くの観測変数と構成概念を用いてその因果関係を分析することが多く，結果として複雑な定式化となることが多い．そのため，このように因果関係を視覚的に表現できるパス図を用いることは，分析結果の理解だけでなく，分析者自身の定式化および概念整理にも有効である．8.3 節で述べたように構造方程式モデルの推定プログラムのほとんどは，定式化を補助するための作図ツールを備えている．

(1) 多重指標モデル

図-8.4.1 に示した多重指標モデルは，観測変数が全て潜在要因の指標（indicator）であり，1 つの潜在変数に対して複数の観測変数が存在している場合を指す．一般的な因子分析で仮定される構造と類似しているが，構成概念間にもパスを仮定することが可能であり，より柔軟なモデルの定式化が可能である．

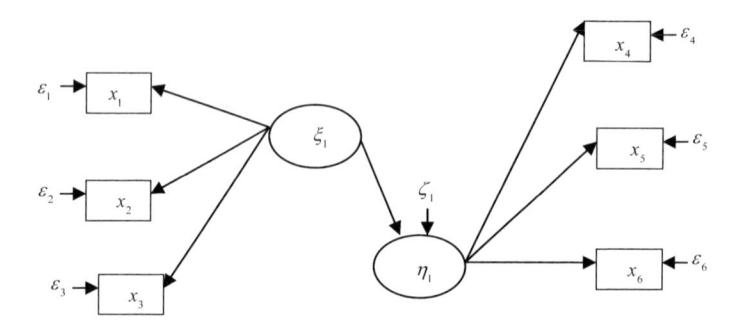

図-8.4.1　多重指標モデルの例

(2) 多重指標多重原因モデル（MIMIC モデル）

図-8.4.2 に示した多重指標多重原因モデルは，観測変数に外生的変数と内生的変数の 2 群が存在する場合に用いられるモデルである．観測可能な多数の要因を原因側と結果側に分類し，少数の構成概念を通じてそれら

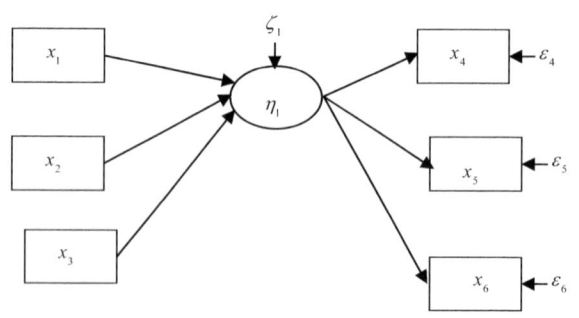

図 - 8.4.2　多重指標多重原因モデルの例

の観測変数間の構造を仮定するものである．外生的な観測変数と内生的な観測変数がより次元の小さい潜在変数によって結びつけられるため，このような名称になっている．

このように，誤差項やパスの仮定によって様々なタイプのモデルが考えられ，ここから，交通行動分析の一般的なツールとなっているランダム効用理論に基づく離散型選択モデルについても，上記と同様のパス図で表すことが可能であり（図-8.4.3），プロビットモデルに代表される誤差項に正規分布を仮定するモデルは構造方程式モデルの特殊形として定義可能である[4]．ここに構造方程式モデルの汎用性の高さが窺い知れる．

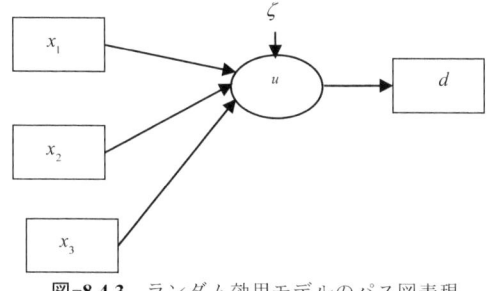

図-8.4.3 ランダム効用モデルのパス図表現

8.5 離散変数，切断変数と構造方程式モデル

構造方程式モデルを用いた交通行動分析において分析対象となることの多い，意識調査は，一般的に順序尺度で計測されることが多く，またトリップ数といった変数は下限が存在するため，これらの分布に多変量正規を仮定することは難しい．構造方程式モデル推定に一般的に用いられる最尤法は，多変量正規分布の仮定からの逸脱，とくに3次，4次モーメントの非正規性に対してその推定値の分散共分散の頑強性に乏しい．しかし，このような変数を構造方程式モデルで分析不可能であるとすることは，構造方程式モデルの交通行動分析への適用範囲を，非常に狭い範囲に押し込めることになる．そこで，本節ではカテゴリー変数と切断変数を取り上げ，構造方程式モデルを適用する手法について解説する．

(1) 離散・カテゴリー変数（discrete/categorical variables）

意識の程度といった潜在的な意識要因を調査する場合には，それらを連続変数として観測することが困難であり，いくつかのカテゴリーに集約した順序尺度として観測することが多い．この他にも，効用がある一定値以上になった場合に行動が観測されると仮定されるトリップの発生・非発生や，自動車の買い替え行動などの分析も，このような順序尺度データと同様のフレームで捉えることができる．これらのデータを用いて構造方程式モデルによる分析を行う場合には，観測変数の共分散の計算方法に

工夫が必要である．これについては既にデータの特質に応じた手法が開発されており，**表-8.5.1** に示すようにデータの性質に応じて，シリアル相関係数（serial correlation coefficient），多分系列相関係数（polyserial correlation coefficient），四分相関係数（tetrachocholic correlation coefficient），多分相関係数（polychoric correlation coefficient）（Jöreskog and Sörbom, 1996；Poon and Lee, 1987）を標本分布の十分統計量として用いる．これらの相関係数は，いずれもある連続変数が一定の規則にしたがっていくつかのカテゴリーに分類されて観測されたと仮定し，本来観測すべき連続変数の共分散（相関係数）を推定するものである．基本的な計算手法は本項の**(2)切断変数**に示した方法と同一であり，多くの推定パッケージでは，変数の形式を指定することで，この相関係数を計算して推定を行う．よって，このような仮定が成立するばあい，離散変数変数を含んだデータ群の相関係数が計算可能である．

これらの相関係数を用いて最尤推定法により推定された推定値は，不偏性は持っているが，推定値の標準誤差にバイアスが生じるため，t検定などが不正確になる．そこで8.3節で示した，推定された相関係数行列の誤差分散を重みとした最小二乗法を用いて母数を推定することにより，漸近的に有効な推定量が得られる．

実際にデータに適用する場合，2値変数を含むデータに通常の最尤推定法を適用した場合には，その推定値および標準誤差はシリアル・四分相関係数を用いた重み付最小二乗法と大きく異なるが，Bentler and Chou (1987) によるとカテゴリーの数が4を越えるようなデータのみを含む場合，ポリシリアル・ポリコリック相関係数を用いない場合と比較して，それほどの差はないと結論づけている．

ここまでに述べたようにカテゴリカル変数が含まれるデータに対しても，構造方程式モデルは適用可能であるが，性別・職業などのように，背後に連続的な変数を仮定することが困難，または無意味な離散・カテゴリー変数については，ここにあげたような相関係数を用いたとしても，分析上の意味合いがほとんど無い．しかし，これらの変数を**図-8.4.2** で示したMIMICモデルにあるような外生的観測変数としてモデル中に取込むことは可能である．この場合，外生的観測変数は，その定義上十分統計量であ

表-8.5.1　離散・カテゴリー変数より推定される相関係数

データ形式		十分統計量となる行列
離散（2カテゴリー）	連続	双列（シリアル）相関係数
離散（3カテゴリー以上）	連続	ポリシリアル相関係数
離散（2カテゴリー）	離散（2カテゴリー）	四分相関係数
離散（2カテゴリー）	離散（3カテゴリー以上）	ポリコリック相関係数

る標本共分散に影響を与えないため，これらの変数に関連する要素を取り除いた共分散行列を十分統計量として用いることになる．

(2) 切断変数（censored variables）

観測変数が順序変数などの離散型によって観測されるものと同様，交通行動分析において観測されることの多い変数型として切断型のものがあげられる．切断型の観測変数は，トリップ数や活動時間のように背後にある潜在要因は連続的に分布すると仮定できるが，観測に制約があるため観測値に上限や下限が存在し，分布形が特定の方向に押し固められたようになった変数であり，トビット（tobit）モデルに用いられるトビット変数と同一である．例えば，ある活動時間に費やす総時間は，その活動から得られる効用に比例すると仮定した場合，各活動時間は負の値を取らないので，ある一定以下の効用しか得られない個人は，そのレベルにかかわらず「消費活動時間0分」になる．つまり観測される「消費活動時間0分」には様々な効用レベルが存在することになる．上・下限付近に多くの観測値がある標本から，そのまま分散・共分散を求めた場合には，本当に知りたい潜在要因が連続的に測定された場合の共分散構造と比較して同一とならず，パラメータの推定値にバイアスが生じてしまう．そこでこのバイアスを取り除くために，背後に上・下限の無い変数が切断されて観測されたという仮定のもとで，その変数の共分散を推定し，それを標本共分散行列として用いて母数を推定する．

具体的には上限，下限のある変数の場合には以下のような方法を用いる．

$$x = \begin{cases} M_1 : x^* < l_1 \\ x^* : l_1 < x^* < l_2 \\ M_2 : x^* > l_2 \end{cases} \tag{8.5.1}$$

ただし
x：観測変数
x^*：背後に仮定される潜在変数．平均 μ 分散 σ の正規分布に従う
l_1, l_2：観測結果が変化する x^* の閾値
M_1, M_2：上・下限での観測値

この定式化より，各指標が観測される確率（密度）がそれぞれ定義できる．

$$P(x = M_1) = \int_{-\infty}^{l_1} f(x^* | \mu, \sigma^2) dx^*$$

$$P(x = x^*) = f(x^* | \mu, \sigma^2) \tag{8.5.2}$$

$$P(x = M_2) = \int_{l_2}^{\infty} f(x^* | \mu, \sigma^2) dx^*$$

ただし，$f(x^* | \mu, \sigma^2)$はx^*の確率密度関数で，未知パラメータμ，σをそれぞれ平均値，分散とする正規分布である．分布形を特定することで，観測された標本の同時出現確率を最大にする最尤推定法により，期待値μ，分散σを求めることができる．この考え方を多変量に用いることで，切断変数が含まれた観測変数ベクトルにも対応することができる．

8.6 モデルの評価

構造方程式モデルの評価は，他の統計モデルと同様にモデル全体の適合度を測るものと，個別の推定母数についての帰無仮説を検定するものとがある．ここではそれらの代表的なものを取り上げ，解説を行う．

8.6.1 全体の適合度指標

(1) χ^2検定

最尤推定法を用いて推定されたモデルは，帰無仮説：「構成されたモデルは正しい」に対して，標本数が十分大きいときには式8.3.4で定義された最大尤度F_{ML}を用いて

$$\chi^2 = (N-1) F_{ML} \tag{8.6.1}$$

が自由度（degrees of freedom）

$$df = \frac{1}{2}n(n+1) - p \tag{8.6.2}$$

のχ^2分布に従うことを利用して，モデル全体の有意性をχ^2検定することができる．ただし，nは観測変数の数であり，自由度の右辺第1項はサンプル共分散行列の独立な要素数を示し，pは未知パラメータの数である．ただしこのχ^2検定は，通常の離散型選択モデルなどのχ^2検定と異なり，帰無仮説は「構成されたモデルは正しい」である事に注意が必要である．概念的には離散型選択モデルなどの検定に用いられるχ^2検定は，データ変動の全てが誤差である点から，モデルを構築することでどれだけ遠ざかったかを検定するのに対して，目標となる地点にどれだけ近づいているかを検定すること

になる．よって，遠い目標にかなり近づいたにもかかわらず，帰無仮説が棄却される場合があるのに対して，近い目標にまったく近づいていないにもかかわらず，帰無仮説が棄却されない場合がある．よってこの χ^2 検定によって帰無仮説が棄却されたからといって，モデルの良さがまったく否定されるわけではない．とくにこの χ^2 値は標本数に大きな影響を受けるため，標本数が数百に及ぶ場合は一般的にモデルの良し悪しに関係無く棄却されてしまうことが多い（柳井ら，1986）．

(2) GFI（goodness of fit indicator），AGFI（adjusted goodness of fit indicator）

適合度を示す指標として χ^2 ほどサンプル数に依存しない指標として，式 8.6.3 に示す GFI が提案されている．

$$\text{GFI} = 1 - \frac{tr((\Sigma(\hat{\theta})^{-1}(S - \Sigma(\hat{\theta})))^2)}{tr((\Sigma(\hat{\theta})^{-1}S)^2)} = 1 - \frac{tr((\Sigma(\hat{\theta})^{-1}S - I)^2)}{tr((\Sigma(\hat{\theta})^{-1}S)^2)} \quad (8.6.3)$$

ただし，I は単位行列である．

GFI は検定指標ではないが，適合度の高さの指標として用いることができる．経験的には 0.9 程度あることが望ましいとされているが（豊田，1998），観測変数の数に影響を受けるため，観測変数の数が多くなった場合には適合度が一般的に低下する．また，GFI は自由度が小さくなると見かけ上の適合度が改善されるという性質があるため，固定母数を自由母数に変更しただけで GFI は改善されて行く．そのため自由度の影響を修正した適合度指標として AGFI が提案されている．

$$\text{AGFI} = 1 - \frac{n(n+1)}{2df}(1 - \text{GFI}) \quad (8.6.4)$$

これは GFI の自由度を修正したもので，分析者が自由度を無意味に小さくした場合には，その値が小さくなるようになっている．

(3) 情報量基準

統計モデルに対する汎用的な適合度指標である赤池の情報量基準（Akaike's information criterion；AIC）を，構造方程式モデルの適合度の指標として採用することも可能である．

$$\text{AIC} = \chi^2 - 2df \quad (8.6.5)$$

AIC はより小さい値を示すものがモデルの適合度が高い[5]ことを示しており，複数のモデルの AIC を比較し AIC が最小のモデルがもっともよいモデルであるとみなすことができる．また，AIC が標本数に影響を受けることから，標本数の影響を取り除いた CAIC（consistent Akaike's information criterion）や SBC（Schwarz's Bayesian Criterion）

も提案されている（William et al., 1998）．

$$\text{CAIC} = \chi^2 - (\log(N)+1)df \tag{8.6.7}$$

$$\text{SBC} = \chi^2 - \log(N)df \tag{8.6.8}$$

(4) RMSEA（root mean square error of approximation）

推定されたモデルによって規定される分布と，データから計算される真の分布との乖離を1自由度あたりの量として示した指標のRMSEAがあり，より小さい値が当てはまりのよりモデルであるといえる．

$$\text{RMSEA} = \sqrt{\max\left(\frac{F_{ML}}{df} - \frac{1}{N}, 0\right)} \tag{8.6.9}$$

一般的にRMSEAは0.05以下であれば当てはまりの良いモデルであるとされ，0.1以上である場合は当てはまりが悪いと判断されている（豊田，1999）．

8.6.2 モデルの部分的評価

個別の推定パラメータに対して評価を行う場合には，各パラメータに対してt検定を用いることができる．t検定はパラメータがある値（通常は0）であるという帰無仮説に対する検定であるが，t値が高いことをもって因果関係が強いという解釈にはならないことに注意が必要である．

8.7 モデルの解釈

構造方程式モデルを交通行動データに適用し，その結果を適切に解釈することで，行動仮説の検証や行動に関する新たな知見を得ることが可能である．ただし，構造方程式モデルは複数の潜在変数を介した複雑な因果関係をもつことが可能であるため，2つの要因間の解釈だけでなく，総合的な因果関係を検証する必要がある．本節では，モデルの解釈について，直接効果と総合効果および間接効果を取り上げ，それらの定義と関係を示す．

(1) 直接効果

8.2節に示した構造方程式モデルにおいて，変数間の因果関係を表現する構造方程式を再掲する．

$$\eta = B\eta + \Gamma\xi + \zeta \tag{8.2.1}$$

直接効果とは，変数ηの変動に対する各変数の変動の中で直接的な因果関係による

ものを指し，式 8.2.1 中の変数 η, ξ がそれぞれ分散が 1 に標準化されている場合，$\mathbf{B}, \mathbf{\Gamma}$ がそれぞれの直接効果となる．また，構造誤差変数の ζ は，一般に構造パラメータが 1 に標準化され，分散が異なるが，すべての変数の分散を 1 に標準化した式 8.7.1 では，誤差変数 ζ の直接効果を $\mathbf{\Delta}$ として計測することができる．

$$\boldsymbol{\eta}^* = \mathbf{B}^* \boldsymbol{\eta}^* + \mathbf{\Gamma}^* \boldsymbol{\xi}^* + \mathbf{\Delta} \boldsymbol{\zeta}^* \tag{8.7.1}$$

ここで "*" のついた変数は分散が 1 に標準化されていること意味している．

(2) 総合効果

構造方程式モデルは，複雑な因果関係を構築することが可能であるため，2 つの変数間において直接的な影響の外にも，他の潜在変数の変動を通じた影響が存在することが多い．これらを含めてある変数の変動が他のある変数の変動へ及ぶすべての影響を総合効果と呼ぶ．**図-8.7.1** に示したパス図[6]では，変数 A から変数 C へ及ぶ影響は，変数 A と変数 C の間を結ぶ矢印（直接効果）以外にも，変数 A の変動が変数 B に影響し，その連鎖的な帰結として変数 C が変動するという関係も存在する．これらを含めて変数 A から変数 C への影響を総合効果と呼ぶ．

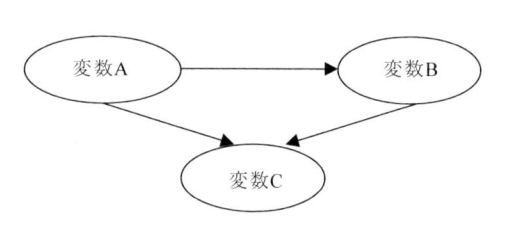

図-8.7.1 構造方程式の例

総合効果は，このように直接効果をつなぎ合わせることで求めることができるが，一般的には式 8.7.1 を変形した $\boldsymbol{\eta}^*$ の誘導形（reduced form）より求めることができる．

$$\boldsymbol{\eta}^* = (\mathbf{1} - \mathbf{B}^*)^{-1} (\mathbf{\Gamma}^* \boldsymbol{\xi}^* + \mathbf{\Delta} \boldsymbol{\zeta}^*) \tag{8.7.2}$$

式 8.7.2 が $\boldsymbol{\eta}^*$ の誘導形であるが，この中の $(\mathbf{1} - \mathbf{B}^*)^{-1} \mathbf{\Gamma}^*$ が $\boldsymbol{\xi}^*$ の総合効果を示し，$(\mathbf{1} - \mathbf{B}^*)^{-1} \mathbf{\Delta}$ が $\boldsymbol{\zeta}^*$ の総合効果を示している．

(3) 間接効果

総合効果より直接効果を差し引いたものが間接効果と呼ばれる．ここで例として式 8.7.3 と式 8.7.4 で示される構造方程式を仮定しよう．

$$\eta_1^* = \gamma_1^* \xi_1^* + \gamma_2^* \xi_2^* + \delta_1^* \zeta_1^* \tag{8.7.3}$$

$$\eta_2^* = \beta_1^* \eta_1^* + \gamma_3^* \xi_1^* + \gamma_4^* \xi_2^* + \delta_2^* \zeta_2^* \tag{8.7.4}$$

ここで,式 8.7.4 に式 8.7.3 を代入すると

$$\eta_2^* = \beta_1^*\left(\gamma_1^*\xi_1^* + \gamma_2^*\xi_2^* + \delta_1^*\zeta_1^*\right) + \gamma_3^*\xi_1^* + \gamma_4^*\xi_2^* + \delta_2^*\zeta_2^*$$

となり,ξ_1^* が η_2^* に与える影響は $\beta_1^*\gamma_1^* + \gamma_3^*$ で表され,これは式 8.7.2 の $(1-\mathbf{B}^*)^{-1}\mathbf{\Gamma}^*$ で表される総合効果である.ここから直接効果である γ_3^* を除いた間接効果は $\beta_1^*\gamma_1^*$ となり,ξ_1^* が η_1^* を通じて η_2^* に与える効果を意味している.

8.8　構造方程式モデルの適用事例

　構造方程式モデルを用いて交通行動を分析した事例は,1980 年代末より数多く存在する.適用された分野は構造方程式モデルが因子分析の発展形として開発された経緯より,数理心理学的な意識データを分析した事例が初期の段階では多く見られたが,その柔軟なモデル構造から,様々な分野に適用されている.ここでは主に意識データの分析,動的な行動の分析,時間利用データの分析を中心に解説する.

(1) 意識データの分析

　構造方程式モデルを用いて交通行動の心理的側面を分析した例としては Morikawa (1989) が初期の研究としてあげられる.McFadden (1986) の提案した消費者の意思決定のパスダイヤグラム(図-8.8.1 参照)をもとに,構造方程式モデルの MIMIC モデルと離散型選択モデルを適用して,潜在的な知覚値要因を社会経済属性と意識データから抽出し,交通機関選択行動の分析を行っている.この研究の発展形として森川・佐々木(1993)があげられる.森川・佐々木は構造方程式モデルと離散型選択モデルを同時に推定する手法を提案し,意識データと,選択データの統合的なモデルシステムを構築している.また同じパスダイヤグラムに基づいて,Sasaki et al. (1999) は態度データの分析を試み,潜在クラスモデルを援用することで個人の異質性を考慮した離散型選択モデルを提案している.このような離散型選択モデルとの組み合わせだけでなく,構造方程式モデルを用いて,交通行動の意識構造を確認的に分析した事例も多い.例として観光交通の魅力度認識構造(森川ら,1991)を分析したもの,高速道路の経路選択要因を分析した例(西井ら,1995),自動車保有の意識構造の分析(佐藤ら,1999;呉ら,1999)があげられる.

8.8 構造方程式モデルの適用事例

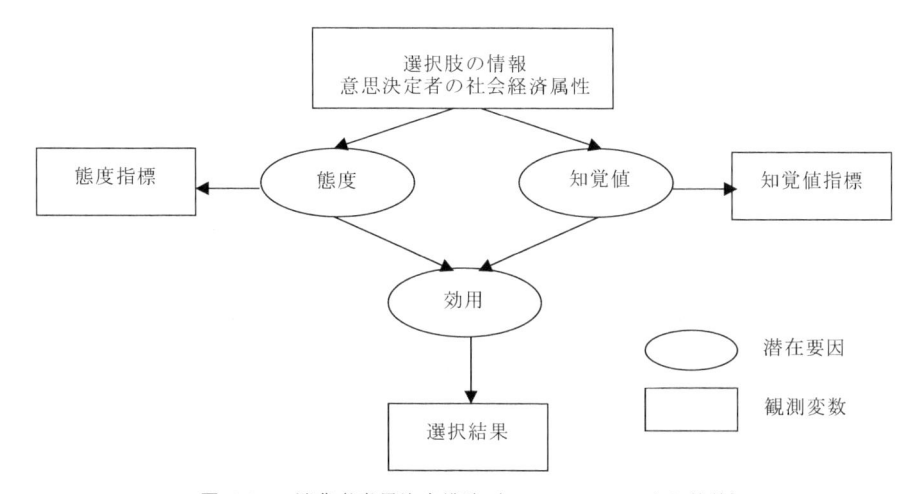

図-8.8.1 消費者意思決定構造（McFadden, 1986より抜粋）

(2) 動的な行動の分析

構造方程式モデルは，多くの潜在的な要因間の因果関係をモデル内に仮定することができるため，多時点データの分析に対して，時点間の因果関係を明示的にモデルにとりこむことができる．例えば，離散型選択モデルで仮定される外生変数→効用→選択という一連の因果関係を多時点に拡張した場合のそれぞれの要因間に因果関係を仮定することも可能であり，系列相関の問題などを容易に定義できる．交通行動分析においては，Golob らによる一連の研究（Golob and Wissen, 1989；Golob, 1990；Wissen and Golob, 1992）は，オランダでの国民の移動に関するパネル調査データを用いて車のタイプ，走行距離，トリップ生成，機関選択，燃料の動的な選択を分析している．この研究では車のタイプ，走行距離はそれぞれ，離散変数および非負の切断変数と定義されている．同様に Golob ら（1997）はサンディエゴの HOV レーン利用の 3 時点パネルデータを用いて旅行時間，相乗り選択，HOV レーンに対する態度，交通環境の知覚値の 4 要素を時点間の動的特性を考慮して構造方程式モデルを用いて定式化している．この研究で用いられたアローダイヤグラムを**図-8.8.2** に示す．このフレームワークに基づいて構造パラメータの推定を行い，どのような要因が時点間で影響を与えるのかなどの分析を行っている．

同様に Pendyala（1998）は車保有と居住地選択，家庭の属性の因果関係に，藤原ら

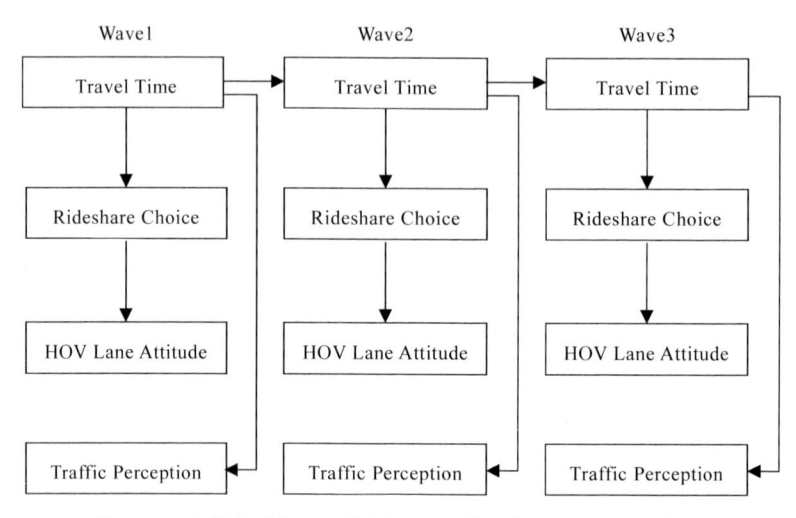

図-8.8.2 3時点パネルのダイナミズム構造（Golob et al, 1997）

（1993）は複数時点の SP パネルデータをもとに時点間の依存性を考慮した動的行動分析に構造方程式モデルを適用している．また，多時点行動データへの構造方程式モデルの適用例として Bagozzi and Yi（1994）は，単指標型，多指標型，多重ラグ型など，行動特性に応じたいくつかの方法を提案している．

(3) 時間利用データの分析

構造方程式モデルは多くの変数の複雑な因果関係を，潜在変数を用いてシンプルな形でモデル化できるため，1日の時間利用のような複雑な因果関係のあるデータの分析に効力を発揮できる．藤井ら（1997），Fujii and Kitamura（1999）はアクティビティダイアリーデータから，トリップの発生回数や宅外，宅内の時間利用などと通勤時間や勤務時間，個人属性の関係を，構造方程式モデルを用いて定式化し，通勤時間や通勤時間帯の変化によって，トリップ数や活動時間の変化を明示し，通勤時間等の変化によって，新たなトリップが発生する可能性を示している．

交通行動以外の適用事例については豊田（1998）に多くの事例が掲載されているので，興味のある読者は参照されたい．

8.9 構造方程式モデル適用にあたって

　本章でその概略を述べた構造方程式モデルは，連続変数はもちろん，離散・切断変数なども用いることが可能で，それらの間の因果関係を少ない次元の潜在変数を用いて視覚的に分析可能な非常に強力な手法である．本文中でも述べたように，意識データの分析から，動的な選択行動まで多くの適用事例がある．しかし，このような強力なモデルにもいくつかの注意すべき点がある．

(1) 因果関係の良否と適合度

　構造方程式モデルは構成概念（潜在変数）を導入し，モデル構築の自由度が非常に高いため，1つのデータセットからさまざまな因果モデルを構築することが可能である．そのため様々な行動仮説に対して，実証研究を通じて仮説の検証が行うことが可能である．しかし，構造方程式モデルの適合度は仮説とデータの当てはまりのよさを示すものであり，その仮説の良否を問うものではない．そのため行動分析に構造方程式モデルを適用する場合には，モデルの適合度にしたがって特定化を行うだけでなく，行動仮説の検討を十分行う必要がある．

(2) 多変量正規性の問題

　構造方程式モデルは母集団の多変量正規性を仮定しており，離散データ，切断データなどについても背後に正規分布をする連続変数の存在が仮定され，個人の異質性などの非正規要因に対しての分析が困難であることも，問題点として指摘できる．また，正規母集団を仮定することは，その共分散と平均値のみで分析が可能であることから，均質な母集団に対する集計的な分析を行っていることになる．ただし，母集団を複数グループに分割した分析手法がパッケージで提供され（LISREL8，Mplus など），潜在クラス分析を導入する方法（Jedidi et al., 1997）などが提案され，単一母集団の多変量正規分布の仮定は緩和されてきている．

(3) 不適解の問題

　構造方程式モデルには不適解がでやすいという問題がある．離散型選択モデルのように尤度関数の単峰性が保証されていないため，パラメータ数が多い場合や，モデルとデータが合わない場合などは，パラメータの推定計算は収束せずに，解が発散する可能性が大きい．この場合はモデル構造を変える，初期値を変更するなどのヒューリスティクス（heuristics）に頼らざるを得ず，最適解を効率的に探し出すことが容易ではない．

　このほかにも，構造方程式モデルは適用にあたって，いくつか注意すべき点もある

が，交通行動分析のあらゆる面に対して適用可能であり，複雑な現象を明快な形でモデル化できるため，より多くの可能性を秘めた手法であるといえる．

● 付録

構造方程式モデル推定のための代表的なソフトウェアの主なURL（2000年10月現在）
AMOS：http://www.smallwaters.com/amos/
CALIS：http://www.sas.com/products/stat/index.html
LINCS：http://www.aptech.com/rjs.html#lincs
LISREL：http://www.ssicentral.com/lisrel/mainlis.htm
Mx：http://views.vcu.edu/mx/
EQS：http://www.mvsoft.com/
Mplus：http://www.statmodel.com/mplus/index.html

● 脚注

[1] 母集団に多変量正規性を仮定した場合，平均値及び共分散行列がデータの十分統計量（sufficient statistic）になる，つまり標本分布がわかれば各観測値は必要でない．特にデータの標準化を行った場合には共分散行列が十分統計量となる．
[2] ここでの切断変数（censored variable）は第10章の打ち切り変数と同一の語の訳であるが，本章では切断変数とよぶ．
[3] 推定された共分散行列の推定誤差の共分散行列を意味する．
[4] 2項選択モデルの場合は離散的な被説明変数を8.5で述べるような手法を用いて，構造方程式モデルの枠組みで選択モデルを推定可能であるが，多項選択の場合にはこの手法が適用できない．
[5] 情報量基準を正確に解釈した場合には，AICは適合度の高さを示すものではなく，あくまで期待平均対数尤度の高さを示す指標である．つまり異なる標本にモデルを適用した際に得られる対数尤度の期待値が最も高くなるモデルとの解釈になる．
[6] 簡単のため，各変数の分散は標準化されたものとし，構造誤差を図から除外した．

第9章　動的モデル

　5.4節で述べたように経時的データを用いた動的解析，すなわち行動の状態ではなく行動の変化に着目した解析には数々の利点がある．本章ではこのような解析に用いられる動的モデルの代表的なものを概観する．ここではパネル調査などに基づき複数個体の行動の経時的変化を分析する場合に議論を限定し，時系列分析には触れないことにする．

9.1　交通行動の動的特性

　交通行動の分析で行動変化の過程が分析されることはまれで，ほとんどの分析は一時点での行動の状態に着目したものである．さらに行動は均衡状態にあるという仮定に基づき，静的な分析がなされることが頻繁である．しかしながら，第1部で論じたように，人間の認知的能力の限界，不完全情報，行動適応に伴う時間ずれ等の理由により，交通行動は恒常的に均衡状態にあるわけではないと仮定するのがより妥当であろう．とすれば，交通行動を動的に捉え，外界の条件の変化に適応するための行動調整の過程として，あるいはそれに向けた学習過程として分析することがより適切であろう (Goodwin et al., 1990)．

　新しい有料道路の開通といった交通環境（travel environment）の変化が起こったとしよう．行動主体は自分にとって最も好ましいようにこの変化に適応すると考えるのが自然である．しかし，行動主体がこの変化を認知し，それに対応した行動の調整が望ましいと認識して初めて，この適応過程が開始され代替行動パターンの検索が始まる．この検索は必ずしも網羅的なものではなく，また第2章に述べたように人間の認知能力が限られたものであるため，新たな行動パターンは必ずしも最適化の結果ではない．当然のことながら，どのような行動パターンが採られるかは，検索がどれほど完全なものであるか，どのような順序で代替パターンが考慮されるか，どのような意志決定の手順が採られたか等，数々の要因に依存する．このことは，交通環境を記述する変数と個人，世帯等の属性の関数として，適応後の行動を静的に記述するという従来用いられてきた方法により行動変化を説明することは不可能であり，適応期間を含む経時的データを用いた動的解析が不可欠であることを意味する．すなわち，行動を状態として静的に捉えるのではなく，行動変化の過程に着目することが肝要となる．

このように交通行動を見るとき，数々の重要な行動特性が浮かび上がる．例えば，

非対称性：行動に影響を及ぼす変数が増加した場合と減少した場合とでは，行動の変化の方向のみならず，変化の度合いも異なる．

ヒステリシス：非対称性の結果として，行動の変化は経路依存となる．すなわち，どのように行動が変化するかは，影響要因の変化の軌跡に依存し，最終的な影響要因の値が同一であったとしても，行動は必ずしも同一のものとはならない．

時間ずれ：行動の変化は必ずしも影響要因の変化と同時に起こるものではない．行動の変化が影響要因の変化に後れを取る場合（この場合の時間差を lag と呼ぶ）と，行動の変化が影響要因の変化に先行する場合（leads）がある．

これらの事例については Goodwin et al.（1990），Kitamura and van der Hoorn（1987），Goodwin（1997, 1998）を参照されたい．

これら動的特性のため，観測された行動が必ずしも均衡状態にあると見なすことはできない．もし行動変化が経路依存であるとすれば，あるいは行動変化に時間ずれがあるとすれば，観測された行動と影響要因との間の一対一の対応は消滅する．これまでの横断データに基づく静的分析は，極めて制限的な条件が満たされたときにのみ妥当性を持つことが理解されよう．さらに，第 5 章で述べたように，行動変化そのものを記述することが重要となる局面が多々ある．

9.2 確率過程としての交通行動

ここでは交通行動が 5.4 節で述べたように確率過程として記述されるとし，その数学的な定式化を行い，頻繁に用いられる確率過程モデルについて述べる．まず Kitamura et al.（1996）に沿って離散交通行動の経時的過程をマルコフ過程として定式化する．対象とする交通行動は離散状態（discrete states）の集合からなる状態空間（state space）上で定義されており，状態間の遷移は瞬時に行われるものとする．従って遷移と遷移の間で行動過程はただ 1 つの状態にある．これをその状態での滞在（sojourn）と呼ぶ．状態の例としては通勤交通手段，雇用状態，生成トリップ数などが挙げられる．遷移が起こる時刻および遷移後の状態は確率的に決定され，そのメカニズムは時間によって変化しないものとする（時間的一様性; time homogeneity）．

状態空間を E，非負の整数の集合を $\mathbf{N}_+$，また $\Re_+ = [0, +\infty]$ とし，X_n, $n \in \mathbf{N}_+$，により n 番目の遷移の後の状態を，T_n により n 番目の遷移が生じる時刻を表す．ここに $X_n \in E$，$T_n \in \Re_+$，$0 = T_0 \leq T_1 \leq T_2 \leq \cdots$ である．この確率過程を $(\boldsymbol{X}, \boldsymbol{T}) = \{X_n, T_n; n \in \mathbf{N}_+\}$ と表そう．

本章ではこの確率過程により行動過程が記述されるものとする．

再生過程（**renewal processes**）：状態空間がただ 1 つの状態を含み，確率事象が生起する毎に新たな滞在が始まるとしよう．例としては，交通事故の発生や電話回線での通話の開始等の記述に適用されてきた到着過程（arrival processes）がある．この場合，連続した 2 事象間の経過時間が滞在時間となり，この確率過程は $T = \{T_n; n \in \mathbf{N}_+\}$ と記述される．過程 T は，滞在時間が同一の分布を持ちかつ互いに独立である（i.i.d.）とき，すなわち，滞在時間の累積分布を $F_T(t)$ とするとき，

$$\Pr[T_{n+1} - T_n \leq t \mid T_0, ..., T_n] = \Pr[T_{n+1} - T_n \leq t] = F_T(t), \quad t > 0, \forall n \in \mathbf{N}_+ \quad (9.2.1)$$

が成立するとき，再生過程と呼ばれる．

マルコフ再生過程（**Markov renewal processes**）：再生過程を複数状態からなる状態空間へと一般化したのがマルコフ再生過程である．確率過程 (Z, T) は，

$$\Pr[X_{n+1} = j, T_{n+1} - T_n \leq t \mid X_0, ..., X_n; T_0, ..., T_n] = \Pr[X_{n+1} = j, T_{n+1} - T_n \leq t \mid X_n] \quad (9.2.2)$$

がすべての $n \in \mathbf{N}_+, j \in E$，および $t \in \Re_+$ について成立するとき，マルコフ再生過程と呼ばれる．さらにすべての $i, j \in E, t \in \Re_+$ について

$$\Pr[X_{n+1} = j, T_{n+1} - T_n \leq t \mid X_n = i] = Q(i, j, t) \quad (9.2.3)$$

が成立すると仮定する．これは先に述べた時間的一様性を意味し，将来の行動過程が最後の遷移が起こった時刻，T_n，に依存しないことを意味する．確率群，$Q = \{Q(i, j, t): i, j \in E, t \in \Re_+\}$，は状態空間 E 上のセミ・マルコフ核（semi-Markov kernel）と呼ばれる．状態 i から状態 j への遷移確率，すなわち，現在の状態が i のとき，遷移後の状態が j である確率は

$$P(i, j) = \lim_{t \to \infty} Q(i, j, t) \quad (9.2.4)$$

と与えられる．

マルコフ過程：マルコフ過程はマルコフ再生過程の特殊形で，条件付過去独立（conditionally history independent）である．時間的一様なマルコフ過程（Çinlar, 1975）の Q は

$$Q(i, j, t) = P(i, j)(1 - e^{-\lambda_i t}), \, t \geq 0, \, \forall i, j \in E \quad (9.2.5)$$

と定義される．すなわち，状態 i ($\forall i \in E$) での滞在時間はパラメータ λ_i の負の指数分布を持ち，状態間の遷移確率 $P(i, j)$ は状態 i での滞在時間から独立である．ここでは

$$P(i, i) = 0, \quad \forall i \in E \quad (9.2.6)$$

を仮定する．

マルコフ連鎖 (Markov Chains): 確率過程 (X, T) であらわされる交通行動が離散時点, $S_1, S_2, ..., S_K$ ($0 \leq S_1 < S_2 < ... < S_K$), で観測されたとし, 時点 S_t で観測された行動を Y_t, また, $Y = \{Y_t; t = 1, 2, ..., \kappa\}$ としよう. Y は κ 回の調査からなるパネル調査の観測値を示すものと解釈することもできる．ある整数 $k(>0)$ について

$$\Pr[Y_{n+1} = j \mid Y_n, Y_{n-1}, ..., Y_0] = \Pr[Y_{n+1} = j \mid Y_n, Y_{n-1}, ..., Y_{n-k+1}],$$

$\forall j \in E, n \in \mathbf{N}_+$ (9.2.7)

が成立するとき, 確率過程 Y は k 次のマルコフ連鎖と呼ばれる. 通常マルコフ連鎖という場合, $k = 1$ で

$$\Pr[Y_{n+1} = j \mid Y_n = i, Y_{n-1} = i', ..., Y_0 = i^0] = \Pr[Y_{n+1} = j \mid Y_n = i] = p_{ij} \quad (9.2.8)$$

が成立するものを指すのが一般である. マルコフ再生過程の X はマルコフ連鎖を形成することに着目されたい. マルコフ連鎖はパネルデータの解析に頻繁に用いられてきた. そのため, ここではマルコフ連鎖についてより詳細に論じる.

状態空間 E に含まれる状態の数を s とし, 式 9.2.8 のマルコフ連鎖の遷移確率行列を

$$\mathbf{P} = \begin{bmatrix} p_{11} & p_{12} & \cdots & p_{1s} \\ p_{21} & p_{22} & \cdots & p_{2s} \\ \vdots & \vdots & & \vdots \\ p_{s1} & p_{s2} & \cdots & p_{ss} \end{bmatrix} \quad (9.2.9)$$

と定義する. すると任意の非負の整数 m について,

$$\Pr[X_{n+m} = j \mid X_n = i] = \mathbf{P}^m(i, j), \quad \forall i, j \in E, n, m \in \mathbf{N}_+ \quad (9.2.10)$$

ここに $\mathbf{P}^m(i, j)$ は行列 $\mathbf{P}^m$ の (i, j) 要素を指し, $m = 0$ の場合 $\mathbf{P}^0 = \mathbf{I}$ とする. ここで $\mathbf{P}^{m+n} = \mathbf{P}^m \mathbf{P}^n$ という関係に着目すると,

$$\mathbf{P}^{m+n}(i, j) = \sum_{k \in E} \mathbf{P}^m(i, k) \mathbf{P}^n(k, j), \quad \forall i, j \in E. \quad (9.2.11)$$

がえられる. これはマルコフ連鎖におけるチャップマン－コルモゴロフ（Chapman-Kolmogorov）の等式である.

有限な状態空間を持ち, 再帰的, 既約, 非周期的なマルコフ連鎖を考える[1]. すると $s \times 1$ のベクトル π と, 1 を要素として持つ $s \times 1$ のベクトル 1_s, および遷移確率行列 $\mathbf{P}$ を含む連立方程式,

$$\pi'\mathbf{P} = \pi', \quad \pi'1_s = 1 \quad (9.2.12)$$

は一意的な解を持ち, π は常に正で

$$\lim_{n\to\infty}\mathbf{P}^n = \begin{bmatrix} \pi' \\ \vdots \\ \pi' \end{bmatrix} \tag{9.2.13}$$

が成立する．すなわち，解ベクトルπはマルコフ連鎖が均衡状態に達したときの状態の極限分布（limiting distribution）を示し，各々の状態が到達される確率を示す．

マルコフ連鎖はパネル調査から得られた交通行動の一連の観測値にしばしば適用されてきた．例えば，調査毎に観測される通勤交通手段の経時的推移をマルコフ連鎖モデルにより解析することが可能である．式 9.2.12 を解くことにより，外生的要因が変化しない場合に達成される機関分担を推定することも可能となる．このような解析で重要となるのがマルコフ連鎖モデルの前提となる仮定—特に過去独立性と時間的一様性—の妥当性である．これら仮定の検証については Anderson and Goodman（1953）を参照されたい．

本節で見た確率過程モデルの全てにおいて仮定されているのが条件付過去独立性である．すなわち，状態(X_n, T_n)が与えられたとして，将来の事象の生起確率は過去の履歴，$\{X_m, T_m; m = 0, 1, ..., n-1\}$，から条件付独立である．この仮定が成立するとき，再生過程の $F_T(t)$ やマルコフ過程の λ_i は標準的な生存時間分析の手法を用い，外生変数の関数として推定することが可能である．同様にマルコフ連鎖の p_{ij} も観測された遷移頻度に基づき推定できる．例えば Lerman（1979）は遷移確率の推定に離散選択モデルを適用している．セミ・マルコフ核 $Q(i,j,t)$ の推定については 9.5 節を参照されたい．

9.3 離散時間パネルデータの解析 — i

本節では離散時間パネルデータ（discrete time panel data）の解析を考える．行動主体を n で表し，パネル調査から交通行動の離散時点での観測値が $\mathbf{Y}_n = \{Y_{nt}; t = 1, 2, ..., \kappa\}$，$n = 1, ..., N$ と与えられているとしよう．本節では交通行動は打ち切り無しの実数値である場合を対象とする．

誤差要素（error components）モデル：$\mathbf{x}_{nt}$ を時点 S_t で n について観測された外生変数のベクトル$(K \times 1)$，β を $K \times 1$ の係数ベクトル，μ を切片とし，Y_{nt} が

$$Y_{nt} = \mu + \beta'\mathbf{x}_{nt} + \varepsilon_{nt} = \mu + \beta'\mathbf{x}_{nt} + \alpha_n + \tau_t + u_{nt}, \quad n = 1, 2, ..., N; t = 1, 2, ..., \kappa \tag{9.3.1}$$

と表現されるとする．ここでは誤差項ε_{nt}が三つの誤差要素で表されている．最初の誤差要素α_nは行動主体間で異なった値を採るが，各主体については時点間で変化せず，τ_tは時点間で変化するが，各時点において主体間で一定である．最後の誤差要素 u_{nt} は

純粋な誤差項で，主体間，時点間で i.i.d. である．このモデルで α_n と τ_t を各々定数項と見なし，それぞれ行動主体固有，時点固有のダミー変数と見なすとき，このモデルは fixed-effects model（「母数モデル」と訳されている）と呼ばれる．これらの誤差要素が確率変数として取り扱われるとき，モデルは random-effects model（「変量モデル」）と呼ばれる．

式 9.3.1 のモデルは横断面における行動主体間の差異と，各々の行動主体についての経時的変化の双方を反映し，パネルデータに含まれる情報を有効に活用するものである．ここでは係数ベクトル β は行動主体間，時点間で変化しないものとしているが，β が行動主体間で，時点間で，あるいはその両方において変化すると仮定したモデルをパネルデータを用い推定することも可能である．これについては Hsiao（1986）を参照されたい．

これら 3 誤差要素が，それぞれ期待値 0 で有限な分散を持ち，

$$E[\alpha_n \tau_t] = E[\alpha_n u_{nt}] = E[\tau_t u_{nt}] = 0, \quad n = 1, 2, ..., N; t = 1, 2, ..., \kappa$$
$$E[\alpha_n \alpha_m] = E[\tau_t \tau_q] = E[u_{int} u_{mq}] = 0, \quad n \neq m, t \neq q, n, m = 1, 2, ..., N; t, q = 1, 2, ..., \kappa \quad (9.3.2)$$
$$E[\alpha_n \mathbf{x}_{mq}] = E[\tau_t \mathbf{x}_{mq}] = E[u_{int} \mathbf{x}_{mq}] = 0, \quad n, m = 1, 2, ..., N; t, q = 1, 2, ..., \kappa$$

が成立するとしよう．すなわち，誤差要素間での相関や各々の誤差要素についての系列相関は存在せず，また誤差要素は外生変数と独立であるとする．すると一般化最小 2 乗（generalized least square, GLS）推定量が最良線形不偏推定量（best linear unbiased estimator, BLUE）となり，

$$\begin{bmatrix} \hat{\mu} \\ \hat{\beta} \end{bmatrix} = \left[\sum_{n=1}^{N} \mathbf{X}_n' \mathbf{V}^{-1} \mathbf{X}_n \right]^{-1} \left[\sum_{n=1}^{N} \mathbf{X}_n' \mathbf{V}^{-1} \mathbf{Y}_n \right] \quad (9.3.3)$$

と表される（Hsiao, 1986）．ここに，

$$\mathbf{Y}_{n \atop \tau \times 1} = \begin{bmatrix} Y_{n1} \\ Y_{n2} \\ \vdots \\ Y_{n\kappa} \end{bmatrix}, \quad \mathbf{X}_{n \atop \tau \times K} = \begin{bmatrix} 1 & x_{1n1} & x_{2n1} & \cdots & x_{Kn1} \\ 1 & x_{1n2} & x_{2n2} & \cdots & x_{Kn2} \\ \vdots & \vdots & \vdots & & \vdots \\ 1 & x_{1n\kappa} & x_{2n\kappa} & \cdots & x_{Kn\kappa} \end{bmatrix}, \quad \mathbf{V}^{-1} = \frac{1}{\sigma_u^2} \left[\left(\mathbf{I}_\kappa - \frac{1}{\kappa} ee' \right) + \frac{\phi}{\kappa} ee' \right] \quad (9.3.4)$$

また $\psi = \dfrac{\sigma_u^2}{\sigma_u^2 + \kappa \sigma_\alpha^2}$，$\mathbf{I}_\kappa$ は $\kappa \times \kappa$ の単位行列，ee' は $\kappa \times \kappa$ の 1 の行列，σ_u^2 と σ_α^2 はそれぞれ u_{nt} と α_n の分散である．誤差要素 u_{nt} が系列相関を持つなど，式 9.3.2 の仮定が満たされない場合については Hsiao（1986）を参照されたい．

分布ラグ（distributed lags）モデル：9.1節で述べたように，人々の交通行動はしばしば反応ずれを伴う．これをモデルに組み入れる目的で，正の整数 R を用い，

$$Y_{nt} = \mu + \sum_{r=0}^{R} \beta_r' \mathbf{x}_{n,t-r} + u_{nt} \tag{9.3.6}$$

という定式化を考えよう．これは分布ラグモデルと呼ばれ，時点 S_t での行動が時点 S_{t-R} から S_t に至る間の説明変数の関数として表されている．この種のモデルについては Griliches（1967）を参照されたい．

ラグ付き内生変数（lagged endogenous variables）：前観測時点での行動の測定値を説明変数の 1 つとして用い，

$$Y_{nt} = \eta + \beta'\mathbf{x}_{nt} + \theta Y_{n,t-1} + w_{nt} \tag{9.3.7}$$

という定式化を考えよう．ここで係数 θ はスカラー，w_{nt} は誤差項，$Y_{n,t-1}$ がラグ付き内生変数である．このモデルでは，時点 S_t での被説明変数が時点 S_{t-1} での被説明変数それ自身の値の関数として表されている．この関係が成立すると，行動過程が開始して R （$\in \mathbf{N}_+$）時点経過したとき

$$\begin{aligned}Y_{nt} &= \eta + \theta\eta + \theta^2\eta + \cdots + \theta^R\eta + \beta'\mathbf{x}_{nt} + \theta\beta'\mathbf{x}_{n,t-1} + \theta^2\beta'\mathbf{x}_{n,t-2} + \cdots + \theta^R\mathbf{x}_{n,t-R} \\ &\quad + w_{nt} + \theta w_{n,t-1} + \theta^2 w_{n,t-2} + \cdots + \theta^R w_{n,t-R} \\ &= \frac{1-\theta^{R+1}}{1-\theta}\eta + \sum_{r=0}^{R}\theta^r\beta'\mathbf{x}_{n,t-r} + \sum_{r=0}^{R}\theta^r w_{n,t-r}. \end{aligned} \tag{9.3.8}$$

が成立する．これは分布ラグモデルの特殊形で，式 9.3.6 に

$$\mu = \frac{1-\theta^{R+1}}{1-\theta}\eta,\ \beta_r = \theta^r\beta,\ u_{nt} = \sum_{r=0}^{R}\theta^r w_{n,t-r} \tag{9.3.9}$$

を代入したものに等しい．説明変数 $\mathbf{x}_{nt}$ が一度だけ変化し，それ以降 $\mathbf{x}_n$ という値を採り続けたとしよう．この場合，このモデルは，Y_{nt} が均衡値，$\frac{1}{1-\theta}(\eta + \beta'\mathbf{x}_n)$，へと漸近するという形で行動変化を記述する．ラグ付き内生変数が説明変数として用いられても，誤差項が系列相関を持たない場合は通常の最小 2 乗法でモデル係数を推定することが可能である．誤差項が系列相関を持つ場合は一般化最小 2 乗法の適用が必要となる．

線形モデルを用いた動的行動モデルの定式化と推定にあたってのもう 1 つのアプローチは第 8 章で述べた線形構造方程式系の適用である．このアプローチでは共分散行列に基づくモーメント推定法が用いられているため，複雑な連立方程式系の推定が可能となる．行動分析分野での動的モデル推定への適用例としては，Golob（1990）などを参照されたい．

9.4 離散時間パネルデータの解析 — ii

前節の議論は，交通行動が打ち切り無しの連続変数として表現されるという前提に立っていたが，これまでに見てきたように，交通行動の側面の多くは，離散カテゴリー，打ち切り付きの連続変数，あるいは非負の整数として表すのがより妥当である．本節はこのような制限付き従属変数（limited dependent variables）が含まれる場合を対象とする．簡単のためここでは交通行動が 2 つの状態により表されるとし（例えば，通勤に自動車を「利用する」と「利用しない」），状態空間が $E = \{0, 1\}$ である場合を考え，さらに切片 η を省き，

$$Y_{nt}^* = \beta' \mathbf{x}_{nt} + \alpha_n + u_{nt}$$
$$Y_{nt} = \begin{cases} 1, & \text{if } Y_{nt}^* \geq 0 \\ 0, & \text{otherwise} \end{cases} \quad n = 1, 2, ..., N; t = 1, 2, ..., \kappa, \quad (9.4.1)$$

というモデルを考える．Y_{nt}^* は潜在変数で，この例ではその値が非負のとき状態は 1，それ以外の場合は 0 となる．誤差要素 α_n は $\mathbf{x}_{nt}$ から独立で分布 G_α を持つとする．ここでは議論の対象としないが，3 つ以上の離散状態がある場合は複数の潜在変数を用いることにより定式化される．また，打ち切りつき変数も潜在変数 Y_{nt}^* を用いて表現可能である．

これまでのように u_{nt} は i.i.d. であるとし，F_u をその累積分布関数とすると，

$$\Pr[Y_{nt} = 1] = \Pr[Y_{nt}^* \geq 0] = 1 - F_u(-(\beta' \mathbf{x}_{nt} + \alpha_n))$$
$$\Pr[Y_{nt} = 0] = F_u(-(\beta' \mathbf{x}_{nt} + \alpha_n)) \quad (9.4.2)$$

が成立し，未知の係数ベクトル β と，分布関数 G_α のパラメータ δ は尤度関数

$$\ln L = \sum_{n=1}^{N} \ln \int \prod_{t=1}^{\kappa} \{1 - F_u(-(\beta' \mathbf{x}_{nt} + s))\}^{Y_{nt}} F_u(-(\beta' \mathbf{x}_{nt} + s))^{1-Y_{nt}} dG_\alpha(s|\delta). \quad (9.4.3)$$

を最大化することにより推定される．

Heckman の動的モデル（dynamic models）：Heckman (1978, 1981) は以下の一般的な定式化を提案している．

$$Y_{nt}^* = \beta' \mathbf{x}_{nt} + \sum_{\ell=1}^{t-1} \gamma_\ell Y_{n,t-\ell} + \phi \sum_{s=1}^{t-1} \prod_{\ell=1}^{s} Y_{n,t-\ell} + \alpha_n + u_{nt}$$
$$Y_{nt} = \begin{cases} 1, & \text{if } Y_{nt}^* \geq 0 \\ 0, & \text{otherwise} \end{cases} \quad n = 1, 2, ..., N; t = 1, 2, ..., \kappa. \quad (9.4.4)$$

ここでは Y_{nt}^* は行動過程が過去に採った一連の状態 $(Y_{n1}, Y_{n2}, ..., Y_{n,t-1})$ に依存すると仮定されている．右辺の第 3 項は，$Y_{n,t-1}$ が 1 の場合に，時点数として表された状態 1 での

滞在時間が Y_{nt}^* に及ぼす影響を表す．

この定式化は，その特殊形としていくつかの代表的な確率過程モデルを含んでいる．まず $\mathbf{x}_{nt} \equiv 1$，$\alpha_n \equiv 0$ で，u_{nt} が i.i.d. であるとしよう．すると $\gamma_\ell = 0$ および $\phi = 0$ のとき Bernoulli 過程がえられる．また $\gamma_\ell = 0$，$\ell = 2,...,\kappa-1$，および $\phi = 0$ のとき，1 次のマルコフ連鎖がえられ，その遷移確率は β と γ_1 の関数である．さらに $\gamma_\ell = 0$，$\ell = 1,...,\kappa-1$，および $\phi \neq 0$ のとき，再生過程がえられる．

初期条件（**initial conditions**）：ここで初期条件の問題について考えよう．もし式 9.4.4 で $\ell = 1,...,h (\leq \kappa-1)$ について $\gamma_\ell \neq 0$ の場合，$(Y_{n,t-1},...,Y_{n,t-h})$ の一部が $t = 1,...,h$ について観測されていないことになる．このような場合，①初期条件や観測以前の履歴は外生的である，あるいは，②行動過程が均衡状態にある，と仮定することが一般である．しかし前者は誤差項が系列相関を持たず，行動過程がその初源より観測されている場合にのみ妥当となる．均衡の仮定の問題点については，すでに行動学的視点から繰り返して述べてきた．特に経時的に変化する外生変数が存在する場合，均衡を仮定することには極めて問題が多いと言えよう．このため最尤推定量は，κ が極めて大きい場合を除き，一致性をもたない．しかしパネルデータの場合 κ が大きい値を採ることは例外的であろう．このような場合の推定法については Heckman (1981) を参照されたい．

状態依存（**state dependence**）**と異質性**（**heterogeneity**）：過去にある状態にいたことのある行動主体は，将来もその状態に入りやすいという傾向はしばしば観測される．例えば，過去にインターネットを用い買い物をした消費者は，その経験が無い消費者よりも，将来もインターネットを用い買い物をする確率が高いであろう．このような傾向は 2 通りに説明することができる．第 1 に，ある状態にいたという経験によって知覚，選好，制約条件等の個人の意思決定に影響する要因が変化し，結果として将来の行動が変化する，と考えることができる．第 2 の説明は，この傾向は観測されていない個人間の異質性による，すなわち，個人がある状態を経験する確率には観測された要因では説明できない差異が個人間であるものの，この確率そのものはその状態を経験するか否かに影響されない，というものである．前者は「真の状態依存」（true state dependence）と呼ばれ，後者は「虚偽の状態依存」（spurious state dependence）と呼ばれる．

観測された状態依存が真のものか虚偽のものかを見極めることは政策決定において重要な課題となりうる．例えば，過去に公共交通を利用したことのある通勤者は，利用したことのない通勤者に比べ，その後も公共交通を利用する確率が高いという傾向が見られたとしよう．もしこれが真の状態依存ならば，自動車利用の通勤者に無料切

符を提供するなどの施策により公共交通を利用させることにより，自動車通勤者の知覚や態度が改変され，公共交通利用が促進されることが期待されよう．しかしこれが虚偽の状態依存なら，公共交通を体験することは将来の交通手段選択に何ら影響を与えないであろう．

真の状態依存と非観測異質性による虚偽の状態依存を峻別する目的で，

$$Y_{nt}^* = \beta' \mathbf{x}_{nt} + \gamma Y_{n,t-1} + \alpha_n + u_{nt} \qquad (9.4.5)$$

というモデルを考えよう．ここで誤差項 u_{nt} は i.i.d. である．このモデルは $\gamma \neq 0$ で $\alpha_n \equiv 0$ のとき真の状態依存を表し，$\gamma = 0$ で $0 < \sigma_\alpha^2 < \infty$ のとき純粋な異質性（完全に虚偽の状態依存）を表す．したがってこのモデルを用い状態依存対異質性の仮説検証が可能となる．しかしながら，初期条件および誤差項の系列相関の問題のため，このモデルの推定は簡単ではない．モデルが式 9.4.4 のように複雑な場合はなおさらである．

そこで提案されている簡便な検定法は，純粋な異質性のみが存在し $\gamma = 0$ の場合，$\mathbf{x}_{nt}$ の変化は即座に Y_{nt}^* に反映されるのに対し，状態依存があり $\gamma \neq 0$ の場合，Y_{nt}^* は徐々に変化する，という点に着目するものである．すなわち，状態依存が皆無ならば，

$$\Pr[Y_{nt} = 1 | \mathbf{x}_{nt}, \mathbf{x}_{n,t-1}, ..., \alpha_n] = \Pr[Y_{nt} = 1 | \mathbf{x}_{nt}, \alpha_n] \qquad (9.4.6)$$

が成立し，状態依存が存在するならばこの等式は成立しない．したがって

$$Y_{nt}^* = \sum_{r=0}^{R} \beta_r' \mathbf{x}_{n,t-r} + \alpha_n + u_{nt} \qquad (9.4.7)$$

を推定し，帰無仮説，$H_0: \beta_1 = \beta_2 = \cdots = \beta_R = 0$ を検定することにより，状態依存の存在を検証できる．

9.5 パネルデータの有効性

ここまでの議論は，パネルデータが行動過程を正確に表したものであるという前提に立っていた．しかしながら，5.4.5 項で述べたように，離散時点での観測値からなるパネルデータは，行動過程に起こる変化を必ずしも正確に反映するものではない（Kitamura et al., 1996, 2001；北村ら，2001b）．本章での行動過程の確率過程としての定式化を踏まえ，本節では，行動過程の状態が特定の時刻に観測される場合，それが $(\mathbf{X}, \mathbf{T})$ を規定するパラメータによりどう表されるかを考えることとする．ここでは，解析的解が存在するという理由で，行動過程はマルコフ過程としてあらわされるとする．本節でも個人を表す添え字 n は削除する．

時刻 t における行動過程の状態を Y_t で表し

9.5 パネルデータの有効性

$$P_t(i,j) = \Pr[Y_{s+t}=j|Y_s=i],\ i,j \in E; t,s \geq 0 \tag{9.5.1}$$

により，行動過程が時刻 s に状態 i にあったとして，時刻 $s+t$ に状態 j にある条件付確率を表そう． $P(i,j)$ と $Q(i,j,t)$ とが式（9.2.4）と（9.4.6）として与えられるとし，$I(i,j) = \lim_{t \to 0} P_t(i,j)$ とすると

$$P_t(i,j) = e^{-\lambda_i t} I(i,j) + \int_0^t \lambda_i e^{-\lambda_i s} \sum_k P(i,k) P_{t-s}(k,j) ds \tag{9.5.2}$$

が成立する．

これは Chapman-Kolmogorov の方程式で，右辺第 1 項は，時刻 0 から時刻 t まで遷移が起こらない確率($e^{-\lambda_i t}$)と，時間軸上のある時点で状態 i から状態 j への遷移生じる確率($I(i,j)$)の積である． $i=j$ の場合，$I(i,i)=1$ で，この項は遷移が一切生じず，状態が時刻 t まで i のままである確率を示す．右辺第 2 項は，時刻 0 の状態 i から，1 回以上の遷移が生じ，時刻 t に状態 j に遷移している確率である．被積分関数は，時刻 s ($0 < s \leq t$)に状態 i から状態 k ($\neq i$)への遷移が生じ，さらに時間 ($t-s$) 後に状態 k から状態 j に（直接 k から j へ，あるいは，k,j 以外の状態を 1 度以上経て，$k=j$ の場合は遷移が存在する場合も存在しない場合も含まれる）移っている確率密度である． $P(i,i)=0,\ \forall i \in E$，が仮定されているため，ある状態からそれ自身への遷移は生じないことに留意されたい．この関数を s について積分することにより，第 3 の状態を少なくとも 1 度経て，状態 i から状態 j に移動する確率が得られる．被積分関数には $P_{t-s}(k,j)$ が含まれており，式 9.5.2 が再帰的な構造を持つことに着目されたい．この $P_t(i,j)$ の値は以下に示す関係を用いて算定できる

確率過程 **Y** の生成作用素（generator），$\mathbf{A} = \dfrac{d}{dt}\mathbf{P}_t|_{t=0}$，を

$$A(i,j) = \begin{cases} -\lambda_i & \text{if } i = j \\ \lambda_i P(i,j) & \text{if } i \neq j \end{cases} \tag{9.5.3}$$

と定義すると，$t>0$ について

$$\mathbf{P}_t = e^{t\mathbf{A}} \tag{9.5.4}$$

が得られる．ここに $\mathbf{P}_t$ は $P_t(i,j)$ を要素として持つ $n \times n$ の行列，

$$e^{t\mathbf{A}} = \sum_{n=0}^{\infty} \frac{t^n}{n!} \mathbf{A}^n \tag{9.5.5}$$

である．式 9.5.5 の $e^{t\mathbf{A}}$ は以下の手順で算定される．行列 **A** の i 番目の固有値を π_i，i 番目の固有ベクトルを f_i とすると

が成立する．ここで

$$\mathbf{A}f_i = \pi_i f_i, \quad i = 1, 2, ..., n \tag{9.5.6}$$

$$N = [f_1, ..., f_n], \quad \mathbf{D} = \begin{bmatrix} \pi_1 & & 0 \\ & \ddots & \\ 0 & & \pi_n \end{bmatrix} \tag{9.5.7}$$

を定義すると，

$$\mathbf{A}^k = N\mathbf{D}^k N^{-1}, \quad k = 0, 1, ... \tag{9.5.8}$$

が成立し，

$$e^{t\mathbf{A}} = \sum_{n=0}^{\infty} \frac{t^n}{n!} \mathbf{A}^n = N e^{t\mathbf{D}} N^{-1} \tag{9.5.9}$$

が得られる．ここに

$$e^{t\mathbf{D}} = \begin{bmatrix} e^{\pi_1 t} & & 0 \\ & \ddots & \\ 0 & & e^{\pi_n t} \end{bmatrix} \tag{9.5.10}$$

である．

さて，観測データから $P_t(i,j)$ が $\hat{P}_t(i,j)$ と推定されたとしよう．すると，式 9.5.10 の関係を用い，生成作用素 $\mathbf{A}$ を

$$\mathbf{A} = \frac{1}{t} \ln \hat{\mathbf{P}}_t \tag{9.5.11}$$

と推定することが可能である．ここに

$$\ln \hat{\mathbf{P}}_t = S \begin{bmatrix} \ln(\vartheta_1 + 1) & & & \\ & \ln(\vartheta_2 + 1) & & \\ & & \ddots & \\ & & & \ln(\vartheta_n + 1) \end{bmatrix} S^{-1}, \tag{9.5.12}$$

S は $\hat{\mathbf{P}}_t - I$ の固有ベクトルを列とする行列，$\vartheta_1, \vartheta_2, ..., \vartheta_n$ は固有値である．

しかしながら，遷移確率行列の対数は必ずしも一意的に求まるとは限らない．$\mathbf{A}$ が式 9.5.11 により同定できる十分条件として Singer and Spilerman（1974）は

$$\inf_i [\hat{P}_t(i,i)] > \frac{1}{2} \tag{9.5.13}$$

を挙げると同時に，「この条件がマルコフ過程モデルが適用される環境において成立していると信じる先験的理由はない」と指摘している．また，Singer and Spilerman（1974），

Singer and Choen (1980) および Singer (1981) によって示された推定値の統計的特性は，状態数が 2 の場合にのみ当てはまり，その適用は状態数が 2 を超えるとなると極めて困難なものとなる（Carette, 1998）．

このように，パネルデータから得られる離散時点での状態の観測値に基づき，連続時間軸上の行動過程を規定する諸パラメータを推定することには困難が伴う．第 5 章で述べたように回顧データを信頼できる形で収集することに努め，連続データをパネル調査から構築することが重要である．

● 脚注

[1] 状態 j への最初の遷移が生じるまでの時間を T_j とするとき，$\Pr[T_j < \infty] = 1$ が成立するとき状態 j は再帰的（recurrent）である．そうでない場合，状態 j は一時的（transient）と呼ばれる．また，すべての状態がすべての状態から到達可能な場合，マルコフ連鎖は既約（irreducible）である．状態空間が排反な集合に分割でき，各々の集合に含まれる状態の 1 つが特定回の遷移毎に周期的に到達されるとき，マルコフ連鎖は周期的（periodic），そうでないとき非周期的（aperiodic）といわれる．

第 10 章　生存時間モデル

10.1　基礎概念

10.1.1　生存時間モデルとは

　生存時間モデル（hazard-based duration model）は，ある基準の時刻から，ある事象が生起，あるいは終了するまでの時間を解析の対象とするモデルであり，期間モデルとも呼ばれている．

　生存時間モデルは，これまで主に医学分野や機械工学分野において用いられてきた分析手法である．前者においては疾患の再発や死亡などの事象を対象とした分析が行われており，後者においては機械システムの故障などを対象事象とした分析が行われてきた（Nelson, 1982；大橋・浜田，1995；竹内，1989）．交通行動分析の分野においても，近年いくつかの行動を対象とした分析に生存時間モデルが適用されるようになってきている（Hensher and Mannering, 1994）．

　生存時間モデルの特徴として，解析対象となる事象が生起するまでの時間は必ず正の値をとり，多くの場合，時間の分布の裾が右に長くなるということが挙げられる．よって，分布の正規性を仮定することが適切でない場合が多く，より適切な確率分布を用いた分析や，分布形に依存しない分析手法が用いられる．

　さらに，分布の裾が右に長いということから，調査などによって得られたデータが，対象とする事象までの時間が特定できないケースを無視できないほど多く含む可能性が高い．例えば，ある事象が生起するまでの時間を観察するために，全てのケースの基準時刻を揃え，基準時刻から連続的に観測を行ったとすると，全てのケースに事象が生起するまでの時間は極めて長くなりうる．このような場合，経済的に効率良く観測を行うために，ある程度のケースに事象が生起した時点で観測を終了することがよく行われる．観測によって事象が生起するまでの時間が確定されなかったケースを打ち切りを受けたケースと呼ぶ．ここで，打ち切りを受けたケースを除外して分析を行った場合，分析結果にバイアスが生じるため，生存時間モデルでは，打ち切りを受けたケースも含めた全サンプルを用いた分析を行う．

10.1.2　打ち切り

　打ち切り（censoring）にはいくつかの種類が存在する．ある公共施設を対象として，来訪者の施設滞在時間を観測することを考えてみよう．図-10.1.1 に示すように，観測時間内において 4 種類の来訪者が観測される可能性がある．来訪者 A については滞在

10.1 基礎概念

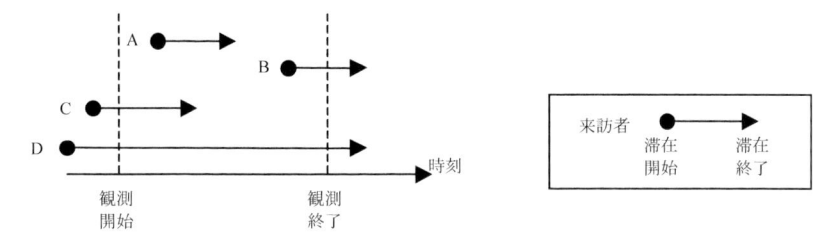

図-10.1.1 打ち切りの発生する場合

開始時刻および滞在終了時刻のいずれも観測されており滞在時間が特定可能である．それ以外の来訪者については滞在開始時刻あるいは滞在終了時刻の少なくともいずれかが観測されないため，滞在時間を特定することができない．

来訪者 B については，観測終了時点においても施設に滞在しているため滞在終了時刻が特定できず，観測終了時刻より後であるということしかわからない．このような打ち切りを右側打ち切りと呼ぶ．一方，来訪者 C については，観測開始時点において既に施設に滞在しているため滞在開始時刻が観測されない．このような打ち切りを左側打ち切りと呼ぶ．左側打ち切りを受けたケースについては，来訪者に直接，来訪時刻を尋ねることによって滞在時刻を特定化することが可能である．来訪者 D については観測時間中に滞在していたことはわかるものの，滞在開始時刻，滞在終了時刻ともに特定できない．このような打ち切りを両側打ち切りと呼ぶ．両側打ち切りを受けたケースについては，来訪時刻を直接尋ねることによって滞在開始時刻は特定化されるものの，滞在終了時刻は右側打ち切りと同様に特定化されない．

上記の他，観測時間中に観測者の休憩などによって，ある時間帯に観測がなされなかった場合，来訪者 A についても滞在時間が特定化できない場合がある．この場合，滞在開始時刻あるいは滞在終了時刻が休憩開始時刻と休憩終了時刻の間にあることのみがわかる．このような打ち切りを区間打ち切りと呼ぶ．ただし，このような未観測の時間帯が存在する場合，その時間帯に滞在の開始と終了の両者が含まれるケースは全く観測されず，分析結果に影響を与える可能性がある．

10.1.3 生存時間関数とハザード関数

生存時間モデルでは，対象とする事象の生起するまでの時間 T の分布を生存関数（survival function）$S(t)$，およびハザード関数（hazard function）$h(t)$で表すことが多い．生存関数は対象とする事象がある時点 t においてまだ生起していない確率を表す関数であり，通常の累積分布関数 $F(t)$ との関係は式 10.1.1 で表される．

$$S(t) = \Pr(T \geq t) = 1 - \Pr(T \leq t) = 1 - F(t) \tag{10.1.1}$$

一方,ハザード関数は,対象とする事象がある時点 t までに生起していないという条件の下で,次の瞬間に事象が生起するという条件付き確率密度であり,式 10.1.2 で表される.

$$\begin{aligned}h(t) &= \lim_{\Delta t \to 0} \frac{\Pr(t \leq T < t+\Delta t | T \geq t)}{\Delta t} \\ &= \lim_{\Delta t \to 0} \frac{S(t) - S(t+\Delta t)}{\Delta t \cdot S(t)} = -\frac{d(\log S(t))}{dt} = \frac{f(t)}{S(t)}\end{aligned} \tag{10.1.2}$$

ここで,$f(t)$ は T の確率密度関数である.式 10.1.2 より,ハザード関数と生存関数の関係は式 10.1.3 とも表される.

$$S(t) = \exp\left(-\int_0^t h(u)du\right) \tag{10.1.3}$$

生存時間分布は生存時間関数やハザード関数を用いなくても記述することが可能であるが,生存時間解析では打ち切りを受けたケースを含むデータを分析する場合がほとんどであり,なかでも右側打ち切りを含むデータを扱うことが一般的であるため,生存時間がある時点以降であることを表す生存時間関数を用いることが多い.また,ハザード関数は,事象の生起が経過時間に依存するか否かを議論する際に有用である.ハザード関数が t に関して増加(減少)関数である場合には時間が経過するに連れて事象の生起する確率が高く(低く)なる(time dependent)ことを示し,t に関して一定の場合には事象の生起が時間の経過に依存しない(time independent)ことを示す.

10.2 生存時間の解析方法

10.2.1 生存時間のモデル化

生存時間モデルは,生存時間に影響を与えると考えられる共変量(covariate)(生存時間解析では説明変数のことをこう呼ぶことが多い)がパラメータとしてモデルに導入されているか否か,生存時間の分布に特定の確率分布が仮定されているか否かによって 3 種類に分類される.Non-parametric model では共変量はモデルに導入されず,分布形も仮定されない.共変量の値によってサンプルを群に分割し,群ごとにモデルを推定,non-parametric に検定を行うことによって群間比較がなされる.Semi-parametric model では共変量がモデルに導入されるが,分布形についての仮定は設けられない.Parametric model では,共変量をモデルに導入し,分布形についても特定の確率分布を

仮定した分析を行う.

交通行動分析の分野では，医学分野における治療効果の分析のように1要因のみを分析対象としてその他の要因をコントロールすることが困難なことが多く，non-parametric model よりも，semi-parametric model や parametric model が用いられることが多い.

10.2.2 Non-parametric model

Non-parametric model には，生命表法（life table method）と Kaplan-Meier 法がある．生命表法では，生存時間をある単位で区切って，区切られた区間毎の生存率を分析するのに対して，Kaplan-Meier 法ではそのような区間分割は行われない．ここでは，より厳密な分析方法である Kaplan-Meier 法について説明する.

事象が生起した時点を t_1, t_2, …, とし時点 t_i で事象が生起したケース数を d_i とする（時間が連続である時，複数の事象が同時に生じる確率は 0 となり，d_i は常に 1 となる．$d_i>1$ となるのは観測が離散時間上で行われるためである）．そして時点 t_i の直前のリスク集合の大きさを n_i とする．ここで，リスク集合の大きさとはその直前に観測されていたケース数を表す．よって，打ち切りを受けたケースも観測されていた期間についてはリスク集合に含まれる．Kaplan-Meier 推定量は product limit estimator と呼ばれており，生存時間が t_{i-1} より長いという条件の下で生存時間が t_i 以上である条件付確率の推定量が，式 10.2.1 で表されることから，$t_i<t$ について積をとることで，生存関数 $S(t)$ の Kaplan-Meier 推定量は式 10.2.2 で表される.

$$\frac{\hat{S}(t_i)}{\hat{S}(t_{i-1})}=\frac{n_i-d_i}{n_i} \tag{10.2.1}$$

$$\hat{S}(t)=\prod_{t_i<t}\frac{n_i-d_i}{n_i} \tag{10.2.2}$$

2 群以上のグループに対して Kaplan-Meier 法を用いて個別に生存関数を推定したとき，個々の生存関数の差を検定するための方法としては，log rank 検定（log rank test），一般化 Wilcoxon 検定（generalized Wilcoxon test）がよく用いられる．いずれの検定も，群間に差がないと仮定した場合に各群の各時点において事象が生起するケース数の期待値と実際のケース数の差の重み付きの和が 0 と有意に異なるか否かを検定するものであり，式 10.2.3 を評価することになる（Tarone, 1975）.

$$u_j = \sum_i w_i \left(d_{ij} - \frac{\sum_j d_{ij}}{\sum_j n_{ij}} n_{ij} \right) \tag{10.2.3}$$

ここに，w_i：重み，d_{ij}：群 j のうち時点 t_i で事象が生起したケース数，n_{ij}：群 j の時点 t_i の直前のリスク集合の大きさ．生存関数が等しいという帰無仮説の下では u_j の期待値は 0 となり，分散共分散行列の各成分は式 10.2.4 で表される．

$$V_{jj} = \sum_i w_i^2 \frac{\left(\sum_j n_{ij} - n_{ij}\right) n_{ij} \sum_j d_{ij} \left(\sum_j n_{ij} - \sum_j d_{ij}\right)}{\left(\sum_j n_{ij}\right)^2 \left(\sum_j n_{ij} - 1\right)}$$

$$V_{jk} = \sum_i w_i^2 \frac{-n_{ij} n_{ik} \sum_j d_{ij} \left(\sum_j n_{ij} - \sum_j d_{ij}\right)}{\left(\sum_j n_{ij}\right)^2 \left(\sum_j n_{ij} - 1\right)} \tag{10.2.4}$$

これらを用いると，式 10.2.5 で表される検定統計量は，漸近的に自由度 $J-1$（J：群の数）の χ^2 分布に従うことがわかっている．

$$\chi^2 = \begin{pmatrix} u_1 & u_2 & \cdots & u_J \end{pmatrix} \begin{bmatrix} V_{11} & V_{12} & \cdots & V_{1J} \\ V_{21} & V_{22} & \cdots & V_{2J} \\ & & \vdots & \\ V_{J1} & V_{J2} & & V_{JJ} \end{bmatrix} \begin{pmatrix} u_1 \\ u_2 \\ \vdots \\ u_J \end{pmatrix} \tag{10.2.5}$$

式 10.2.3 において，$w_i=1$ とした場合に log rank 検定，$w_i = \sum_i n_{ij}$ とした場合に一般化 Wilcoxon 検定となる（詳細は大橋・浜田（1995）を参照）．

10.2.3 Semi-parametric model

Semi-parametric model としては，比例ハザードモデル（proportional hazard model）がある．Semi-parametric な比例ハザードモデルでは共変量をハザード関数のパラメータとしてモデルに導入する一方で，生存分布に関しては特定の確率分布を仮定しない．比例ハザードモデルでは，ハザード関数は式 10.2.6 のように表される．

$$h(t|\mathbf{x}_i) = h_0(t) \exp(-\boldsymbol{\beta} \mathbf{x}_i) \tag{10.2.6}$$

10.2 生存時間の解析方法

ここに，$h(t|\mathbf{x}_i)$：共変量ベクトル $\mathbf{x}_i$ を持つケース i のハザード関数，$h_0(t)$：基準ハザード，$\boldsymbol{\beta}$：未知パラメータベクトル，$\mathbf{x}_i$：ケース i の共変量ベクトル．比例ハザードモデルでは，$h_0(t)$ はケースに依存せず，共変量は基準ハザードに比例定数の形で影響を与えるものとされている．これは，ケース間でのハザード関数の比は時点によらず一定と仮定されていることを意味する．

パラメータの推定には，部分尤度（partial likelihood）法，および Han and Hausman（1990）による方法がある．部分尤度法を用いた semi-parametric な比例ハザードモデルは Cox 回帰モデルとも呼ばれる．部分尤度法では，基準ハザード $h_0(t)$ を局外母数とみなして $\boldsymbol{\beta}$ を推定する．すなわち，生存時間そのものに対する関心よりも共変量が生存時間に及ぼす影響に関心がある場合に有用な分析手法である．同時点において複数の事象が生起していない場合の部分尤度 PL は式 10.2.7 で表される．

$$PL = \prod_{i \in D(t)} \frac{\exp(-\boldsymbol{\beta}\mathbf{x}_i)}{\sum_{k \in R(t)} \exp(-\boldsymbol{\beta}\mathbf{x}_k)} \tag{10.2.7}$$

ここに，$D(t)$：時点 t に事象が生起したケースの集合，$R(t)$：時点 t の直前のリスク集合．分子は実際に事象が生起したケースのハザード関数を，分母はリスク集合に含まれる全ケースのハザード関数の和を表しており，分子分母を基準ハザードで除することによって上式が導かれる．

一方，同時点において複数の事象が生起した場合には，その取り扱いについて複数の方法が提案されている．最も厳密な方法は，同時点に生起した複数の事象は，観測単位をより密に設定していれば別々の時点に生起していたとの観点から，これら複数の事象が 1 つずつ生起したとした場合の全ての順列組み合わせを数え上げ，各順列が得られる確率の和を求めるという方法である．すなわち，同時に生起したと観測された複数の事象が実際に生起していた可能性のある全ての順列組み合わせ時の尤度の和を用いる．ただし，この方法では同時点に生起した事象の数が多くなると，計算時間が膨大となることが知られており，近似法として Breslow 法（Breslow, 1974），Efron 法（Efron, 1977），Discrete 法（Kalbfleisch and Prentice, 1980）などの方法が提案されている．

部分尤度法に対して，Han and Hausman による方法では同時点に複数の事象が生起することに伴なう問題が生じないため，複数の離散時点での観測に基づくデータ（この場合，得られるデータは全て区間打ち切りとして観測される）などの解析に適している．Han and Hausman による方法では，対象となる生存時間を $[0 < t \leq t_1]$, $[t_1 < t \leq t_2]$, ...,

$[t_{K-1} < t \leq \infty]$ の K 個の区間としてとらえる．はじめに，式 10.1.1 に式 10.1.3，式 10.2.6 を代入すると，式 10.2.8 を得る．

$$
\begin{aligned}
F(t|\mathbf{x}_i) &= 1 - S(t|\mathbf{x}_i) \\
&= 1 - \exp\left\{-\int_0^t h_0(u)\exp(-\boldsymbol{\beta}\mathbf{x}_i)du\right\} \\
&= 1 - \exp\left[-\exp\left\{\ln\int_0^t h_0(u)du - \boldsymbol{\beta}\mathbf{x}_i\right\}\right]
\end{aligned}
\tag{10.2.8}
$$

ここで，式 10.2.9 にガンベル分布に従う誤差項 ε_i を用いると，式 10.2.8 は式 10.2.10 で表される．

$$\Pr(\varepsilon_i < z) = G(z) = 1 - \exp\{-\exp(z)\} \tag{10.2.9}$$

$$\ln\int_0^t h_0(u)du = \boldsymbol{\beta}\mathbf{x}_i + \varepsilon_i \tag{10.2.10}$$

よって，$[t_{k-1} < t \leq t_k]$ の区間で事象が生起する確率は 6.2.6 項と同様の ordered-response モデルとして，式 10.2.11 で表される．

$$\Pr(t_{k-1} < t \leq t_k) = G(\delta_k - \boldsymbol{\beta}\mathbf{x}_i) - G(\delta_{k-1} - \boldsymbol{\beta}\mathbf{x}_i) \tag{10.2.11}$$

ここに，$\delta_k = \ln\int_0^{t_k} \lambda_0(u)du$．これより，式 10.2.12 で示される対数尤度関数を用いて未知パラメータベクトル，$\boldsymbol{\beta}$，および未知パラメータ，$\delta_1, \delta_2, ..., \delta_{K-1}$ が推定可能である．

$$LL = \sum_{i=1}^{N}\sum_{k=1}^{K} y_{ik} \ln\{G(\delta_k - \boldsymbol{\beta}\mathbf{x}_i) - G(\delta_{k-1} - \boldsymbol{\beta}\mathbf{x}_i)\} \tag{10.2.12}$$

ここに，N：サンプル数，y_{ik}：ケース i の事象が区間 $[t_{k-1} < t \leq t_k]$ で生起した時 1，それ以外の時 0 のダミー変数，$\delta_0 = -\infty$，$\delta_K = +\infty$．式 10.2.12 は打ち切りを受けたケースを含む場合に拡張可能であり，例えば右側打ち切りのケースに対しては，$\delta_k = +\infty$，左側打ち切りのケースに対しては，$\delta_{k-1} = -\infty$ となる．各区間内では基準ハザード値が一定であると仮定すると，基準ハザード $h_0(t)$ は式 10.2.13 で表される．

$$h_0(t) = \frac{\exp(\delta_k) - \exp(\delta_{k-1})}{t_k - t_{k-1}} \quad \text{for } t_{k-1} < t \leq t_k, k = 1, 2, ..., K-1 \tag{10.2.13}$$

10.2.4 Parametric model

Parametric model には，比例ハザードモデルと加速故障モデル（accelerated failure time model）がある．比例ハザードモデルは semi-parametric model の場合と同様に，共変量によって基準ハザードが増減する．一方，加速故障モデルでは，共変量によって生存時間の時間軸が伸び縮みする形で生存時間に影響を与えると仮定する．つまり，共変量によって時間が加速されると考えることとなる．いずれのモデルにおいても生存時

10.2 生存時間の解析方法

間分布に特定の確率分布を仮定した分析を行う．比例ハザードモデルでは共変量は式 10.2.4 の形で導入されるのに対して，加速故障モデルでは式 10.2.6 の形で導入される．

$$S(t|\mathbf{x}_i) = S_0(t \exp(-\boldsymbol{\beta}\mathbf{x}_i)) \tag{10.2.14}$$

ここに，$S(t|x_i)$：共変量ベクトル x_i を持つケース i の生存関数，$S_0(t)$：基準の生存関数．よって，ハザード関数は式 10.2.15 となる．

$$h(t|\mathbf{x}_i) = h_0(t \exp(-\boldsymbol{\beta}\mathbf{x}_i))\exp(-\boldsymbol{\beta}\mathbf{x}_i) \tag{10.2.15}$$

このように，比例ハザードモデルと加速故障モデルでは生存時間への共変量の影響の仕方が異なり，parametric model を用いる際には，2 つのモデルのうち対象とする問題に適したモデルを選択することとなる．ただし，生存時間の分布としてワイブル分布（Weibull distribution）を仮定した場合には，比例ハザードモデルと加速故障モデルは一致する．

生存時間の確率分布としては，いくつかの分布が考えられる．主に用いられる分布としては，指数分布（exponential distribution），ワイブル分布，一般化ガンマ分布（generalized gamma distribution），対数ロジスティック分布（log-logistic distribution），対数正規分布（log-normal distribution），ゴンペルツ分布（Gompertz distribution）が挙げられる．**表-10.2.1** に各々の関数形を示す．一般化ガンマ分布のハザード関数，生存関数は不完全ガンマ関数を含み，解析的に求めることは出来ない．一般化ガンマ分布の確率密度関数を式 10.2.16 に示す．

$$f_0(t) = \frac{\gamma\delta}{t\Gamma(1/\delta^2)}\left\{\frac{\lambda t^{\gamma\delta}}{\delta^2}\right\}^{1/\delta^2} \exp\left\{-\frac{\lambda t^{\gamma\delta}}{\delta^2}\right\} \tag{10.2.16}$$

表-10.2.1 頻繁に用いられる確率分布

	ハザード関数 $h_0(t)$	生存関数 $S_0(t)$
指数分布	λ	$\exp(-\lambda t)$
ワイブル分布	$\gamma\lambda t^{\gamma-1}$	$\exp(-\lambda t^\gamma)$
対数ロジスティック分布	$\dfrac{\gamma\lambda t^{\gamma-1}}{1+\lambda t^\gamma}$	$\dfrac{1}{1+\lambda t^\gamma}$
対数正規分布	$\dfrac{\frac{1}{t}\phi\left(\frac{\log(t)-\mu}{\sigma}\right)}{1-\Phi\left(\frac{\log(t)-\mu}{\sigma}\right)}$	$1-\Phi\left(\dfrac{\log(t)-\mu}{\sigma}\right)$
ゴンペルツ分布	$\gamma\exp(-\lambda t)$	$\exp((\gamma/\lambda)(\exp(-\lambda t)-1))$

ここに，$\gamma, \lambda, \delta, \mu, \sigma$：パラメータ，$\phi(\cdot)$：標準正規確率密度関数，$\Phi(\cdot)$：標準正規確率分布関数

表-10.2.1 より，指数分布を仮定した場合には，ハザード関数が時刻によらず一定の値となり，それまでの経過時間によって事象が発生する条件付確率が変化しないことを意味する．ワイブル分布を仮定した場合には，$\gamma>1$ のとき時間の経過と共にハザード関数が増大し，$\gamma<1$ の場合には減少する．$\gamma=1$ の場合には，ワイブル分布は指数分布に帰着する．すなわち，ワイブル分布は，その特殊形として指数分布を内包する分布である．一般化ガンマ分布はワイブル分布をさらに一般化したものであり，$\delta=1$ の場合にはワイブル分布，$\delta=0$ の場合には対数正規分布に帰着する．

Parametric model の推定に際しては，式 10.2.17 に示す尤度関数 L を最大化することによって未知パラメータの推定を行う．

$$L = \prod_{i \in NC}\{h(t_i|x_i)\cdot S(t_i|x_i)\} \cdot \prod_{i \in RC} S(t_i|x_i) \cdot \prod_{i \in LC}\frac{h(t_i|x_i)\cdot S(t_i|x_i)}{S(v_i|x_i)} \cdot \prod_{i \in LRC}\frac{S(t_i|x_i)}{S(v_i|x_i)}$$
$$\times \prod_{i \in IC}\{S(t_{il}|x_i) - S(t_{iu}|x_i)\} \cdot \prod_{i \in LIC}\frac{S(t_{il}|x_i) - S(t_{iu}|x_i)}{S(v_i|x_i)} \tag{10.2.17}$$

ここに，NC：打ち切りを受けていないケースの集合，RC：右側打ち切りを受けたケースの集合，LC：左側打ち切りを受けたケースの集合，LRC：両側打ち切りを受けたケースの集合，IC：区間打ち切りを受けたケースの集合，LIC：左側および区間打ち切りを受けたケースの集合，t_i：事象の生起が観測されたケースについては基準時刻から事象が観測されるまでの時間，事象の生起が観測されていないケースについては基準時刻から観測が終了するまでの時間，v_i：観測が開始されるまでに基準時刻から経過している時間，t_{il}, t_{iu}：観測が中断した際の中断開始時刻，中断終了時刻それぞれにおける基準時刻からの経過時間．

10.3 基本モデルの拡張

10.3.1 非観測異質性

Parametric model では一般に，モデルに導入されている共変量により表される以外の異質性（heterogeneity）は存在しないものと仮定されている．しかしながら，生存時間に影響を与える非観測異質性（unobserved heterogeneity）が存在する場合には，確率分布の未知パラメータの推定値，共変量の係数ベクトルの推定値がバイアスを受けることが知られている．そこで，このような非観測異質性の存在が考えられる場合に対して，非観測異質性を考慮したモデルの推定法が提案されている．ワイブル分布を対象として非観測異質性をモデルに導入した時の生存関数の一例を式 10.3.1 に示す．

10.3 基本モデルの拡張

$$S(t|v) = v\{\exp(-\lambda t^\gamma)\} \tag{10.3.1}$$

ここに，v：非観測異質性パラメータ．ここで，v が式 10.3.2 で表される平均値 1 を持つガンマ分布に従うと仮定すると，生存関数の期待値は式 10.3.3 で表される．

$$f(v) = \{k^k/\Gamma(k)\}e^{-kv}v^{k-1} \tag{10.3.2}$$

$$\begin{aligned} S(t) &= \int_{v=0}^{\infty} S(t|v)f(v) \\ &= \{1 + \theta\lambda t^\gamma\}^{-1/\theta} \end{aligned} \tag{10.3.3}$$

ここに，$\theta = 1/k$ で，$\theta = 0$ の場合には，通常のワイブル分布に帰着する．式 10.2.8 に式 10.3.3 を代入することによって非観測異質性を考慮した未知パラメータの推定が可能である．

10.3.2 時間依存性共変量

通常の比例ハザードモデルでは，ケース毎に共変量の値が固定されており，時間が経過しても共変量が変化しないと仮定されている．しかしながら，共変量によっては時間の経過とともにその値が変化することが十分に考えられる．このような時間の経過に伴ない値の変化する共変量を時間依存性共変量（time varying covariate）と呼ぶ．

Semi-parametric model で部分尤度法を用いる場合には，式 10.2.4 を式 10.3.4 に示すように変形することによって，どのような形の時間依存性を持つ共変量に対しても対応が可能である．

$$PL = \prod_{i \in D(t)} \frac{\exp(-\boldsymbol{\beta}\mathbf{x}_i(t))}{\sum_{k \in R(t)} \exp(-\boldsymbol{\beta}\mathbf{x}_k(t))} \tag{10.3.4}$$

ここに，$\mathbf{x}_i(t)$：時点 t における共変量ベクトルの値．一方，Han and Hausman による方法を用いる場合，および，parametric な比例ハザードモデルの場合には，$\mathbf{x}_i(t)$として，式 10.3.5 に示すようなステップ関数を考える．

$$\mathbf{x}_i(t) = \begin{cases} \mathbf{x}_{i1} & \text{if } t < t_1 \\ \mathbf{x}_{i2} & \text{if } t_1 \le t < t_2 \\ \vdots & \\ \mathbf{x}_{iJ} & \text{if } t_{J-1} \le t \end{cases} \tag{10.3.5}$$

Han and Hausman による方法を用いる場合，各区間内で共変量ベクトルの値が一定となるように各観測区間を設定することで，対数尤度関数は式 10.2.12 中の $\mathbf{x}_i$ を $\mathbf{x}_i(t)$ としたものになる．また，parametric な比例ハザードモデルの場合，生存関数は式 10.1.3 より，以下の式で表される．

$$S(t|\mathbf{x}_i(t)) = \begin{cases} S(t|\mathbf{x}_{i1}) & \text{if } t < t_1 \\ S(t_1|\mathbf{x}_{i1}) \times \prod_{j=1}^{n-1} \dfrac{S(t_{j+1}|\mathbf{x}_{ij+1})}{S(t_j|\mathbf{x}_{ij+1})} \times \dfrac{S(t|\mathbf{x}_{in+1})}{S(t_n|\mathbf{x}_{in+1})} & \text{if } t_n \le t < t_{n+1} \\ S(t_1|\mathbf{x}_{i1}) \times \prod_{j=1}^{J-2} \dfrac{S(t_{j+1}|\mathbf{x}_{ij+1})}{S(t_j|\mathbf{x}_{ij+1})} \times \dfrac{S(t|\mathbf{x}_{iJ})}{S(t_{J-1}|\mathbf{x}_{iJ})} & \text{if } t_{J-1} \le t \end{cases} \quad (10.3.5)$$

式 10.2.8 に式 10.3.5 を代入することによって，時間依存性共変量を含むモデルの未知パラメータの推定が可能となる．

10.3.3 競合危険

対象とする事象が生起する原因が複数考えられる場合がある．観測によっていずれの原因によって個々の事象が生起したかを特定することが可能である場合には，いずれの原因によって事象が生起するかを区別して分析を行うことが可能である．複数の原因によって事象が生起することを考慮したモデルを競合危険モデル（competing risks model）と呼ぶ．競合危険モデルでは，各原因による事象の生起が排反事象であると仮定することにより，ハザード関数は式 10.3.6 で表されるように，各原因のハザード関数の和となる．

$$h(t) = \sum_{m=1}^{M} h_m(t) \quad (10.3.6)$$

ここに，M：原因の数，$h_m(t)$：原因 m による事象の生起に対するハザード関数．また，生存関数は式 10.3.7 で表されるように，各原因の生存関数の積となる．

$$S(t) = \prod_{m=1}^{M} S_m(t) \quad (10.3.7)$$

ここに，$S_m(t)$：原因 m による事象の生起に対する生存関数．

競合危険モデルでは，各原因が独立であると仮定することにより，各原因ごとのパラメータを個別に推定することが可能である．つまり，ある原因によって事象が生起した場合，事象が観測された時刻に基づきその原因に関するパラメータを推定し，その他の原因に関するパラメータを推定する際には，事象が生起した時点で打ち切りを受けたケースとして取り扱う．事象が生起しなかった場合，いずれの原因に関するパラメータの推定する際にも，観測が終了した時点で打ち切りを受けたケースとして取り扱う．

一方，各原因が独立とみなせない場合には，各原因ごとにパラメータを推定することは不可能となり，誤差項の相関をモデルに導入した上で全ての原因のパラメータを

同時に推定する必要がある（Han and Hausman, 1990; Bhat, 1996b）．

10.4 適用事例

10.4.1 活動時間，滞在時間の分析

　交通需要管理の必要性の高まりに伴なって，1日の総交通量だけではなく，交通需要の時間的な変動を捉えることが重要となっている．時間帯別の交通需要を考える上では，従来の交通手段選択分析などの離散選択行動に加えて，活動時間や出発時刻の選択といった連続的な選択行動の分析の必要性が高まっている．そのため，個々人の日常的な自由活動の活動時間や観光地における滞在時間に関する研究が数多く行われてきている．

　活動時間の分析に生存時間モデルが適用された事例としては，Hamed et al.（1993），森地ら（1992），Hamed and Mannering（1993），Mannering et al.（1994），Ettema et al.（1995），森川ら（1995），Bhat（1996a, 1996b），Kim and Mannering（1997），小林ら（1997），藤井ら（1997）などの研究が挙げられる．ここでは，藤井ら（1997）のモデルについて述べる．

　藤井らの研究では，個人の1日の活動を再現するためのシミュレータの1要素として活動時間を再現する生存時間モデルが適用されている．ここでは，活動開始時刻を基準として活動終了時刻までの時間（活動時間）を対象として，ワイブル分布を仮定したparametric modelが適用されており，加速故障モデルの形で共変量が導入されている．パラメータの推定に際して用いられたデータには打ち切りを受けたケースは含まれておらず，全てのケースについて活動時間が観測されている．よって，尤度関数は式10.4.1で示される．

$$L = \prod_{i=1}^{n} \gamma t_i^{\gamma-1} \exp(-\gamma \mathbf{\beta} \mathbf{x}_i) \exp\left\{-t_i^{\gamma} \exp(-\gamma \mathbf{\beta} \mathbf{x}_i)\right\} \tag{10.4.1}$$

ここに，n：サンプル数．モデルは，交際・訪問，趣味・娯楽，在宅活動といった7つの自由活動毎に個別に推定されており，交際・訪問目的の活動時間に関する推定結果は**表-10.4.1**に示す通りである．γ が1より大きく，交際・訪問活動の終了が正の時間依存性を持つことが示されている．また，自由時間プリズムが大きい場合に交際・訪問活動時間が長くなることなどが明らかとなっている．

10.4.2 自動車保有行動の分析

　モビリティを説明する要因としての世帯の自動車保有率や自動車保有台数に関する

研究は数多く行われてきた．ある時点における世帯の自動車保有状況はそれまでの世帯の自動車取り替え更新行動の結果であるとの観点から，時間軸上における世帯の自動車取り替え更新行動の分析が近年行われるようになってきている．自動車保有期間や自動車取り替え更新行動の分析に生存時間モデルを適用した事例としては，Mannering and Winston（1991），Gilbert（1992），Hensher（1992, 1998），de Jong（1996），山本ら（1997, 1998, 2001）の研究が挙げられる．ここでは，山本ら（1998）のモデルを示す．

表-10.4.1 交際・訪問目的の活動時間

パラメータ	推定値	t 値
定数項	3.19	8.19
年齢	0.02	1.89
男性ダミー	-0.31	-1.39
自営業ダミー	-0.79	-2.24
自動車保有台数	0.20	1.46
時刻ダミー1*	-0.27	-1.05
時刻ダミー2**	0.24	1.00
自由時間プリズム***	0.0016	2.58
γ	1.87	8.46

サンプル数 48，L(C) = -59.52, L(β) = -46.48, χ^2 = 26.06
*：活動開始時刻と次の固定活動の開始時刻の昼間時刻が 6:00～12:00 の時，2：それ以外の時
**：活動開始時刻と次の固定活動の開始時刻の昼間時刻が 18:00～24:00 の時，2：それ以外の時
***：直前の固定活動の終了時刻から次の固定活動の開始時刻までの時間

出典：藤井（1997）

山本らの研究では，自動車取り替え更新行動間の間隔を対象とした分析を行っており，取り替え更新行動に買い替え，追加購入，破棄（購入を伴なわない売却）の 3 種類が存在することから，それぞれの行動を競合危険と捉えた競合危険モデルを構築している．複数台保有世帯では買い換えと破棄はどの自動車にも起こり得るものと考え，n 台保有世帯の場合，$2n+1$ 個の原因によって取り替え更新行動が生起するという形でモデル化を行っている．Parametric な比例ハザードモデルにワイブル分布を適用した定式化を行っており，基準となる時点として，買い替えと破棄については当該自動車の購入時点，追加購入については最も最近の取り替え更新行動時点とすることによって，それぞれの行動に合致した時間依存性が表現できる形となっている．

用いているデータは 1 年間隔で実施された 2 回のパネル調査によって得られたものであるため，左側打ち切り，右側打ち切り，両側打ち切りを受けたケースを多く含んでいる．危険間の独立性を仮定し，取り替え更新行動の種類毎に競合危険モデルのパラメータを推定している．モデルに式 10.3.5 で表される時間依存性共変量を導入しているため，いずれの尤度関数も式 10.4.2 に示すものとなっている．

$$L = \prod_i \left\{ \gamma t_i^{\gamma-1} \exp(-\beta \mathbf{x}_{in+1}) \right\}^{\delta} \prod_{j=0}^{n-1} \frac{\exp\left\{-t_{ij+1}^{\gamma} \exp(-\beta \mathbf{x}_{ij+1})\right\}}{\exp\left\{-t_{ij}^{\gamma} \exp(-\beta \mathbf{x}_{ij+1})\right\}} \times \frac{\exp\left\{-t_{in+1}^{\gamma} \exp(-\beta \mathbf{x}_{in+1})\right\}}{\exp\left\{-t_{in}^{\gamma} \exp(-\beta \mathbf{x}_{in+1})\right\}} \quad (10.4.2)$$

ここに，t_{i0}：当該自動車購入時点から観測開始時点までの経過時間，t_{in+1}：当該自動車

の保有期間．買い替えに関する推定結果を**表-10.4.2**に示す．

表-10.4.2より，γが1より大きく，自動車の買い替え行動が正の時間依存性を持つことが示されている他，時間依存性共変量を導入したことによって，世帯属性や当該自動車の属性に加えて，他の自動車取り替え更新行動や世帯属性への変化が買い替え行動に与える影響が示されている．

表-10.4.2 買い替えまでの自動車保有期間

パラメータ	推定値	t値
γ	1.36	*5.09
定数項	6.15	
16才以上人数	0.40	2.23
免許保有者数	-0.45	-2.40
常勤者数	-0.21	-2.51
賃貸居住ダミー**	0.39	2.52
賃貸居住引っ越しダミー***	-0.65	-2.26
ピックアップトラックダミー	0.25	1.31
中古車ダミー	-0.37	-2.97
リース車ダミー	-1.01	-4.14
社有車ダミー	-1.30	-4.21
保有自動車数**	0.37	3.98
買い替えダミー***	0.58	3.11
新規購入ダミー***	0.38	2.64

サンプル数 4014，$L(C) = -1709$，$L(\beta) = -1671$，$\chi^2 = 74.5$
* : $\gamma = 1$ に対する t 値，
** : 時間依存性共変量
*** : 変化が起こった後に1，それ以外は0をとる時間依存性共変量

出典：山本ら（1998）

4 現象分析

第11章 トリップ頻度，目的地，交通手段，経路選択

11.1 交通行動の捉え方とそのモデル化

11.1.1 交通行動の捉え方

1つ1つのトリップの属性，すなわち，トリップの性質を規定する変数としては，様々なものが考えられる．例えば，トリップ目的，出発地，目的地，交通手段，経路，出発時刻，トリップ長，トリップ時間など，様々なものが考えられる．また，ある特定の個人が実行する複数のトリップ集合に着目した場合には，トリップの連鎖パターン（すなわち，トリップチェイン種別）や目的などごとに集計したトリップの頻度を，その個人の交通行動の累計的傾向として定義することもできる．これら個々のトリップの属性やその累計的傾向を分析することで，集計的な交通需要に影響を及ぼす要因は一体何なのか，交通需要を交通基盤や土地利用を鑑みより望ましい形に誘導するためにはどの様な政策が有効なのか，などの交通計画のために重要な知見を得ることができる．

さて，交通行動モデルを具体的に記述する本章では，「モデル化する」という用語を度々用いる．既に，第1章でもこの用語の一般的な定義がなされているが，本章を始める前に，本章でこの用語を用いる際に意図する意味を簡単に触れておこう．まず，複数の個人の交通行動を観測し，個々のトリップの交通手段や目的地などをデータとして得た場合を考えてみよう．そうした場合，通常，それらの値は個人間でばらついた分布を形成する（例えば，電車を利用する人もいれば，自動車を利用する人もいる）．さらに，そのデータを交通ネットワーク条件や個人属性などの観測可能な変数別に集計すると，その分布のばらつきは小さくなることが期待される．交通行動分析の研究では，こうして得られる条件別の頻度分布を，確率理論に基づき条件付き確率という形で定式化することが1つの目的とされている．この条件付き確率の構造が空間や時間に関して概ね不変であるという立場に立てば，その確率に基づいて，モンテカルロシミュレーション法などによって，政策によって条件が変化した場合のトリップ頻度や交通手段別の交通量などの変化量を事前に予想することができる．ここでは，対象

とする交通行動が実行される条件付き確率を数理表現することを，その交通行動のモデル化と呼称する．すなわち，ある個人の交通行動を Y，Y が取りうる1つの値（または状態）を Y^*，Y に影響を及ぼす変数を X と定義してみよう．この定義に基づけば，交通行動 Y をモデル化する，とは，

$$\Pr(Y = Y^*|X), \quad \forall Y^* \tag{11.1.1}$$

という条件付き確率を定義することを意味する．モデルが確率的になる理由は，一般的には X が与えられても分析者は確定的に Y の値を定めることができないからである．この条件付き確率は，通常，個々人の行動 Y とその条件 X とのデータに基づいて統計的な手法で同定（推定）される．こうした条件付き確率が得られたならば，交通政策によって X が変化した場合に，交通行動 Y がどの様に変化するのかを予想することができる．

11.1.2 代表的な交通行動モデル

いわゆる集計的な交通需要予測では，第1章で触れられた様に，交通需要は発生，分布，（手段）分担，配分，という4つの段階に分けて推計されてきた．すなわち，
① 発生段階で個々のゾーンから発生し，個々のゾーンに集中する交通量を予測し，
② 分布段階で発生交通量を目的地別に割り振ることで OD 交通量（出発地・目的地別の交通量）を予測し，
③ 分担段階で OD 交通量を自動車や公共交通機関などの OD 間に存在する交通手段に割り振ることで交通手段別 OD 交通量を予測し，
④ 配分段階で，交通手段別 OD 交通量を各々の経路に配分し，リンク交通量を推計する．

トリップには，上述のように多くの属性を定義することができるが，交通需要予測手法が集計的な4段階推定法から個別トリップに着目した需要予測法（いわゆる，非集計交通需要予測法）に推移してきたという背景を受けて，上述の4つの段階に対応した4つの属性（トリップ頻度，目的地，交通手段，経路）を対象とした非集計行動モデルが多く提案，開発されてきた．その中でもとりわけ，交通手段選択のモデル化は，古くから盛んになされている．以下，本章では，交通手段選択モデルについて述べた後に，トリップ頻度選択，目的地選択，経路選択のそれぞれのモデル化，あるいは，それぞれの選択確率の誘導方法について述べる．

11.2 交通手段選択のモデル化

交通手段選択行動がそれ以外のトリップの属性の選択行動とは異なる特徴的な点は，その選択肢を明瞭に定義しやすい，という点である．例えば，目的地選択，経路選択の場合は選択肢数が膨大となる場合が多く，また，出発時刻の選択は，連続的な時間軸上の選択であることから，原理的には離散的な選択肢を定義することはできない．それに比べると，一般的な交通手段選択では，電車や自動車，徒歩など，限られた数の選択肢しか存在しない．また，トリップ頻度の選択は選択肢を離散的に区別することができるが，それぞれの選択肢の間に明確な区別を付けにくい．例えば，トリップ頻度5回と6回の違いは，自動車と電車の違いよりは，分析者にとっても，当の選択者にとっても曖昧なものであろう．この様に，交通手段選択の選択肢集合の明瞭であるが故に，そのモデル化には，第6章で述べたロジットモデルやプロビットモデルなどの離散選択モデルを大きな障害無く適応することが可能であった．それ故，交通手段選択のモデル化には，離散選択モデルが頻繁に適応されてきた．すなわち，ある個人 n は，選択可能な選択肢集合の中で以下の式に定義される効用 U_{in} が最大となる選択肢を選択するものと仮定した上で，説明変数を条件とする個々の選択肢の条件付き選択確率が誘導されてきた．

$$U_{in} = \beta \mathbf{X}_{in} + \varepsilon_{in} \tag{11.2.1}$$

ここに，U_{in} は個人 n の交通手段 i の効用，$\mathbf{X}_{in}$ は個人 n の交通手段 i の説明変数ベクトル，β はパラメータベクトル，ε_{in} はガンベル分布（ロジットモデルの場合）あるいは正規分布（プロビットモデル）に従う誤差項である．

以上の定式化における誤差項の仮定やパラメータ β の推定方法などの詳細については，第6章を参照されたい．以下には，交通手段選択の要因について述べる．

11.2.1 交通手段選択に影響を及ぼす様々な要因

交通手段選択に影響を及ぼす要因として，様々なものが検討され，モデルに導入されてきている．要因の種類によっては，容易にモデルに反映させることが可能なものもあれば，特別な方法を用いることが必要とされるものもある．以下，それらについて述べる．

(1) 交通サービス水準

交通手段選択モデルに導入される最も基本的な要因が，料金（費用），所要時間などの交通サービス水準である．自動車の場合には，平均速度などが導入されたり，公共交通手段の場合には，乗り換え回数などが導入されたりする．これらの要因は，式

11.2.1 における説明変数ベクトル $\mathbf{X}_{in}$ に直接導入することで，モデルに反映される．なお，効用関数における所要時間と費用の係数の比は，とくに時間価値と呼ばれる．時間価値とは，交通需要予測において重要な役割を担ってきた概念であり，単位時間を短縮することがある個人にとってどれだけの貨幣価値があるのかを示すものである．例えば，時間価値が高い個人は所要時間の変化に敏感である一方，費用の変化には相対的に鈍感である．また，時間価値は，交通施策の経済効果分析を行う場合にも用いられる．

(2) 個人属性とトリップ属性

年齢や性別などの個人属性によって，交通手段の選択確率に有意な差が存在する場合，それらの個人属性が $\mathbf{X}_{in}$ に導入される（6.6.1 項参照）．あるいは，トリップ目的，出発時刻などの，当該トリップの特徴を表す要因による交通手段の選択確率の有意差が存在する場合にも，それらが $\mathbf{X}_{in}$ に導入される．なお，トリップ目的や個人属性によって交通手段選択の傾向が大きく異なる場合には，説明変数として用いられる代わりに，それらをセグメントを構成する（すなわち，母集団を複数に分割する）ための条件変数として用いるという方法が採られる場合もある．例えば，買い物トリップと通勤トリップでは，所要時間や料金などの要因が交通手段の選択行動に及ぼす影響が基本的に異なったものであるとしよう．その場合，買い物トリップのみを対象とする交通手段選択モデルと，通勤トリップのみを対象とする交通手段選択モデルを別々に推定することで，トリップの目的による要因の影響の程度の差異を，モデルに反映させることができる．

(3) 心理的要因（快適性，利便性など）

年齢も性別も全く同じ A 氏と B 氏がいたとしよう．今，この2人が全く同じ条件のもとで（すなわち，全く同じサービス水準，全く同じトリップ属性のもとで）自動車と電車のいずれかを選択していると考えてみよう．この様な場合でも，A 氏と B 氏の選択行動が異なる可能性は十二分に存在する．この両者の行動が異なる理由としては様々なものが考えられるが，その内の1つにサービス水準に対する主観的な評価，あるいは交通手段そのものに対する好ましさの程度（態度）が異なるからである，という点が挙げられる．

この点を反映させる方法として，

① 快適性（その交通手段での移動がどれくらい快適か），利便性（その交通手段での移動がどれくらい便利か）などの主観的な心理要因をアンケート調査で得られる観測値から同定し，

11.2 交通手段選択のモデル化

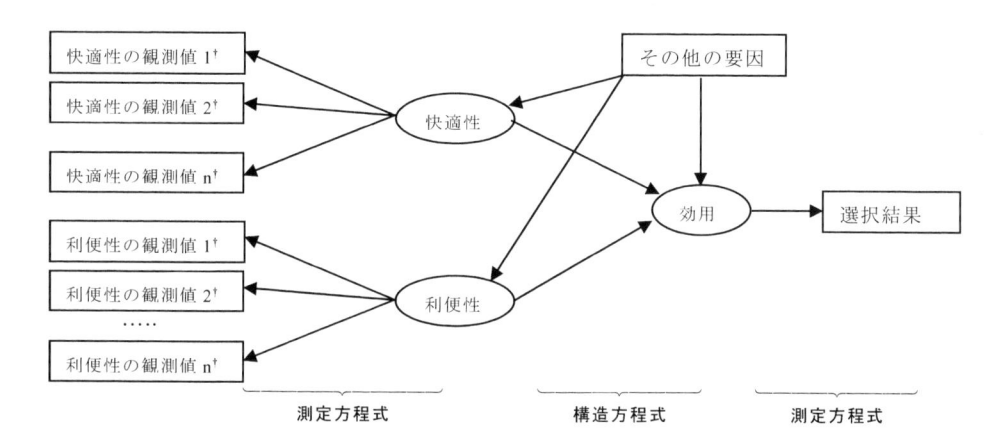

†　どれくらい快適・便利か，についての（例えば7段階の）主観的な評価値

注：森川・佐々木（1993）に基づいて作成

図-11.2.1　心理的要因を考慮した交通手段選択モデルの一例

②　同定された主観的な心理要因を交通手段選択モデルの説明変数に導入する，あるいは，セグメンテーションのための条件変数として用いる．
という方法が，例えば，Recker and Golob（1975）や Koppelman and Lyon（1981）などで提案されている．

さらに，森川・佐々木（1993）は，心理要因を導入する方法として，**図-11.2.1** のような構造方程式モデル（第8章参照）を適用している．このアプローチでは，測定方程式で心理要因を同定し，構造方程式でその心理要因を効用値に反映させている．なお，構造方程式では，観測可能な要因と快適性や利便性などの心理要因との関係も特定しており，これにより，需要予測時には構造方程式のみを用いて心理要因の予測値を計算できるため，分析者が入手しなければならない変数の数を少なく押さえることが可能な点をその特徴として挙げることができる．

(4) サービス水準の不確実性

例えば空港までのアクセス手段を考える場合，我々は，より早く，より安く（サービス水準），そして，より快適に，便利に（心理要因）という基準だけでなく，所要時間の信頼性も考慮に入れることが多い．つまり，自動車で行けば，早くいける可能性

が十分に高かったとしても,「飛行機の離陸時刻に間に合わないかも知れない」という恐れがある場合には,自動車で空港にアクセスすることを躊躇するかも知れない.この様な意思決定は,不確実性下の意思決定問題(竹村,1993)と言われるもので,意思決定を専門に研究の対象とする分野では盛んに分析されている(2.2 節参照).そのモデル化の方法も多様であるが,交通手段選択をモデル化する際には以下の2つの方法が用いられることが多い.

①不確実性を表す指標(例えば分散など)を,説明変数 $\mathbf{X}_{in}$ に導入する(例えば,Menashe and Guttman, 1986; 浅岡ら, 1999).

②期待効用理論に基づいて,サービス水準の確率分布に基づいて効用の期待値(期待効用)を算定し,その最大化行動という形でモデル化する(例えば,山下・黒田, 1996).

不確実性を考慮した交通行動モデルは,交通手段選択よりもむしろ経路選択のモデル化にで盛んに開発されている.これらについては,本章での経路選択のモデル化においてより詳しく述べる.

(5) 制約条件

以上に述べた選択要因は性質が異なるが,交通手段選択に極めて大きな影響を及ぼすのが,制約条件である.例えば,自動車免許を所有していない個人は,自動車を運転することができず,運転可能な同乗者がいない限りは自家用車を利用することが不可能である.また,自家用車を利用可能な個人であっても,例えば,電車で外出した場合,通常は,帰宅時に自動車を利用することができない.逆に,自動車で外出した場合には,通常は帰宅時も自動車を利用しなければならない.公共交通手段に関しても,営業時間以外には利用できないし,路線が存在していない区間では公共交通手段は利用できない.こうした制約条件は,交通手段選択に影響を及ぼすことは当然のことであるが,それらを考慮した上で交通手段選択をモデル化するためには,モデル推定時においても,モデルを適用して需要予測を行う時点においても,一人一人について非常に詳細な情報,とくに,そのトリップを実行する前後の活動や複数のトリップの連鎖を含めた詳細な情報が必要となる.これらを考慮するためには,第 12 章で述べる activity-based approach が有効である.

11.2.2 代表交通手段選択と複合交通手段選択

本節冒頭にて交通手段選択における選択肢は明瞭であると述べたが,その明瞭さはあくまでも代表交通手段(第1章参照)の選択を対象とした場合にのみ保証されるものである.交通手段選択は従来から頻繁にモデル化されてきているが,その多くが代

11.2 交通手段選択のモデル化

表交通手段の選択のみを取り扱うものであった．

しかし，代表交通手段を分析対象としている限り，全てのトリップを完全に規定することはできず，例えばアクセス・イグレス交通手段についての情報が欠落してしまう．結果として，例えば，駅へのアクセスについての政策（バス乗降施設整備，駐輪場整備など）や駐車場政策が交通手段分担へ及ぼす影響を分析することができない．これらの政策が交通需要に及ぼす影響を的確に把握するためには，代表交通手段のみではなく，複合交通手段選択を分析対象としなければならない．

図-11.2.2 は，複合交通手段選択における選択肢として考えられるものの1例を示したものである．この図に示したように，自動車を選択した場合には，駐車場をどこにするか，という選択が必要となる場合がある．一方，電車を選択する場合には，最寄り駅が複数ある場合にはいずれを利用するかという選択が必要とされる場合もある．また，その駅まで何で移動するか，という選択もある．この他にも，目的地の最寄り駅の選択やそこから目的地までの交通手段（イグレス機関）の選択，さらには，自転車駐輪場や鉄道の経路や便の選択など，単一のトリップであっても，その選択肢は多様である．従来では，駅選択や駅へのアクセス手段選択モデル（原田・太田，1983；鈴木ら，1995, 1996），駐車場選択モデル（塚口・小林，1993；室町ら，1993；倉内ら，1997），

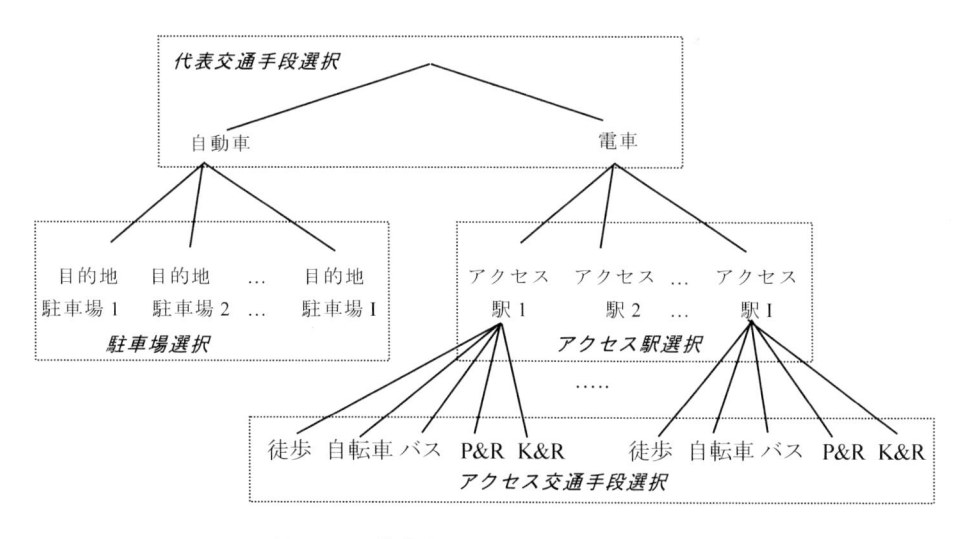

図-11.2.2 複合交通手段選択の選択肢の一例

鉄道経路モデル（清水・屋井，1999），などがそれぞれ構築されており，また，それらのいくつかを組み合わせるモデルも提案されている（吉田・原田，1996）が，これらを統一的に取り扱う交通手段選択モデルは未だ提案されていない．この点は，需要解析モデルの研究にとっての，1つの大きな課題となっている．さらに，赤バス青バス問題に見られるように，選択肢集合が適切に定義しがたいが故に，モデルの適切な同定が阻害されるという事態も起こりうる．

11.3 トリップ頻度選択

交通行動をトリップ単位で捉えた場合，その出発時刻や目的，ODなどのトリップ属性別に，一定期間内の頻度を定義することができる．例えば，1日の自由トリップ数，就業者の勤務終了後の買い物トリップ数，あるいは，1ヶ月間の自宅を起点とする娯楽トリップ数，などがその例である．

トリップ頻度をモデル化する（すなわち，説明変数を与件として与えた場合のトリップ頻度別の条件付き確率を定式化する）にあたっては，ミクロ経済学において定義される効用（第2章参照）などの潜在的な心理量を仮定する場合もあれば，そのような心理量を仮定せずに直接的にトリップ頻度の確率分布を定義する場合もある．ここでは前者を効用モデル，後者を非・効用モデルと呼称する．ただし，その区別は明確なものでなく，同じモデルでも効用モデルと解釈される場合もあれば，非・効用モデルと解釈される場合もある．とくに，心理的な意思決定における情報処理プロセスを明示的に考慮しようという立場にたてば（例えば，Simon, 1990; Gärling, 1998），ここに挙げる行動モデルはいずれも単純にトリップ頻度の確率分布を定式化した「非・効用モデル」にすぎない，と解釈せざるを得ないが，ここでは従来の研究において一般的になされてきた区別を用いることにする．

11.3.1 非・効用モデル（トリップ頻度の確率分布を直接定義するモデル）

(1) 重回帰モデル

トリップ頻度の条件確率を最も単純な形で定式化する方法として，説明変数値が所与の時にトリップ頻度の条件付き分布が正規分布に従うと仮定した上で，その分布の平均値を説明変数の重み付き加算値で定式化する重回帰モデルが挙げられる．重回帰モデルでは，個人nのトリップ頻度F_nは次のように定式化される．

$$F_n = \boldsymbol{\beta} \mathbf{X}_n + \varepsilon_n \tag{11.3.1}$$

ここに，$\boldsymbol{\beta}$：パラメータベクトル，$\mathbf{X}_n$：説明変数ベクトル，ε_n：正規分布に従う誤差項[1]，である．パラメータ$\boldsymbol{\beta}$は，データとしてF_nとX_nが得られていれば推定することができる．

ただし，重回帰モデルでは，自然数であるトリップ頻度を連続数と見なす上に，負の値をとり得るものと見なしたモデルである．そのため，例えば，1ヶ月間の買い物トリップ総数などの，絶対値の大きなトリップ頻度をモデル化する場合などでは，近似的に利用可能である．

(2) トビットモデル

重回帰モデルは内生変数の範囲に制限がなく，負の値を採ることを妨げないが，トリップ頻度が負の値を取ることは定義上あり得ない．この問題を回避するためにしばしば用いられる統計モデルがトビットモデル（第7章参照）である．トビットモデルでは，トリップ頻度F_nは次のように定式化される[2]．

$$F_n = \begin{cases} F_n^* & if\ F_n^* > 0 \\ 0 & if\ F_n^* \leq 0 \end{cases} \quad (11.3.2)$$

$$F_n^* = \boldsymbol{\beta} \mathbf{X}_n + \varepsilon_n \quad (11.3.3)$$

ここで，式11.3.3は重回帰モデルの式11.3.1と本質的に同じ構造となっている．トビットモデルが重回帰モデルと異なるのは，説明変数に直接影響される変数は，F_nではなくF_n^*であり，そして，そのF_n^*とF_nの関係が式11.3.2にて記述されている点である．なお，パラメータベクトル$\boldsymbol{\beta}$は，データとしてF_nと$\mathbf{X}_n$が得られていれば最尤推定法にて推定される．

(3) ポアソン回帰モデル

上に述べた2つの確率モデルは，自然数であるはずのトリップ頻度を連続量として取り扱っている．この問題点を回避する確率モデルそして，ポアソン回帰モデルを挙げることができる．

トリップの発生をポアソン過程と見なした場合（すなわち，トリップの微小時間帯における発生確率は時間に関わらず一定値λ（>0）であり，かつ，微小時間帯ではトリップが複数発生することはあり得ない場合），一定期間のトリップ頻度はポアソン分布に従う．ポアソン過程の性質は，事象発生率λによって定義付けられる．このλを観測可能な説明変数の関数として，例えば，個人nのλをλ_n，$\boldsymbol{\beta}$をパラメータベクトル，$\mathbf{X}_n$を個人nの説明変数ベクトルとすると，

と定式化するのがポアソン回帰モデルである．そして，次の対数最尤関数を最大化することで，パラメータベクトル$\boldsymbol{\beta}$を推定する．

$$LL = \sum_n \ln\left[\frac{\{\exp(\boldsymbol{\beta}\mathbf{X}_n)\}^{F_n}\exp\{-\exp(\boldsymbol{\beta}\mathbf{X}_n)\}}{F_n!}\right] \tag{11.3.5}$$

ここに，F_nは個人nのトリップ頻度である．

11.3.2 効用モデル（潜在的心理量：効用の確率分布を定義するモデル）
(1) オーダード・ロジットモデルとオーダード・プロビットモデル

本書 6.2.6 項で述べたオーダード・ロジットモデルとオーダード・プロビットモデルも，トリップ頻度のモデル化に適用されている．この場合，トリップ頻度F_nを次のように定式化する．

$$F_n = \begin{cases} \cdots\cdots\cdots\cdots\cdots\cdots \\ 2 & if\ \theta_2 \geq F_n^* > \theta_2 \\ 1 & if\ \theta_1 \geq F_n^* > 0 \\ 0 & if\ F_n^* \leq 0 \end{cases} \tag{11.3.6}$$

$$F_n^* = \boldsymbol{\beta}\mathbf{X}_n + \varepsilon_n \tag{11.3.7}$$

ここに，θ_1, θ_2, θ_3, …はしきい値である．そして，誤差項ε_nとして正規分布を仮定するものがオーダード・プロビットモデル，ロジスティック分布を仮定するものがオーダード・ロジスティックモデルである．トビットモデルとの相違は式 11.3.6 においてトリップ頻度F_nの離散性を考慮している点である．

ここで，潜在量F_n^*を，トリップの頻度を規定する潜在的な心理量と解釈すれば，これらのモデルを効用モデルに分類することができる．この解釈は，古典的な計量心理学においてなされてきた解釈である．例えば，Thurstone (1927) あるいは Edgell and Geisler (1980) は弁別の問題（例えば，明るい／明るくない，多い／中くらい／少ない，といった主観的な判断）をオーダード形式のモデルを用いて心理学的に説明しているが，この潜在量を心理量，あるいは，効用として解釈している．しかし，トリップ頻度には様々な要因が影響を及ぼすものと考えられるため，実際のトリップ頻度をモデル化する際の潜在量F_n^*を心理量として定義することについては，議論が分かれるところであろう．

(2) 離散選択モデル

トリップ頻度 1 回，2 回，…のそれぞれ個別の選択肢と見なし，それらの選択肢集合からの選択問題としてトリップ頻度の決定を解釈するのが，離散選択モデルによるトリップ頻度モデルである．トリップ頻度の選択モデルでは，以下に定式化される効用値が最大となるトリップ頻度を選択すると仮定する．

$$U_{fn} = \beta \mathbf{X}_{fn} + \varepsilon_{fn} \tag{11.3.8}$$

ここに，U_{fn} は個人 n のトリップ頻度 f についての効用，$\mathbf{X}_{fn}$ は説明変数ベクトル，β はパラメータベクトル，ε_{fn} は誤差項である．

なお，誤差項 ε_{fn} の定義の仕方によって，離散選択モデルは，ロジットモデル，プロビットモデル，ネスティッドロジットモデルなどに，さらに分類することができる．詳しくは，第 6 章を参照されたい．なお，ネスティッドロジットモデルを適用する場合に頻繁に用いられるツリー構造は，**図-11.3.1** の様なものである．この場合，そのログサム変数の定義の仕方によっては，多項ロジットモデルと等価にもなり得るし（ログサム変数の係数＝1 の場合），逆に，「連続的に次のトリップを実行するかどうかを，2 項選択で判断している」という連続意思決定プロセスに対応させることもできる（ログサム変数の係数＝0 の場合）．

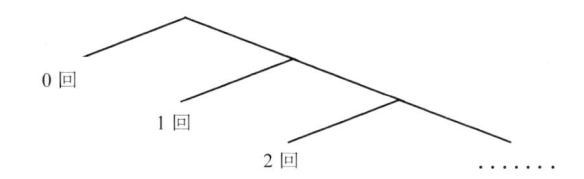

図-11.3.1 階層型のトリップ頻度選択

11.4 目的地選択のモデル化

トリップの出発地，ならびに，個人属性や交通ネットワーク条件，土地利用条件などを与件として与えた場合，ある目的地が選択される条件付き確率を定式化するのが目的地選択モデルである．一般に，ランダム効用理論に基づいた離散選択モデルの枠組みが適用される．一方，ある目的地が選択される頻度の確率分布を定式化する場合もあるがその様なモデルは直接需要モデル（direct demand model; Quandt, 1975）と呼称される．一般に，前者は効用モデル，後者は非・効用モデルに分類される．

11.4.1 ゾーンシステムに基づいた目的地選択のモデル化

目的地選択は，地理平面上の活動場所の選択を意味することから，そのモデル化にあたっては，地理平面を何らかの形で数理表現することが必要となる．その目的のために頻繁に用いられるものが，ゾーンシステムである．ゾーンシステムとは，分析対象とする地理平面を複数のゾーンに分割し，それらのゾーンの集合で地理平面を表現するシステムである．例えば，我々が日常会話においてある施設や場所を市区町村単位で表現しているが，それは，市区町村ゾーンシステムに基づいて地理平面を表現していると解釈することができる．

直接需要モデルは，トリップ頻度の個人別の集計をとる際に目的地を考慮するかしないかの相違点を除けば，先述のトリップ頻度選択モデルと基本的に同一である．したがって，そのモデル化の基本的なアプローチは，基本的にトリップ頻度選択モデルを参照されたい．ただし，隣接する複数の目的地がある場合，それらの目的地へのトリップ頻度の間の相関が生じることが考えられる．その相関関係を考慮するためには，例えば，第8章で述べたような構造方程式モデルを用いて，各目的地へのトリップ頻度について定義される誤差の間の共分散を推定する方法などが考えられる．

一方，ランダム効用理論の枠組みに基づく目的地選択モデル（例えば，Domencich and McFadden, 1970）では，個人 n は，以下のように定式化され効用値が最大となる目的地を選択するものと仮定される．

$$U_{in}^d = \beta \mathbf{X}_{in}^d + \varepsilon_{in}^d \tag{11.4.1}$$

ここに，U_{in}^d は個人 n の目的地 i に対する効用，$\mathbf{X}_{in}^d$ は個人 n，目的地 i の説明変数ベクトル，ε_{in}^d は誤差項，β はパラメータベクトル，である．ここで，交通手段選択モデルと同様，誤差項にいくつかの分布を仮定することができる．しかし，交通手段選択と異なり，選択肢数は数百，あるいは，数千に上ることもあるため，ガンベル分布を仮定し，ロジットモデルとしてモデルを定式化することが多い．また，階層的なゾーンシステムを仮定する場合には，そのゾーンの階層構造に合わせたネスティッドロジットモデルを適用することもできる．

11.4.2 地理情報システム（GIS）の活用の可能性

ゾーンシステムは，多くの地理情報を捨象し大雑把に地理空間の拡がりを表現する方法である．したがって，ゾーンシステムを前提とする目的地選択のモデルも，大雑把なものにならざるを得ない．その様な大雑把な地理表現のもとでも，ゾーン構成に伴う誤差が些細なものと見なせる場合には，ゾーンシステムとそれに基づいた目的地

選択モデルは十分に有効なアプローチである．ところが，トリップ長がゾーンサイズに比して短い場合や，活動施設までのアクセス，イグレスが意思決定に大きな影響を及ぼす場合（例えば，駐車場の有無や鉄道駅端末のアクセス・イグレス）には，ゾーンシステムの問題はより顕著なものとなる．そして，ゾーンシステムでは，トリップの本来的な目的地である活動施設を選択肢として表現することはできない．これらの問題点は，交通基盤整備から需要マネジメントへと推移し，交通計画の対象が空間的により詳細なものへと推移するにつれて，より顕著なものとなる．

これらの問題点を回避する方法として，目的地選択モデルを構築する際に，地理情報システム（GIS: Geographical Information System）を活用するアプローチが挙げられる．GIS を用いると，種々の施設や土地利用の状況，交通ネットワークの接続状況などの目的地選択モデルを構築する際に必要とされる説明変数を，任意の地点について，あるいは，任意の地点間について出力することができる．したがって，GIS から出力される座標単位の地理情報や座標点間の交通移動抵抗データを用いることで，目的地選択モデルに地理平面の拡がりを連続座標表記で認識させ，目的地ゾーンの選択確率ではなく，目的地点の選択確率を定式化することができる．

連続地点の選択確率を定式化することは，目的地点選択の確率密度関数を 2 次元平面上で連続的に定義することを意味する．したがって，例えば，連続ロジットモデル（Ben-Akiva and Watanatada, 1981）が適用可能である．連続ロジットモデルは通常のロジットモデルと基本的に同じモデルであるが，選択肢が連続的に定義される点が異なる．

しかし，都市施設やネットワークが離散的に存在する現実の地理平面上で，数理的に確率密度関数を定義することは大きな困難を伴う．それ故，実際的には，ある程度の離散座標（例えば，5m あるいは 10m 間隔）を用いて目的地点を近似的に表現せざるを得ない．その場合にも，選択肢集合数は，数万から数百万以上となる．また，それらの選択肢の全てを，選択者が選択可能であるとも考えがたく，プリズム制約（Hagerstrand, 1970）や認知上の制約（森川ら，1991）を明示的に考慮し，選択肢集合の個人間の異質性を考慮することも不可欠である．この様に，GIS を活用した連続目的地の選択モデルを構築するにあたって，克服すべき技術的課題点は多いが（菊池ら，2000），計算機の能力の向上，あるいは，新しい効率的な計算アルゴリズムの開発（河本ら，2001）とともに，実用可能性は向上しつつある．

11.5 トリップ発生頻度・交通手段・目的地選択の統合モデル

本章では，トリップ頻度，交通手段，目的地のそれぞれの選択を個別にモデル化する方法について述べてきたが，それらの選択は当然ながら相互に関連している．交通行動モデルでは，それらの相互作用を考慮するために，複数の選択の選択確率間の相関が定式化される．すなわち，多次元の同時選択確率が定式化される．

交通手段と目的地の同時選択確率を定式化するにあたって，複数の選択次元を異なる階層に配置した選択構造を仮定したネスティッドロジットモデルがしばしば用いられてきた．例えば，図-11.5.1 に示した選択構造を仮定したものが開発されている（藤井ら，1997）．選択構造の特定にあたっては，ログサム変数の係数の推定値を参照しながら，それが 0 と 1 の間に収まるような選択構造を探すという方法が一般的であるが（黒川編，1995），選択構造に関する個人間の異質性を考慮するモデルも開発されている（藤井ら，1996）．

目的地とトリップ頻度の同時選択を記述する場合にも，ネスティッドロジットモデルが適用されているが（吉田・原田，1990），その他にも資源配分モデル[3]を適用する方法が提案されている．

資源配分モデルは一定期間（例えば 1 月，1 年）での個人別の交通行動集計値（すなわち，目的地別のトリップ発生頻度）の同時生起確率を誘導するモデルである．このアプローチでは，一般に，以下のような効用最大化問題として同時選択行動を定式化する．

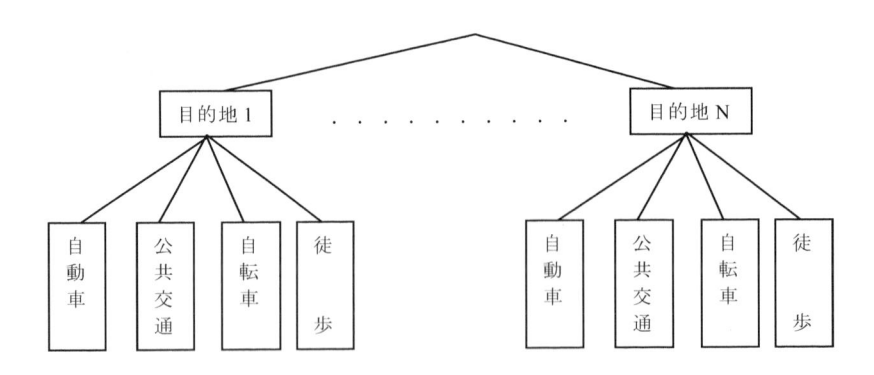

図-11.5.1 交通手段・目的地同時選択ネスティッドロジットモデルの選択構造

11.5 トリップ発生頻度・交通手段・目的地選択の統合モデル

$$\text{Max} \quad U_n(\mathbf{F}_n) \tag{11.5.1}$$

$$\text{S.T.} \quad C_D(n) = 0 \tag{11.5.2}$$

$\mathbf{F}_n$は個人nの全ての目的地へのトリップ頻度を要素とするベクトル($= (F_{n1}, F_{n2}, ...)$、ここに、F_{ni}は個人nの目的地iへのトリップ頻度)、$U_n(\mathbf{F}_n)$はトリップ頻度$\mathbf{F}_n$の場合の個人nの効用、$C_D(n)$は個人nの目的地選択に関する制約条件を意味する。ここで、トリップ頻度の増加に伴う効用$U_n(F_i)$の増分(すなわち、限界効用)が単調に低減していくと仮定すると、上記最適化問題から、以下のRoyの恒等式が誘導される。

$$\delta U_n(\mathbf{F}_n^*) / \delta F_{ni} = \text{Const.} \quad (\forall i) \tag{11.5.3}$$

ここに、$\mathbf{F}_n^*$は実際に観測された$\mathbf{F}_n$、すなわち、効用$U_n(\mathbf{F}_n)$を最大化する$\mathbf{F}_n$であり、Const.は定数を意味する。この式は、全ての目的地について、限界効用が等しくなる時に、効用$U_n(\mathbf{F}_n)$が最大化されることを意味している。以上の枠組みに基づいたモデルとしては、ランダム効用を仮定しないアプローチ(森杉・上田, 1995; 森川ら, 1999)と、仮定するアプローチ(室町, 1992; 藤井ら, 1999)の双方が提案されている。また、制約条件については、所得制約や自由時間制約が考慮されている。

さて、ネスティッドロジットモデルでは選択肢の誤差項の共分散を推定することで交通手段選択と目的地選択の相互関係を表現するが、資源配分モデルでは所得や自由時間といった制約条件の下でのトレードオフという形で相互依存性をモデル化する。例えば、資源配分モデルでは、ある目的地に時間と費用を多く投入した場合にはそれ以外の目的地に投入可能な時間や費用が減少する、という形の選択間のトレードオフを考慮するが、ネスティッドロジットモデルでは、そのようなトレードオフは考慮されない。この点が、資源配分モデルとネスティッドロジットモデルの大きな相違点である。

なお、資源配分モデルのパラメータ推計については、ランダム効用を仮定しない資源配分モデルの場合にはロジットモデル(森川ら, 1999)が、ランダム効用を仮定する場合にはトビットモデル(室町, 1992; 藤井ら, 1999)がそれぞれ適用可能である。

以上、交通手段と目的地選択の同時記述モデル、トリップ頻度選択と目的地選択の同時記述モデルについて述べたが、これら3つの選択を同時に記述するモデルも提案されている。ただし、それらのモデルは、トリップではなくトリップチェイン(西井・佐々木, 1985; 近藤, 1987)、ツアー(永易・河上, 1998)、あるいは生活活動パターン(河上ら, 1986; 北村, 1996)をモデル対象として捉えたアプローチに基づいて開発されている。それらについては、次章にて述べる。

11.6 経路選択のモデル化

上述の発生,分布,分担の3つに対応する行動モデルと比べた場合,配分に対応する経路選択モデルは,少なくとも現時点ではその実際的な交通需要予測への適用可能性が十分に高いとは言い難い.もちろん,経路選択行動の実証的な分析が行われ,経路選択行動や情報提供に関する有益な知見が蓄積されて来ている(秋山,1993; 飯田ら,1993; ジョイバタ,1995; 山下・萩山,1996; 羽藤ら,1998)が,交通需要量と交通サービスレベルとの間の直接的な関係,すなわち,混雑現象を需要解析に明示的に導入した集計的な交通ネットワーク流の研究が主流であった.それに加えて,経路選択行動のモデル化にあたっては,他の交通の選択行動モデルとは異なった固有の問題点があり,それが選択モデル開発を立ち後れさせる原因となっている.以下,その固有の問題点について述べる.

なお,以下の議論に先立ち,経路選択モデルを,ランダム効用理論に基づいて,以下のように定義し,それに基づいて経路選択行動のモデル化の問題点を述べることとする.

$$I_n^r = \underset{i \in \Omega_{rn}}{\mathrm{argmax}} \left(U_{in}^r \right) \tag{11.6.1}$$

ここに,I_n^r は個人 n が選択する経路,U_{in}^r は個人 n の経路 i の効用,Ω_{rn} は個人 n の経路選択肢集合,$\underset{i \in \Omega_{rn}}{\mathrm{argmax}}\left(U_{in}^r\right)$ は U_{in}^r が最大となる選択肢を意味する.

11.6.1 課題1:経路選択肢集合の同定

経路選択での選択肢である経路は,ネットワーク上の複数のリンクの連なりとして定義され,個人が選択可能な経路数は,些細な相違まで考慮すると膨大な数に上る.この様な膨大な選択肢が存在する場合,パラメータ推定においても,需要予測計算においても,数値計算が極めて複雑となる.

複数経路間の誤差相関を考えない場合には,経路選択モデルとしてロジットモデルを適応することが可能となり,比較的容易に需要予測計算もパラメータ推定も行うことができる(6.6.2項参照).パラメータ推定については,選択肢のサンプリングによる推定(Ben-Akiva and Lerman, 1985),すなわち,選択経路といくつかの代替経路を観測し,それらを推定計算のための選択肢集合と見なした上で推定する方法によって選択肢集合の大きさに伴う推定作業の困難さを軽減することができる(藤井ら,1999).需要予測計算においても,Dial によって提案されている方法,あるいは,動的計画法

を適用することで効率的に選択経路をランダム効用理論に基づいて探索することができる（土木学会，1999）．ただし，効用関数が個々のリンクの効用の総和ではなく，経路に固有な属性にも経路効用が依存する場合には，動的計画法を適用することが不能となる[4]．その場合には，当該ネットワークの形状に固有な最適アルゴリズムを動的計画法を援用しつつ開発せざるを得ない．

一方，ある個人が利用可能なネットワーク上の経路は，通常は互いに重複している．それらの重複により，個々の経路の誤差項を独立と見なすことはできず，したがって，パラメータ推定においては誤差項の共分散を考慮することが必要となる．その方法として，プロビットモデルを用いる方法が考えられるが，選択肢数が多い場合にはその推定は極めて困難となる．現実的な推定方法として，構造化プロビットモデルが提案されている（屋井・中川，1996）．構造化プロビットモデルでは，経路長 L_a，経路長 L_b の2本が L_{ab} の長さにわたって重複している場合，両経路の誤差項の分散 σ_a^2，σ_b^2，および両誤差項の共分散 σ_{ab} を以下のように定式化する．

$$\sigma_a^2 = L_a\, \sigma^2$$

$$\sigma_b^2 = L_b\, \sigma^2$$

$$\sigma_{ab} = L_{ab}\, \sigma^2$$

ここに，σ は未知パラメータである．この定式化は，全ての道路空間で観測不能な効用（すなわち，誤差）が生じる可能性が均等に分布することを意味する．この様に誤差項の分散共分散行列を経路長で構造化することで，推定パラメータ数が大幅に削減できるため，経路重複が存在するネットワークを対象とした場合でも，経路重複を考慮した推定が可能となる．

さらに，個人が，膨大な数に上る全ての経路選択肢を全て考慮した上で選択を行っているとは考えられない．この点を考慮するためには，経路選択肢の選択肢集合を同定する方法論が必要である．しかし，個人がリンクの属性を認知しているのではなく，複数のリンクで構成される経路の属性を認知し，それに基づいて選択肢の選別を行っているとすると，システマティックに主観的な経路選択肢集合を同定する方法論の開発は非常に難しい．この点は，経路選択モデル開発上の検討すべき重要な課題である．

11.6.2　課題2：不確実性下の意思決定の記述

経路選択における主要な選択要因である所要時間は確率的に変動する．したがって，運転者は所要時間を曖昧に認識したまま意思決定を行っていると考えられる．これについては，次のような，運転者の認知所要時間を確率変数と捉えた上で期待効用最

大化仮説（Von Neumann and Morgenstern, 1944）を適用するというアプローチ（小林・藤高, 1993；多々納ら, 1996）が考えられる．

$$U_{in}^r = \int_0^{+\infty} U_{in}(t) f_i(t) dt \tag{11.6.2}$$

ここに，$U_{in}(t)$ は経路 i の所要時間が t の場合の効用，$f_i(t)$ は経路 i の所要時間が t である確率密度であり，この積分によって期待効用が得られる．すなわち，この行動仮説では，期待効用が最大となる経路を選択するとされる．$U_{in}(t)$ としてランダム効用を仮定すれば，その期待効用 U_{in}^r もランダム効用となるので，基本的に通常の離散選択モデルの形で経路選択確率を誘導することができる．なお，上記積分に解析的な解が存在する場合は，推定計算は通常の離散選択モデルと全く同型である（例えば，解析的な解として，認知所要時間の平均とその分散を説明変数として導入するだけで事足りる場合もある）．解析的な解が存在しない場合は，パラメータ推定時にガウス求積法などの数値積分を用いることが必要となる．

ところが，期待効用最大化仮説の妥当性については，実証データに基づいて繰り返し批判されてきている．これらの批判については既に第 2 章で詳しく論じられているが，代表的な例としては，次のようなものが挙げられる．例えば，意思決定者は必ずしも危険回避選好を持つのではなく，得られる結果の水準がある値（参照点；reference point[5]）を越えるとリスクへの態度が逆転するという実証知見（リフレクション効果；Kahaneman and Tversky, 1979），記述方法によって意思決定が異なるという実証知見（フレーミング効果；Tversky and Kahaneman, 1983）などが挙げられる．

これらの実証知見を説明可能な意思決定記述モデルとして，第 2 章にて説明されているプロスペクト理論が提案されているが（Kahaneman and Tversky, 1979），プロスペクト理論でも説明不能な実証知見はいくつも指摘されている上（Kühberger, 1998），プロスペクト理論が前提とする参照点は，分析者，意思決定者を含めて誰も同定することができないという本質的問題点が存在する（Takemura and Fujii, 1999）ため，これを，需要解析に直接的に適用することはできない．それらの問題点を回避する意思決定モデルとして，状況依存焦点モデル（竹村, 1994；藤井・竹村, 2001）が提案されている．このモデルは，数理的には期待効用理論と同型であるが，リスク態度が状況に依存して変化することを仮定して不確実性下の意思決定を記述するものであり，プロスペクト理論や期待効用最大化仮説では説明できない実証知見を理論的に説明可能である．このモデルと基本的に同型の経路選択モデルも提案されており（藤井ら, 1999），需要モデルへの適用可能性は，期待効用理論と同様に高い．

一方，$f_i(t)$ は厳密には主観的な所要時間の確率分布であり，これをいかに定式化するのかという点も期待効用最大化仮説に基づいてモデル化する場合の重要な課題である．この点については，所要時間の主観値の確率構造に関する実証分析もなされているが（林ら，1998），不明な点は多い．その上，確率理論に基づいた不確実性の主観的認知の記述は不十分であるとの指摘もなされ，その指摘を裏付ける実証知見も得られている（Ellsberg, 1961）．この問題点を回避するために，主観的確率の上限値と下限値を仮定する不正確確率理論（imprecise probability 理論; Walley, 1991）に基づいた行動モデルや，ファジー理論（Zadeh, 1965）に基づいた行動モデルが提案されている．とくに，ファジー理論[6]は経路選択モデルにも適用され，様々な拡張がなされており（秋山，1993），期待効用モデルに代わるモデルとしての実用可能性は高い．

● 脚注

[1] 推定法として最小 2 乗法を用いれば，誤差項の確率分布を定義することは必ずしも必要ないが，誤差項の確率分布を定義していなければ需要解析時には予想期待値の議論しかできず，モンテカルロ法によるシミュレーション解析などが出来なくなる．それに加えて，正規性が満たされていない場合には，個々の変数の係数を適切に検定出来ないという問題もある．
[2] ここでの定式化では，トリップ頻度の下限値が一般に 0 であることから 0 を境界値としている．しかし，例えば勤務終了後の通勤者のトリップ数を定式化する場合には，「1」を境界値として設定すればよい．なお，当然ながら，境界値を-∞ と定義すれば重回帰モデルと一致する．したがって，重回帰モデルはトビットモデルの特殊形である．
[3] これらのモデルは，交通手段 i と目的地 j のペア (i, j) に，時間や所得などの連続資源を配分するため，ここでは資源配分モデルという呼称を用いる．
[4] 動的計画法を用いた最適経路探索法は，一方のトリップエンドから，リンク効用を単位として，もう一方のトリップエンドに向けてリンク効用の総和が最大となる経路を探索していく．したがって，経路効用がリンク効用の総和と一致しない場合には，動的計画法をそのまま適用することは出来ない．
[5] 参照点とは，意思決定を行う際に判断の基準とする点である．例えばあるギャンブルを行う場合，頻繁に「儲かった」「損をした」という口語表現をするが，その表現はあくまでも主観的な損得勘定に基づいたものであり，絶対的な基準に基づいて表現している訳ではない．すなわち，1000 円の収入を儲けと捉える人も損と捉える人もいる．参照点とは，そのような「儲け」と「損失」を区別する主観的な点である．プロスペクト理論では一般に「いずれの損がましか？」という判断では危険受容傾向が強くなり，「いずれの儲けが良いか？」という判断では危険回避傾向が強くなるように，価値評価関数が定義される．すなわち，参照点の右側は concave，左側は convex の評価関数が仮定される．一般に期待効用理論では，原点から右側の領域（正領域）においてのみ効用関数が定義される，かつ，その効用関数は concave であることが仮定されるが，この点が期待効用理論とプロスペクト理論の相違点である．
[6] 確率理論では個人の所要時間の認知を説明する際，個人は所要時間を点で推定し，その推定値が生じる確率密度を個人が主観的に形成している，という前提に立つ．一方，ファジー理論で

は，個人は所要時間を区間推定している，という前提に立つ．確率判断において個人は区間推定を行うことは繰り返し実証データで示されている（Beyth-Marom, 1982）．このことは，確率理論は意思決定記述の理論としてはファジー理論よりも劣ることを意味するものとも解釈できる．

第 12 章　Activity-Based Approach

12.1　Trip-Based Approach の限界

　交通行動と活動とは相互依存の関係にある．「今日はお酒を飲みにいくから電車で通勤しよう」「今日は遅くなるから，車で行こう」など，我々の日常生活において，活動の性質によって交通手段や目的地といったトリップの属性が規定される例は数多く挙げられる．前章で紹介した個別トリップに着目するアプローチ，すなわち，trip-based approach では，その移動の直後の活動の種別をトリップ目的という形で要因として導入する．しかし，トリップ目的を外生変数としてモデルに導入するだけでは捉え切れない移動と活動との間の因果関係が存在することは想像に難くない．活動と移動との関係を十分に考慮した上で，個人の交通行動を的確に把握し，予測するためには，交通需要は活動の実行に伴って誘発されるものであり，かつ，トリップは個人が時空間内で実行する生活行動の一部である，という認識に立つことが必要である．この認識にたった交通解析アプローチは，activity-based approach（Jones, 1983; 近藤, 1987; 北村, 1996.）と言われる．Activity-based approach の必要性は，交通計画の方法論が交通基盤整備中心から個人の生活行動に影響を及ぼす交通需要マネージメント政策へと移行するにつれて，より大きなものとなっている．それに加えて，activity-based approach により，個人の生活の質を視野に入れた政策評価も可能となるものと期待される．

　従来に提案されている activity-based approach に基づいた交通需要解析モデル（以下，生活行動モデルと呼ぶこととする）は，その基本的なモデル化方針，適用方法は，前章で述べた trip-based の交通行動モデルと同様である．すなわち，観測可能な条件（土地利用条件や交通ネットワーク条件，および，個人属性）のもとで，ある個人がある生活パターンを実行する確率を定式化する．そして，それに基づいてモンテカルロ法などによって生活行動を再現し，得られた情報に基づき，交通需要の解析を目指す，という手続きが，一般的な適用方法である．

　生活行動モデルが前章で紹介したトリップのモデルと大きく異なるのは，モデル化の対象に，次元の異なる複数の意思決定が同時に含まれているという点である．それ故に，生活行動モデルは否応なく複雑化する傾向にあり，かつ，その種類も多い．ここでは，これまでに提案されている生活行動モデルを，いくつかに分類しながら紹介する．

12.2 構造方程式モデルを適用した生活行動モデル

個人の1日の生活行動を，トリップ数や活動数，あるいは，活動時間などで表わしたとしよう．構造方程式モデルによる生活行動モデルとは，これらの複数の指標を内生変数とする連立型の回帰モデルであり，従来までにいくつかのモデルが提案されている（Kitamura et al., 1992; 黒川ら，1993; 瀬戸ら，1995; 藤井ら，1997a）．このモデルは一般的には，以下のように定式化される．

$$\mathbf{Y} = B\mathbf{Y} + \Lambda\mathbf{X} + \Sigma \qquad (12.2.1)$$

ここに，$\mathbf{Y}$ は生活行動についての指標ベクトル，$\mathbf{B}$，$\mathbf{\Gamma}$ はパラメータ行列，$\mathbf{X}$ は説明変数ベクトル，Σ は誤差項ベクトルである．具体的には，例えば，次のような形でモデルが定式化される（藤井ら，1997a）．

$$\begin{pmatrix} N_{trips} \\ N_{chains} \\ D_{out} \\ D_{ntrips} \\ D_{home} \end{pmatrix} = \begin{pmatrix} 0 & 0 & 0 & 0 & 0 \\ 1 & 0 & 0 & 0 & 0 \\ 0 & 0 & 0 & 0 & 0 \\ 0 & 0 & 0 & 0 & 0 \\ 0 & 0 & 1 & 1 & 0 \end{pmatrix} \begin{pmatrix} N_{trips} \\ N_{chains} \\ D_{out} \\ D_{ntrips} \\ D_{home} \end{pmatrix} + \Gamma\mathbf{X} + \Sigma \qquad (12.2.2)$$

このモデルは，京阪神地域の就業者の勤務終了後から就寝までの生活パターンをモデル化したもので，内生変数は，仕事が終了してから最初に帰宅するまでのトリップ回数（N_{ripts}），帰宅してからのホームベースのトリップチェイン数（N_{chains}），自宅以外での自由活動時間（D_{out}），通勤以外のトリップ時間（D_{ntrips}），在宅時間（D_{home}）の5つである．また，説明変数としては，年齢，性別などの個人属性に加えて，通勤時間，仕事の開始時刻と終了時刻などが用いられている．

このモデルでの内生変数間の関係は式 12.2.2 に示されているが，一般には，因果関係の基本形を何らかの行動仮説から導いた後に，それを基本として統計的基準，すなわち適合度を参照しつつ特定化する．この例では，時間的に先行する活動の指標からそれに続く活動への指標への因果関係が仮定されている（$N_{trips} \to N_{chains}$; $D_{ntrips}, D_{out} \to D_{home}$）．元来，構造方程式モデルは変数間の因果関係についての理論仮説を検定することを主たる目的として開発されたものであるが，外生変数の変化に伴う内生変数の変化量に基づいて，交通需要解析にも応用することができる．例えば上述のモデルの推定結果からは，通勤時間が 10 分短縮された場合，その70%（7分）が在宅活動に配分され，宅外の自由活動には 23%の時間（2.3 分），残りの 7%はその他の活動に費やされる事が推定されている．

第8章で見たように，構造方程式モデルは，複数のトリップ間，活動間，あるいはトリップと活動の間の相互依存関係を考慮することができる点が大きな特徴である．また，内生変数の離散性や打ち切りなどの性質を考慮できる点も，有利な点である．すなわち，このモデルでは前章で述べたオーダードプロビットモデルやトビットモデル，重回帰モデルなどの様々なモデルを同時に取り込むことができる．しかし，活動場所や活動内容などについての多項離散選択問題をモデル化することができない点が難点である．

12.3 Hazard-Based Duration モデルに基づく生活行動モデル

生活行動をモデル化する上で，重要な対象の1つに，活動時間がある．なぜなら，活動時間は，トリップ出発時刻と直接的に関連するため，1日の交通行動の時間的推移を表現する場合に重要な要素となるからである．

活動時間は，非負の変数であることから，誤差項の確率分布として正規分布を仮定した回帰モデルを適用することには問題がある．この様な変数のモデル化には，第10章で紹介した hazard-based duration モデルが適している．このモデルを適用した最も基本的なモデルは，単一の活動の活動時間分布を以下の形で定式化するものである．

$$D = D_0 \exp(\mathbf{BX}) \tag{12.3.1}$$

D は対象とする活動時間，D_0 はワイブル分布や対数ロジスティック分布などに従う誤差項，$\mathbf{B}$ はパラメータベクトル，$\mathbf{X}$ は説明変数ベクトルである（森地ら，1992；森川ら，1995；Bhat, 1996；Kim and Mannering, 1997；藤井ら，1997b）．

このモデルを複数組み合わせた competing hazard model を適用することで，活動時間だけでなく，活動の実行の有無を再現する方法も提案されている（Ettema et al., 1995）．このアプローチでは，ある活動の実行が開始時刻を与件として与えた場合の，1) その活動の終了時刻，ならびに 2) その活動終了後に実行する活動内容，の双方を同時に算定する．例えば，現在，活動 A を時刻 t から実行している個人を考えよう．そして，その個人が次に実行可能な活動は B, C, D の3つであると考えよう．この様な場合，このアプローチでは，

①活動 A が終了し活動 B が開始される時刻，
②活動 A が終了し活動 C が開始される時刻，
③活動 A が終了し活動 D が開始される時刻，

の3つの時刻の内，最も早い時刻に対応する活動が，次に実行されるものと考える．

つまり，活動 B, C, D がそれぞれ互いに競合しており，その中で最も早い時刻を持つものが次の活動内容として選ばれる．当然ながら，その時刻で，活動を変更するため，活動時間，あるいは，活動終了時刻，開始時刻のいずれもが同時に求まることになる．もちろん，この様な競合モデルが人間の生活パターンの意思決定に即したものである必然性はとくに存在しないが，活動内容，時刻，時間，といった種々の生活パターンの要素を簡便にモデル化できる方法として，その有用性は高い．

12.4 効用理論に基づく生活行動モデル

個人の時間軸上の活動を効用理論に基づいて定式化した初期的な研究としては，Becker（1965）の研究が挙げられる．Becker は衣類や食料品などの財の消費は，収入だけでなく時間も必要とする経済活動であるとの認識のもと，以下のように消費行動をモデル化した．

$$max. \ U_n(Z)$$
$$s.t. \quad TI > I(Z) \ and \ TT < T(Z)$$

ここに，Z は各種材の消費量を示すベクトル，$U_n(Z), I(Z), T(Z)$ はそれぞれ消費量が Z の場合に得られる効用，必要とされる費用，および時間，TI は総収入，TT は財の消費に利用可能な総時間を意味する．この定式化は，それ以後，De Serpa（1971），Evans（1971）らによってより一般化され，拡張されているが，最も重要なのは財の消費は活動である，との認識に基づいているという点である．それ故に，以下に述べるような形で交通需要解析を目的とした生活行動モデルにも適用されている．

12.4.1 資源配分モデル

Becker モデルの考え方は，Kitamura（1984a）によって交通需要解析を行う方法論として適用されている．この研究では，活動を在宅活動と宅外活動に分類し，宅外活動に活動時間が配分される場合には外出トリップが生成され，配分されない場合には外出トリップが生成されないという自明の関係に着目し，個人のそれぞれへの配分時間を，消費者理論の枠組みで以下の様にモデル化している．

$$max. \ U_n(D_{home}, D_{out}) \tag{12.4.1a}$$
$$S.T. \quad D = D_{home} + D_{out} \tag{12.4.1b}$$

ここに，D_{home}, D_{out} はそれぞれ自宅，宅外での活動時間，$U_n(D_{home}, D_{out})$ は個人 n がそれぞれ D_{home}, D_{out} の長さの在宅活動，宅外活動を実行したことで得られる効用，D は自宅と宅外の双方で利用可能な総時間である．なお，効用関数 U_n は，その個人の属性

や交通環境，生活環境を表す外生変数ベクトルとパラメータによって特定化される．同様のアプローチは，Supernak（1992），Kraan（1996），Kitamura et al.（1996）によっても交通需要解析モデル構築に適用されている．これらの研究で仮定される定式化では，調査によって観測される時間配分結果が制約条件下での効用最大化の結果得られたものであるという仮定の下で，回帰モデル（Kitamura, 1984a; Supernak, 1992; Kraan, 1996）やトビットモデル（Kitamura et al., 1996）などの統計モデルを用いて効用関数内の未知パラメータ B を推定している．

これらの研究では，目的地選択や活動内容選択といった離散的な選択ではなく，活動時間や移動距離，あるいは，財の購入量といった連続変数の選択問題に着目している．すなわち，Kraan（1996）は離散的な目的地選択を考慮する代わりに，連続的な移動距離の選択を内生的に取り扱う方法を，Kitamura et al.（1996）は離散的な活動内容の選択をその活動の配分時間についての連続的な選択として取り扱う方法をそれぞれ提案している．また，Jara-Diaz（1994）も同様に買い物目的地選択を各目的地で購入する財の量という連続的な選択問題として取り扱う方法を提案している．しかし，交通手段選択や活動の順番といった離散変数についての選択問題は，連続変数の配分問題の結果として記述することは難しい．

12.4.2 離散選択モデル

離散選択モデルを適用した生活行動モデルとして，Adler and Ben-Akiva（1979），Recker et al.（1986a, 1986b），河上ら（河上ら, 1986; 永易・河上, 1998）などが挙げられる．これらのモデルは，活動数，活動内容，活動場所，活動施設の来訪順列，トリップの交通手段，といった離散的な要素の組み合わせからなる生活パターンの中から，最大の効用を与えるものを選択している，という仮定に基づくモデルである．なお，これらのモデルはいずれも，各選択肢の効用の誤差項は互いに独立で同一のガンベル分布に従うものと仮定したロジットモデルを適用している．この各選択肢の効用の誤差項が独立であるという仮定を緩和するために，Bowman and Ben-Akiva（2001）はネスティッドロジットモデルを適用して同様の選択問題を定式化している．ただし，これらのモデルでは，資源配分問題で容易に取り扱うことが出来た時間配分などの意思決定を連続的に記述することは出来ないため，近似的に，時間を離散化する方法が採用される．その場合，選択肢数が膨大なものとなるため，時間はごく粗く設定されることが一般的である．同様の理由で，目的地のゾーンも粗く設定されることが多い．

なお，これらのモデルを需要解析に適用する場合には，選択肢集合を生成するとともに，乱数を発生させて生活パターンを生成するシミュレータが必要となる．例えば，

Recker et al.（1986a, 1986b）のモデルは STARCHILD と呼ばれるシミュレータに導入されている．

12.4.3 離散－連続モデル

上述の資源配分モデルと離散選択モデルを統合するモデルとして，離散-連続モデルが生活行動のモデル化に適用されている．一般に，これらのモデルでは以下の最適化問題として生活行動が定式化される．

$$\text{Max} \quad U_n(\mathbf{S}) \tag{18.5.1}$$

$$\text{S.T.} \quad C_L(n) = 0 \tag{18.5.2}$$

$\mathbf{S}$ は生活パターンを表す行列，$U_n(\mathbf{S})$ は生活パターン $\mathbf{S}$ に対応した効用，$C_L(n)$ は個人 n の生活パターンについての制約条件を意味する．効用関数 U_n は，資源配分モデルと同様に，その個人の属性や交通環境，生活環境を表す外生変数ベクトル $\mathbf{X}$，ならびに，パラメータベクトル $\mathbf{B}$ によって特定化される．ここで，$\mathbf{S}$ を如何に定義するかで，モデルが対象とする選択が規定される．例えば，$\mathbf{S}$ を活動内容と活動時間の 2 つで定義するモデルは，活動内容・時間の同時選択モデルと見なすことができる．また，制約条件としては，資源配分モデルと同様に時間制約が導入されたり，それをさらに一般化したプリズム制約（Hagarstrand, 1970）などが導入される．

Hamed and Mannering（1993）は，就業者が勤務終了後に直接帰る（直帰）かどこかに立ち寄る（非直帰）かという 2 項選択と，非直帰の場合の移動時間の双方を内生化した離散-連続モデルを提案している．その他，活動内容・数・順序・場所・時間の離散-連続モデルや（藤井ら，1998），それに交通手段を加えたモデルなども提案されている（Fujii et al., 1998）．選択要素の増加に伴って推定がより複雑なものとなるが，Fujii et al. (1998) は，資源配分モデルと離散選択モデルで適用される推定方法（回帰モデル，トビットモデル，ロジットモデルなど）を組み合わせた段階推定方法を提案している．また，この研究では，活動内容・数・順序・場所・時間・交通手段の離散-連続モデルに基づいて生活行動を再現するシミュレーションシステムとして，PCATS-RUM を提案している．

12.5 意思決定プロセスを考慮した生活行動モデル

以上に紹介した構造方程式モデル，hazard-based duration モデル，効用モデルは，いずれも個人が行った複数の意思決定の結果として現れる生活パターンと，データとして入手可能なネットワークや土地利用の条件，個人の属性などとの統計的な関係を記

述するモデルであるが，その一方で，個人の意思決定のプロセスを表現する生活行動モデルも提案されている．

12.5.1 満足化原理に基づく生活行動モデル

前節に述べた効用理論モデルは，選択肢集合の中での最大の効用を与える選択肢を選択する，という「最大化原理」に基づくものであるが，最大化原理の現実性はしばしば批判されている（第2章，第3章参照）．それ故，個人の意思決定過程を考慮した場合，個人は，ある一定水準以上の効用を与える選択肢を選択する，という「満足化原理」に従って行動しているものと考える方がより妥当であろう（Simon, 1990）．この考え方に基づいた生活行動モデルとして，AMOS が挙げられる（Kitamura et al., 1995）．AMOS は，交通需要マネージメントを評価するためのモデルとしてとくに開発されたものであり，入力データとして与えられる各個人の生活パターンが政策実行時にどのように変化するのかを出力する．モデル内では，実行可能な対応行動をニューラルネットワークを用いていくつか生成し，その中からある一定水準以上の効用を与える対応行動を選定している．なお，効用の算定にあたっては，Kitamura（1984a）と同様の枠組みの時間利用効用関数を用いている．

12.5.2 逐次的意思決定過程を仮定する生活モデル

意思決定プロセスの単純なモデルとして，次のような逐次的意思決定過程が挙げられる．

① 最初の活動の要素（活動内容，場所，時間など）を決定，
　⇒　最初の活動を実行
② 2番目の活動の要素（活動内容，場所，時間など）を決定，
　⇒　2番目の活動を実行
③ 3番目の活動の要素（活動内容，場所，時間など）を決定，
　⇒　3番目の活動を実行
　‥‥

この様な逐次的意思決定過程の行動理論的な妥当性は，Brehmer(1992)やKleiter(1975)によって行われた実験分析により示されている．彼らの実験では，被験者に複数の活動を時間軸にそって効率的に計画するように教示したり，あるいは，コンピュータを用いて時間軸上での意思決定を逐次的に実行するように要請し，その意思決定の特性を観測するものであった．それらの実験の主な結論は，個人差や状況に依存した差異は存在するものの，一般的には，個人は現在実行中の活動，および，次の活動の内容についての意思決定を行うに過ぎない，すなわち，個人は全体を通じての最適化を図

る様なことをせずに逐次的な意思決定を行う傾向が強い，というものであった．

この様な，逐次的意思決定過程を仮定したモデルとしては，Poeck and Zumkeller によって提案され，その後に Herz, Sparmann, Axhausen らにより発展された German アプローチモデル（Axhausen and Herz, 1989）や，Kitamura（1984b），あるいは Kitamura and Kermanshah（1983, 1984）によって提案されたモデル，あるいは，Kondo（1974）や Kitamura and Lam（1983）などによって提案されているマルコフ過程モデルが挙げられる．これらのモデルは，活動の要素として何を考慮するかによって様々に分類できる．例えば，交通手段のみを考慮して交通手段の連鎖を表現する単純なモデルから，交通手段と活動内容，活動場所，ならびに活動時間を同時に考慮する複雑なモデルまで，様々なものが提案されている．個々の活動要素の生起確率は，前章で紹介した離散選択モデルや回帰モデル，hazard-based duration モデル，あるいは，離散－連続モデルなどによって定式化されることが一般的である．

逐次的意思決定過程を仮定するモデルの適用上の利点は，多様な行動モデルを同一のフレームワークの下に統合できるために，生活パターンの様々な側面を柔軟にモデル化できる，という点である．例えば，構造方程式モデルや hazard-based duration モデルでは定式化が困難な目的地選択などの多項選択をモデルに導入することができるし，データや評価対象とする政策に合わせて特定の行動モデルを取り替えることもできる．さらに，需要解析を行うにあたっての実務上の利点は，その計算費用の少なさである．同様の情報量を含む生活行動を，逐次的意思決定過程を仮定するモデルと同時的な意思決定を仮定したモデル（例えば，前節で紹介した効用最大化モデル）の双方で再現する場合，前者の方が圧倒的に計算時間を低く押さえることができる．同時的意思決定を仮定する場合は，全ての活動要素の組み合わせを考慮するために選択肢数が膨大な数に上る．その一方で，逐次的意思決定を仮定する場合には，個々の意思決定を（例えばモンテカルロ法で）再現しつつ，その意思決定を条件とした次の意思決定を再現する，ということを最後の活動まで繰り返すが，それらの個々の意思決定の選択肢数は，その組み合わせに比べて格段に少ない．なぜなら，複数の選択の組み合わせを考慮する場合の選択肢数は，考慮する選択の数に応じて指数関数的に増加していくためである．

この様に，逐次的意思決定を仮定するモデルは，行動理論的な基盤を持つ一方で，実務上の適用可能性も高いモデルであると言える．例えば，PCATS（Prism Constrained Activity-Travel Simulator）（藤井ら，1997b）は，個人の1日の活動内容と，交通手段，活動場所，ならびに，活動時間を，逐次的意思決定過程を仮定した上でシミュレート

する生活行動モデルであるが，その計算費用は非常に低く，数十万人の1日の生活行動の再現を数分～数十分で終了させる（Pentium II, 333MH 使用時）．また，地理的に詳細な交通政策を評価する場合には，座標システムで目的地を表現する目的地選択モデルを導入することも可能である．これらの利点から，PCATS は京都市（藤井ら, 2000），大阪市（飯田ら, 2000），豊田市（菊池ら, 1999）のそれぞれで，実務的な交通政策の評価に適用されている．

ただし，個人の意思決定が完全に逐次的であるとも考えがたい．場合によっては，効用最大化仮説に基づいた生活行動モデルの様に，全体の生活行動を考慮に入れることも十分に考えられる．とくに，逐次的意思決定では，ある時点でのトリップにおける交通環境の変化によって，その時点以前のトリップが変化する事態などを表現できない問題が考えられる．これらの問題に対処するためにも，離散－連続モデルを用いて，逐次的な意思決定過程を基本としつつ，全体のスケジュールの影響をモデルに導入する方法論も検討されているが（西野ら, 1999），この点は今後の重要な課題である．

12.5.3 意思決定の情報処理プロセスを仮定する生活モデル

前節で述べたモデルは，複数の意思決定間の時間的順序に関する仮定を前提としたものであったが，個々の意思決定の情報処理プロセスを考慮したものではない．この点に着目した生活行動モデルもいくつか提案されている．

個々の意思決定の情報処理のプロセスを考慮した代表的なものとして，SCHEDULER（Gärling et al., 1989），SMASH（Ettema et al., 1996）が挙げられる．SCHEDULER は，個人の記憶が個人の行動に及ぼす影響や，行動の実行に伴う記憶の蓄積，ならびに，世帯内の各個人の相互関係を考慮した上で，各個人の生活パターンを生成するモデルである．生活パターンの生成にあたっては，各個人が実行可能な複数の活動についての実行優先順位と，それらの活動をいつ，どこで行うかということについての情報が予め記憶内に蓄積されているものと考え，この記憶データに基づいて，その当日に実行する複数の活動を選定する．そして，移動距離が最小となるように活動を実行する順番を決定し，次いで，交通手段，終了時刻などを決定していく．一方，SMASH は，SCHEDULER を発展させる形で提案されているシミュレータであるが，スケジュールの形成過程をより重視したモデルとなっている．このモデルでは，活動スケジュール作成の試行錯誤を，「新たな活動を加える」「既にスケジューリングされた活動を削除する」「順番を入れ替える」，および「試行錯誤中止」という4つの選択肢からなる離散選択モデルを繰り返し適用することで表現している．

これらのモデルは，生活パターンの定量的側面を予測するものではなく，したがっ

て，前節で述べた PCATS のように交通需要解析に適用することは困難である．しかし，これらは生活行動のスケジュールの形成過程についての概念的な説明モデルとしては有効であり，交通政策の質的な影響，すなわち，「何に影響されるのか？」「誰に影響があるのか？」という側面を理解する際には重要な情報を提供するものと期待される．

第13章　自動車保有

13.1　自動車保有分析の枠組み

13.1.1　自動車保有分析の意義

　自動車保有と交通行動の間には非常に強い相関がある．このことは自動車保有が交通行動を決定する要因として，ほとんどの交通発生，交通手段選択モデルで考慮されてきたことからも明らかであろう（Kitamura, 1987）．とくに，自動車保有台数や利用可能な自動車の有無などは多くの交通手段選択モデルに有意な説明変数として含まれている（例えば，Train, 1978）．将来交通需要の予測にあたり将来の自動車需要の予測は不可欠であり，広義の交通行動の1つとしての自動車保有行動の分析が要請される．

　また，日々の交通手段選択行動には習慣が大きな影響を与えており，習慣が一旦形成されると交通サービス水準などの変化に対する行動変化の感度が鈍くなることが指摘されている（Verplanken et al., 1998）．ただし，そのような習慣に陥った交通手段選択行動であっても，自動車の購入などの自らの環境の変化によって習慣から解放され，各選択肢の交通サービス水準などを十分考慮して交通手段選択行動を行うことも指摘されている（Banister, 1978）．したがって，交通需要管理施策などによって交通サービス水準を変更した場合，その影響が直ちに現れるとは限らず，交通サービス水準の変化以降の自動車保有状態の変化時になって，初めて交通行動に変化が及ぶ可能性がある．このことからも，将来交通需要予測における自動車保有分析の必要性が明らかである．もちろん，自動車保有分析は交通需要予測のみにその意義があるのではない．Train（1986）は自動車保有分析・利用分析の目的を以下のようにまとめている．

① 石油需要予測：石油は一次エネルギー供給の約半分を占めているため，供給が途絶えるような事態になれば社会的な混乱は計り知れない．よって，将来の需要を見込んだ石油備蓄が行われている．石油需要予測において自動車需要は重要な要素となっている．

② ガソリン税収予測：ガソリン税収は道路特定財源として新規道路建設などに充てられている．よって，道路建設計画にあたり予算規模を決定するためにガソリン税収予測，すなわち自動車需要予測が必要となる．ただし，日本ではこのような予測は行われていない．

③ 大気汚染削減：大気汚染に対する自動車排出ガスの影響は非常に大きく，将来の

大気汚染削減のための施策検討には，将来自動車需要予測が不可欠な要素となっている．近年では，走行時のみではなく自動車車両の生産から廃棄までに排出される二酸化炭素を考慮したライフサイクルアセスメント（LCA：life cycle assessment）も行われている（林ら，1998）．

④ 自動車販売予測：自動車産業界では財務管理や工場建設計画などにおいて，商品としての自動車の販売予測が重要なことはいうまでもない．消費者の自動車購買行動，とくに車種選択行動の把握は新車開発に非常に重要である．

⑤ 公共交通機関需要予測：自動車保有水準はその地域の公共交通機関の需要推計の主要な要因であり，公共交通機関整備やサービス水準の決定のために地域の自動車保有水準の予測が必要とされている．

⑥ 電力需要予測：将来の電気需要を予測する上で，電気自動車の普及度を考慮することが求められており，ガソリン自動車から電気自動車への買い替え行動や，複数台保有世帯におけるガソリン自動車との使い分け行動の予測が必要とされている．

13.1.2 分析手法の分類

自動車保有行動は，交通手段選択行動や経路選択行動などとは異なり，1年や数年といった長い期間の中で行動が生起するという特徴を持つ．よって，自動車保有行動の分析にあたり，行動をどのように観測するかによって異なったモデルの構造が用いられている．すなわち，観測時点を設定してその時点での自動車保有状態を記述する静的モデル，一定の時間間隔ごとに観測し各時点での自動車保有状態を記述する動的状態モデル，一定の時間間隔ごと，あるいは連続時間軸上での観測により自動車保有状態の更新行動を記述する更新行動モデルである．

交通行動分析手法全体の発展に伴ない，自動車保有分析においても静的モデル（static model）から動的モデル（dynamic model）への移行が進んでいる．静的モデルに対する動的モデルの優位性については5.4節，第9章を参照されたい．さらに，交通行動モデルは基本的に世帯や個人の意思決定をモデル化するものであり，更新行動の結果としての自動車保有状態をモデル化するよりも更新行動そのものをモデル化する方が自然であり，それにより自動車保有行動の再現性が高まるものと期待される（Kitamura, 1992）．

一方，自動車保有行動は保有台数，車種，走行距離など様々な行動要素を含んでおり，個々の分析目的に応じてそれぞれの行動要素に着目した分析が行われてきた．これら行動要素は非常に密接に関係しており，相互に影響を及ぼしているものの，得ら

れるデータや分析手法の限界のためその他の行動要素を外生的に捉えた分析も多い．もちろん複数の行動要素を同時に考慮し，行動間の相互作用をモデル化したものもある．しかし，複数の行動要素をモデル化するためにはそれに応じて必要となるデータの質量が増加する．

以下に，3つのモデルの構造ごとに，各行動要素および行動要素群の分析手法を示す．

13.2 静的モデル

静的モデルは1時点における自動車保有状態の観測に基いて，個々の個人や世帯間の差異と自動車保有行動の差異の関係をモデル化することによって自動車保有行動と相関を持つ要因を探る分析手法である．初期の自動車保有分析の多くは静的モデルの枠組みによるものである．静的モデルが対象とする主な行動要素は保有台数の選択，保有車種の選択，自動車利用行動の結果としての年間走行距離やトリップ発生頻度の3要素である．当然の事ながらそれぞれは密接に関連しており全てを同時に考慮したモデルシステムも提案されている．ここでは個々の行動要素のモデル化について示した後，それらを組み合わせたモデルシステムについて論じる．

13.2.1 保有台数選択モデル

自動車保有分析のごく初期の段階から保有台数を予測するモデルは数多く構築されてきた（Lerman and Ben-Akiva, 1976; Mogridge, 1978; Train, 1978）．我が国でもいくつかの研究が行われている（建設省土木研究所，1988；小宮・久保田，1991；佐々木ら，1986；森地ら，1984）ほか，近年にも，モデルの構造などに関していくつかの研究が行われている（Bhat and Koppelman, 1993; Bhat and Pulugurta, 1998; Pendyala et al., 1995）．

保有台数選択モデルは，観測時点の世帯の自動車保有台数を被説明変数とし，同じ時点の世帯属性と自動車属性を説明変数とするモデルである．説明変数には，世帯収入の他，自動車保有の費用として自動車購入費用や自動車維持費用，公共交通機関の利用可能性，世帯の就業者数などが導入されている（Train, 1986）．我が国の研究では，佐々木ら（1986）は世帯のライフサイクルステージを，小宮・久保田（1991）は駐車場所制約を導入している．ただし，自動車保有の費用は実際には保有車種によって異なるため注意が必要である．Lerman and Ben-Akiva（1976）のモデルでは平均的な費用としてある一定の額を用いており，他の値を用いた場合にもパラメータの推定値に変

化がなかったことによりその妥当性を主張している．しかしながら，現在みられる同車種中にも仕様や型式をいくつも設けるといったメーカーの戦略の下では，平均費用の算出は困難である．また，平均価格が一定で車両価格帯が広がった場合などの影響を考慮することが出来ない．この問題に対しては，保有台数と車種の同時選択行動をモデル化することにより，車種ごとの費用を考慮するという方法が取られている．これについては13.2.3項で述べる．

保有台数選択モデルの定式化には，ordered-response logit model，あるいは多項ロジットモデルが適用される事がほとんどである．これら2つのモデルの間では世帯が自動車を保有することによって得られる効用についての仮説が異なっている．前者のモデルの仮説は，世帯が自動車保有の必要性を潜在的に感じており，その潜在的な必要性が高いほど多くの自動車を保有する，というものである．一方，後者のモデルの場合には，保有台数とは独立に決定される潜在的な必要性といったものは仮定せず，保有しない場合，1台保有した場合，…というように自動車保有により得られる効用を台数間で比較し，最も高い効用が得られる台数を保有する，というというものである．Bhat and Pulugurta（1998）は同一のデータに両モデルを適用し，両モデル間の自由度の差を考慮した上で比較分析を行った結果，多項ロジットモデルの方が勝っており，個々の台数を保有した場合の効用を比較するという行動仮説の方が妥当性が高いという結論を得ている．

13.2.2 車種選択モデル

車種選択モデルは，世帯が保有する車種を選択肢とし，世帯属性と自動車属性を説明変数とするモデルである．説明変数としては，世帯収入，世帯構成人数，世帯主の年齢，保有自動車数などが世帯属性として，自動車購入費用，自動車維持費用や燃費，乗車定員や重量，車長といった車両サイズを表す指標，車齢，馬力などが自動車属性としてモデルに導入されている（Train, 1986）．

しかし，13.2.1項で述べたように非常に多くの車種が市場に存在するため，選択肢集合の設定は容易ではない．市場に存在する個々の車種をそれぞれ選択肢とする場合には，ロジットモデルの適用に際して仮定される選択肢間の誤差項の独立性（第6章参照）の妥当性が疑問視される．また，選択肢数が膨大となるため各選択肢の属性データの準備，および，推定計算に要する費用が高くなる．個々の車種を選択肢とした分析としてはManski and Sherman（1980），Daganzo and Kusnic（1990, 1992）の研究がある．

選択肢間の独立性を確保し，選択肢数を抑えるために，車種を集約したクラスを選

13.2 静的モデル

択肢とした場合には，選択肢の属性として複数の車種からなるクラスをどのように表すかが問題となる．このような問題に対しては，ネスティッドロジットモデル（6.4.3項参照）の考え方に基づき，クラスに属する個々の車種の効用のログサム変数をクラスの属性として説明変数に用いることが望ましい．しかしながら，個々の車種の効用値を用いてログサム値を計算したのでは計算量が膨大となる．McFadden（1978）はクラスに属する車種数が大きくなるにつれて，ログサム変数の値が以下の式で近似されることを示している．

$$\ln(r_c) + \frac{1}{2}W_c^2 \tag{13.2.1}$$

ここに，r_c はクラスに属する車種数，W_c^2 はクラスに属する車種の効用の分散．ただし，分散を求めるにはクラスに属する車種の効用の平均が必要となる．モデルの推定時には個々の車種の効用は既知ではないため，車種の個々の属性値の分散を用いることとなる．式 13.2.1 で表される近似を車種選択モデルに適用した分析としては，Train（1986）の研究がある．

個々の車種を集約するクラスについては，車両サイズによる分類が一般的である（Beggs and Cardell, 1980; Lave and Train, 1979; 青島ら，1991；石田ら，1994；建設省土木研究所，1988）ものの，自動車メーカーをクラスとして設定している事例（Chandrasekharan et al., 1994; Lave and Bradley, 1980）もある．これらは，分析の目的によって決定されるものであり，前者は燃料価格の変化が車種選択に及ぼす影響，ガソリン消費量の予測や電気自動車の潜在需要の予測が分析の目的であるのに対して，後者はブランドロイヤリティーや国産車と輸入車の競合状態などに焦点を当てたものである．

さらに，世帯が保有する全ての自動車ではなく，世帯が保有する最もサイズの小さい自動車のみを対象とし，サイズを選択肢とする車種選択モデルを構築している研究（Lave and Train, 1979）もある．これは，小さいサイズの自動車の保有世帯が電気自動車の潜在需要を形成するとの認識に基づき，電気自動車の需要予測の一助とするものである．

電気自動車などの需要予測を行うためには，現在，市場に出回っていない電気自動車の，航続距離や充電時間などの属性もモデルに導入する必要があるため，SP調査データ（5.3節参照）に基づく分析が行われている（Beggs et al., 1981）．SPデータに基づく分析では，提示する代替選択肢数を制限することにより，パラメータ推定時に選択肢間の誤差項の相関を考慮することが容易である．しかしながら，SPデータ一般の

信頼性の低さについてはこれまでに数多くの指摘がなされており，車種選択行動についても例外ではないものと思われる．

車種選択モデルの定式化には主にロジットモデルが用いられてきた．通常のロジットモデルでは線形効用関数が用いられており，属性間の補償可能性（compensatory, 2.4.4項参照）が仮定されている．もちろん，車種選択行動が補償型の選択構造に基づく保証はなく，Recker and Golob（1979），Murtaugh and Gladwin（1980）は非補償型（non-compensatory）の選択構造を仮定した車種選択モデルの構築をしている．いずれの分析においても世帯が最初に考慮する要因は車両サイズであるという知見を得ている．

13.2.3 走行距離モデル

世帯の自動車利用状況を記述するため，1年間や1カ月間の走行距離を被説明変数とする走行距離モデルが構築されてきた．自動車利用行動は日々の交通行動の一環で，走行距離は一定期間内の交通発生選択，目的地選択行動，および交通手段選択行動結果による自動車利用を集計したものである．よって，走行距離モデルはこれらの行動を簡略にモデル化したものと捉える事が可能である．走行距離モデルを用いることによって，ガソリン価格の高騰や低燃費車両の市場導入による自動車走行距離の変化，走行距離の変化の結果としての燃料消費量の変化を予測することが可能となる．

走行距離モデルには，世帯内の各保有自動車の走行距離を個別に被説明変数としたもの，および，それらの和を求め，世帯の総走行距離を被説明変数としたものがある．保有自動車間の走行距離の相互作用が明示的に取り扱えること，および，車種属性や主たる運転者の属性を説明変数に導入しやすいなどによって，ほとんどの分析（Golob et al., 1996a, 1996b; Hensher, 1985; Mannering, 1983; 山本ら, 2001）では各保有自動車の走行距離をモデル化している．また，走行距離が常に正の値を取ることから，走行距離の代わりに走行距離の対数を用いている研究（Golob et al., 1996a, 1996b; 山本ら, 2001）もある．説明変数としては，車種属性，ドライバー属性に加え，最寄り駅までの距離や所要時間などの公共交通機関の利便性を表現する要因が用いられている．

各保有自動車の走行距離をモデル化する場合，当該自動車以外の自動車の走行距離を説明変数として用いるため，保有自動車数ごとに世帯をセグメント分割し，各セグメントごとにモデルを構築することとなる．例えば，2台保有世帯には以下の連立方程式が適用される．

$$VMT_1 = \alpha_1 VMT_2 + \boldsymbol{\beta}_1 \mathbf{X}_1 + \boldsymbol{\gamma}_1 \mathbf{Y}_1 + \boldsymbol{\lambda}_1 \mathbf{Z} + \varepsilon_1$$
$$VMT_2 = \alpha_2 VMT_1 + \boldsymbol{\beta}_2 \mathbf{X}_2 + \boldsymbol{\gamma}_2 \mathbf{Y}_2 + \boldsymbol{\lambda}_2 \mathbf{Z} + \varepsilon_2$$
(13.2.2)

ここに，VMT_i は保有自動車 i の走行距離，$\mathbf{X}_i$ は保有自動車 i の属性ベクトル，$\mathbf{Y}_i$ は保有自動車 i の主たる運転者属性ベクトル，$\mathbf{Z}$ は世帯属性ベクトル，ε_i は誤差項，α_i は未知パラメータ，$\boldsymbol{\beta}_i$, $\boldsymbol{\gamma}_i$, $\boldsymbol{\lambda}_i$ は未知パラメータベクトル．

誤差項 ε_1，ε_2 は独立ではなく互いに相関を持つと考えられるため，誤差相関を考慮可能な推定方法が用いられる．初期の研究（Hensher, 1985; Mannering, 1983）では 3SLS（three-stage least squares）が用いられていたが，統計分析手法の発展，および計算機の高速化により，近年の研究（Golob et al., 1996a, 1996b; 山本ら，2001）では SEM（第8章参照）が用いられるようになってきている．

保有自動車が複数の場合には，各自動車を一定の順番に並べる必要がある（保有自動車が2台の場合には，どちらの自動車を式 13.2.2 の $i=1$ とするかを決定することになる）．順序付けの方法としては車齢などを用いることも考えられるが，多くの場合，分析者の主観的な基準に頼らざるを得ないため，未知パラメータを全ての保有自動車について共通（式 13.2.2 の場合，$\alpha_1=\alpha_2$, $\boldsymbol{\beta}_1=\boldsymbol{\beta}_2$, $\boldsymbol{\gamma}_1=\boldsymbol{\gamma}_2$, $\boldsymbol{\lambda}_1=\boldsymbol{\lambda}_2$）とすることによってこの問題を回避することが多い．

13.2.4 統合モデル

いくつかの研究では，保有台数の選択，保有車種の選択，および走行距離が相互に密接に関連していることに着目したモデルシステムが提案されている．自動車保有と利用の相互作用を明示的にモデルに導入することにより，ガソリン価格の変化が自動車保有に与える影響や，車両価格の差異による自動車利用の変化などを的確に把握することが可能となる．

保有台数の選択と保有車種の選択を組み合わせたモデルとして，Train（1986）は保有台数の選択を上位レベル，保有車種の選択を下位レベルとするネスティッドロジットモデル（6.4節参照）を構築している．この場合，車種選択レベルの効用関数に個々の車種の車両価格を導入することによって，ログサム変数を通じて車両価格が保有台数選択に及ぼす影響を考慮することが可能となり，保有台数選択モデル構築の際に問題であったクラス内の平均車両価格を算出する必要が無くなる．

保有台数の選択や保有車種の選択と走行距離モデルを統合する際には，前者が離散的選択行動であるのに対して後者が連続的選択行動であることから，離散連続選択モデル（7.1節参照）を適用した分析が行われている（Train, 1986; de Jong, 1997）．De Jong（1997）は 0 台，1 台，2 台を選択肢とする保有台数の選択と走行距離の決定を組み合わせた離散連続選択モデルを構築している．このモデルでは間接効用関数を以下のように定式化している．

$$U_0 = \frac{1}{1-\alpha} y^{1-\alpha}$$
$$U_1 = \frac{1}{1-\alpha}(y-c_{11})^{1-\alpha} + \frac{1}{\beta_{11}}\exp(\gamma_{11}\mathbf{Z}_{11} + \varepsilon_{11} - \beta_{11}v_{11}) \qquad (13.2.3)$$
$$U_2 = \frac{1}{1-\alpha}(y-c_{21}-c_{22})^{1-\alpha} + \frac{1}{\beta_{21}}\exp(\gamma_{21}\mathbf{Z}_{21} + \varepsilon_{21} - \beta_{21}v_{21}) + \frac{1}{\beta_{22}}\exp(\gamma_{22}\mathbf{Z}_{22} + \varepsilon_{22} - \beta_{22}v_{22})$$

ここに，U_i は台数 i の間接効用，y は世帯収入，c_{ij}，$\mathbf{Z}_{ij}$，v_{ij} は i 台保有の場合の自動車 j の車両価格，主たる運転者属性や世帯属性ベクトル，燃費（l/km），ε_{ij} は正規分布に従う誤差項．α，β_{ij} は未知パラメータ，γ_{ij} は未知パラメータベクトル．

ロワの恒等式（2.1.2 項参照）により，式 13.2.3 から i 台保有の場合の自動車 j の走行距離，x_{ij} が以下のように導かれる．

$$\ln x_{11} = \alpha \ln(y-c_{11}) + \gamma_{11}\mathbf{Z}_{11} - \beta_{11}v_{11} + \varepsilon_{11}$$
$$\ln x_{21} = \alpha \ln(y-c_{21}-c_{22}) + \gamma_{21}\mathbf{Z}_{21} - \beta_{21}v_{21} + \varepsilon_{21} \qquad (13.2.4)$$
$$\ln x_{22} = \alpha \ln(y-c_{21}-c_{22}) + \gamma_{22}\mathbf{Z}_{22} - \beta_{22}v_{22} + \varepsilon_{21}$$

13.2.3 項の走行距離モデルの場合と同様に，式 13.2.3，式 13.2.4 中の未知パラメータのいくつかを共通と仮定することも多い．

従来，式 13.2.4 の回帰モデルと式 13.2.3 の離散選択モデルは，誤差項の相関を考慮した上で，逐次的に推定されて来た（7.1.2 項参照）．例えば Train（1986）は式 13.2.3 の効用関数を線形化した上でロジットモデルを適用し，逐次的なパラメータ推定を行っている．近年の計算機の高速化により，離散連続モデルの同時推定も実用的なものとなった．例えば de Jong（1997）は効用関数を簡略化することなく，同時推定によって未知パラメータの推定を行っている．

離散連続選択モデルの他，SEM（第 8 章参照）を用いた保有台数と走行距離の選択の統合モデルも構築されている（Golob, 1998）．保有台数は離散変数であるため，SEM を用いる際には従属変数の離散性を考慮したパラメータの推定法を用いる必要がある．Golob（1998）は，変数の正規性が成り立たない場合にも有効な ADF-WLS 推定量（Jöreskog and Sörbom, 1996）を用いている．

13.3 動的状態モデル

静的モデルは，自動車保有状態をその時点の説明変数値によって説明しようとするものである．つまり，ある時点の自動車保有状態は，それ以前の自動車保有状態とは

独立であり，説明変数の属性値の変化に即時的に対応し，常に均衡状態にあることを暗黙的に仮定している．しかしながら，ある時点の自動車保有状態は反応遅れや状態依存など（第9章参照）を含んでおり，過去の自動車保有状態や，説明変数の過去の値の影響を受けると考えられる．しかし，過去の自動車保有状態は内生変数であるため，単純にモデルの説明変数として導入したのではモデルの推定結果に同時性バイアス（Heckman, 1981）が生じる．よって，第9章で述べた動的モデルの適用が必要となる．

13.3.1 動的保有台数モデル

動的保有台数モデルは，一定時間間隔ごとに観測された自動車保有台数を被説明変数とし，各時点の世帯属性と自動車属性を説明変数とするモデルである．時間間隔としては，1年が用いられることが一般的である．説明変数としては，静的モデルと同様の変数が用いられるが，過去の時点の自動車保有台数（あるいは保有台数を表すダミー変数）を説明変数に加えることにより，自動車保有台数の状態依存性が示される．また，過去の時点の世帯属性値などを遅れ効果として説明変数に取り入れることもある．Kitamura（1989）は1時点前の値に加えて，1時点前からの属性値の変化を表す変数を説明変数に加えて分析を行い，世帯内の免許保有者数や世帯収入について，1時点前より増えた場合と減った場合では，その効果が非対称であることを示している．さらに，各時点の誤差項が互いに相関していると仮定することにより，自動車保有に関する世帯間の非観測異質性が表わされている．

Kitamura and Bunch(1990)は4時点のパネル調査によって得られたデータを用いて，オーダードプロビットモデルを適用した動的保有台数モデルを構築している．1時点前の自動車保有台数を説明変数として用いているため，2時点目から4時点目までの3時点の自動車保有台数が被説明変数として用いられている．パラメータ推定の際には，1番最初の時点の自動車保有台数を静的モデルにより推定し，この推定値を説明変数として用いることにより，動的モデルで問題となる初期値設定の問題の解消を試みている．

さらに，誤差項を以下のように定式化し，系列相関が時点に依存せず一定と仮定した場合と時点に依存すると仮定した場合の結果を比較している．

$$\varepsilon(i,t) = \alpha(t)q(i) + U(i,t) \tag{13.3.1}$$

ここに，$\varepsilon(i,t)$は世帯iの時点tの誤差項，$q(i)$は世帯iの非観測異質性，$U(i,t)$は世帯i，時点tに独立な誤差項，$\alpha(t)$は未知パラメータ．$\alpha(t)$を時点に依存せず一定とすることにより系列相関の影響が一定であると仮定することとなる．一方，$\alpha(t)$が時点に依存し

変化すると仮定する場合には，さらに，$U(i, t)$ の分散についても時点に依存して変化すると仮定した場合と時点に依存せず一定と仮定した場合の比較を行っている．分析の結果より，自動車保有台数に関する強い状態依存性が認められたほか，説明変数のパラメータの推定値は誤差項に関する仮定に関わらず頑健であるものの，単純に 1 時点前の自動車保有台数を説明変数として加えるだけのモデルでは，状態依存や系列相関に関して誤った結論を導く可能性があることが示されている．

13.3.2 動的自動車利用モデル

動的自動車利用モデルは，一定時間間隔ごとの自動車走行距離やトリップ時間などを被説明変数とするモデルである．説明変数や時間間隔は 13.3.1 項の動的自動車保有台数モデルと同様である．Hensher and Smith (1990) は Anderson and Hsiao (1982) による方法を用いて初期値の設定問題をより厳密に取り扱っているほか，系列相関の時刻依存性や時点によって変化しない変数と非観測異質性の相関などについて複数のモデルを比較検討している．

13.3.3 動的自動車保有・利用統合モデル

動的統合モデルは，一定時間間隔ごとの自動車保有台数あるいは保有車種の選択と，走行距離やトリップ時間，トリップ数などを被説明変数とし，それらを統一的に説明するモデルである．説明変数はこれまで述べた動的保有台数モデルや動的自動車利用モデルなどで用いられているものと同様である．モデルの構造としては，静的な統合モデルと同様に，離散連続選択モデル (Hensher, 1986; Hensher et al., 1989; Mannering and Winston, 1985) や誤差項の相関を考慮した限定従属変数を含む連立方程式モデル (7.2 節参照) (Kitamura, 1987; Meurs, 1993)，SEM (Golob, 1990; Golob and van Wissen, 1989; van Wissen and Golob, 1992) などが用いられている．いずれのモデルも自動車保有と利用の相互作用や誤差相関を導入している．Kitamura (1987) は，時刻 t の内生変数 $Y_1(t)$，$Y_2(t)$，および外生変数 $X_1(t)$, $X_2(t)$，誤差項 $\varepsilon_1(t)$, $\varepsilon_2(t)$ から構成されるモデルシステムについて，変数間の関係を表-13.3.1 のように分類している．実際のモデルの推定にあたっては，表中のいくつかの関係の存在を仮定したモデルが推定されており，自動車保有台数の選択とトリップ数は独立であるとの知見を得ている．

13.4 更新行動モデル

動的状態モデルは観測時点の世帯の自動車保有状態をモデル化しているのに対して，更新行動モデルは保有状態の変化をもたらす行動をモデル化するものである．Kitamura

表-13.3.1 変数間の関係 (Kitamura, 1987)

	同時的効果	慣性的効果	遅れ効果
外生変数と外生変数	$X_1(t) \leftrightarrow X_2(t)$	$X_1(t) \leftrightarrow X_1(t-\delta)$ $X_2(t) \leftrightarrow X_2(t-\delta)$	$X_1(t) \leftrightarrow X_2(t-\delta)$ $X_2(t) \leftrightarrow X_1(t-\delta)$
内生変数と外生変数	$Y_1(t) \leftarrow X_1(t)$ $Y_2(t) \leftarrow X_2(t)$	―	$Y_1(t) \leftarrow X_1(t-\delta)$ $Y_2(t) \leftarrow X_2(t-\delta)$
内生変数と内生変数	$Y_1(t) \leftarrow Y_2(t)$ $Y_2(t) \leftarrow Y_1(t)$	$Y_1(t) \leftarrow Y_1(t-\delta)$ $Y_2(t) \leftarrow Y_2(t-\delta)$	$Y_1(t) \leftarrow Y_2(t-\delta)$ $Y_2(t) \leftarrow Y_1(t-\delta)$
誤差項間	$\varepsilon_1(t) \leftrightarrow \varepsilon_2(t)$	$\varepsilon_1(t) \leftrightarrow \varepsilon_1(t-\delta)$ $\varepsilon_1(t) \leftrightarrow \varepsilon_1(t-\delta)$	$\varepsilon_1(t) \leftrightarrow \varepsilon_2(t-\delta)$ $\varepsilon_1(t) \leftrightarrow \varepsilon_2(t-\delta)$

ここに，↔ は相関関係，← は因果関係．また，$\delta > 0$．

(1992) は，更新行動モデルが動的状態モデルより優れている点を，以下のようにまとめている．

① 自動車市場モデルの要素として自動車の購買，中古車市場への供給，スクラップの需要予測モデルとして用いることができる．
② 更新費用（transaction cost）の論理的整合的な取り扱いが可能である．
③ 更新費用の非対称性（自動車を新たに追加する方が自動車を手放すより費用がかかる）の表現が可能であり，更新した場合の費用と更新を行わない場合の費用（自動車を維持するための費用は更新する費用より大抵低い）の比較が可能である．
④ 自動車保有期間を内生変数として取り扱うことで，自動車保有に関する長期的な意思決定をモデル化することが可能である．
⑤ 自動車利用を，自動車更新に関する意思決定に影響を与える要因として論理的整合的に取り扱うことが可能である．

13.4.1 離散時刻モデル

離散時刻上での自動車保有行動を表す離散時刻モデルは，パネル調査などの観測時点間の更新行動の有無およびその種類を被説明変数としてモデル化するものである．

Hocherman et al. (1983) は更新行動を行うか否かの選択を上位レベル，更新行動を行う場合の購入車種を下位レベルとするネスティッドロジットモデルを構築している．対象は更新行動前の時点で 0 台または 1 台保有する世帯に限られており，更新行動の種類としては 0 台保有世帯には新規購入，1 台保有世帯には買い替えが考慮されているのみであり，複数台保有は考慮されていない．また，推定に用いたデータは断面調査

によるもので，過去1年間を対象期間として回顧データに基づき更新行動の有無をモデル化している．よって，非観測異質性の影響は全く考慮されていない．

非観測異質性を考慮する方法として，beta logistic model を適用した分析が行われている（Berkovec, 1985; Manski and Goldin, 1983; Smith et al., 1991）．Manski and Goldin（1983），Berkovec（1985）は自動車の廃棄のみを取り扱っており，世帯の行動を対象としたモデルというよりは，自動車市場モデルの1要素としてのモデルという側面が強く，世帯属性などはモデルに導入されていない．一方，Smith et al.（1991）は，1台保有世帯の買い替え行動のみを対象としており，追加購入や購入を伴なわない保有自動車の破棄といった保有台数の増減に伴なう行動は考慮されていない．

なお，我が国では，安藤ら（1997）が居住地の変更に伴なう自動車保有台数の変化を記述するために，増車，変化無し，減車を選択肢として引っ越しに伴なう自動車取り替え更新行動の離散選択モデルを構築している．しかしながら，この分析では，通常のパネル調査のように一定間隔ごとの観測を行っているわけではなく，居住地の変更を与件としてモデル化が行われており，自動車保有台数の変化の時期を予測することができない．よって，予測モデルとして用いるためには新たに居住地の変更行動をモデル化する必要がある．

13.4.2　連続時刻モデル

離散時刻モデルは各観測時点間の更新行動の有無をモデル化しているのに対して，いつ更新行動を行うかという視点から，更新行動の時期をモデル化する方法がある．更新行動時期をモデル化する場合には，離散時刻モデルで問題となる，同一世帯からの繰り返し観測に伴なう時点間の誤差項の相関の問題が解消されるだけでなく，観測時点を外生的に設定する必要が無く，連続的な時間軸上で更新行動を予測することが可能となる．連続変数としての出力結果を分析者が望まれる期間ごとにまとめることが可能であるため，予測が柔軟に行えるという利点がある．また，各世帯が一定期間ごとに自動車取り替え更新行動の実施を検討するといった恣意的な仮定をおく必要もない．

連続時刻モデルには，主に parametric な生存時間モデル（第10章参照）が適用される．自動車取り替え更新行動には買い替え，追加購入，購入を伴なわない破棄など，複数の種類が存在するため，競合危険モデルの適用が適切であると考えられる．しかしながら，いくつかの分析では競合を仮定せず，単独のハザード関数を用いたモデル化が行われている．

Mannering and Winston（1991），de Jong（1996），山本ら（1997），Yamamoto and

13.4 更新行動モデル

Kitamura (2000) は，世帯を対象とするのではなく個々の保有自動車に着目し，世帯が各々の自動車をどのぐらいの期間保有するかを予測するモデルを構築している．これらのモデルは世帯の全ての自動車取り替え更新行動を表したものではないため，自動車保有に関する基礎的な知見を与えるにとどまっている．実際，Mannering and Winston (1991) はブランドを選択肢とする車種選択モデルと組み合わせることにより，アメリカ市場での国産車と輸入車の競合状態を記述し，国内自動車産業の衰退を予測している．

Bunch et al. (1996) は世帯を対象とし，更新行動間の期間を被説明変数とするモデル化を行っている．このモデルは，電気自動車の需要予測のためのモデルシステムの要素として用いられており，更新行動の種類を問わず，更新行動の発生時期のみを予測するものとなっている．よって単独のハザード関数を用いており，更新行動の種類は決定されない．モデルシステムの他の要素として，更新行動の発生を与件とし，買い替えを行うか追加購入を行うかという選択を上位レベル，車種選択を下位レベルとするネスティッドロジットモデル（複数保有世帯に対しては買い替え時にいずれの保有自動車を買いかえるかという選択を中位レベルに加えている）が構築されており，更新行動の種類の決定に適用されている (Brownstone et al., 1996)．このモデル化では，買い替えを行う時期と追加購入を行う時期は変わらず，更新行動の種類は更新行動時期に影響を与えないという強い仮定が置かれている．

一方，競合危険モデルを適用し，更新行動の種類と更新行動時期を同時に決定するモデルも開発されている．Gilbert (1992) は世帯が保有する個々の自動車を対象として，新車との買い替え，中古車との買い替え，購入を伴なわない破棄の 3 種の更新行動を競合危険として取り扱い，更新行動種類の選択とその時期の決定を競合危険モデルによって表している．また，世帯を対象とし競合危険モデルを適用した分析としては，Hensher (1998)，山本ら (1998, 2001a) がある．Hensher (1998) は，Gilbert (1992) と同様に新車との買い替え，中古車との買い替えを更新行動の選択肢とした競合危険モデルを構築している．Gilbert (1992) と異なり，いずれの保有自動車を買い替えるかという選択を考慮していないため，Gilbert (1992) の分析で考慮されている個々の自動車の属性は説明変数に含まれていない．山本ら (1998, 2001a) は，個々の保有自動車の買い替え，破棄，および追加購入を更新行動の選択肢とした競合危険モデルを構築している．このモデルでは新車との買い替えであるか中古車との買い替えであるかに関する選択は考慮されていないものの，買い替えや破棄を行う保有自動車の選択もモデルに含んでいる．さらに，世帯の自動車取り替え更新行動として買い替えのみ

ならず破棄や追加購入といった自動車保有台数の変化をもたらす行動をモデルに含んでいるため，自動車需要予測のためのツールとして実用性の高いものとなっている．なお，山本ら（2001）では，買い替えや追加購入を与件とした車種選択モデルを，新車／中古車および軽自動車／小型乗用車／普通乗用車／ライトバン・ワゴンの組み合わせを選択肢として構築している（山本ら，2001b）．ここでは，新車と買い替えるか中古車と買い替えるかによって買い替え時期は影響を受けないとの仮定の下に新車／中古車との買い替えを再現する形となっている．

第14章 非日常（休日）交通の分析

14.1 非日常（休日）交通の特性
14.1.1 非日常交通分析の背景と目的

　一般的に非日常交通として分類される，観光・レジャー交通（recreational/leisure trip），買物交通（shopping trip）などは，1980年代までは，交通需要分析の対象として取り上げられる事が少なかった．この理由として，通勤・通学，業務交通を処理するための交通政策が緊急の課題であったことと，観光・レジャー交通といった非日常交通の主要なものが，どちらかといえば不要不急なものとして考えられてきたことがある（古屋，1996）．しかし，80年代より生活の質に重点を置いた価値観を持つ人が増加し，観光・レジャーが政策の中で重要度を増してきた．それに加えて自家用車の普及と郊外型複合ショッピング施設（shopping complex）やロードサイドショップの進出により，それまで比較的都心集中型であった買物交通についても急速に郊外化が進んだ．このため郊外における幹線道路の渋滞といった休日特有の問題が大きくなった．また，自家用車による観光が主流となり，観光地への幹線道路や観光地域内の道路の渋滞や駐車場不足も顕在化してきた．このような交通のニーズ側の問題に加えて，90年代後半より政策としての地域間交流の活性化やまちづくり，中心市街地活性化において，非日常交通の果たす役割に大きな期待が寄せられていることなど，非日常交通が新たな政策課題として浮上してきている．

　これに加えて非日常交通分析の技術的な発展として，80年代より日常交通への適用が進んだ非集計型交通行動モデル（第6章参照）があげられる．個人の特性をより詳細に分析する需要予測モデルの適用が，個人の違いが大きく現れる非日常交通をより詳細に分析することを可能にした．非日常交通は日常交通と比較して，活動の内容が多岐にわたり，80年代より盛んになったアクティビティ分析（第12章参照）が，活動を中心とした分析手法を提案しており，この適用も非日常交通の分析の発展を支えてきたといえる．これらの社会的背景や，分析の技術的発展よって，非日常交通の分析が80年代後半より増加してきた．

　このような背景のもと，1992年の全国観光実態調査が全国的規模で行われ，休日の交通を対象に含めた新都市OD調査が行われるなど，技術的発展とともに，調査データの充実も非日常交通分析の発展を促している．1994年に行われた道路交通センサスの目的別のトリップ割合を休日と平日で比較した場合，日常交通に分類される業務交

通の割合は休日ではおよそ半分に減少し，非日常に分類できる社交・レジャー・家事買い物の割合は4倍に増加している．このように休日の交通において，非日常交通は無視できない存在であることが確認できる．

14.1.2 非日常交通の主な特性

本章で言及する非日常交通と通勤・通学といった日常交通が，交通行動を分析する上でどのように異なるのかを，交通行動の特性の差異を明示することにより容易に理解される．意思決定上の自由度（degrees of freedom）に着目して主な交通行動を分類したのが**表-14.1.1**である．行動分析上の特性としての自由度は，外生的な制約要因によらず意思決定者の意思によって行動を決定できる程度を示す．自由度の低い例としてあげられている通勤・通学交通では，トリップの発生する日，到着時刻，活動時間などを意思決定者が自由に選択できないのが一般的で，交通機関や出発時刻といった残された選択要因も，交通機関の利用可能性や荷物運搬の必要性などの外生的要因で決定される場合が多い．ただし，活動地域の広さや，前後の非固定活動の結果によって交通機関の利用可能性制約や，所要時間の不確実性などが変動するため，非日常交通の自由度も変化しうる．例えば，勤務や学業など，1日の中に核となる固定活動のある日に，時間制約の影響が大きくなるため，非固定活動であっても自由選択の範囲は狭まる．自由度の高さに着目した非日常交通の特徴を5つ挙げる．

表-14.1.1 主な交通の自由度特性による分類

行動の自由度が高い （目的地，活動時刻， 日程が選択可能）	買物交通 知人訪問など レジャー交通 観光交通
行動の自由度が低い （目的地，活動時刻， 日程が選択不可能）	お稽古事など 業務交通 通勤・通学交通

(1) 選択肢集合（choice set）の多様さ

意思決定の自由度の高さは，分析者の視点からは選択肢集合の範囲が膨大になりうることを意味している．時間を区間に分割し離散化したとしても，目的地，交通機関，出発時刻，活動時間を含めた選択肢集合は，意思決定者が利用可能なもの全てを取り出すと実質的に無限になることがある．

(2) 個人の嗜好の異質性（taste heterogeneity）

意思決定の制約が少ないということは，個人の嗜好の異質性が大きく現れることも意味する．通勤・通学などの日常交通では個人の好みにかかわらず，外生的要因が選択の枠組を決定することが多いが，その制約が少ない非日常交通では個人の好みが重

要な決定要因となりうる．これは最終的な発生や目的地の選択だけでなく，選択肢の選別[1]（elimination）にも大きな影響を及ぼしている．

(3) 分析の時間フレーム

観光交通や娯楽のための交通といった必須でない行動の場合には，家でテレビを見るといった外出を伴わない他の種類の活動との関係によって，発生頻度が影響を受けることが考えられる．生活必需品である最寄り品の購買に伴う交通は，比較的定常的で他の活動の影響は受けにくいが，消費量や1回当りの購入量によって頻度や発生間隔が変化する．このように分析の時間的枠組が，従来の交通行動分析がもっぱら対象としてきた「1日」では十分な分析が行えない場合がある．

(4) 分析の地域フレーム

制約が小さいことは，地理的な分析範囲の多様性をも意味している．買回り品などの日常生活圏内での行動，都市圏レベルで行われる観光交通，より広域的な宿泊を伴う観光旅行や海外旅行のように，行動の地理的広がりが多様である．14.3節でも述べるが，観光交通の分析では広域での観光目的地選択行動と，観光地域内での周遊行動（touring behavior）といったように，トリップの長さなどに着目して段階的に分析することも多い．**表-14.1.2**に主な非日常交通交通が行われる空間の範囲を示した．

非日常交通の空間特性は，表に示すように日常生活圏から都市圏を外れて海外までと多様である．通常交通需要予測に用いられるパーソントリップ調査は，一般に都市圏を対象とするため，設定ゾーン内に埋もれる可能性のある日常生活圏や，対象地域外となる広域観光交通を分析するのにはあまり適さない．日常交通に分類した業務交通においても都市圏を外れるものはあるが，非日常交通，とくに観光交通はその割合が高いといえる．

(5) 行動の時間・情報依存性

非日常交通は，意思決定者の過去の経験や持っている情報といった要因が大きな影響を及ぼすことが指摘できる．本節で述べたように，希少性，選択肢の多様性，時空間特性などによって，非日常交通について意思決定者の持っている情報が不完全なこ

表-14.1.2　主な非日常交通の空間特性

日常生活圏	都市圏レベル	都市圏外
・買物交通（最寄品）	・都市型観光交通	・広域観光交通
・身近な娯楽交通	・買物交通（買回り品）	・海外旅行

とが多く，過去の経験や容易に得ることのできた情報に基づいて意思決定がなされると考えられる．また，ヒューリスティックス[2]（heuristics）や手続き的合理性[3]（procedural rationality）といった簡略的な意思決定ルールが用いられていることが多いとも考えられる．

本章ではこのように取り扱いが難しい特性を持つ非日常交通を，買物行動[4]，観光行動に着目して，これまでの研究の成果をもとにその特性や分析上の留意点を明確にすることを目的としている．

14.2 買物活動

14.2.1 買物活動の特性

買物交通は14.1節で述べたように，郊外化の進展と中心市街地の衰退，駐車場容量の問題と周辺部における渋滞など，様々な交通問題と密接に関連する．このような買物活動の分析において，着目すべき特性として重要なものに以下の6点があげられる．以下これらの特性と分析上の課題を示す．

(1) 複合活動

買物交通がトリップチェインのなかで他の活動とともになされる場合が多い．例えば通勤の帰り道に買物をする，娯楽の一環としての買物など，各目的地で異なる目的の活動を行っている場合や，同一目的地内で異なる活動を行っている場合が考えられる．このような買物行動の特性を把握することは難しく，前後の活動との関連性や活動の順序などに着目した，トリップチェインあるいはツアー単位（1.1節参照），さらには日単位の活動の分析が必要となる．

(2) 活動履歴への依存性

活動履歴への依存性とは，買物場所や交通手段の選択において，過去の履歴に影響を受けていることを指す（第9章参照）．意思決定者は，常に利用可能なすべての買物場所に関する情報を取得し，それらに基づき選択を行っているわけではないと考えられる．過去に選択した場所については，買物場所に関する情報をある程度持っているが，これまでに行ったことのない場所については，品揃えや価格といった重要な意思決定要因の情報についてすらそれほど正確に持っているとは考えづらい．その結果，利用可能な選択肢の母集団が大きい場合，過去に経験の無い場所は選択肢集合の構成要素として認識される可能性が低くなると考えられる．また，ある買物場所が意思決

定者の持つ基準を満たしている場合，それ以上他の選択肢を検索しないなど．買物場所選択行動は過去の行動履歴に大きく依存していると考えられる．このような活動の分析のためには，長期間のパネルデータなど，時間的な変化を捉えることができるデータや，学習過程に関するデータに基づいた動的な分析が有効であると考えられる．

(3) 活動の時間要因に対する非独立性

買物行動は曜日や季節によって変動する．日常的な食料品等の最寄品は，平日に行われることが多く，購入場所の変動も小さいが，発生曜日については特徴が見られることが報告されている（杉恵・芦沢，1991）．また，買回り品などについては，時間をかけて選択を行うために，主に週末（休日）に行われることが多く，就業者の時間制約がある平日にはほとんど行われないなどというように，曜日変動が激しく，特定の1日を横断的に調査するだけでは行動全体を捉えられるとは考えづらい．また，買物品目などが季節によって変化するのは明白であり，それに応じて目的地などの交通行動特性の変化があると考えられる．

(4) 選択肢の属性と特定

買物交通の行動分析，例えば目的地選択を分析する場合，意思決定要因として買物目的地の魅力度（attractiveness）を計測・設定することになるが，一般的にそれは容易でない．買物場所の魅力についてはマーケティングの分野でその分析は多くなされているが（Fotheringham, 1991），買物場所としての魅力は立地条件や営業時間，価格などの計測の容易な要因だけでなく，品揃えや雰囲気などの計測が困難な要因も大きく影響している．また駐車場の停めやすさや混雑状況，商品に対するブランドロイヤルティ（brand loyalty）なども影響を及ぼしている．また，これらの魅力度は買物品目によって変化し，日用品のようにどの商店で購入しても基本的には同じ品質のものが得られる場合は，純粋に購入費用で比較することも可能であるが，生鮮食料品や衣類のように品質が店舗によってばらつきがある場合などには，それに応じた魅力度の定義および計測が必要である．また，買物目的地の選択肢を個別の店舗で定義するのか，それとも商店街などのある一定の広がりを持つ地域に存在する店舗群を選択肢として定義するのかも，分析対象によって変化する．幹線道路の交通量分析のように比較的マクロな移動を分析する場合にはゾーンとして集約された選択肢を用いる方が望ましいが，地区交通といったミクロな分析の場合には選択肢の集計レベルを下げなければならない．こうして集計された選択肢についても，その数はほぼ無限に存在するため，その中から意思決定者が利用可能なものを抽出し，選択肢集合を特定する必要がある．

また,利用可能な選択肢集合が特定された場合でも,意思決定者が全ての店舗について完全な情報を持っていると仮定することは難しいため,選択肢の魅力度を特定化する際に不完全情報の影響を取り込む必要がある.

(5) 活動要素の相互連関性

買物目的,1回の購入量,交通手段や発生頻度等の活動要素は相互連関性を持つ.これは買物交通に限った特性ではないが,買物交通の分析においては無視できない要因といえる.例えば大きいものや重いものを買う場合は自家用車が選択されやすい,あるいは食料品の購入でも週末のまとめ買いの場合には自家用車の利用率が高まるということである.これは逆に自家用車が利用可能であるためにまとめ買いを行うともいえる.このような場合には,目的地は自家用車で行きやすい場所が選ばれる可能性が高くなり,自家用車が利用不可能な場合や,自家用車でも運搬が難しい場合には,配達サービスが可能な店舗を選択する等,購入品目と交通手段,目的地が関連を持つ.

(6) トリップの家庭内連関

衣料,嗜好品などは個人的な購入であることが多いが,食料品などの最寄品,耐久消費財は,一般に家庭内で共有されるため個人の意思決定ではなく,家庭を単位として分析する必要があるといえる.つまり家庭の構成人数やライフサイクルステージなどが影響を及ぼすため,これらの要因をとりこんで,家計を分析の最小単位とする必要がある.

14.2.2 買物行動の分析事例

前節で述べたように,買物行動には様々な特性がある.このような買物交通を分析する手法として

① アクティビティデータ(第12章参照)の利用
② 自動車の利用方法に着目した分析
③ 選択肢の設定問題

がこれまで主に行われてきた.本節ではこれらを中心に事例を紹介し,その特徴を述べる.

(1) アクティビティデータの利用

アクティビティデータの利用は14.2.1項で述べた特性のうち,**(1)複合活動**,**(2)活動履歴の依存性**を把握するために有効であり,それを1週間の連続や定期的なパネルデータ(5.4節参照)に拡張することで**(3)活動の時間要因に対する非独立性**による曜日や季節変動を把握することも可能になる.

14.2 買物活動

　買物活動は大きく分けて日常的な買物行動と非日常的な買物行動が存在し，実際の買物活動はそれらの複合ケースになることが多い．磯部・河上（1990）は休日のアクティビティダイアリデータを用いて，買物だけでなく他の活動を含めた休日活動を分析し，1日の活動の中で，時間や場所の固定度の高い活動を「キー活動」と定義して，それを中心とした1日の活動スケジューリングと各活動の関連性を分析している．西井を中心とするグループによる一連の研究（西井ら，1991；西井・近藤，1992；西井ら，1995；西井ら，1998；西井ら1999など）は，甲府市内のショッピングコンプレックス来訪者に対して1日のアクティビティに関するデータ，買物目的地や選択要因および選好の意識データを含む包括的な休日活動について，年1度のパネル調査を10年間にわたって行い，活動目的や購買形態，買物場所と滞在時間の関係を分析している．交通発生については対数線形モデルを用いた頻度分析を行い，目的地分析として意思決定者の属性が買物場所の変更にどのような影響を与えるのか，またその時間的遅れなどについての分析を行っている．

　ショッピングコンプレックスへの来訪は，買物だけにとどまらず，娯楽としての側面を持つことや，自家用車の利用を前提とした駐車場の整備が行われているため，自動車利用特性についても分析を行っている．西井ら（1998）は構造方程式モデルを用いて1日の活動時間制約と滞在時間特性，生活時間配分の関係を**図-14.2.1**のように仮定し，構造母数を推定し，時間予算制約と生活時間配分の間に強い因果関係が見られ

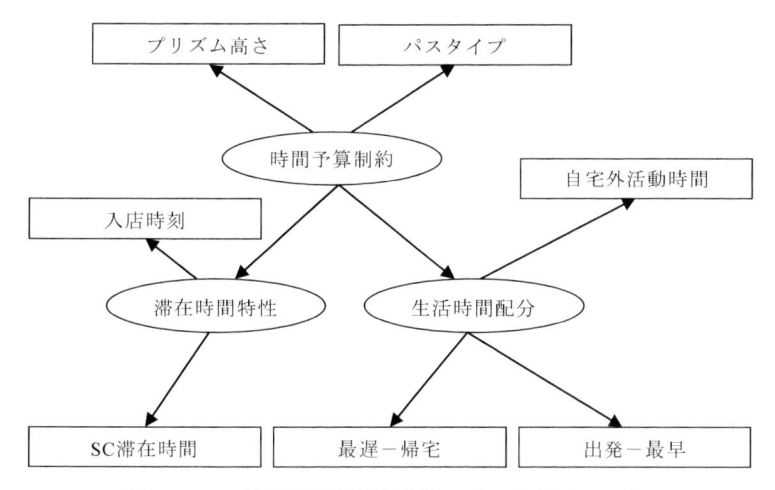

図-14.2.1　時間利用特性因果構造モデル（西井ら,1998）

4 現象分析／第14章 非日常（休日）交通の分析

ること，生活時間配分と自宅外活動時間が強い関係を持つことを明らかにしている．佐々木ら（1995）は西井らが収集したパネルデータを用いて，個人の異質性を導入した買物目的地選択分析を行っている．ここでは，選択肢の属性に，買物利便性や交通利便性といった個人の主観的な評価を用い，娯楽交通としての側面を持つ買物目的地選択の特性を考慮して，各主観的評価値の選択に対する重みが，個人ごとに異なるとした選択モデルを構築している．

杉恵・芦沢（1991）は，宇都宮都市圏を対象とした1週間連続アクティビティ調査に基づいた分析により，買物私用トリップの曜日変動が無視できないものであることを示し，買物／私用トリップ分析における曜日特性の重要性を指摘している．図-14.2.2に杉恵，芦沢による買物交通指標の曜日変動のグラフを示した．杉恵，芦沢はこの図などを元に，日常的な買物トリップにおいても，その発生は曜日ごとに異なることを示し，買物交通の分析は，1日単位の調査・分析では不充分で，少なくとも1週間にわたる調査が必要となると結論付けている．張ら（1998）は同じデータを用いて，買物交通発生を平日，休日およびその相関を考慮したモデル分析をしている．この研究では，個人の買物交通の発生頻度が潜在的な規定要因に応じて決まるとして，ordered-response probit モデル（6.2.6項参照）を用いた分析を行っている．ここで，重回帰分析を用いるのではなく，ordered-response probit モデルを用いているのは，1週間程度の買物交通では，トリップの総数が限られており，トリップ頻度を離散変数として扱うほうが望ましいためである．アクティビティデータを用いた他の研究として，中村ら（1997）は3日間のアクティビティ調査に基づいて，都市近郊部での買物行動を自動車の利用という観点から分析している．

アクティビティデータを得ることによって，買物行動分析に重要な情報を与える活動の具体的な内容や，活動の継続時間をより正確かつ詳細に知ることができる．活動継続時間は一般に，生存時間モデル（第10章参照）や，効用最大化モデルを用いて分析されることが多い．生存時間モデルは，記述的モデルであるが，

図-14.2.2 交通指標の曜日変動（買物）
（杉恵・芦沢，1991）

14.2 買物活動

観光行動分析などではその適合度のよさが確認されており，買物時間の分析にも十分適用が可能であると考えられる．

(2) 自動車の利用方法に着目した分析

14.2.1項で述べた**(4) 属性設定**，**(5) 交通要素の相関**を対象とした研究として，自家用車の利用に基づいた交通行動の分析がある．本項の1)ですでに述べた中村らの研究や西井らによる研究は，自動車利用を前提とした買物交通の分析事例である．また買物行動分析の一環として，駐車場選択の分析を行った例として武政ら（1987），石田ら（1988），原田・浅野（1989），室町ら（1991）の研究がある．石田らは茨城県南部での休日の買物行動と駐車場整備に関する意識調査データに離散型選択モデルを適用し，駐車場の評価が価格の評価と同等の重要性を持つ買物場所選択要因であることを示している．また，その駐車場の主観的な評価値が，駐車場や買物場所の特性とどのような関係があるかを分析している．例えば**図-14.2.2**に示すように，駐車場の評価と平均認知駐車容量が正の相関を持つことを明らかにし，駐車場の認知容量が結果として買物場所選択要因として重要であることなど，駐車場の整備が買物場所選択にどのような影響を与えているのかを示している．

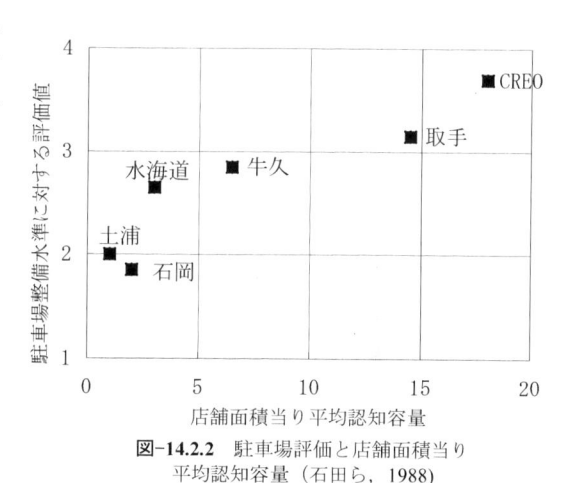

図-14.2.2 駐車場評価と店舗面積当り平均認知容量（石田ら，1988）

(3) 選択肢の設定問題

14.2.1項で述べた**(4) 選択肢の設定**に関連して，南川（1995）は，一般的に目的地選択に用いられるロジットモデルが，IIA特性によって商業の集積，競合効果を十分に扱えないことを指摘している．これを解消するための方策として，ネスティッドロジット型の選択肢集合形成モデルやFotheringham（1983）のアクセシビリティを導入した競合モデル，集積効果を明示的に示した山中（1986）の研究などがある．この他にもアクセシビリティを考慮して買物場所の魅力度を設定した近藤（1987）や，森地ら（1984）の選択肢集合形成過程を明示的に考慮した買物目的地選択分析が，選択肢集合の設定に関する研究としてあげられる．

[4] 現象分析／第14章　非日常（休日）交通の分析

(4) この他の買物交通研究

　この他の買物交通行動の研究事例としては，非集計行動モデルを用いて買物交通行動を分析した例として，買回り品の目的地・手段選択を分析した松本ら (1983)，買物・レジャー交通の手段選択分析モデルの時間的移転性や予測精度の検討を行った山田ら (1984)，吉田ら (1990) による買物頻度分析や離散選択モデルによって買物トリップの発生を分析した室町 (1992)，休日の都心部への買物交通行動を，買物目的地選択，代表交通手段選択，端末交通手段選択の 3 段階ネスティッドロジットモデルで分析した北詰ら (1998)，プリズム制約に着目して，通勤途中の買物行動を分析した近藤(1987) などがあげられる．

14.3 観光行動分析

14.3.1 観光交通の特性

　非日常交通のなかでもっとも分析が進んでいるのは観光交通の分析である．観光交通の分析が進んだ理由として，観光交通の時間的・地域的な集中度が高く，交通問題が顕在化しやすいことなどに起因する交通計画上の要請，さらに観光回数が平成 6 年ごろまで増加していた（日本観光協会，1996）ことや，観光を主体にした地域開発の増加（古屋，1996）などが挙げられる．これらによって観光交通の注目度が相対的に高まり様々な分析が行われてきた．また，観光行動には固有の特性が存在し，他の交通の分析手法を単純に適用できないことも，観光交通に特化した分析が盛んになった理由と考えられる．ここで，その特徴を挙げることで分析のフレームを明確にする．

(1) 希少性と季節変動

　観光交通の大きな特徴の 1 つとして，その希少性と季節変動があげられる．観光行動は発生頻度が他の交通と比較して少なく，その発生メカニズムは季節によって大きく異なる．例えばスキーに行くための交通は冬季しか発生せず，避暑は夏，花見は春というように，目的によっては特定の季節にだけに発生する．また観光旅行の種類によってその希少性は異なり，14.3.2 項で述べる建設省土木研究所（現独立行政法人土木研究所）全国観光交通実態調査によると，海外旅行の 1 人あたり年間発生回数は 0.087 回，自動車利用の日帰り観光旅行の 1 人あたり年間発生回数は 1.00 回．国内の宿泊旅行は 1 人あたり年間 2.39 回である[5]．いずれも日数，費用，休日数などと密接な関係を持っている．

(2) 移動の特性のばらつき

観光交通は1つのトリップチェイン内での移動距離などの特性のばらつきが，他の交通と比較して大きくなることが挙げられる．例えば，ヨーロッパへの観光旅行を自宅－自宅のトリップチェインとして考えたとき，家と出国空港間の移動，日本－ヨーロッパの移動，ヨーロッパ内での移動というように，距離帯などの特性の異なる移動が混在する．国内での観光旅行も，特に宿泊を伴うような旅行においては同一の特性が存在する．観光以外の交通も特性の異なる移動が混在することがあるが，観光交通は特にそのばらつきが大きいといえる．

(3) 周遊性 (touring behavior)

観光地域内での観光地を連続的に移動する地域内周遊行動は，観光交通で多くの割合を占める行動形態であり，地域内周遊行動を図-14.3.1に概念的に示す．図の観光地域2内を移動する行動が（地域内）周遊行動にあたる．また，観光地域間の移動があった場合には（地域間）周遊行動となる．このような周遊行動は，都市と観光地の幹線交通だけでなく，観光地域内・観光地域間での渋滞や駐車場問題などの原因となっている．また周遊性を考慮した観光施設整備による観光地域の魅力向上というニーズもあり，周遊行動の解明は，観光行動分析の中で重要な位置付けとなっている．

(4) 嗜好の異質性 (taste variation)

観光行動は個人の意思決定の自由度が格段に高く，個人の好みの差が明確に現れると考えられる．個人の好みの差は，交通機関の選択や観光地魅力度の認知構造の差や，発生周期の差などとともに，観光地域内での周遊性や経路選択といったほぼ全ての行動特性に反映される．

(5) 観光活動と交通の位置付け

観光交通では交通自体が目的となる場合が考えられる．例えば，観光地間を移動する場合に，多少所要時間が長いが眺めのいい道路が選択されたとしよう．これは眺望を満

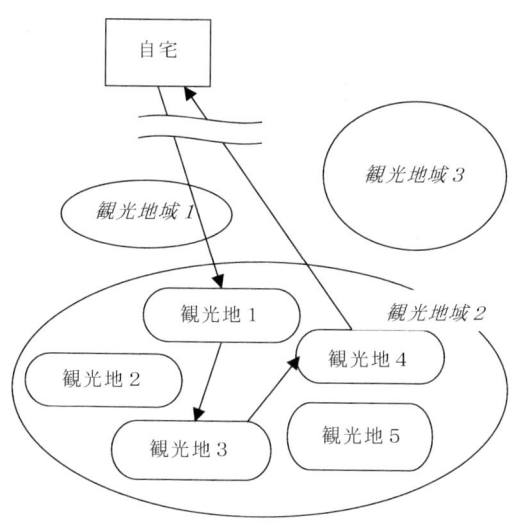

図-14.3.1 観光地域選択と地域内周遊行動

喫することによって，時間がより多くかかることによる損失以上の価値を得ていることを意味し，移動そのものが正の効用をもたらしていると考えられる．したがって，眺望による効用を考慮に入れないと，経路選択の特性を正確に把握できず，より時間のかかる経路が選択されているため，時間価値を過小に評価するなどの問題が生じる．しかし，観光地域への移動については，このような事が起こるとは考えずらい．このように観光交通の選択要因は，幹線移動と観光地域内の移動など，トリップチェイン内の位置付けによって異なるといえる．

(6) 必須性が無いこと（dispensability）

買物交通と観光交通の大きな違いとして，後者に必須性が無いことがあげられる．買物をまったく行わずに生活を続けることは困難であるが，観光交通は他の娯楽活動によって代替が可能であるといえる．観光交通の発生構造を分析する際には，外出を伴わないテレビ視聴や読書といった娯楽を含む諸活動との代替性を考慮することが重要であろう．

14.3.2 観光行動データの収集

観光行動は前節で述べたように，希少性や季節変動があること，活動の詳細を知る必要があることなどの理由や，対象とする地域によってその特性が異なるため，都市交通の把握を目的としたパーソントリップ調査を用いて適切に分析することは難しい．そのため，これまで観光交通の行動分析は特定地域を対象にした独自の調査に基づくことが多く，全国的な観光行動の実態については，データの制約のため1990年代になるまではそれほど分析が進んでこなかった．90年代に入り，道路交通情勢調査（道路交通センサス）が休日編（1990年，1994年，1999年）として，休日交通を調査するようになり，観光交通の目的地や経路などの詳細な情報に関する全国的な実態が調査されるようになった．全国的に系統的に収集されている主なデータとして

① 道路交通センサス休日編
② 航空旅客動態調査
③ 幹線旅客純流動調査
④ 全国PT調査

がある．これらは観光交通を対象としたものではなく，国土幹線を対象とした一般的な交通調査であるため，観光行動を分析するためには，観光目的のトリップを抽出し，その特性を分析することになる．これらは平均的な秋季1日の調査で，設定ゾーンが大きいなどの理由により観光交通特有の需要の季節変動や周遊といった行動が分かり

づらく（兵藤，1998），①は自動車，②は航空機を代表交通手段とするものであり，交通機関の偏りもある．また，個人の観光トリップチェインに含まれる全てのトリップがデータに含まれていないため，観光行動の分析データとしては不充分である．

このほかに観光行動を対象とした調査として，日本観光協会の実施している「観光の実態と志向調査」，「大都市住民の観光レクリエーション調査」，「日帰りレクリエーション統計」がある．また，総理府の「全国旅行動態調査」や各都道府県が実施する「観光地入込み観光客統計」も観光交通に特化した調査である．これらのなかには観光トリップの詳細を尋ねているものがあるため，観光行動の分析に耐えうるデータとして，個人をベースとしたトリップ生成量モデル等に用いられてきた．ただしこれらのデータは，サンプル数や抽出特性，調査項目，ゾーニングなどの問題から，詳細な交通分布や経路選択の分析に用いることは難しい．

90年代に入って観光交通分析の重要性が認識され，1992年に全国観光実態調査が行われた．これは全国を対象とした観光交通に関する調査で，下記のように分類される（建設省土木研究所，1994）．

・家庭訪問調査（世帯 13,600 票，個人 30,943 票）
・観光地入込み調査（有効調査票 12,819 票）
・空港入込み調査
・観光地内ナンバープレート調査

家庭訪問調査では，個人属性に加えて過去1年間の国内宿泊旅行，過去1年間の車を利用した国内日帰り観光旅行，過去5年間の海外旅行の詳細な属性が調査されている．これによって年間の観光交通の発生が把握可能であり（山田ら，1993），観光発生時期の変動や全国9地域別に観光行動を把握できるなどの特徴を持つ．入込み調査においては，観光活動全体について詳細な移動および活動がデータとして取られているため，周遊行動の詳細な分析や地域間比較も行うことができる．

都市圏域を対象とした観光行動調査の事例として，京都市休日交通行動調査（システム科学研究所，1997）を例として挙げる．京都市休日交通行動調査は日本を代表する観光都市京都を対象として，休日の行動特性と実態の把握，それに基づく京都市域の休日交通体系の検討を目的として1996年に行われた．これにあわせて観光地渋滞状況調査や，都心を対象にした状況把握調査も行われている．調査対象は調査日に京都を訪れた観光客で，主要観光地，高速道路のインターチェンジ，鉄道ターミナル，宿泊施設において配布郵送回収された．調査回収状況は 26688 枚の配布に対して，5692

件の有効回答があり，有効回答率は21%である．その調査項目は
①　個人属性（過去の来訪回数などを含む）
②　旅行行程（旅行全体の行程，京都市外も含む）
③　旅行形態（同伴者，宿泊の有無など）
④　京都市内の周遊（京都市内の移動に関するトリップダイアリー）
⑤　京都観光の意識評価（観光地の満足度，観光交通に関する意識評価など）

の5種類に分類される．本調査は一大観光地域の側面と，大都市の側面をあわせ持つ京都を対象としたものであり，異なる特性を持つ観光客を効率的に捕捉するため，主要な交通手段ごとの入洛地点と，宿泊施設，および観光地での配布を行うことで，市内からの観光客，市外からの日帰り客，宿泊客を網羅的に捉えている．京都市内の移動は地図に記入され，経路を含めたトリップチェインや滞在時間，各目的地での活動内容の実態などが把握されている．意識調査やアクティビティダイアリー調査などが組み合わされており，このデータを用い都市における休日交通を総合的に把握することが可能である．京都市内の観光地は，徒歩による移動が可能な範囲を集約することであらかじめ26ゾーンに区分され，その後自由記述より抽出したものが27ゾーン追加されている．

14.3.3　観光行動研究事例と行動モデル

観光交通を対象とした既存の行動分析は，周遊行動を対象としたものが多い．この他にも発生や魅力度評価，選択肢集合特定化についても研究がなされている．本節ではそれらを分析対象ごとに項目別に示す．

(1) 生成・発生量（trip production and generation）

観光交通の特性として希少性があるため，個人ベースの生成に関するデータ収集は難しく，生成を直接行動モデルとして表現したものは少ない．例として集計レベルの重回帰分析や，個人ベースの構造方程式モデルを用いた頻度分析などがある．重回帰分析の例としては山田ら（1993）が前項で述べた全国観光交通実態調査を用いて，地域属性を考慮した交通量発生を分析し，地域ごとの発生構造の違いを表現したものが代表的なものである．荒木ら（1995）は構造方程式モデルを用いて観光交通を含めた非日常交通の発生の頻度を分析している．行動モデル的アプローチとしては，観光交通の発生を，序列変数選択モデルにより示し，月別の発生傾向を分析した古屋ら（1993）の研究がある．古屋らが用いた序列変数選択モデルのフレームを**図-14.3.1**に示した．また，このモデルと基本的には同等の構造を持つordered-response logitモデルや

ordered-response probit モデル (6.2.6 項参照) による分析も有効であろう．森川ら (1999) は全国観光実態調査を用いて，観光旅行のタイプを国内日帰り，地域内外，地域外，アジア，太平洋，他海外の 6 種類に分類し，離散型の観光タイプ選択（観光以外の財を選択肢に含む），および連続型のタイプ別観光日数（あるいは他の財への支出）からなる離散連続モデル（第 7 章参照）を開発している．観光以外の財への代替

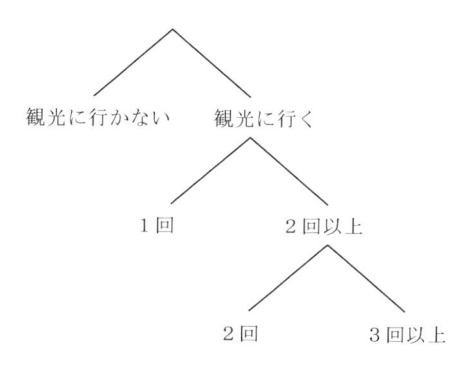

図-14.3.1 序列変数選択モデルの概要
(古屋ら，1993)

的支出を考慮している点がこのモデルの特徴の 1 つである．また，この研究では，全国を北海道，東北，関東，北陸，中部，近畿，中国，四国，九州の 9 つの居住地域に分割し，居住地域別のモデルを構築することで観光日数に関する地域間の差異も明確に示している．この他にも，土井・柴田 (1995) は AHP 手法を用いて，将来の想定シナリオに基づいた観光トリップの発生量の予測を行っている．

(2) 観光地の魅力度および選択肢集合特定化

　離散型選択モデルに限らず，観光行動の目的地選択を説明するモデルを構築するためには，観光地魅力度の算定と，膨大になりがちな選択肢集合の特定化が重要となる．

　観光地の魅力度を求める方法として，多くの人が訪れる場所は魅力が高いと考え，単純に観光地別入込み客数を用いることが考えられるが，これはそもそも目的地選択の結果として観測される変数であるため，目的地選択行動を分析する際の説明変数として用いることはできない．そこで観光地域の観光資源数といった観光地の客観的属性や個人の主観的な評価をもとにして，観光地や観光地域の魅力度を算定したものに小森・松浦 (1972)，高橋・五十嵐 (1990)，森川ら (1991)，溝上ら (1992)，室谷 (1998) などが挙げられる．魅力度は主観的な評価要因であり，溝上らは主観的な評価項目間の重要度を考慮可能である AHP 手法を用いて，観光地の魅力度を算定している．森川らは意識構造分析に用いられることの多い構造方程式モデル（第 8 章参照）を用いて，客観的な要因と主観的な評価要素を考慮して観光地域の魅力度を計測している．構造不変の仮定のもとでは，これらの方法を用い将来の魅力度や新規観光地／地域の魅力度を予測可能であることが，重要な点であろう．

4 現象分析／第14章 非日常（休日）交通の分析

　目的地分析の選択肢集合が膨大になるという問題に対しても，いくつかの試みがなされている．例えば森川ら（1991）は，全国を対象として，観光地域をあらかじめ特定せずに分析を試みている．そのため膨大な数になる目的地の選択肢集合を，一対比較で足切り的に絞り込む非補償型の選択肢集合形成手法を提案している．この他にも原田ら（1997）は想起度という概念を用いて，選択肢集合の形成の影響を想起される確率として選択モデルに導入する提案を行っている．西野ら（2000）は試行錯誤的プロセスによって決定する方法を提案している．これは限定的な効用最大化モデルを逐次的に用いることで，最終的な目的地集合を決定するというモデルであり，意思決定のプロセスを**図-14.3.2**に示す．このモデルでは意思決定者が最初は空集合である目的地集合に目的地を1つ選択し導入する，続いてそこにもう1つの目的地を追加するのかどうかを試行錯誤的に繰り返し選択することが仮定されている．そのため選択モデルは常に選択肢の総数を下回ることになり，現実的なモデリングが可能であるとしている．

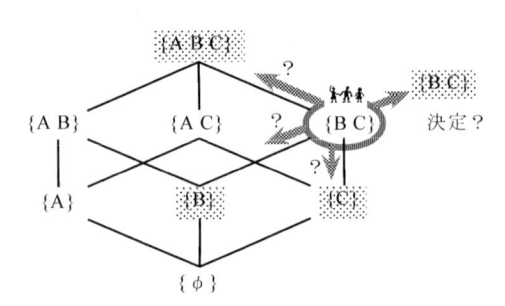

図-14.3.2 試行錯誤的目的地集合選択プロセス
（西野ら，2000）

　一般的な観光目的地選択の選択肢集合決定方法としては，分析対象が全国での幹線交通量や観光動向分析といった場合には，目的地を大きな地域で区切ることで選択肢数を絞る方法が採られ，特定の観光地域での経路交通量や施設利用者数の需要予測を目的とした行動分析の場合には，各観光地域の中で選択肢を集約しその数を絞るなど，分析の対象に応じて選択肢の集計の水準を変更することが多い．

(3) 周遊行動

　周遊行動は観光行動分析において特徴的な行動形態として指摘され，森杉ら（1986），溝上ら（1991），黒田ら（1993），森川ら（1995），佐々木ら（1996），杉恵ら（1999）などによって観光地域内での分布，配分などを統合的に扱う分析モデルの開発が進められている．これに加えて，田村ら（1988），森地ら（1992），古屋ら（1995），西野ら（1999，2000）のように滞在時間や出発時刻をモデル化する研究なども進められている．滞在時間や出発時刻といった時間的な要素を考慮することによって，時間別の交通量が予測可能になり，時間的な集中が問題になることの多い観光交通に対する，現

実的な解決策の分析が可能になる．

森川らの研究では，**図-14.3.3**に示すように，1日の観光行動の意思決定は，スケジューリング段階と実行動段階に分けられるとし，スケジューリング段階に出発時刻選択目的地群と同時選択を仮定したネスト型選択モデル，実行動段階には第1目的地，次の目的地（または帰宅）および経路選択を，各選択が相互に独立であると仮定したロジットモデルを用いてモデル化している．スケジューリング段階に目的地群選択を入れることで，実行動段階におけるゾーン選択間の独立性の仮定を緩和している．森川らはこれにハザード型のワイブル分布（第10章参照）で表現した滞在時間モデルを組み合わせて，観光地域に来た全個人の1日の活動をマイクロシミュレーションで再現し，道路事情の変化に応じた各観光地の入り込み客数および経路の時間帯別の交通量変化を予測している．

これに対して，森地らは，実行動段階を**図-14.3.4**に示すような形式のネスティッドロジットモデルで周遊行動を表現している．これとワイブル分布型の滞在時間モデルを組み合わせることで，周遊行動を表現している．森川らの仮定と森地らのモデル構成の差異は，観光交通がどれだけ計画的に行われているかについての意思決定分析を行う視点の差異といえよう．ネスティッド型の場合には，ひとつのツリーで表現され

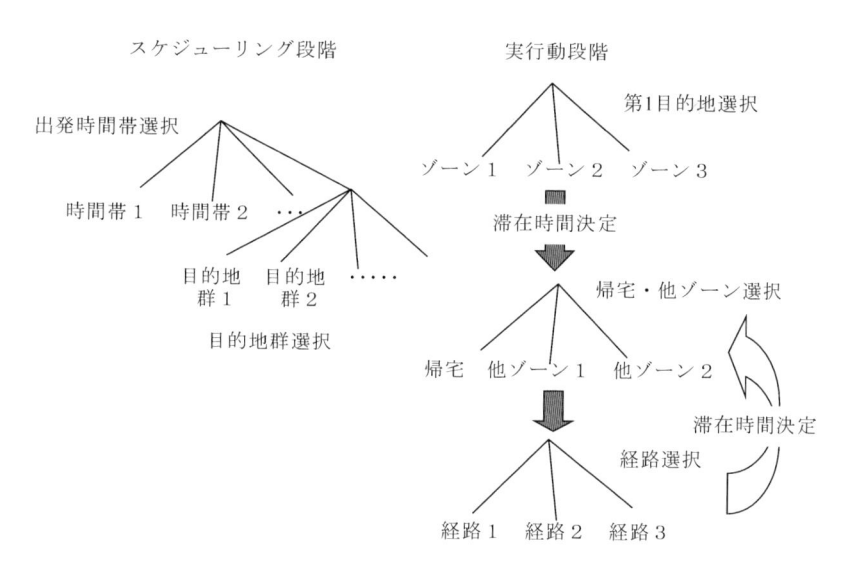

図-14.3.3 スケジューリングと周遊行動の表現方法

る選択が同時に意思決定される．つまり森地らの仮定は経路選択およびゾーンの特性を全て考慮した上で，次の目的地に行くか帰宅するかを決定するモデルである．これに対して森川らのモデルでは，次の目的地への移動は，目的地を決め，滞在時間を決めて，続いて経路を選択するというように逐次的な選択の連続によって全体の意思決定が構成されている．情報を十分に持ち計画性の高い観光交通に対しては，同時決定（simultaneous decision making）モデルの適用が現実的であると思われるが，あまり情報を持たず，計画性の低い観光交通，例えば休日のドライブなどでは逐次決定（sequential decision making）モデルの適用が現実的であると考えられる．

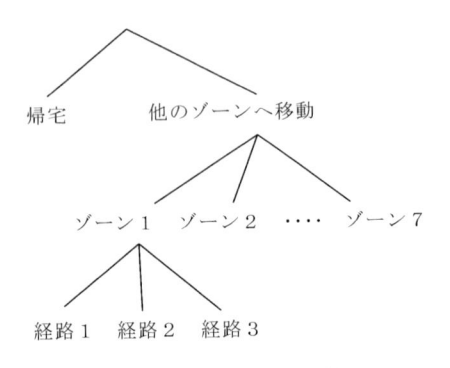

図-14.3.4 周遊行動の階層的表現（森地ら，1992）

宿泊・滞在時間を含めた周遊行動全体を効用最大化原理で表現することも可能であるが，各活動の継続時間と選択モデルの共存が難しいことが指摘できる．このような分析事例として，溝上らは，熊本県の広域観光周遊行動を対象として，時間帯別の目的地選択を分析している．これは2日間の観光行動を，午前，午後，宿泊，翌日の午前，午後と時間帯を大きく区切った5段階のネスティッドロジットモデルである．また，時間制約下での合理的観光行動を仮定して，滞在時間を含めた効用最大化モデルを構築した黒田らの研究などが挙げられる．

14.4 非日常交通行動分析の課題

非日常交通分析はこの10年で，調査データの整備を含めて格段に進歩した分野である．とくにトリップ／アクティビティダイアリーデータを用いて，移動および活動を把握・分析する手法によって，その行動特性が明確になりつつある．現在的な課題として，都市中心部の商業を活性化するための分析需要の増加に対して，都市中心部にある公共空間の魅力度の計測とその向上策などの提案が挙げられる．例えば都市中心部全体の魅力をどのように計測することが可能であるのか，街の賑わいや景観といったものが，どう街の魅力とかかわってくるのかなどを明らかにすることなどである．これに関連して，買物や公園の散策といった都心部に見られる複合目的の移動それ自体の魅力なども，研究課題として挙げられる．そのためにはトリップチェイン全体で

の意思決定特性の把握と分析手法の確立が必要となる．また，業務地区と商業地区が近接して存在することの多い地方都市では，平日の活動内容と休日の活動・交通の関連性も都市中心部の活性化と無関係ではありえない．中山間地などの地域活性化を観光中心として計画する場合にも，同様な考え方に基づいて，観光地域の魅力とそれを向上し集客するために必要なサービスを分析する必要がある．

また，観光交通は必須性が無いため社会・経済環境の変化に対応して行動の変化が顕著に現れやすく，社会環境との関連や，分析モデルの時間的な安定性の検討などが必要といえる．例えば社会環境の変化の例として，2000年より施行された改正祝日法よって3連休が増加し，これが非日常交通生成・発生の変化として現れる可能性のある報告（福井商工会議所，2000）もある．このように休日の変動といった環境の変化の下での買物・観光交通の変化予測や，少子化，高齢化，国際化，環境意識の高まりといった，社会環境要因の変化に伴う行動変化を明示する必要がある．環境については，個人の環境に対する態度などの意識要因が大きく影響するため，態度の変容がどのように起こるのか，またその結果非日常交通はどのように変化するのかなども課題として挙げられる．

またこれらと関連して，本章で挙げたモデルは日常交通と同様，個人の効用最大化原理に基づくものが多い．しかし現実の観光や買物交通は，習慣や衝動などといった通常の効用最大化モデルの枠外にある要因が働くと考えられ，日常交通とは異なる視点からのモデリング手法の開発が，非日常交通分析においては重要な課題であるといえる．

●脚注
[1] ここでは最終的な選択肢集合の決定プロセスを意味している．
[2] 多くの場合，蓋然性の高い解を与えるが，最適解や，解そのものを与える保証がない場合や，問題解決の効率を著しく向上させるという2つの側面のいずれか，または両方を合わせもつような技法や個別の知識（平賀，1988）．
[3] よい行為の代替案がどこにあるかを計算するその方法の発見（サイモン，1999）．より詳細は第2章を参照のこと．
[4] 本章では非日常的な買物行動だけでなく，日常的な買物行動も含めて紹介する
[5] 宿泊旅行と海外旅行は観光目的に限らない．

5 予測と政策分析

第15章　交通行動モデルによる予測法

15.1 モデルを予測へ適用する際の前提

　交通行動モデルは個々の個人や世帯がそれらを取り巻く環境の中でどのような行動をとるかを定量的に算出するものである．つまり，交通行動モデルは環境を入力，交通行動を出力とする関数である．よって，環境とモデルが決定されれば個々人の交通行動が確率的に算出可能である．交通行動分析の目的の1つは交通政策を評価することにあり，構築した交通行動モデルを用いて交通政策が実施された場合の交通行動を予測し，予測された交通需要に基づいて交通政策の評価が行われる．したがって，交通行動モデルの応用においては，個々人の行動が問題となるのではなく，対象とする母集団に属する個々人の行動を集計した値が必要となることが殆どである[1]．将来の予測対象時の集計値を予測するためには，将来の母集団を決定する必要がある．

　推定したモデルを用いて将来の行動を予測する場合には，モデル推定時と将来の予測対象時で個人の意思決定構造（関数）が変化しないという仮定をおくこととなる．しかしながらこの仮定に対しては，以下のような相反する知見が得られている．はじめに，意思決定構造が変化しないという知見として，Ben-Akiva and Morikawa（1990）はSPデータとRPデータを用いた離散選択行動の分析結果の比較により，効用関数の確定部分のパラメータベクトルβ（6.1.1項参照）は変化せず，誤差項の分散のみが変化することを統計的に確認している．この結果は，状況が変化しても個人の意思決定構造は変化せず，モデル推定時の意思決定構造を用いて環境が変化した場合の行動結果を予測することが可能であることを意味する．ただし，この場合でも誤差項の分散は変化するため，分散を何らかの指標で構造化し，将来時点の分散を推定して用いるか，分散の変化は予測不可能とし，分散が変化しないと仮定した場合の結果を予測時の平均値として用いるという対応がとられる必要があろう．

　一方，心理学などの分野では，意思決定構造は状況に応じて構築されるため，状況が変化すれば意思決定構造も変化してしまうという知見（Tversky et al., 1990）が得られている．この知見にしたがえば，モデル推定時と将来の予測対象時で状況が同一ではないため（同一であればモデルそのものが不要となる）意思決定構造も変化し，推

定時の意思決定構造を用いて予測を行うことの妥当性は保たれない．ひとつの方法としては，状況の変化に伴なう意思決定構造の変化そのものも反映した超意思決定構造を同定し予測に用いることが考えられるが，そのような超意思決定構造の推定は容易ではない．以下では，意思決定構造が変化しないという仮定に基づいて議論を進めるが，ある時点でのデータを用いて将来予測を行う場合には，意思決定構造が不変であるという仮定が暗に前提とされているという点に注意を払う必要がある．

15.2 予測のための入力値

15.2.1 入力変数の多変量分布

行動モデルが推定されたとして，モデルを用いた予測を行う際には，モデルの入力の将来値を用意する必要がある．入力は，モデル推定時には調査によって収集された選択肢属性，制約条件，個人属性など（5.1節参照）からなり，意思決定主体に関する変数と交通環境に関する変数に分類できる．これらの入力は，性別，年齢や所要時間，費用のようにモデルの説明変数として，あるいは免許保有，自動車保有の有無や，新たな交通手段の導入のように，選択肢集合の設定に用いられる[2]．非集計行動モデルを用いた予測を行う際にはモデルの推定時と同様に，これらの全ての入力変数を個々の意思決定主体毎に用意する必要がある．ここで，将来の母集団に属する全ての意思決定主体について入力を用意し，個々の行動を集計する形で予測を行うことが考えられるが，政策分析で対象とする母集団は通常，多数の意思決定主体からなるため，計算負荷が高くなるという問題がある．さらに，入力変数の将来予測値やモデルそのものがはらむ不確定性を考えると，母集団全体について集計することがどれほど予測精度の向上に寄与するかも疑わしい．よって，求められる予測精度に応じた割合で将来の母集団から抽出した標本について入力を用意し，それら標本について予測された行動に標本抽出時の重みをかけて集計した値を予測値とする．典型的な重回帰モデルのように，モデルがその説明変数に関して線形である場合，集計需要は，各説明変数の平均値をモデルに代入することで平均需要を算出し，需要を構成する個体数を乗ずることによって得ることができる．しかしながら，ほとんどの非集計行動モデルは非線形なモデルであり，平均値をモデルに代入しても平均需要を得ることが出来ない（15.4.2項参照）．したがって，予測に用いる標本の入力変数値を設定するためには，各入力変数の将来値の分布，さらには全入力変数の同時確率分布が必要となる（北村，1996）．

15.2.2 意思決定主体に関する変数の将来値

　現在のところ，非集計モデルで一般的に用いられる年齢，収入，免許保有，自動車保有台数などの多岐にわたる変数の母集団の同時分布は現況の分布でさえも入手困難であり，予測時に必要な将来分布の入手はまず不可能といってよいであろう．現況については，個々の変数についての周辺分布，あるいは少数の変数についての同時分布のみが入手可能である場合が多い．将来の個々の変数の周辺分布が入手可能である場合には，以下の方法の適用が可能である（将来の周辺分布が入手不可能である場合については 15.3.2 項参照）．

　従来，需要予測には PT 調査で得られる非集計データに，国勢調査や将来人口推計などから得られる集計的情報から求められる拡大係数を付与するというアプローチが頻繁にとられて来た．しかしながら，従来用いられてきた性別と年齢層の組み合わせによる拡大係数を用いた場合，交通行動に大きな影響を及ぼすと考えられる世帯構成人数や自動車保有台数が母集団分布に一致する保証はない．世帯構成人数や子供の人数などは性別や年齢と相関を持つと考えられるため，母集団代表性を高めるためには全ての属性に関する同時分布に基づいて拡大係数を算出することが望まれる．しかし，現時点では多数の属性についての母集団の同時分布に関する情報は存在しない．そのため，拡大したサンプル分布と母集団の複数の属性の各周辺分布との残差平方和を最小にするという拡大係数の算出方法（三浦ら，1998）や，世帯主年齢と家族類型からなるライフステージ行列を定義し，フレータ法により拡大係数を算出し国勢統計区ごとに行列のセル内の世帯数を算出する方法（青木ら，1999）がとられている．

　これらに加え，複数周辺分布の制約下でのエントロピー最大化の考え方に基づき，再帰的な計算によって拡大係数を算出する IPF(iterative proportional fitting)法（Beckman et al., 1996）が開発されている．IPF 法による拡大係数の決定は，標本に内在する複数の属性間の相関関係が拡大した後でも保たれるため，母集団の再現性が高いという望ましい性質を持っている．すなわち，標本にみられる複数の属性間の相関は母集団の同時分布を反映していると考えられるため，その情報を保持した上で母集団の周辺分布にも一致する拡大係数を得ることが可能である（西田ら，2000）．

15.2.3 交通環境に関する変数の将来値

　交通需要予測の目的の 1 つは，何らかの交通政策によって交通環境が変化した場合の交通需要の変化を定量的に把握することである．この場合，交通政策による交通環境の変化は選択肢集合の変化や選択肢の属性の変化として需要予測に反映される．例えば，新規に LRT が導入された場合の交通需要予測では，現況（モデル推定時）の選

択肢集合にLRTを加えた選択肢集合に対して，推定された交通機関選択モデルが適用される．よって，選択肢集合や選択肢属性などの将来値は外生的に設定されることが多い．ただし，需要量の変化にともなう所要時間などの変化については，道路ネットワークモデルなどと組み合わすことにより内生的に決定されることも多い．反対に，その変化に着目していない要因に関しては，暗黙のうちにモデルの推定時と同様であるとみなしている場合が多い．

15.3 短期予測と長期予測

15.3.1 短期予測

政策実施後あるいは数年先を予測時点とした短期予測を行う際には，交通施策から独立の入力変数は変化しないとみなすことが可能である．よって，政策の影響を受ける変数にのみ新たな入力値を与えてやれば，現況を代表する標本をそのまま用いて政策実施時の行動が予測可能となる．6.3節において，数え上げ法，代表個人法を用いた予測方法についての説明がなされている．短期予測では，それらの手法が適用可能である．ただし，6.3節で述べられているように，代表的個人法で用いられる平均的個人の予測結果は母集団の行動予測値の平均としての意味はない（15.4.2項参照）．

15.3.2 長期予測

数年後以上の未来を予測時点とした長期予測を行う際には，交通施策評価のために着目している以外の入力変数についても推定時とは変化が生じていることが十分考えられるため，それらの入力変数についても将来値を何らかの方法により設定することが必要である．入力変数の多変量分布の算出に際しては，予測時点での個々の変数についての周辺分布さえ，入手不可能な場合がある．このような場合には，現状の値を与件とし，現状からの変化を推計する方法が有効であると考えられる．実際，集計的な方法として頻繁に用いられるコーホート法（青木ら，1998）も現状値を入力とし，現状の各世代の経年変化を推計することで将来値を算出するものである．

非集計分析の分野においても，現況から将来に向けての各個人や世帯の変化をシミュレートすることで将来データを推計する方法が，交通需要予測（Goulias and Kitamura, 1992; 西田ら, 2000）や人口予測（林・冨田, 1988），電気自動車需要予測（Kazimi and Brownstone, 1995）に適用されている．このうち，Goulias and Kitamura (1992)，林・冨田 (1988)，西田ら (2000) では離散時点で世帯属性の変化が生じるのに対し，Kazimi and Brownstone (1995) では連続時間軸上での変化をモデル化している．ただし，モデ

ルの適用に際しては実質的に時間は離散的に扱われている．分析者が外生的に与えざるを得ない離散時点が実際の属性変化の時点と一致している保証はなく，その点で連続時間を用いたモデルがより高い再現性を持つと考えられる（北村，1998）ものの，後者ではモデル構築により詳細なデータを必要とする．

さらに，長期予測においては交通行動の変化がもたらす2次的な影響についても考慮することが必要である．例えば，交通量の増大により土地利用形態が変化し，その変化がさらに交通需要の変化を引き起こすことが考えられる．このような影響を考慮するためには，交通需要予測モデルと土地利用モデルを統合した総合的な予測システムを構築する必要がある．しかし，相互作用を考慮すべき全ての要因を予測システムに取り込むことは現実的に不可能であり，予測システムの入力として外生的に与えざるを得ない場合が多い．

15.4 予測誤差

15.4.1 予測誤差の発生源

非集計交通モデルを用いた交通需要予測の予測精度は事後的検証によって初めて明らかになるものであるが，事前に予測値の精度の一般的性質を分析することは可能であり，利用目的に照らし合わせモデルの適切性をあらかじめ理解しておくことは，モデルの作成，選択，適用に有用である（太田，1988）．予測誤差の原因は予測過程の各段階に存在し，モデル推定に用いるデータの測定誤差，モデルの選択，特定の際の過誤，モデルパラメータの推定誤差，説明変数の将来値の推定誤差などが挙げられる．以下ではそれぞれの誤差について示す．

(1) 推定に用いるデータの測定誤差

交通行動分析は人間の行動を対象としており，一般に，純粋な物理量の測定などに比べて，モデルの推定に用いられる説明変数の測定誤差は大きいと考えられる．より正確な測定を目指して様々な調査形態が開発されている（第5章参照）ものの，測定には常に誤差が含まれていることに留意する必要がある．とくに，真の値との誤差が大きく，ランダムでない場合には，パラメータ推定値の一致性が損なわれるため，それらの観測値を用いて構築したモデルによる予測は必然的に誤差を孕んだものとなる．

(2) モデルの選択，特定の際の過誤

モデルは実際の行動を何らかの形で単純化したものであり，完全な模写ではない．したがって，モデルを用いた予測には誤差が含まれる．第4部では，交通行動の様々

な局面を対象としたモデル化について述べたが,同一の交通行動に対しても複数のモデル化が可能であり,それぞれのモデル化に際して実際の行動に対する様々な仮定が置かれている.モデルの選択時には,実際の行動の何が捨象されるかに注意を払う必要がある.とくに,離散選択行動のモデル化にあたっては,誤差項の分布形,分散,誤差項間の相関など,誤差項に関する仮定により様々なモデル構造が提案されており(第6章参照),分析対象とする離散選択行動がどのようなモデル構造によって最もよく表現されるのか見極めることが必要である.

選択したモデルの構造に基づいて,モデルの特定化(6.2.1項参照)が行われる.6.2.1項で述べたように,モデルの特定化は理論的な考察とモデル推定結果に基づく経験的判断の両面から行われるが,行動に影響を及ぼす要因を完全にモデルの説明変数として導入することは不可能である.また,文献にみられるほとんどの離散選択モデルが線形の効用関数を仮定しているが,これが正しい定式化であるという理論的根拠は無く,実証的分析も極めて限られている.

行動に影響を及ぼす要因がモデルの説明変数として導入されていない場合,それらの変数の影響は,モデル中では誤差項として取り扱われる.それらの変数が将来も同一の分布に従うならば,予測上の問題はないものの,それらの変数の分布が予測対象時点で変化している場合,予測誤差が生じることとなる.また,説明変数としてモデルに導入した複数の要因が行動に及ぼす影響に交互作用がある場合にも,上記の経験的方法によってモデルの推定時にこの交互作用を発見することは困難である(McClelland and Judd, 1993).説明変数間に交互作用の存在が見こまれる場合,パラメータ推定に先だって理論的な考察によりモデルの関数形を検討する必要がある.

(3) モデルパラメータの推定誤差

モデルのパラメータを推定する場合,推定値の標準誤差も同時に推定し,説明変数の取捨選択に利用されることが一般的である.推定値の標準誤差は,モデルの特定が完全であるという仮定に基づいて計算されており,得られた推定値が真値とどの程度の誤差を持つ確率があるかを示すものである.標準偏差が大きいほど,その推定値が大きな誤差を持つ確率が高いことを意味する.標準誤差は,母集団パラメータが限られた標本に基づいて推定される事によって生じる.よって,一致推定量を用いる限り,より大きな標本を用いて推定することによりパラメータの標準誤差は小さくなる.また,同じ標本を用いた場合にも推定量によってパラメータの標準誤差は異なるため,より有効性(efficiency)の高い推定量を用いることにより標準誤差を小さくすることが可能である.

図-15.4.1 平均的個人の誤謬

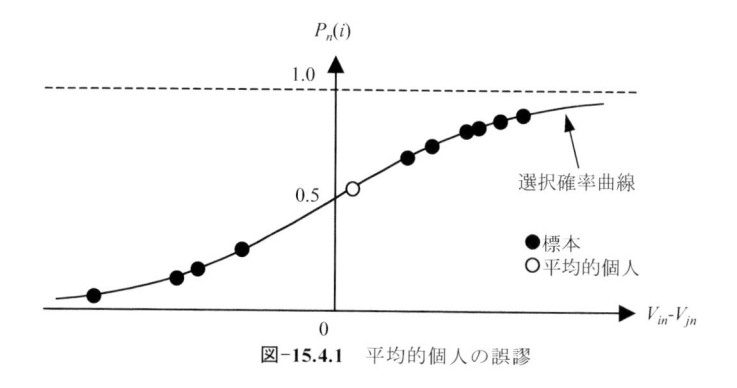

(4) 入力変数の将来値の推定誤差

15.2 節で述べたように，予測のための入力値として，説明変数の同時確率分布が必要となるが，とくに長期予測の場合には，正確な将来の説明変数値を用意することは困難である．よって，将来の説明変数値には推定誤差が含まれることが多い．

15.4.2 平均的個人の誤謬

モデルが重回帰モデルのような線形のモデルである場合，説明変数の平均値を入力して得られる出力は，個々の説明変数を入力として与えた場合の出力の平均値に一致する．しかしながら，多くの交通行動モデルは非線形なモデルであり，このような非線形なモデルを用いた場合には，説明変数の平均値を入力した場合の出力は出力の平均値と一致しない．平均個人法を用いた予測結果は，平均的な属性を持つ個人の行動予測としての意味は持つものの，行動予測値の平均としての意味はなく，平均個人法による出力に母集団の人数を乗じたものを集計的な予測値とするのは間違いである．もちろん，母集団に属する全ての個人が同一の説明変数値をもつ場合には，このような問題は発生しないものの，そのような状況は現実にはまずありえない．

6.1.2 項の 2 項選択モデルにおいて，ある標本を用いてパラメータを推定し，効用-選択確率平面上に標本をプロットすると**図-15.4.1** が得られたとしよう．この時，効用の変化に対する各標本個体の選択確率の変化率は，各個体が位置する座標上で選択確率曲線に接する直線の傾きに一致する．ここで，説明変数の平均値を計算し，平均的個人をプロットすると，この標本については，平均的個人の選択確率の変化率はどの標本個体よりも大きいことがわかる．すなわち，この場合，平均個人法により交通政策の評価を行った場合には，交通サービス水準の変化が及ぼす交通需要の変化が過大に予測されることを示している．

15.4.3 予測の信頼区間

15.4.1 項で述べたように,予測誤差は予測作業の各段階で発生し,全ての誤差を定量的に把握することは困難である.しかしながら,パラメータの推定誤差に関しては,標準誤差が計算されるため,推定されたモデルを用いた予測値の信頼区間を計算することが可能である.

(1) 線形回帰モデルを用いた予測の信頼区間

式 6.1.1 で表される線形回帰モデルを同定し,サンプル数 N のデータを用いて最小自乗法によってパラメータを推定したとしよう.以下の式展開を簡単にするため,この線形回帰モデルをベクトル形式で表現すると,式 15.4.1 で表される.

$$\mathbf{y} = \mathbf{X}\boldsymbol{\beta} + \boldsymbol{\varepsilon} \tag{15.4.1}$$

ここに,$\mathbf{y}' = (Y_1, Y_2, \ldots, Y_V)$, $\mathbf{X} = \begin{pmatrix} x_{11} & x_{21} & \cdots & x_{K1} \\ x_{12} & x_{22} & \cdots & x_{K2} \\ \vdots & \vdots & \ddots & \vdots \\ x_{1V} & x_{2V} & \cdots & x_{KV} \end{pmatrix}$, $\boldsymbol{\beta}' = (\beta_1, \beta_2, \ldots, \beta_K)$, $\boldsymbol{\varepsilon}' = (\varepsilon_1, \varepsilon_2, \ldots, \varepsilon_V)$.

このモデルを用いて予測対象時点に $\mathbf{x}^0 = (x_1^0, x_2^0, \ldots, x_K^0)'$ の説明変数値ベクトルを持つ個人の被説明変数値 Y^0 の予測を行う時,ガウス・マルコフ定理(Gauss-Markov theorem)により予測平均値の最小分散不偏推定量 $\hat{Y}^0$ は式 15.4.2 で与えられる.

$$\hat{Y}^0 = \hat{\boldsymbol{\beta}}' \mathbf{x}^0 \tag{15.4.2}$$

ここに,$\hat{\boldsymbol{\beta}}$ ($= (\mathbf{X}'\mathbf{X})^{-1}\mathbf{X}'\mathbf{y}$):$\boldsymbol{\beta}$ の推定値ベクトル.

この時,予測値の誤差 e^0 は,式 15.4.3 となる.

$$e^0 = Y^0 - \hat{Y}^0 = (\boldsymbol{\beta} - \hat{\boldsymbol{\beta}})' \mathbf{x}^0 + \varepsilon^0 \tag{15.4.3}$$

$\hat{\boldsymbol{\beta}}$ の分散 $\mathrm{Var}[\hat{\boldsymbol{\beta}}]$ は,$\mathrm{Var}[\hat{\boldsymbol{\beta}}] = \sigma^2 (\mathbf{X}'\mathbf{X})^{-1}$ であり,予測誤差の分散 $\mathrm{Var}[e^0]$ は式 15.4.4 で与えられる.

$$\begin{aligned}\mathrm{Var}[e^0] &= \sigma^2 + \mathrm{Var}[(\boldsymbol{\beta} - \hat{\boldsymbol{\beta}})' \mathbf{x}^0] \\ &= \sigma^2 + \mathbf{x}^{0\prime}[\sigma^2 (\mathbf{X}'\mathbf{X})^{-1}]\mathbf{x}^0\end{aligned} \tag{15.4.4}$$

ここに,σ^2:ε_n の分散.

このモデルのパラメータに定数項が含まれる時,すなわち,$x_{Kn} = 1$ ($n = 1, \ldots, N$),$x_K^0 = 1$ の時,式 15.4.4 は,式 15.4.5 に変換可能である.

$$\mathrm{Var}[e^0] = \sigma^2 \left[1 + \frac{1}{N} + \frac{1}{N} \sum_{j=1}^{K-1} \sum_{k=1}^{K-1} (x_j^0 - \bar{x}_j)(x_k^0 - \bar{x}_k)(\mathbf{S}^{-1})^{jk} \right] \tag{15.4.5}$$

ここに，$\bar{x}_k = \dfrac{1}{N}\sum_{n=1}^{N} x_{kn}$，$(\mathbf{S}^{-1})^{jk}$：$\mathbf{S}^{-1}$ 行列の j 行 k 列要素，$\mathbf{S} : \dfrac{1}{N}\sum_{n=1}^{N}(x_{jn}-\bar{x}_j)(x_{kn}-\bar{x}_k)$ を j 行 k 列要素に持つ$(K-1)\times(K-1)$の標本分散共分散行列．

式 15.4.5 より，予測誤差の分散は予測対象時点の説明変数ベクトルが標本平均から離れるほど大きくなることがわかる．また，式 15.4.5 の右辺は 3 項からなっており，第 2 項，第 3 項は標本サイズをより大きくすれば予測誤差の分散を小さくすることが可能であることを示している．

式 15.4.5 より，σ^2 を推定値 $\hat{\sigma}^2$ で置き換えると，予測の $100(1-\alpha)\%$ の信頼区間は式 15.4.6 で示される（Greene, 2000）．

$$\Pr\left(\hat{Y}^0 - t_{1-\alpha/2}\sqrt{\mathrm{Var}[e^0]} \leq Y^0 \leq \hat{Y}^0 + t_{1-\alpha/2}\sqrt{\mathrm{Var}[e^0]}\right) = 1-\alpha \tag{15.4.6}$$

ここに，$t_{1-\alpha/2}$：自由度 $N-K$ の t 分布の $100(1-\alpha/2)$ パーセンタイル値．

(2) 2 項選択モデルを用いた予測の信頼区間

2 項選択モデル（6.1.2 項参照）において，代替案 i と代替案 j の効用の確定部分の差 $V_i - V_j = \boldsymbol{\beta}'\mathbf{x}$ とし，代替案 i を選択する確率 $P(i)$ が式 15.4.7 で表されるとする．

$$P(i) = F(\boldsymbol{\beta}'\mathbf{x}) \tag{15.4.7}$$

ここに，$\boldsymbol{\beta}$：パラメータベクトル，$\mathbf{x}_n$：個人 n の説明変数ベクトル．

この時，$P(i)$ の予測値 $\hat{P}(i)$ は式 15.4.8 で示される．

$$\hat{P}(i) = F(\hat{\boldsymbol{\beta}}'\mathbf{x}) \tag{15.4.8}$$

ここに，$\hat{\boldsymbol{\beta}}$：$\boldsymbol{\beta}$ の推定値ベクトル．

デルタ法（delta method）を適用することにより，$\hat{P}(i)$ の漸近分散共分散行列 $\mathrm{Var}[\hat{P}(i)]$ は式 15.4.9 で表される（Greene, 2000）．

$$\begin{aligned}
\mathrm{Var}[\hat{P}(i)] &= [\partial \hat{P}(i)/\partial \hat{\boldsymbol{\beta}}]' \mathbf{V} [\partial \hat{P}(i)/\partial \hat{\boldsymbol{\beta}}] \\
&= [\partial F(\hat{\boldsymbol{\beta}}'\mathbf{x})/\partial \hat{\boldsymbol{\beta}}]' \mathbf{V} [\partial F(\hat{\boldsymbol{\beta}}'\mathbf{x})/\partial \hat{\boldsymbol{\beta}}] \\
&= f(\hat{\boldsymbol{\beta}}'\mathbf{x}) \mathbf{x}' \mathbf{V} \mathbf{x} f(\hat{\boldsymbol{\beta}}'\mathbf{x}) \\
&= \{f(\hat{\boldsymbol{\beta}}'\mathbf{x})\}^2 \mathbf{x}' \mathbf{V} \mathbf{x}
\end{aligned} \tag{15.4.9}$$

ここに，$\mathbf{V}$：パラメータ推定値の漸近分散共分散行列（6.2.4 項参照）．

2 項ロジットモデルの場合，$F(\boldsymbol{\beta}'\mathbf{x}) = \exp(\boldsymbol{\beta}'\mathbf{x})/\{1+\exp(\boldsymbol{\beta}'\mathbf{x})\}$ であり，式 15.4.9 は

$$\mathrm{Var}[\hat{P}(i)] = [\exp(\hat{\boldsymbol{\beta}}'\mathbf{x})/\{1+\exp(\hat{\boldsymbol{\beta}}'\mathbf{x})\}^2]^2 \mathbf{x}' \mathbf{V} \mathbf{x} \tag{15.4.10}$$

となる．2 項プロビットモデルの場合，$F(\boldsymbol{\beta}'\mathbf{x}) = \varPhi(\boldsymbol{\beta}'\mathbf{x})$ であり，式 15.4.9 は

$$\mathrm{Var}[\hat{P}(i)] = \{-\hat{\boldsymbol{\beta}}'\mathbf{x}\phi(\hat{\boldsymbol{\beta}}'\mathbf{x})\}^2 \mathbf{x}' \mathbf{V} \mathbf{x} \tag{15.4.11}$$

となる．式15.4.6中のY^0, $\hat{Y}^0$, $\text{Var}[e^0]$を$P(i)$, $\hat{P}(i)$, $\text{Var}[\hat{P}(i)]$にそれぞれ置きかえることにより，線形回帰モデルと同様に2項ロジットモデル，2項プロビットモデルの予測値の信頼区間を計算することが可能となる．

(3) モンテカルロ・シミュレーションによる信頼区間の算出

　線形回帰モデルや2項選択モデルの場合には，予測値の信頼区間が解析的に計算可能であるが，1日の活動パターン生成など，複数のモデルを統合したモデルシステムにおいて，モデル間の入出力の連鎖が繰り返されるような場合，上記のように解析的に信頼区間を算出することは不可能である．このような場合，モンテカルロ・シミュレーションにより数値的に信頼区間を求める方法が考えられる．手順としては，まず，パラメータ推定値および誤差項の推定値の同時確率分布より乱数を用いてパラメータと誤差項の値を決定し，選ばれたパラメータと誤差項の値に基づいて予測を行うという作業を多数回繰り返す．それらの作業によって得られた予測結果のヒストグラムを作成すれば，任意のパーセンタイル値による信頼区間が計算可能である．また，モンテカルロ・シミュレーションを用いることにより，予測値の確率分布形を前もって特定の確率分布形と仮定することなく，分布の形状をも内生的に予測できるため，平均値と最頻値を個別に算出したり，複数の極大値を持つ場合に上位のいくつかの極大値を求めるなど，複数の値の組み合わせからなる複数点予測や，より実際的な信頼区間の算出が可能となるものと考えられる．近年の計算機能力の向上により，1日の活動パターン生成などの複雑なモデルシステムに対しても，多数回のモンテカルロ・シミュレーションに要する計算時間が実用的な範囲に留まるようになってきており，モデルの信頼性を検討するための現実的な手法であると考えられる．

15.5　断面データに基づくモデルによる予測の限界

　5.4節で述べられているように，断面調査で得られたデータに基づいて推定されたモデルは個人間の差異による行動の差異を表したものである．観測された「差異」に基づいて行動の「変化」を予測することの妥当性については批判的な知見が数多く存在する．

　Goodwin（1993）はパネル調査データに基づく解析結果より，自動車保有台数が公共交通機関の利用状況に及ぼす影響に関して，同時点での世帯間の自動車保有台数の差異が公共交通機関の利用状況の差異との間の相関と，2時点間の同一世帯の自動車保有台数の変化と公共交通機関の利用状況の変化との間の相関が，有意に異なるという

15.5 断面データに基づくモデルによる予測の限界

結果を得ている．この結果は断面データに基づくモデルが交通行動の変化を適切に予測出来ないことを示すものである．さらに，Kitamura（1989）は，パネル調査データに基づく解析結果より，世帯属性の変化が自動車保有台数に及ぼす影響は変化の方向によって異なる（世帯収入が増えた場合と減った場合ではその影響の絶対値が異なる）という知見を得ている．これは行動変化の非対称性を示すものであり，Goodwin（1993）と同様に断面データに基づくモデルの限界を示すものである．

この限界を超える予測手法として，パネル調査データや回顧データに基づき動的モデルを構築し，現在時点から予測対象とする将来時点までの行動変化を予測するという方法がある．しかし，動的モデルを用いる場合には将来時点の入力値だけでなく，現時点から将来時点までの入力値の時系列が必要となる．15.3.2項で述べた，現状からの各個人や世帯の変化をシミュレートする手法により，このような入力値の時系列を生成することが可能である．

しかしながら，動的モデルを用いた予測を可能とするデータが入手可能なことは稀で，データの制約やモデル構築の制約などから断面データによるモデルを予測に用いざるを得ない局面は数多く存在する．そのような場合には，上述の限界について十分認識した上で，モデルの適用に注意する必要があるものと考えられる．

● 脚注

[1] 必ずしも予測値として行動結果を算出することが必要ではなく，行動を変更するか否か，どのような変更を行うかに関わらず，どのような個人が施策によって影響を受けるかを明らかにするだけで交通計画政策決定に有益な情報を提供できる場合がある（Pas, 1986）．このような場合には関数の出力（行動結果）ではなく，関数内の中間生成物（効用値など）の変化に着目した予測を行うこととなる．

[2] ただし，免許保有や自動車保有は選択肢の定義によっては選択肢集合の設定には用いられない．ここでは，交通機関選択行動を対象とし自家用車を選択肢として想定しているが，タクシーを含む自動車という選択肢を想定した場合には，自動車の非保有者が自動車という選択肢を選択することが可能であり，自動車の非保有が自動車という選択肢を除外する制約とはならない．6.2.1項の例では，自動車という選択肢が自分で運転するという場合と他者が運転する自動車への同乗の場合の両方を含んでいるため免許の非保有が自動車という選択肢を除外していない．ただし，免許の非保有者が自動車を選択した場合には常に他者の運転が必要であり，免許保有者に比べて自動車の効用が低いと考えられるため，免許保有の有無が自動車の効用の説明変数として用いられている．

第16章　総合的都市交通政策への適用事例

　交通計画のための交通需要予測手法として，従来から一般に用いられてきた4段階推定法には多くの問題が含まれている．本質的な問題点としては，行動論的基盤の欠如，トリップ間の連関性の無視，交通需要の動的側面の無視などが挙げられる．それに加えて，誘発需要，抑圧需要が需要予測に反映されない，評価対象としうる交通政策が限定される，算定される政策感度の信頼性に疑問が残る，といった，行政上の判断を直接的に左右する問題点も挙げられる．

　この認識から，これらの問題点に対処した，4段階推計法に代わる新しい交通需要予測手法の枠組みとして，都市内交通のマイクロシミュレーション交通需要予測システムが提案されている（飯田ら，2000; 菊池ら，2000; 藤井ら，2000）．この手法は，第12章で紹介した個人の生活行動を再現する activity-based approach のマイクロシミュレーションモデル PCATS（藤井ら，1997b）と，道路上の動的な交通流を再現する交通流シミュレータ DEBNetS（藤井ら，1998）を組み合わせることで，交通需要予測を行うもので，その特徴として，以下のものが挙げられる．

① 時間軸に沿ったダイナミックな予測
　　時間軸上で動的にに変化する交通需要を把握できる．
② 個人単位の予測
　　個人単位で行動をシミュレートするため，少子・高齢化の進展や免許・車両保有状況の変化など交通に大きく影響する個人属性を，明示的に反映することが可能である．
③ 活動に着目した予測
　　トリップではなく，トリップを含めた1日の活動パターンを予測しているため，活動の派生需要としての交通需要を的確に把握でき，誘発交通や抑圧需要などを分析できる．
④ 多様な評価指標の算出
　　1日の活動パターンを予測しているため，交通政策の実施に伴う自由時間の増減や，それに伴うレクリエーション活動の増減など，「生活の質」を視野に入れた政策分析ができる．

　以下，本章では，このモデルシステムを説明すると共に，大阪市における適用事例を紹介する．

16.1 Micro-simulation モデルシステム の概要

Micro-simulation モデルシステムの構成を**図-16.1.1**に示す．このシステムは，4段推定計法の述語を援用すれば，PCATSが発生，分布，分担を，DEBNetSが配分を計算するサブシステムである．当システムは，動的自動車交通流と動的OD交通量との相互作用を予測値に反映するために，PCATSとDEBNetSとが，互いの出力が互いの入力となる「入れ子構造」となっている．この繰り返し計算は，収束基準が満たされた場合に終了する．以下にそれぞれのサブシステムについて述べる．

16.1.1 生活行動シミュレータ PCATS の概要

PCATSは，1日は時間利用を個人の自由意思で決定可能な自由時間帯と，時間利用形態が先決されている固定時間帯から構成されるという仮定に基づいている．この前提の下で，PCATSは個人についての情報（年齢，性別，職業，免許保有の有無，世帯自動車台数，世帯収入，および当日の全固定活動の場所，開始・終了時刻，内容）

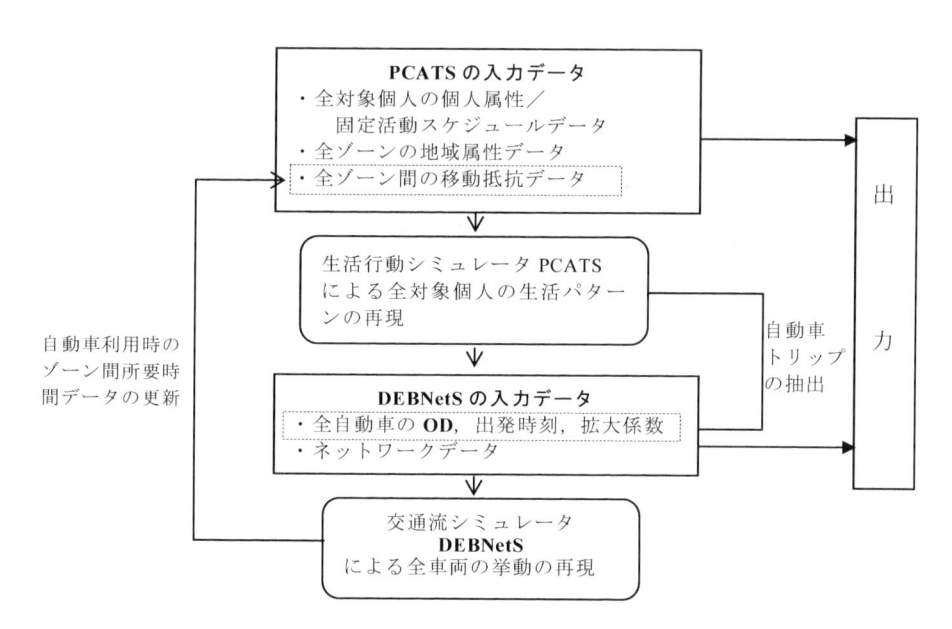

図-16.1.1 Micro-simulation 交通需要予測システムの構成

と，活動を実行する可能性のある全てのゾーンの属性（人口，サービス事業所数），ならびに，全ゾーン間の移動抵抗データ（代表機関別 OD 所要時間，費用，乗り換え回数）に基づいて，自由時間帯での個人の行動パターンを再現するマイクロシミュレータである．

PCATS の最大の特徴は，ある個人が実行する各々のトリップに関する情報を全て

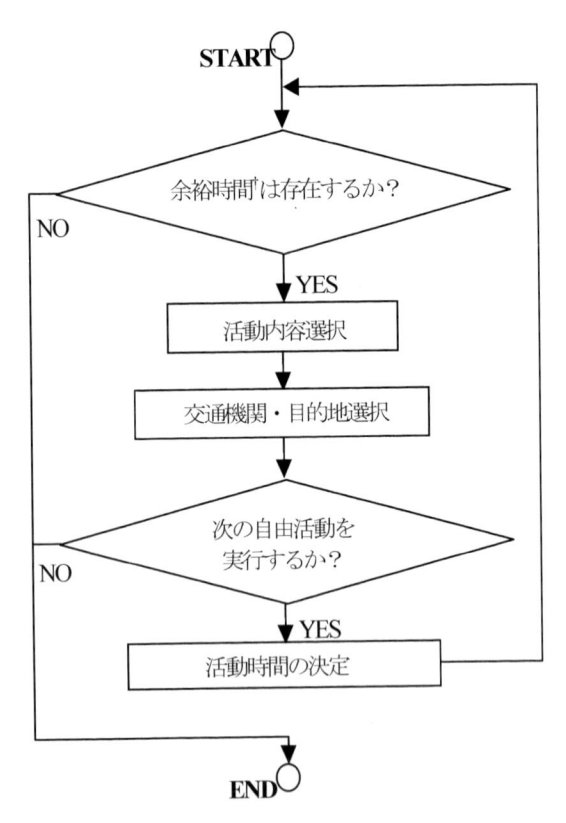

```
                    START
                      │
                      ↓
              ┌───────────────┐
         NO   │ 余裕時間は存在するか？ │
       ┌──────┤               │
       │      └───────┬───────┘
       │              │ YES
       │              ↓
       │      ┌───────────────┐
       │      │   活動内容選択    │
       │      └───────┬───────┘
       │              ↓
       │      ┌───────────────┐
       │      │ 交通機関・目的地選択 │
       │      └───────┬───────┘
       │              ↓
       │      ┌───────────────┐
       │ NO   │  次の自由活動を   │
       ├──────┤  実行するか？    │
       │      └───────┬───────┘
       │              │ YES
       │              ↓
       │      ┌───────────────┐
       │      │  活動時間の決定   │
       │      └───────┬───────┘
       │              ↓
       └─────────────END
```

余裕時間：次の固定活動開始時刻に次の固定活動場所に到着することを前提とし，かつ，全地点間の所要時間が所与として与えられている場合に，現在場所から次の固定活動場所に移動する途中で立ち寄る事が可能な目的地点（自宅を含む）の内，最も長い時間，滞在が可能である目的地を k とする．その目的地 k に滞在可能な最大の時間が余裕時間である．立ち寄り可能な場所が一つも無い場合は，余裕時間は 0 となる．

図-16.1.2　PCATS で仮定される意思決定過程の概要

16.1 Micro-simulation モデルシステムの概要

含む形で，1日の生活パターン全体を再現するという点である．これにより，各種交通施策が生活活動に与える影響を再現し，活動の変化に伴い生じる，トリップ生成，個々のトリップの交通手段選択，目的地選択，出発時刻選択，あるいは，トリップチェイン形態などの2次的，3次的変化を総合的に把握，分析することが可能となる．

　PCATSは，個人の意思決定過程として，図-16.1.2 に示した逐次的意思決定過程を仮定する．個人はまず最初に，自由時間帯の初期時点において，自由活動を実行するための十分な時間があるかどうかの判断をするものと仮定される．もしも，十分な時間がない場合，個人は次の固定活動場所へ移動する．十分な時間がある場合，次の活動 m の活動内容を決定する．ついで，そのための活動場所とその場所への交通手段を決定する．これらの意思決定は，それぞれネスティッドロジットモデル（第6章参照）にて再現される．ついで，個人は，その活動 m を当該自由時間帯における最後の活動とするのか，あるいは，その活動の次にさらなる活動 $m+1$ を実行するのか，という離散選択を行うものと仮定される．さらなる活動 $m+1$ を実行すると決定した場合には，活動 m の終了時刻，すなわち，活動 $m+1$ の実行場所への移動を開始する時刻を決定する．活動 $m+1$ を実行しない場合には，次の固定活動場所へ移動する時刻まで，活動 m を実行するものと仮定される．この離散選択と，さらなる活動を実行する場合の活動時間の決定は，split population survival モデル（Schmidt and Witte, 1989）で再現される．Split population survival モデルは，離散選択を表現する2項ロジットモデル（第6章参照）と，連続的に活動時間を決定するワイブル分布を仮定した生存時間モデル（第10章参照）とから構成され，両者に含まれる未知パラメータは同時に推定される[1]．

　一方，行動制約としては，固定活動スケジュールとゾーン間所要時間とで規定される時空間のプリズム制約，目的地選択肢における認知制約，交通手段制約（営業時間帯以外で公共交通手段を利用することはできない，利用可能な自動車・自転車などの私的交通手段が現時点に存在しない場合は私的交通手段を利用できない，私的交通手段を放置したまま他の交通手段でトリップを実行することはできない）を考慮している．

　この様に PCATS では，活動内容や交通手段，目的地，あるいは，活動時間やさらなる活動の実行の有無を，一定の制約条件の下でネスティッドロジットモデルなどのサブモデルを用いて，モンテカルロシミュレーション法（第15章参照）によって再現する．すなわち，これらのサブモデルによって定義される確率，あるいは確率密度関数に基づいて，一様乱数を発生させることにより，それぞれのモデルの内生変数値

283

を決定していく．例えば，自動車と公共交通機関の2項選択を考えてみよう．この2項選択のロジットモデルのパラメータが推定されているならば，外生変数が与えられれば，自動車の選択確率，公共交通機関の選択確率は，容易に計算される．それらが，それぞれ 0.3 と 0.7 だったとしよう．ここで，PCATS では，0 と 1.0 の間で一様乱数を発生させ，その乱数が 0.3 以下ならば自動車，0.3 を超える値ならば公共交通機関，という形で利用交通手段を決定する．こうして，それぞれのサブモデルで，その生起確率が規定されている確率事象を，1つ1つ再現していき，それらを組み合わせて生活行動全般を再現するのが，PCATS である．

16.1.2 交通流シミュレータ DEBNetS の概要

DEBNetS（Dynamic Event-Based Network Simulator）は，混雑現象の推移などの交通流の経時的変化を把握し，1日の各時点での交通サービス水準を推定することを目的として開発された動的交通流シミュレータである．PCATS により生成された自動車トリップは，DEBNetS に時間軸上で連続的に入力される．各トリップは所要時間に基づいて経路に配分され，各リンクの走行所要時間は，リンクを複数に分割することで得られる各々のセグメントの交通量に基づいてマクロ的に決定されている．

DEBNetS では，車両群をパケットとして取り扱い，以下のイベントベース法により，シミュレーション内で時間を更新させつつ，道路網上の交通状態の変化を再現している：1) 各パケットの発生，および，セグメントからの流出をイベントとして定義，2) 各イベントの生起時刻に基づきシミュレーション時刻 t に最も近い未処理イベントを検出，3) そのイベントに対応した道路セグメント内の車両台数を更新する一方で，t をそのイベントの生起時刻に更新する．各パケットの道路セグメント内の移動は，道路セグメント内が一様であると見なした上で，KV 曲線を用いその所要時間を決定することにより再現している．各パケットの利用経路については，一定間隔（15 分から 60 分程度）ごとに各ノードから各セントロイドまでの最短経路探索を行い，各パケットがその経路を利用する．なお，交通行動の分析とモデリングの解説を目的とする本書では，交通網上の交通現象を取り扱う DEBNetS の詳細については，他文献（藤井ら，1998）に譲りたい．

16.2 大阪市での適用事例

以上に述べたマイクロシミュレーションは，京都市における二酸化炭素排出量削減を目指した交通政策分析（藤井ら，2000），豊田市における交通流円滑化施策の分析（菊

池ら，2000）などに適用されている．ここでは，大阪市において，複数の政策パッケージの長期的効果を予測するために実施した，2020年を予測年次とする適用事例を紹介する（飯田ら，2000）．

16.2.1 前提条件
(1) PCATS のサブモデル内のパラメータ推定

需要予測値に直接的に影響を及ぼすサブモデル内のパラメータの推定に関しては，地域の固有性を十分に反映し，より信頼性の高い政策感度を算定することを目的として，1990年に実施された第3回京阪神パーソントリップデータ（以下，PTデータ）を用いた．このPTデータから就業者，就学者，就業者就学者以外，の3セグメントからそれぞれ1万サンプルをランダムに抽出し，split population survival モデル，活動内容選択ネスティッドロジットモデル，活動場所・交通手段ネスティッドロジットモデルを，それぞれのセグメントについて推定した（飯田ら，2000）．活動内容はPTデータで識別可能な3種類の自由活動，交通手段は公共交通機関，自動車，その他の3種類，ゾーンは合計で265ゾーン[2]を考慮した．こうして推定されたモデルは，当該地域で得られた大量の行動データを用いて推定されたものであり，対象地域の居住者の行動特性を反映したものであると考えられる．

この適用事例では，以上の推定で得られたパラメータに加えて，それらパラメータを固定した上で，ゾーンや時刻を表すダミー変数の係数を，性別，年齢別に推定した．推定にあたっては，PTデータの全サンプルを用いて，各サンプル個人の拡大係数を重みとした重み付き最尤推定を行った（第5章参照）．なお，拡大係数とは，各々のサンプル個人が代表する母集団内の個人数である．このモデルキャリブレーションを行うことで，上述の推定で用いた説明変数では説明困難な，地域固有の種々の要因を需要予測値に反映することができたものと考えられる．

(2) 個人条件変数の生成

第15章にて説明したように，予測計算を行うにあたって，将来の説明変数値を推定し予測システムに入力することは最も重要な作業の1つである．とくに，長期的な需要予測計算を行う場合，その重要性はより顕著なものである．また，仕事時間や勤務地などの個人の自由意思では変更することが困難であると共に，生活パターンに及ぼす影響が非常に大きな条件を外生的に与えるPCATSでは，それらの条件を予め求めることが不可欠である．ここで紹介する適用事例では，固定活動条件や，年齢，性別，世帯構成などを，別途構築した世帯属性シミュレータを用いて算定した．

世帯属性シミュレータは世帯構成分布算出システム，世帯変遷シミュレータ，固定

活動スケジュール生成システム，の3つのサブシステムから構成される．世帯構成分布算出システムは，PTデータ，国勢調査データなどから各々の世帯の属性を特定する．世帯変遷シミュレータは，世帯構成分布算出システムで得られた現状世帯の，予測年次までの属性変化プロセスをシミュレートするものである．考慮される事象は，誕生，死亡，結婚，離婚，就職，転居などであり，これらの事象は確率的に発生される．これらの事象の生起確率は，国勢調査報告書，人口動態統計，大阪市統計書などに基づいて，小子化，晩婚化，女性就業率の将来変化などを加味して特定した．世帯の自動車保有や世帯構成員の免許保有については，予測年次における世帯の就業者数や該当個人の年齢，性別や就業状態を変数とする条件付確率として予測することとした．よって自動車保有率の上昇や免許保有率の増加が内生的に予測される構造となっている．上記2システムの詳細ついては，西田ら（2000）を参照されたい．

固定活動スケジュール生成システムは，世帯変遷シミュレータで算定された各世帯の世帯構成員の固定活動スケジュールを決定するためのシステムである．ここでは勤務と学校での就学のみを固定活動と定義しているため，このシステムで生成するのは，就業者の就業活動スケジュール，就学者の就学活動スケジュールのみである．本研究では，予測時点の就業・就学スケジュールの分布は現況と等しいとの仮定のもと，PTデータにて観測されている固定活動スケジュールを，予測対象個人の属性に応じてランダムに予測対象個人に付与するという方法を用いた[3]．

以上の方法を用いることで，長期需要予測を行うにあたって必要となる個人属性の属性同時分布を，豊富なデータベースを用いて算定することができる．とくに，PTデータで得られる非集計情報を将来の個人データに反映できる点が，集計的なコーホート法などによるアプローチとは大きく異なる点である．

16.2.2 現況の再現性

ここでは，モデルシステムを用いた政策分析を行うに先立ち，PCATSの現況再現性を検証するために行った分析結果を示す．

(1) PCATSの現況再現性

PCATSの現況再現性の確認のために，現況のPTデータから対象個人を全て取り出し，自由活動を削除することで個人データを加工した．加工した個人データ数は103,462である．また，それぞれの個人データの拡大係数の総和，すなわち，103,462データが代表する個人数は，拡大後5,564,343人である．PCATSの入力データとしての自動車の移動抵抗データには上述のDEBNetSを用いて，また，公共交通機関の移動

抵抗データは，波床・中川（1998）が開発した公共交通移動抵抗データ算出システムを用いてそれぞれ加工した．後者の公共交通移動抵抗データ算出システムは，公共交通機関のダイヤデータ，ネットワーク接続データ，ならびに料金データを用いて，ODごとに逐一移動抵抗データを算定するものであり，公共交通機関の速度・運行頻度・ダイヤ設定・運行経路・運賃などを詳細に反映することができる点が大きな特徴である．自動車，公共交通機関以外の移動抵抗データについては，PTデータで観測されているトリップのOD所要時間を平均することで求めた．ゾーン別の土地利用データも現況のものを用いた．

以上の前提で計算を行い，各個人の生活パターンを再現した．計算時間は，Pentium II（300MHz）のLinuxマシンで約6分と，極めて小さなものであった．PCATSの出力は，PTデータとほぼ同様の情報量を持つものであり，その項目は各活動の内容，場所，開始・終了時刻，各トリップの交通手段などである．以下，PTとPCATSの出力のそれぞれを集計した結果を示す．なお，ここでの目的は現況再現性の確認であるため，拡大処理を行わずに集計したトリップ数を示す．

まず，1日の平均トリップ数に関しては，就業者に関してPTで2.75回に対してPCATSで2.87回，非就業者に関してはPTで2.63回に対してPCATSで2.49回と，その予測誤差は前者で+4.7%，後者で-5.3%となった．ついで，**図-16.2.1**，**図-16.2.2**に，就業者，非就業者それぞれの時間帯別トリップ数を示す．これらの図より，PCATSによってトリップ発生の時間分布の現況が概ね再現されていることが分かる．ただし，非就業者の午前中から昼過ぎにかけて（9時頃から2時頃）の発生トリップ数の予測値と実態（PT）とのズレが，非就業者の他の時間や就業者についてのズレに比較する

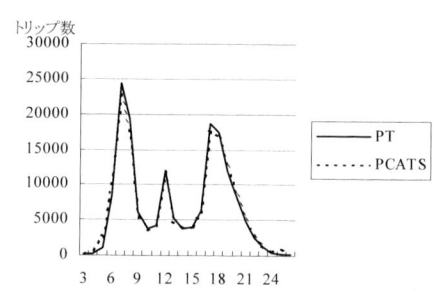

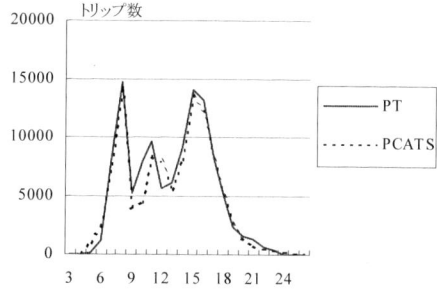

図-16.2.1 時間帯別トリップ数（就業者）　　**図-16.2.2** 時間帯別トリップ数（非・就業者）

と若干大きなものであることが分かる．これは，非就業者には，午前3時から翌日の午前3時までの24時間に固定活動を一切持たない個人が，半数以上含まれていることが原因であると考えられる．この様な個人の場合，自由時間帯は非常に長いものとなる．一般に，自由時間帯が長いほどシミュレーションによって再現しなければならない自由度が増加していくため，再現の精度を保証することが難しくなる．今後は，長大な自由時間帯での生活行動パターンであっても，高い精度で再現ができるように，アルゴリズムの見直しやサブモデルの再推定などが必要である．

図-16.2.3，図-16.2.4 に，目的地域別の集中トリップ数を示す．これらの図から，現

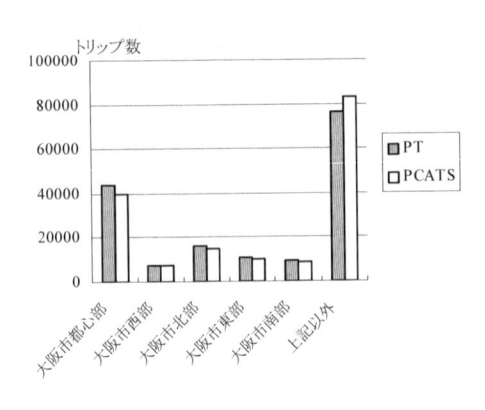

図-16.2.3 地域別の集中トリップ数（就業者）

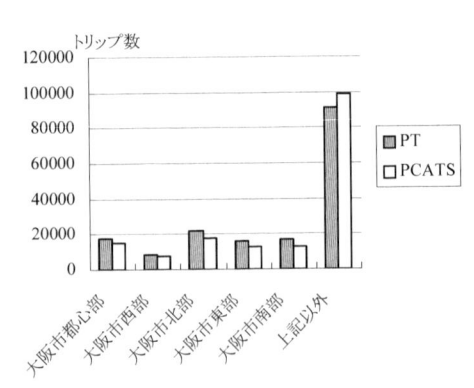

図-16.2.4 地域別の集中トリップ数（非・就業者）

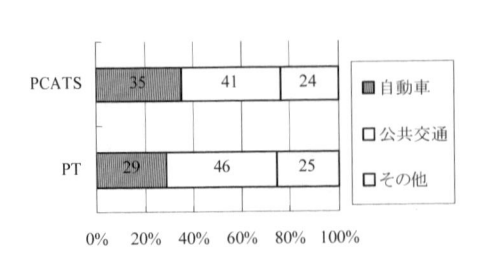

図-16.2.5 交通手段の分担率

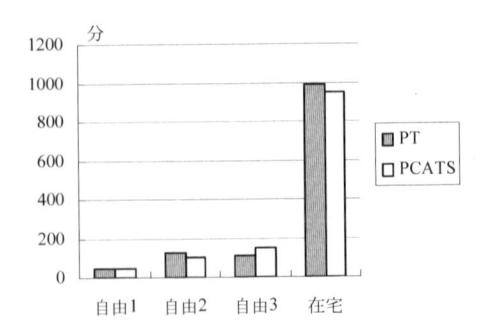

自由1：買い物，自由2：娯楽食事など，自由3：その他私用
図-16.2.6 活動内容別の活動時間平均

況の目的地選択の傾向が，概ね再現できていることが分かる．ただし，就業者，非就業者を問わず，大阪市以外へのトリップが現況よりも多いという結果となった．これについては，大阪市外でゾーン区分を粗く設定したために，大阪市内外間の移動抵抗データの誤差が顕著となったことが，1つの原因として考えられる．

図-16.2.5 に，手段分担率を示す．これより，「その他」については，現況の水準とほぼ同水準となったが，自動車と公共交通に関しては，公共交通の分担率を過小に，自動車の分担率を過大に予測していることが分かる．この原因として，実際の個人の自動車利用可能性が，PCATS で考慮しているそれよりも，さらに低いものであること，トリップごとに交通手段選択モデルを適用していること，などが考えられる．

以上，トリップ特性の現況再現性について述べたが，図-16.2.6 には，活動内容別の1日の活動時間合計を示す．この図からも，現況の個人の時間利用パターンを，概ね再現していることが確認できる．

16.2.3　2020年の交通政策効果分析

本節では，このモデルシステムを用いて，大阪市における交通政策方針を検討するために行った適用事例を示す（川田ら，1999）．この適用事例では，いくつかの交通施策の組み合わせからなる交通政策パッケージを複数考慮し，それぞれの交通政策を実施した場合の交通ネットワーク条件を，PCATS および DEBNetS の入力としてデータ化する．そして，各々の条件の下でシミュレーションを実施し，それぞれの交通政策

表-16.2.1　設定した交通政策パッケージ

ケース	考え方と主な施策
パッケージ 0	現状のまま放置
パッケージ 1	確実性のある既定計画のみを実施
パッケージ 2	パッケージ1に加えて環状道路などの放射交通分散策を実施 ● 都市高速道路（新たな放射・環状路線），荷捌き駐車場などの整備 ● ITS の推進
パッケージ 3	パッケージ1に加えて公共交通整備などを通じて自動車減量化策を実施 ● 広域物流拠点の整備 ● 都心貫通鉄道，臨海部鉄道，路面電車などの整備
パッケージ 4	パッケージ1に加えて最小限のハード整備とともに自動車利用の抑制策を実施 ● 都市高速道路（環状を形成する最小限の路線），広域物流拠点などの整備 ● 路面電車などの整備 ● 都心部におけるロードプライシング及びトランジットモールの導入・運賃一元化

の交通需要に及ぼす影響を予測することを目指す.

(1) 評価対象とする交通政策パッケージ

この適用事例では，1998年度時点で大阪市にて今後確実に実行されるであろうと考えられていた既定計画をベースに，以下の3つの政策方針を検討した.

・環状道路などの整備による自動車交通の分散化
・公共交通整備などによる自動車交通の転換
・TDMなどによる自動車交通の抑制とともに環状道路など最低限のハード整備を実施

これらの基本的な政策方針に基づいて，**表-16.2.1**に示す複数の具体的施策パッケージを考慮した．また，それらの政策効果を検討するために，パッケージ0として何ら交通施策を行わない場合，パッケージ1として確実性のある規定計画のみを実施した場合のそれぞれを考慮した．

こうして，5つのケースを設定して，それぞれのケースのもとでの道路ネットワークのデータ，公共交通機関のゾーン間の移動抵抗データ，土地利用や個人データを加工し，その前提の下で，本システムを用いたシミュレーションを実施した．

(1) 環境負荷の軽減

図-16.2.7に道路網からのCO_2排出総量を示す．このCO_2排出量は，DEBNetSにて計算される個々の車両の走行速度から算定されたものである．この図より，道路網政策を重点的に行ったパッケージ2において，CO_2排出量が最も多くなることが分かる．これは，道路網整備を行うことで，新たな自動車需要が誘発されたためであると考えられる．一般に，道路網を整備することで交通流が円滑化されCO_2排出総量が削減される，という主張もあるが，ここで示されている結果は，潜在的な自動車需要を考慮

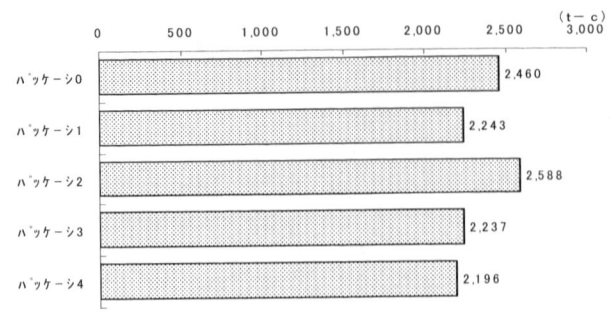

パッケージ	(t−c)
パッケージ0	2,460
パッケージ1	2,243
パッケージ2	2,588
パッケージ3	2,237
パッケージ4	2,196

図-16.2.7　大阪市内のCO_2排出量

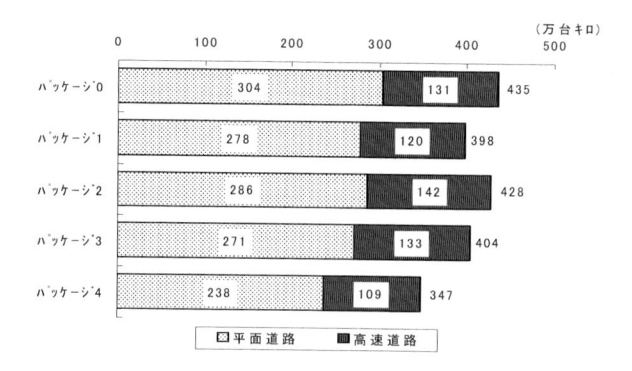

16.2 大阪市での適用事例

```
           0    100   200   300   400  (万台キロ)
                                      500
ﾊﾟｯｹｰｼﾞ0  |████ 304 ████|▓ 131 ▓| 435
ﾊﾟｯｹｰｼﾞ1  |████ 278 ███|▓ 120 ▓| 398
ﾊﾟｯｹｰｼﾞ2  |████ 286 ███|▓ 142 ▓| 428
ﾊﾟｯｹｰｼﾞ3  |████ 271 ██|▓ 133 ▓| 404
ﾊﾟｯｹｰｼﾞ4  |███ 238 ██|▓ 109 ▓| 347
              □平面道路  ■高速道路
```

注）パッケージ4は，都心エリアを対象にプライシングを実施

図-16.2.8 都心エリアの走行台キロ

した場合，自動車道路網の整備がかえって地球環境に悪影響を及ぼす可能性を示唆しているものと考えられる．

(2) 魅力ある都心づくり

都心の魅力を一概に定義することは難しいが，少なくとも，都心の魅力と自動車交通量との間には，負の相関関係が存在することが推測される．すなわち，魅力ある都心づくりの1つの視点として，自動車交通の削減による交通環境の改善が考えられる．**図-16.2.8** に大阪市の都心部での自動車走行台キロ（各々の自動車の走行距離の総計）を示す．これより，ロードプライシングを行うパッケージ4において走行台キロが大

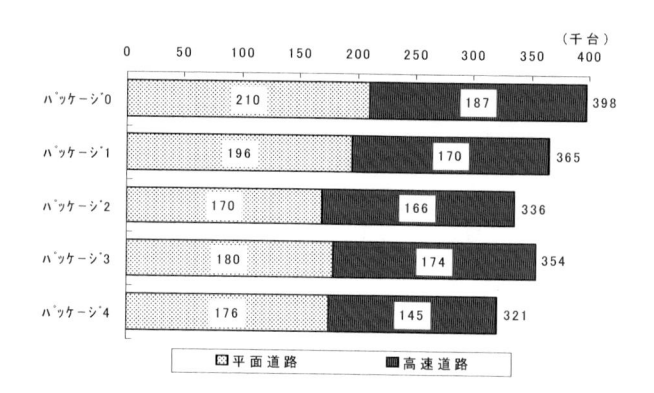

```
           0   50  100  150  200  250  300  350  (千台)
                                                 400
ﾊﾟｯｹｰｼﾞ0  |███ 210 ███|▓▓ 187 ▓▓| 398
ﾊﾟｯｹｰｼﾞ1  |███ 196 ██|▓▓ 170 ▓▓| 365
ﾊﾟｯｹｰｼﾞ2  |███ 170 █|▓▓ 166 ▓▓| 336
ﾊﾟｯｹｰｼﾞ3  |███ 180 █|▓▓ 174 ▓▓| 354
ﾊﾟｯｹｰｼﾞ4  |███ 176 █|▓▓ 145 ▓▓| 321
              □平面道路  ■高速道路
```

注：都心部における幹線道路を併せた断面交通量を集計

図-16.2.9 都心部南北方向の断面交通量

幅に減少することが示された．この結果は，都心地区におけるプライシングを実施することで，都心の魅力が向上する可能性を示唆するものである．

図-16.2.9に示すように，都心の顔となる幹線道路に的を絞ると，環状道路整備を中心としたパッケージ2の自動車交通量がプライシングを実施するパッケージ4と同じぐらい少ないことがわかる．このことから，都心環状道路の整備は，都心通過交通の分散化を図り，都心の交通環境改善に大きく寄与することが伺える．

魅力ある都心づくりを行う際には，公共交通の利便性向上も重要である．このため，通勤対応の輸送力向上だけでなく，昼間時を中心とする都心短距離トリップの公共交通利用を促進することが望まれるものと考えられる．図-16.2.10に示される，都心内々の業務トリップに注目すると，都心に路面電車などを整備するパッケージ3及びパッケージ4では，公共交通利用のシェアが約1.2～1.3倍になることが示されている．

パッケージ	公共交通	自動車	その他
パッケージ0	29.7%	19.5%	50.7%
パッケージ1	28.4%	19.3%	52.3%
パッケージ2	30.4%	19.6%	50.0%
パッケージ3	35.5%	17.5%	47.0%
パッケージ4	36.3%	16.6%	47.1%

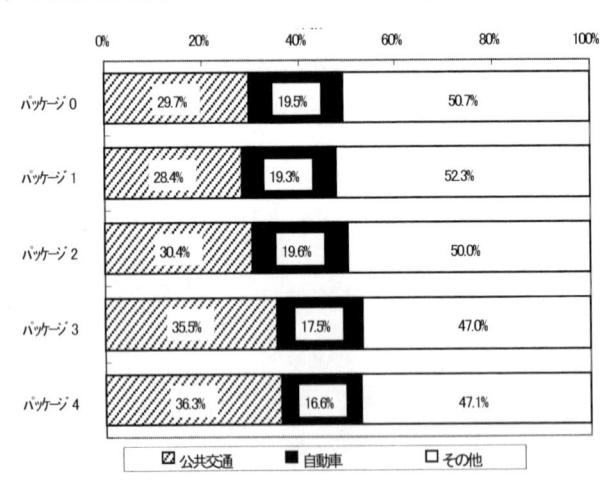

図-16.2.10　都心部内々流動の手段構成（業務目

(3) 都市活力の向上

都市の活力を高めるためには，モビリティの向上が重要である．図-16.2.11に示した自動車走行速度を見ると，環状道路などの整備を進めたパッケージ2では，パッケージ1やパッケージ3とほとんど速度が変わらない．これは，道路を整備しても，自動車の潜在需要が顕在化するためと考えられる．

16.2 大阪市での適用事例

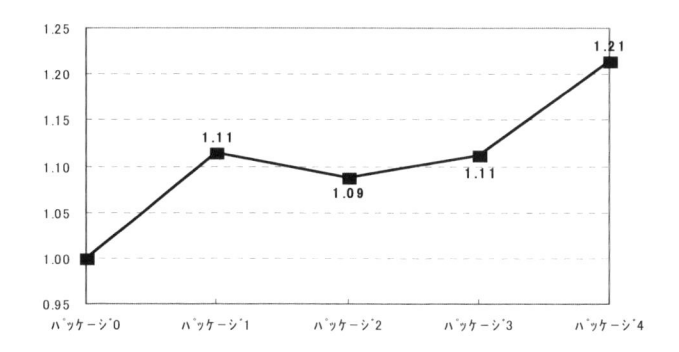

注：パッケージ0の速度を1とした場合の相対比較

図-16.2.11　大阪市内の平均走行速度の相対比較

これに対して，TDMなどを中心とした自動車抑制策を行うパッケージ4では，平均速度が向上する．これは，プライシングなどの料金抵抗などにより，自動車需要が抑制されたことが原因であると考えられる．

(4) 高齢化と免許保有状況の変化についての長期的効果

本モデルシステムは，PCATSの入力となる将来の個人データを，就職，結婚，死亡などの属性変化や自動車／免許の保有状況を考慮した世帯属性シミュレータを用いて作成している．また，居住地についても，将来プロジェクトの動向などを勘案して設

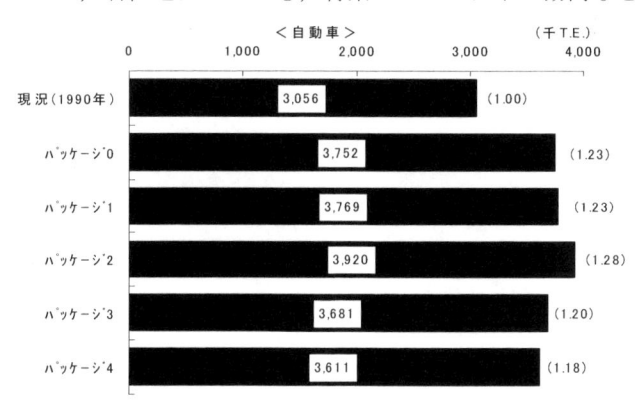

( )は1990年からの伸び率

図-16.2.12　大阪市発生集中量（自動車利用トリップ）

定している.このため,個人属性の変化を予測値に反映することが可能となっている.例えば,自動車利用トリップ数は,現況の約2〜3割増が見込まれているが,これは,女性や高齢者の免許保有率が高まるとともに,公共交通の整備水準の低い臨海部など周辺地区を中心に人口が増加すると想定したためである.

16.3 おわりに

本章で紹介した一連の研究は,マイクロシミュレーション基づく,4段階推定法に変わる新しい交通需要予測手法の構築を目指したものである.交通計画の分野では新しい概念である人間行動のマイクロシミュレーションモデルを用い,都市圏レベルでの長期需要予測及び政策分析が現実的な計算コストの下で可能であることを示した点に,この研究の意義が求められると考える.そして,構築されたシステムの現況再現性は,PTデータとの比較から,概ね妥当であることが示された.

シミュレーションの出力は豊かな情報を含み,時間帯別の交通特性に加えて,時間利用の特性など,交通計画に有用なデータを幅広く提供することが可能である.入力データについても,様々な情報を入力可能であることから,インフラ整備に限らず,TDMやTCMなど,様々な種類の交通政策を評価することができる.また個人あるいは世帯レベルでの解析が可能なため,地区計画あるいは計画作成時の合意形成に向けて適用することも可能であろう.

しかしながら本システムは開発の途上にあり,幾つもの課題が残されている.本研究で示したアプローチが交通需要予測・政策分析の新たな手法として確立することを目指し,これら課題に対処するための努力を重ねると共に,シミュレーション予測の特性をより細かに検討し,更なる応用例を積み重ねていくことが必要である.

● 脚注

[1] 同時に推定することが不可欠なのは,「活動 m を終了してすぐに次の固定活動を実行する」という事象が生起するのは a)「離散選択において,活動 m+1 を実行しないと決定したから」かもしれないし,b)「離船選択において,活動 m+1 を実行すると決定したにも関わらず,生存時間モデルによって再現される活動 m の活動終了時刻が,自由時間帯の長さを超過したために,自由時間帯の長さでうち切られたから」からかもしれず,いずれであったのかを識別することが出来ないからである.したがって,「活動 m を終了してすぐに次の固定活動を実行する」という事象の生起確率は,a)と b)のそれぞれの生起確率の和と定式化される.一方で,b) の生起確

16.3 おわりに

率を定式化するためには，ロジットモデルと生存時間モデルの双方を用いることが必要である．したがって，同時推定が不可欠となる．この点の詳細については，Schmidt and Witte (1989) を参照されたい．

[2] 大阪市内が135ゾーン，中央環状線に含まれる大阪市以外の地域が92ゾーンである．これらは，PTデータにおけるいわゆる5桁ゾーンを基本としたものである．中央環状線以外の京阪神地域は，PTデータにおけるいわゆる中ゾーンを用いて36ゾーンに分割した．

[3] PTデータを用いて推定した勤務地選択，就学地選択モデルを用いて，就業者，就学者の通勤・通学ODを決定する．就業者については，職業選択も同じくモデル化する．こうして推定された通勤・通学OD別，職業別にPTデータから固定活動スケジュールを検出し，それを予測対象個人に付与した．

[4] 並列型ベクトルコンピュータ Fujitsu VPP-500（15台のPEと呼ばれる processing unit から構成されるベクトルコンピュータ．各PEが1つのスカラユニットとベクトルユニットと256MBの主記憶から構成され，各PEの最大演算処理能力は1.6GFLOPS）．ただし，今回の計算では，1PEのみを利用したベクトル演算を行っている．

[5] DEBNetSでは，最短経路探索の際，交通量から算定されるリンク所要時間に，リンク別に定数を加え，その和を最小とする経路を探索することとしている．

● 参考文献

青島縮次郎, 磯部友彦, 宮崎正樹：世帯における自動車保有履歴から見た自動車複数保有化の構造分析, 土木計画学研究・論文集, No.9, pp.45-52, 1991.
青木俊明, 稲村肇, 増田聡：小地区単位における都市の居住特性の将来予測, 土木計画学研究・講演集, No.21(2), pp.523-526, 1998.
青木俊明, 稲村肇, 増田聡, 高橋伸輔：地区レベルでみた都市の居住特性の変化, 土木学会論文集, No.625/IV-44, pp.79-88, 1999.
秋山孝正：知識利用型の経路選択モデル化手法, 土木計画学研究・論文集, pp.65-72, 1993.
浅岡克彦, 若林拓史, 亀田弘行, 飯田恭敬：交通手段選択における所要時間の信頼性と出発時刻を考慮した通勤行動分析, 土木計画学研究・講演集, No.19(2), pp.819-822, 1999.
荒木敏, 藤井聡, 北村隆一：交通行動分析に基づいた個人の生活圏に関する研究, 土木計画学研究・講演集, No.17, pp.35-38, 1995.
アンダーソン, J. R.：認知心理学概論, 誠信書房（富田達彦他, 訳）, 1980.
安藤良輔, 青島縮次郎, 伊藤正経：地方都市圏における住宅立地特性が自動車保有に及ぼす影響に関する分析, 交通工学, Vol.32, No 2, pp.27-36, 1997.
飯田恭敬, 内田敬, 宇野伸宏：交通情報の効果を考慮した経路選択行動の動的分析, 土木学会論文集, No.470/IV-20, pp.77-86, 1993.
飯田恭敬, 内田敬, 中原正顕, 廣松幹雄：交通情報提供下の経済選択行動のパネル調査, 土木計画学研究・講演集, No.16(1)-1, pp.7-12, 1993.
飯田祐三, 岩辺路由, 菊池輝, 北村隆一, 佐々木邦明, 白水靖郎, 中川大, 波床正敏, 藤井聡, 森川高行, 山本俊行：マイクロシミュレーションアプローチによる都市交通計画のための交通需要予測システムの提案, 土木計画学研究・論文集, 17, pp.841-848, 2000.
石田東生, 谷口守, 黒川洸：世帯における利用特性からみた自動車の分類に関する一考察－複数保有時代における利用状況の適切な把握のために－, 日本都市計画学会学術研究論文集, No.29, pp.97-102, 1994.
石田東生, 松村直樹, 黒川洸：買物目的地選択における駐車場整備の効果について, 第23回日本都市計画学会学術研究論文集, pp.403-408, 1988.
石田東生, 森川高行, 永野光三, 毛利雄一, 中野敦：パーソントリップ調査の現状と課題, 土木計画学研究・講演集, No.22(1), pp.601-608, 1998.
磯部友彦, 河上省吾：交通・活動連関分析による休日交通の分析－平日交通との比較－, 第25回日本都市計画学会学術研究論文集, pp.49-54, 1990.
市川伸一編：認知心理学4, 思考, 東京大学出版会, 1996.
出村克彦, 吉田謙太郎編：農村アメニティの創造に向けて－農業・農村の公益的機能評価－, 大明堂, 1999.
ヴァリアン, H.：ミクロ経済分析, 佐藤隆三, 三野和雄訳, 勁草書房, 1986.
ヴァリアン, H.：入門ミクロ経済学, 佐藤隆三監訳, 勁草書房, 1992.
呉戈, 山本俊行, 北村隆一：保有意識の因果構造を考慮した非保有者の自動車保有選好モデル, 土木計画学研究・論文集, No.16, pp.553-560, 1999.
呉戈, 山本俊行, 北村隆一：消費行動の社会的依存性を考慮した自動車保有意識の分析, 土木計画学研究・講演集, No.22(1), pp.595-598, 1999.
内田敬：情報提供を考慮した動的経路選択の交通行動分析に関する研究, 京都大学博士論文, 1993.
内田敬, 飯田恭敬：交通行動パネル調査の方法論的検討, 土木計画学研究・論文集, No. 11, pp.319-326, 1993.
大澤豊, 片平秀貴, 野本明成：消費者研究における単調変換法を用いたコンジョイント測定法の応用に関する問題点, 大阪大学経済学, 第30巻, pp.243-262, 1980.
太田勝敏：交通工学実務双書, 第3巻, 交通システム計画, 技術書院, 1988.

参考文献

大橋靖雄，浜田知久馬：生存時間解析：SAS による生物統計，東京大学出版会，1995.
大森宣暁，室町泰徳，原田昇，太田勝敏：高度情報機器を用いた交通行動データ収集の可能性，第 34 回日本都市計画学会学術研究論文集，pp.169-174，1999.
榊原胖夫，N.C. Ho，石田信博，太田和博，加藤一誠：インターモーダリズム，勁草書房，東京，1999.
片平秀貴：マーケティングサイエンス，東京大学出版会，1987.
狩野裕：AMOS, EQS, LISREL によるグラフィカル多変量解析－目で見る共分散構造分析－，現代数学社，1997.
河上省吾，磯部友彦，仙石忠広：時間制約を考慮した 1 日の交通・活動スケジュール決定プロセスのモデル化，土木計画学研究・論文集，No.4，pp.189-196，1986.
河上省吾，広畠康裕：利用者の主観的評価を考慮した非集計交通手段選択モデル，土木学会論文集，No.353/IV-2，pp.83-92，1985.
河上省吾，広畠康裕，山田隆：買物・レジャー交通に関する非集計モデルの交通サービス変化時への適用性の検討，第 19 回日本都市計画学会学術研究論文集，pp.43-48，1984.
河上省吾，三島康生：通勤・通学交通手段選択行動における動的特性の分析，土木学会論文集，No.470/IV-20，pp.57-66，1993.
川田均，飯田祐三，白水靖郎：総合交通政策の評価に関する事例研究，土木計画学研究・講演集，No.22(1)，pp.551-514，1999.
河本忠文，菊池輝，藤井聡，北村隆一：座標システムを導入した生活行動シミュレーションモデルによる交通政策評価，土木学会第 56 回年次学術講演会講演概要集第 4 部，2001.
菊池輝，北村隆一，倉内慎也，佐々木邦明，花井卓也，藤井聡，森川高行，山本俊行：豊田市を対象とした交通政策導入効果のマイクロシミュレーションを用いた分析，土木計画学研究・講演集，No.22(2)，pp.817-820，1999.
菊池輝，小畑篤史，藤井聡，北村隆一：GIS を用いた交通機関・目的地点選択モデル：ゾーンシステムから座標システムへの地理空間表現手法の移行に向けて，土木計画学研究・論文集，17，pp.605-612，2000.
北詰恵一，若山恭輔，宮本和明：買い物行動モデルの構築とそれに基づく施策評価，第 33 回日本都市計画学会学術研究論文集，No.33，pp.169-174，1998.
北村隆一：交通需要予測の課題－次世代手法の構築にむけて，土木学会論文集，No.530/IV-30，pp.17-30，1996.
北村隆一：やさしい交通シミュレーション 6, TDM 評価シミュレーション，交通工学，Vol.33，No.3，pp.87-108，1998.
北村隆一，酒井弘，山本俊行：複雑な内生抽出法に基づく標本への離散選択モデルの適用，土木学会論文集，No.667/IV-50，pp.103-111，2001a.
北村隆一，藤井聡，山本俊行：離散時間パネル調査の調査期間，調査間隔，標本数の最適化，土木学会論文集，No.667/IV-52，pp.31-23，2001b.
黒川洸，石田東生，田村享：自動車所有の進展がもたらす大都市近郊における交通行動変容の総合的解明，平成 3・4 年度科学研究費補助金（一般 B）研究成果報告書，課題番号：03451084，pp.40-53，1993.
黒田勝彦，山下智志，赤倉史明：時間制約を考慮した観光地周遊モデルの開発と道路整備の評価，土木計画学研究・講演集，No.16(1)，pp.293-298，1993.
倉内文孝，飯田恭敬，塚口博司，宇野伸宏：駐車場案内システム導入によるドライバーの駐車行動変化の実証分析，都市計画論文集，No.31，pp.457-462，1996.
倉内文孝，飯田恭敬，吉矢康人，田宮佳代子：情報の精度が駐車場選択に及ぼす影響に関する実験分析，土木計画学研究・講演集，No.20(1)，pp.399-402，1997.
栗山浩一：公共事業と環境の価値－CVM ガイドブック－，築地書館，1997.
建設省土木研究所：乗用車の保有構造と車種選択に関する研究，土木研究所報告，Vol.177，1988.
建設省土木技術研究所：全国観光交通実態調査，土木研究所資料，1994.

参考文献

交通工学研究会編：やさしい非集計分析，交通工学研究会，1993．
小宮英彦，久保田尚：世帯の自動車保有選択に及ぼす保管場所制約の影響，土木学会第46回年次学術講演会講演概要集，第4部，pp.68-69，1991．
小林潔司，喜多秀行，後藤忠博：ランダム効用理論に基づく滞在時間モデルに関する理論的研究，土木学会論文集，No.576/IV-37，pp.43-54，1997．
小林潔司，藤高勝己：合理的期待形成を考慮した経路選択モデルに関する研究，土木学会論文集，No.458/IV-18，pp.17-26，1993．
小林充，永井護，本多均，洞康之：交通実験が交通手段選択に与える影響－パークアンドバスライドの交通実験に関するパネル分析－，土木計画学研究・講演集，No.18(2)，pp.485-488，1995．
小森明文，松浦義満：観光資源の魅力評価と観光需要予測の方法に関する研究，都市計画論文集，No.7，pp.181-186，1972．
近藤勝直：交通行動分析，晃洋書房，1987．
サイモン A. ハーバート：システムの科学第3版，稲葉元吉・吉原英樹訳，パーソナルメディア，1999．
佐伯胖：「きめ方」の論理－社会的決定理論への招待，東京大学出版，1980．
坂元慶行，石黒真木夫，北川原四郎：情報量統計学，共立出版，1981．
佐々木邦明，杉本直，森川高行：潜在セグメントを考慮した動的な休日買物目的地選択分析，土木計画学研究・論文集，No.12，pp.397-404，1995．
佐々木邦明，森川高行，杉山幸司：パネルサンプルの初期摩耗を考慮した動的な買物目的地選択モデル，土木計画学研究・論文集，No.13，pp.595-602，1996．
佐々木恵一，田村亨，桝谷有三，斉藤和夫：ニューラルネットワークを用いた観光周遊行動の基礎的分析，第31回日本都市計画学会学術研究論文集，pp.367-372，1996．
佐佐木綱：都市交通計画（第二版），国民科学社，1983．
佐佐木綱，朝倉康夫，木村宏紀，和田明：世帯のライフサイクルステージと車保有・利用の関連分析，日本都市計画学会学術研究論文集，No.21，pp.439-444，1986．
佐佐木綱，飯田恭敬：交通工学，国民科学社，1992．
佐藤有希也，内田敬，宮本和明：自動車利用行動と社会意識に関する因果構造の分析，土木計画学研究・講演集，No.22(1)，pp.591-594，1999．
（財）システム科学研究所：京都市休日交通体系調査報告書，1997．
柴田弘文，柴田愛子：公共経済学，東洋経済新報社，1988．
清水哲夫，屋井鉄雄：Mixed logit model とプロビットモデルの推定特性に関する比較分析－鉄道経路選択モデルを例に－，土木計画学研究・論文集，No.16，pp.587-590，1999．
ジョイバタチャリア，吉井稔雄，桑原雅夫：RP 調査に基づいた動的交通情報提供がドライバーの経路選択行動に与える影響分析，土木計画学研究・講演集，No.18(2)，pp.497-500，1995．
杉恵頼寧：交通行動調査の開発と適用（その2），交通工学，第23巻増刊号，pp.700-701，1988．
杉恵頼寧，芦沢哲蔵：買物・私用交通の曜日変動特性，第26回日本都市計画学会学術研究論文集，pp.277-282，1991．
杉恵頼寧，羽藤英二，藤原章正：パネルデータを用いた交通機関選好意識のダイナミック分析，土木計画学研究・論文集，No.10，pp.31-38，1992．
杉恵頼寧，藤原章正，葛本雅昭：ポータブルコンピュータを用いた応答型選好意識調査の有効性，土木計画学研究・講演集，No.15(1)，pp.97-104，1992．
杉恵頼寧，藤原章正，小笹俊成：選好意識パネルデータを用いた交通機関選択モデルの予測精度，土木学会論文集，No.576/IV-37，pp.11-22，1997．
杉恵頼寧，藤原章正，末長勝久：活動日誌を用いた交通調査の有効性，第23回都市計画学会学術研究論文集，pp.409-414，1988．
杉恵頼寧，藤原章正，森山昌幸，奥村誠，張峻屹：道路整備が観光周遊行動に及ぼす影響

参考文献

の分析,土木計画学研究・論文集, No.16, pp.699-705, 1999.
杉恵頼寧,藤原章正,山根啓典:選好意識パネルデータに潜在する消耗バイアスの修正,土木計画学研究・論文集, No.11, pp.311-318, 1993.
鈴木紀一,高橋勝美,矢島充郎,兵藤哲朗:自転車走行環境に着目した鉄道端末自転車の駅選択要因分析,土木計画学研究・講演集, No.19(2), pp.449-452, 1996.
鈴木聡,原田昇:パソコンベースの応答型意識調査手法に関する研究-通勤・通学の鉄道経路選択を対象として-,土木計画学研究・論文集, No.6, pp.217-224, 1988.
鈴木聡,原田昇,太田勝敏:意識データを用いた非集計モデルの改良に関する分析,土木計画学研究・論文集, No.4, pp.229-236, 1986.
鈴木聡,毛利雄一,中野敦,原田昇:パネルデータに基づく交通手段選択行動の分析,土木計画学研究・講演集, No.13, pp.537-542, 1990.
鈴木博明,榛澤芳雄,増島哲二:駅選択における駅特性の影響分析,土木計画学研究・講演集, No.17, pp.113-114, 1995.
瀬戸公平,北村隆一,飯田克弘:構造方程式を用いた活動実行時点・活動時間・トリップ距離間の因果関係の分析,土木計画学研究・講演集, No.17, pp.209-212, 1995.
高橋清,五十嵐日出夫:観光スポットの魅力度を考慮した観光行動分析と入り込み客数,土木計画学研究・論文集, No.8, pp.233-240, 1990.
武政功,原田昇,毛利雄一:休日の買物行動における駐車場選択に関する研究,第22回日本都市計画学会学術研究論文集, pp.523-528, 1987.
竹村和久:意思決定の心理-その仮定の探求-,福村出版, 1996.
竹村和久:フレーミング効果の理論的説明-リスク下での意思決定の状況依存的焦点モデル-,心理学評論, Vol.37, No.3, pp.270-291, 1994.
多々納裕一,小林潔司,喜多秀行:危険回避選好を考慮した2段階離散選択モデルに関する研究,土木計画学研究・論文集, No.13, pp.553-562, 1996.
竹内啓:統計学辞典,東洋経済新報社, pp.447-454, 1989.
田村亨,千葉博正,大炭一雄:滞在時間に着目した観光周遊行動の分析,土木計画学研究・講演集, No.11, pp.471-478, 1988.
張峻屹,杉恵頼寧,藤原章正:週末買物交通発生モデルに関する研究,土木計画学研究・論文集, No.15, pp.629-637, 1998.
張峻屹・杉恵頼寧・藤原章正・奥村誠:SPパネル調査の実施方法に関する基礎的分析,科研パネル研究会(文部省科学研究費基盤研究(B)(1)08305019 交通計画におけるパネル調査の方法論およびパネルデータ解析手法に関する研究)にて発表,京都大学, 1997.
塚口博司,小林雅文:駐車管理のための駐車場選択行動のモデル化,土木学会論文集, No.458/IV-18, pp.27-34, 1993.
寺部慎太郎:PHS位置情報データの交通行動分析における利用可能性,土木計画学研究・講演集, No.22(1), pp.417-418, 1999.
土木学会編:交通需要予測ハンドブック,土木学会, 1981.
土木学会編:非集計行動モデルの理論と実際,土木学会, pp.73-89, 1995.
土木学会編:交通ネットワークの均衡配分-最新の理論と解法-,土木学会, 1998.
豊田秀樹:SASによる共分散構造分析,東京大学出版会, 1992.
豊田秀樹:共分散構造分析[入門編]-構造方程式モデリング-,朝倉書店, 1998.
豊田秀樹編:共分散構造分析[事例編]-構造方程式モデリング-,北大路書房, 1998.
豊田秀樹,前田忠彦,柳井晴夫:原因を探る統計学-共分散構造分析入門-,講談社, 1992.
ナイト, F.:危険・不確実性及び利潤,奥隅栄喜訳,文雅堂銀行研究者, 1958.
永易雅志,河上省吾:ツアー概念を用いた学生の非集計交通需要予測モデルの開発,土木計画学研究・講演集, No.21(1), pp.379-382, 1998.
中村文彦,内田敦子,大蔵泉:アクティビティダイアリ調査の用いた郊外部の週末交通行動に関する一考察,第17回交通工学研究発表会論文報告集, pp.213-216, 1997.
中村文彦,内田敦子,大蔵泉:都市部の休日交通特性と鉄道輸送の役割に関する考察,土

木計画学研究・講演集, No.22(2), pp.211-214, 1997.
名取義和, 谷下雅義, 鹿島茂：パーソントリップ調査における回答誤差とその発生要因, 土木計画学研究・講演集, No.22(2), pp.403-406, 1999.
新谷洋二：都市交通計画, 技報堂出版, 1993.
西井和夫, 岩本哲也, 弦間重彦, 岡田好裕：パネルデータを用いた休日買物交通パターンの経年変化に関する基礎分析, 土木計画学研究・講演集, No.15(1)-1, pp.163-168, 1992.
西井和夫, 太田敦夫, 近藤勝直, 浅野智弥, 佐々木邦明：パネルデータを用いた買物場所スウィッチング行動の要因分析, 第34回日本都市計画学会学術研究論文集, pp.901-906, 1999.
西井和夫, 北村隆一, 近藤勝直, 弦間重彦：観測されていない異質性を考慮した繰り返しデータに関するパラメータ推定法, 土木学会論文集, No.506/IV-26, pp.25-34, 1995.
西井和夫, 近藤勝直：対数線形モデルによる休日買物行動パネルデータの動的特性分析, 第27回日本都市計画学会学術研究論文集, pp.403-408, 1992.
西井和夫, 近藤勝直, 浅野智弥：多時点パネルデータの非観測異質性を考慮した買物場所選択モデル, 第33回日本都市計画学術研究論文集, pp.163-168, 1998.
西井和夫, 近藤勝直, 太田敦夫：甲府買物パネルデータを用いた休日行動の時間利用特性の実証的分析, 土木計画学研究・論文集, No.15, pp.499-508, 1998.
西井和夫, 近藤勝直, 古屋秀樹, 鈴木隆：パネルアトリッションを考慮した買物場所選択モデル－甲府買物パネルデータを用いて, 土木計画学研究・論文集, No. 12, pp.389-396, 1995.
西井和夫, 近藤勝直, 古屋秀樹, 栃木秀典：多時点パネルのアトリションバイアスとその修正法に関する研究－甲府買物パネルデータを用いて, 土木計画学研究・論文集, No.14, pp.653-662, 1997.
西井和夫, 近藤勝直, 森川高行, 弦間重彦：ショッピングコンプレックス来訪者の買物場所選択に関する意向分析, 第26回日本都市計画学会学術研究論文集, pp.283-288, 1991.
西井和夫, 近藤大介：高速道路経路選択行動における意思決定要因評価への共分散構造分析手法の適用, 日本計量行動学会第26回大会発表論文抄録集, pp.95-98, 1998.
西井和夫, 酒井弘, 西室至, 浅野智弥：京都市地下鉄東西線開通に伴う交通行動変化に関するパネル分析, 土木計画学研究・講演集, No.22(2), pp.687-690, 1999.
西井和夫, 佐佐木綱：トリップチェイン手法を用いた都市交通需要分析－その有効性と枠組みについて, 土木計画学研究・講演集, No.2, pp.271-278, 1985.
西田悟史, 山本俊行, 藤井聡, 北村隆一：非集計交通需要分析のための将来世帯属性生成システムの構築, 土木計画学研究・論文集, No.17, pp.779-787, 2000.
西野至, 西井和夫, 北村隆一：観光周遊行動を対象とした複数目的地の組合せ決定に関する逐次的モデル, 土木計画学研究・論文集, No.17, pp.575-581, 2000.
西野至, 西井和夫：京都観光周遊行動データを用いたハザード関数型滞在時間モデル, 第35回日本都市計画学会学術研究論文集, pp.727-732, 2000.
西野至, 藤井聡, 北村隆一：観光周遊行動の分析を目的とした目的地・出発時刻同時選択モデルの構築, 土木計画学研究・論文集, No.16, pp.595-598, 1999.
西村弘：クルマ社会－アメリカの模索. 白桃書房, 東京, 1998.
(社) 日本観光協会編：平成8年度観光の実態と志向, 日本財団, 1996.
羽藤英二, 香月伸一, 杉恵頼寧：Intranet surveyによるSPデータを用いた交通情報獲得, 経路選択行動の基礎的分布, 土木計画学研究・論文集, No.15, pp.451-460, 1998.
波床正敏, 中川大：公共交通利用における都市間の所要時間指標算出システム, 土木情報システム論文, Vol.7, pp.169-176, 1998.
原田昇, 浅見光行：駐車場選択を考慮した都心部と郊外SCの競合モデルに関する研究, 土木計画学研究・論文集, No.7, pp147-154, 1989.
原田昇：交通行動調査のバイアスに関する研究のレビュー. 交通工学, No.5, pp.73-80, 1989.

参考文献

原田昇，太田勝敏：Nested logit モデルの多次元選択への応用－駅・アクセス手段同時選択の場合，交通工学，18(6)，pp.3-11，1983．
原田昇，太田勝敏：生活活動記録に基づく個人の活動分析に関する研究，第 23 回都市計画学会学術研究論文集，pp.415-420，1988．
原田昇，森川高行，屋井鉄雄：交通行動分析の展開と課題，土木学会論文集，No.470/IV-20，pp.97-104，1993．
原田誠，土井健司，高田和幸：想起度概念に基づく観光選択のモデル化と南関東自然観光地域への適用，土木計画学研究・講演集，No.20(1)，pp.315-318，1997．
林成卓，藤井聡，北村隆一，大窪鋼文：ドライバーの認知所要時間の確率構造に関する実証的研究，土木学会第 53 回年次学術講演会講演概要集第 4 部，pp.652-653，1998．
林良嗣，加藤博和，上野洋一：自動車関連税の課税段階の違いによる CO_2 の排出量変化のコーホートモデルを用いたライフサイクル的評価，環境システム研究，Vol.26，pp.329-338，1998．
林良嗣，冨田安夫：マイクロシミュレーションとランダム効用モデルを応用した世帯のライフサイクル－住宅立地－人口属性構成予測モデル，土木学会論文集，No.395/IV-9，pp.85-94，1988．
兵藤哲朗：観光交通調査，地域間交流活性化と観光－分析・計画手法と政策課題－，土木学会土木計画学研究委員会編，pp.7-13，1998．
兵藤哲朗，室町泰徳：個人選択行動モデルの最近の開発動向に関するレビュー，土木計画学研究・講演集，No.23(2)，pp.275-278，2000．
平賀譲：ヒューリスティクス，AI 事典，土屋俊編，pp.330-331，UPU，1988．
広瀬幸雄：環境と消費の社会心理学，名古屋大学出版会，1995．
福井商工会議所：Chamber（福井商工会議所所報），pp.28-29，2000．
古屋秀樹，兵藤哲朗，森地茂：発生回数の分布に着目した観光交通行動に関する基礎的研究，第 28 回日本都市計画学会学術研究論文集，pp.319-324，1993．
藤井聡：生活行動を考慮した交通需要予測ならびに交通政策評価手法に関する研究，京都大学博士論文，1997．
藤井聡：社会的心理と交通問題－欧州でのキャンペーン施策の試みと日本での可能性，交通工学，Vol.36，No.2，pp.71-75，2001a．
藤井聡：TDM と社会ジレンマ－交通問題解消における公共心の役割，土木学会論文集，No.667/IV-50，pp.41-58，2001b．
藤井聡，大塚祐一郎，北村隆一，門間俊幸：時間的空間的制約を考慮した生活行動軌跡を再現するための行動シミュレーションの構築，土木計画学研究・論文集，No.14，pp.643-652，1997．
藤井聡，奥嶋政嗣，菊池輝，北村隆一：Event-based approach に基づく簡便なミクロ交通流シュミレータの開発－生活行動と動的交通流を考慮した実用的な交通政策評価手法の構築を目指して，土木学会第 53 回年次学術講演会講演概要集第 4 部，pp.694-695，1998a．
藤井聡，菊池輝，北村隆一：マイクロシミュレーションによる CO_2 排出量削減に向けた交通施策の検討－京都市の事例，交通工学，Vol.35，No.4，pp.11-18，2000．
藤井聡，菊池輝，北村隆一，山本俊行，藤井宏行，阿部昌幸：マイクロシミュレーションモデルアプローチによる TDM・TCM 政策の効果分析－京都市における交通政策による地球環境問題への対策の検討－，土木計画学研究・講演集，No.21(2)，pp.301-304，1998b．
藤井聡，木村誠二，北村隆一：選択構造の異質性を考慮した生活圏推定モデルの構築，土木計画学研究・論文集，No.13，pp.613-622，1996．
藤井聡，北村隆一，熊井喜亮：交通需要解析のための所得制約・自由時間制約下での消費行動のモデル化，土木学会論文集，No.625/IV-44，pp.99-112，1999a．
藤井聡，北村隆一，拓植幸英，大藤武彦：阪神・淡路大震災が交通行動に及ぼした影響に関するパネル分析，土木計画学研究・論文集，No.14，pp.327-332，1997．
藤井聡，北村隆一，長沢圭介：選択肢集合の不確実性を考慮した生活行動モデルに基づく

居住地域評価・政策評価指標の開発, 土木学会論文集, No.597/IV-40, pp.33-47, 1998.
藤井聡, 北村隆一, 門間俊幸：誘発交通需要分析を目指した就業者の活動パターンに関する研究, 土木学会論文集, No.562/IV-35, pp.109-120, 1997b.
藤井聡, 小畑篤史, 北村隆一：自転車放置者への説得的コミュニケーション：社会的ジレンマ解消のための心理的方略, 土木計画学研究・講演集(CD-ROM), No. 24, 2001a.
藤井聡, 竹村和久：リスク態度と注意－状況依存焦点モデルによるフレーミング効果の計量分析－, 行動計量学,28(1), pp. 9-17, 2001.
藤井聡, 中山昌一朗, 北村隆一：習慣解凍と交通政策－道路交通シミュレーションによる考察, 土木学会論文集, No.667/IV50, pp.85-102, 2001b.
藤井聡, 守田武史, 北村隆一, 杉山守久：不確実性に対する態度の差異を考慮した交通需要予測のための経路選択モデル, 土木計画学研究・論文集, No.16, pp.569-576, 1999b.
藤井聡, 米田和也, 北村隆一, 山本俊行：パネルデータを用いた連続時間軸上の個人の離散選択行動の動的なモデル化－均衡状態を仮定しない動的な需要変動解析に向けて, 土木計画学研究・論文集, No.15, pp.489-498, 1998.
藤原章正：交通機関選択モデル構築における選好意識データの信頼性に関する研究, 広島大学博士論文, 1993.
藤原章正, 杉恵頼寧：選好意識データに基づく交通手段選択モデルの信頼性, 土木計画学研究・論文集, No.8, pp.49-56, 1990.
藤原章正, 杉恵頼寧：パネルデータを用いた新交通システムに対する選好意識の時間変化の分析, 第27回日本都市計画学会学術研究論文集, pp.397-402, 1992.
藤原章正, 杉恵頼寧：選好意識調査設計の手引き, 交通工学, Vol.28, No.1, pp.63-71, 1993.
藤原章正, 杉恵頼寧, 張峻屹：Mass point 手法による交通機関選好モデルの消耗及び回答バイアスの修正, 土木計画学研究・論文集, No.13, pp.587-594, 1996.
藤原章正, 杉恵頼寧, 原田慎也：交通調査データにおける無回答バイアスの修正方法, 土木計画学研究・論文集, No.16, pp.121-128, 1999.
古屋秀樹：観光交通計画の方法論的研究－需要分析と政策影響分析技法の開発－, 東京大学学位論文, 1996.
古屋秀樹, 西井和夫, 千賀行：日帰り観光客滞在時間に関する基礎的分析, 第15回交通工学研究発表会報告集, pp.185-188, 1995.
牧村和彦, 中嶋康博, 長瀬龍彦, 濱田俊一：PHSを用いた交通データ収集に関する基礎的研究, 第19回交通工学研究論文報告集, 1999.
松原望：計量社会科学, 東京大学出版会, 1997.
松本昌二, 熊倉清一, 松岡克明：非集計モデルによる買回り品買物交通の目的地・手段選択の分析, 日本都市計画学会学術研究発表会論文集第18号, pp.469-474, 1983.
間々田孝夫：行動理論の再構成－心理主義と客観主義を超えて, 福村出版, 1991.
三浦裕志, 石田東生, 鈴木勉：パーソントリップ調査における複数の個人属性を考慮した拡大方法の開発, 土木計画学・講演集, No.21(2), pp.65-68, 1998.
溝上章志, 柿本竜治, 竹林秀基：地域間物流の輸送手段／ロットサイズ同時予測への離散－連続選択モデルの適用可能性. 土木計画学研究・論文集, No.14, pp.535-542, 1997.
溝上章志, 森杉寿芳, 林山泰久：広域観光周遊型交通の需要予測モデルに関する研究, 土木計画学研究・講演集, No.14(1), pp.45-52, 1991.
溝上章志, 森杉寿芳, 藤田素弘：観光地魅力度と観光周遊行動のモデル化に関する研究, 第27回日本都市計画学会学術研究論文集, pp.517-522, 1992.
南川和充：買物目的地選択モデルの再検討：展望－多目的行動と空間構造の観点から－, 神戸大学大学院経営学研究科, 博士課程モノグラフシリーズ 9505, 1995.
武藤真介：計量心理学, 朝倉書店, 1982.
室町泰徳：離散連続モデルを利用した買い物トリップ発生に関する基礎的分析, 土木計画学研究・論文集, No.10, pp.47-54, 1992.
室町泰徳, 原田昇, 吉田朗：駐車需要の時間変動を考慮した駐車場選択モデルに関する研

参考文献

究, 都市計画論文集 No.26-A, pp.289-294, 1991.
室町泰徳, 兵藤哲朗, 原田昇:情報提供による駐車場選択行動変化のモデル, 土木学会論文集, No.470/IV-20, pp.145-154, 1993.
室谷正裕:観光地の魅力度評価－魅力ある国内観光地の整備に向けて－, 運輸政策研究, Vol.1, pp.14-24, 1998.
毛利雄一, 中野敦, 原田昇:モノレール開業に伴う事前・事後調査の活用に関する研究－調査方法と交通需要予測手法の改善－, 土木計画学研究・論文集, No.12, pp.633-642, 1995.
森川高行:ステイティッド・プリファレンス・データの交通需要予測モデルへの適用に関する整理と展望, 土木学会論文集, No.413/IV-12, pp.9-18, 1990.
森川高行, 佐々木邦明:主観的要因を考慮した非集計離散選択型モデル, 土木学会論文集, No.470/IV-20, pp.115-124, 1993.
森川高行, 佐々木邦明, 東力也:観光系道路整備評価のための休日周遊行動モデル分析, 土木計画学研究・論文集, No.12, pp.539-547, 1995.
森川高行, 佐々木邦明, 山本尚央:離散連続モデルによる年間観光日数・旅行携帯の分析と観光行動の地域差に関する研究, 土木学会論文集, No.618/IV-43, pp.61-70, 1999.
森川高行, 竹内博史, 加古裕二郎:定量的観光魅力度と選択肢集合の不確実性を考慮した観光目的地選択分析, 土木計画学研究・論文集, No.9, pp.117-124, 1991.
森川高行, 村山杏子:DIFUSSION MODEL を用いた海外観光旅行者数の予測, 土木計画学研究・講演集, No.15(1), 1992.
森川高行, 山田菊子:系列相関を持つ RP データと SP データを同時に用いた離散型選択モデルの推定法, 土木学会論文集, No.476/IV-21, pp.11-18, 1993.
森杉壽芳, 上田孝行, Dam Hanh L.E.: GEV and nested logit models in the context of classical consumer theory, 土木学会論文集, No.506/IV-26, pp.129-136, 1995.
森杉寿芳, 林山泰久, 平山賢二:集計 Nested logit model による広域観光行動予測, 土木計画学研究・講演集, No.8, pp.353-358, 1986.
森地茂, 田村亨, 屋井鉄雄, 金利昭:乗用車の保有及び利用構造分析, 都市計画学会学術研究論文集, Vol.19, pp.49-54, 1984.
森地茂, 兵藤哲朗, 岡本直久:時間軸を考慮した観光周遊行動に関する分析, 土木計画学研究・論文集, No.10, pp.63-70, 1992.
森地茂, 屋井鉄夫:非日常的交通への非集計行動モデルと選択肢別標本抽出法の適用制, 土木学会論文報告集, No.343, pp.161-170, 1984.
森地茂, 屋井鉄夫・石田東生:非日常的交通行動への非集計モデルの適用－チョイスベイストサンプルに対する推定問題の検討－. 土木計画学研究発表会講演集, No.5, pp.442-449, 1983.
森地茂, 屋井鉄雄, 平井節生:個人データと集計データとの統合利用によるモデル構築方法, 土木計画学研究・論文集, No.5, pp.51-58, 1987.
森地茂, 屋井鉄雄, 藤井卓, 竹内研一:買回り品の買物行動における商業地選択分析, 土木計画学研究・論文集, No.1, pp.27-34, 1984.
屋井鉄雄, 中川隆広:構造化プロビットモデルの発展性, 土木計画学研究・論文集, No.13, pp.563-570, 1996.
柳井晴夫, 繁枡算男, 前川眞一, 市川雅教:因子分析－その理論と方法－, 朝倉書店, 1986.
山下智志, 黒田勝彦:交通機関の定時性と遅刻回避型効用関数, 土木学会論文集, No.536/IV-31, pp.59-68, 1996.
山下智志, 萩山実:所要時間分布の学習過程を内包した経路選択モデル, 土木計画学研究・講演集, No.19(2), pp.757-758, 1996.
山田晴利, 屋井鉄雄, 中村秀樹, 兵藤哲朗:全国観光交通実態調査を用いた交通量発生モデルの提案, 交通工学, Vo.29, No.2, pp.19-27, 1993.
山中均之:小売商業集積論, 千倉書房, 1986.

参考文献

山本俊行，北村隆一，藤井宏明：車検制度が世帯の自動車取り替え更新行動に及ぼす影響の分析，土木学会論文集，No.667/IV-50，pp.137-146，2001a.
山本俊行，北村隆一，河本一郎：世帯内での配分を考慮した自動車の車種選択と利用の分析，土木学会論文集，No.674/IV-51，pp.63-72，2001b.
山本俊行，木村誠司，北村隆一：取替更新行動間の相互影響を考慮した世帯の自動車取替更新行動モデルの構築，土木計画学研究・論文集，No.15，pp.593-599，1998.
山本俊行，松田忠士，北村隆一：保有予定期間との比較に基づく世帯における自動車保有期間の分析，土木計画学研究・論文集，No.14，pp.799-808，1997.
山本嘉一郎，小野寺孝義編著：AMOSによる共分散構造分析と解析事例．ナカニシヤ出版，1999.
吉田朗，原田昇：休日の買い回り品買物交通を対象とした買物頻度選択モデルの研究，土木学会論文集，No.413/IV-12，pp.107-116，1990.
吉田朗，原田昇：鉄道の路線・駅・結節交通手段の選択を含む総合的な交通手段選択モデルの研究，土木学会論文集，No.542/IV-32，pp.19-31，1996.
依田高典：不確実性と意思決定の経済学－限定合理性の理論と現実，日本評論社，1997.
Lidasan, H. S., 田村亨，石田東生，黒川洸：発展途上国における交通行動のパネル分析，土木学会論文集，No.470/IV-20，pp.135-144，1993.
Abelson, R. P. and A. Levi : Decision making and decision theory, In *The Handbook of Social Psychology*, 3rd edtion, Vol.1, G. Lindzey and E. Aronson (eds.), Random House, pp.231-309, 1985.
Adler, J. L. and M. G. McNally: In-laboratory Experiments to Investigate Driver Behavior under Advanced Traveler Information Systems, *Transportation Research*, 2C, No.3, pp.149-164, 1994.
Adler, T. and M. Ben-Akiva : A theoretical and empirical model of trip chaining behavior, *Transportation Research*, 13B, No.3, pp.243-257, 1979.
Ajzen, I. : From intentions to actions : a theory of planned behavior, In *Action Control: from Cognition to Behavior*, J. Kuhl and J. Beckmann (eds.), Springer , Heidelberg, pp.11-39, 1985.
Ajzen, I. : The theory of planned behavior, *Organizational Behavior and Human Decision Processes*, Vol.50, pp.179-211, 1991.
Ajzen, I. and M. Fishbein : Attitude-behavior relations: a Theoretical Analysis and Review of Empirical Research, *Psychological Bulletin*, Vol.84, No.5, pp.888-918, 1977.
Ajzen, I. and M. Fishbein : Understanding attitudes and predicting social behavior, *Englewood Cliffs*, Prentice-Hall, New Jersey, 1980.
Akaike, H. : Information theory and an extension of the maximum likelihood principle, In *2nd International Symposium on Information Theory*, B. N. Petrov and F. Csaki (eds.), Akademiai Kaido, Budapest, pp.267-281, 1973.
Allais, M. : Le comprotement de l'homme rationnel devant le risque: critique des postulats et axioms de l'école americaine, *Econometrica*, Vol.21, pp.503-556, 1953.
Amemiya, T.: Bivariate probit analysis: Minimum chi-square methods, *Journal of the American Statistical Association*, Vol. 69, pp. 940-944, 1974.
Anand, P. : Are the preference axioms really rational? *Theory and Decision*, Vol.23, pp.189-214, 1987.
Anderson, T. and L. Goodman : Statistical inferences about Markov chains, *Annals of Mathematical Statistics*, Vol.28, pp.89-110, 1953.
Anderson, T. and G. Hsiao : Formulation and estimation of dynamic models using panel data, *Journal of Econometrics*, Vol.18, pp.47-82, 1982.
Asakura, Y. and E. Hato : Analysis of travel behaviour using positioning function of mobile communication devices, In *Travel Behaviour Research – The Leading Edge*, D. Hensher (ed.), Pergamon, pp.885-899, 2001.

参考文献

Ashford, J. and R. Sowden : Multi-variate probit analysis, *Biometrics*, Vol.26, pp.535-546, 1970.
Atherton, T., and M. Ben-Akiva : Transferability and updating of disaggregate travel demand models, *Transportation Research Record* 610, pp.12-18, 1976.
Axhausen K. and R. Herz : Simulating activity chains: German approach, *Journal of Transportation Engineering*, 12, pp.324-341, 1989.
Bagozzi, R. and Y. Yi: Advanced topics in structural equation models, In *Advanced methods of Marketing Research*, R. P. Bagozzi (eds.), Blackwell, pp.1-51, Cambridge, 1994.
Banister, D. : The influence of habit formation on modal choice – a heuristic model, *Transportation*, Vol.7, pp.19-23, 1978.
Bass, F. : A new product growth model for consumer durables, *Journal of Management Science*, Vol.15, pp.31-38, 1969.
Battelle Transportation Division : Global Positioning Systems for Personal Travel Surveys: Lexington Area Travel Datga Collection Test. Final Report prepared for the Office of Highway Information Management (HPM-40), Office of Technology Application (HTA-1), Federal Highway Administration, Columbus, Ohio, 1997.
Beach, L. and T. Mitchell : A contingency model for the selection of decision strategies, *Academy of Management Review*, Vol.3, pp.439-449, 1978.
Becker, G. : A theory of the allocation of time, *Economic Journal*, 75, pp.493-517, 1965.
Beckman, M., C. McGuire and C. Winsten : *Studies in the Economics of Transportation*, Yale University Press, New Haven, 1956.
Beckmann, R., K. Baggerly and M. McKay : Creating synthetic baseline populations, *Transportation Research A*, Vol.30A, pp.415-429, 1996.
Beggs, S. and N. Cardell : Choice of smallest car by multi-vehicle households and the demand for electric vehicles, *Transportation Research A*, Vol.14A, pp.389-404, 1980.
Beggs, S., S. Cardell and J. Hausman : Assessing the potential demand for electric cars, *Journal of Econometrics*, Vol.17, pp.1-19, 1981.
Bell, D. : Regret in decision making under uncertainty, *Operations Research*, Vol.30, pp.961-981, 1982.
Ben-Akiva, M. and B. Boccara : Discrete choice models with latent choice sets, *International Journal of Research in Marketing*, Vol.12, 1995.
Ben-Akiva, M. and D. Bolduc : Multinomial probit with a logit kernel and a general parametric specification of the covariance structure, Working Paper, Department of Civil and Environmental Engineering, MIT, 1996.
Ben-Akiva, M. and S. Lerman : *Discrete Choice Analysis: theory and application to travel demand*, MIT Press, 1985.
Ben-Akiva, M., D. McFadden, T. Gärling, D. Gopinath, D. Bolduc, A. Borsch-Span, P. Delquie, O. Larichev, T. Morikawa, A. Polydoropoulou and V. Rao : Extended framework for modeling choice behavior, *Marketing Letters*, 10(3), pp.187-204, 1999.
Ben-Akiva, M. and T. Morikawa : Estimation of switching models from revealed preferences and stated intentions, *Transportation Research A*, Vol.24A, pp.485-495, 1990a.
Ben-Akiva, M. and T. Morikawa : Estimation of travel demand models from multiple data sources, In *Transportation and Traffic Theory*, M. Koshi (ed.), Elsevier, pp.461-476, 1990b.
Ben-Akiva, M., T. Morikawa and F. Shiroishi : Analysis of the reliability of stated preference data in estimating mode choice models, In *Selected Proceedings of the 5th WCTR*, Yokohama, pp.263-277, 1989.
Ben-Akiva, M. and J. Swait : The Akaike likelihood ratio index, *Transportation Science*, Vol.20, No.2, pp.133-136, 1986.
Ben-Akiva, M. and T. Watanatada : Application of a continuous spatial choice logit model, In *Structural Analysis of Discrete Data with Econometric Applications*, C. Manski and D.

McFadden (eds.), MIT Press, 1981.
Bentham, J. : *An Introduction to the Principles of Morals and Legislation*, J. Burns and L. Hart (eds.), Athlone Press, London, 1789 (1970).
Bentler, P. and C. Chou : Practical issues in structural modeling, *Sociological Methods and Research*, Vol.16, pp.78-117, 1987.
Berkovec, J. : Forecasting automobile demand using disaggregate choice models, *Transportation Research B*, Vol.19B, No.4, pp.315-329, 1985.
Beyth-Marom, R. : How probable is probable? : numerical translation of verbal probability expressions, *Journal of Forecasting*, Vol.1, pp.267-269, 1982.
Bhat, C. : A hazard-based duration model of shopping activity with nonparametric baseline specification and nonparametric control for unobserved heterogeneity, *Transportation Research B*, Vol.30B, pp.189-208, 1996a.
Bhat, C. : A generalized multiple durations proportional hazard model with an application to activity behavior during the evening work-to-home commute, *Transportation Research B*, Vol.30B, No.6, pp.465-480, 1996b.
Bhat, C. : Recent methodological advances relevant to activity and travel behavior analysis, In *Recent Developments in Travel Behavior Research*, H. Mahmassani (ed.), Pergamon, Oxford, 1997.
Bhat, C. and F. Koppelman : An endogenous switching simultaneous equation system of employment, income, and car ownership, *Transportation Research A*, Vol.27A, pp.447-459, 1993.
Bhat, C. and V. Pulugurta : A comparison of two alternative behavioral choice mechanisms for household auto ownership decisions, *Transportation Research B*, Vol.32B, pp.61-75, 1998.
Bishop, R. and T. Heberlein : Measuring values of extramarket goods: Are indirect measures biased?, *American Journal of Agricultural Economics* 61(5), pp.926-930, 1979.
Bollen, K. : *Structural Equations with Latent Variables*, Wiley, New York, 1989.
Bonsal, P. : Transfer price data – Its definition, collection and use, In *New Survey Methods in Transport*, E. Ampt, A. Richardson and W. Borg (eds.), VNU Press, pp.257-271, 1985.
Bonsal, P.: Analyzing and Modeling the Influence of Roadside Variable Message Displays on Driver's route Choice, Presented at 7th World Conference on Transportation Research, Sydney, 1995.
Bowman, J. and M. Ben-Akiva : Activity based disaggregate travel demand model system with daily activity schedules, *Transportation Research A*, Vol.35A, pp.1-28, 2001.
Bradley, M. and A. Daly : Use of the logit scaling approach to test for rank-ordered fatigue effects in stated preference data, *Transportation* 21, pp.167-184, 1994.
Brehmer, B. : Dynamic decision making: Human control of complex systems, *Acta Psychologica*, Vol.81, pp.211-241, 1992.
Breslow, N. E. : Covariance analysis of censored survival data, *Biometrics*, Vol.30, pp.89-99, 1974.
Brownstone, D., D. Bunch, T. Golob and W. Ren : A transactions choice model for forecasting demand for alternative-fuel vehicles, *Research in Transportation Economics*, Vol.4, pp.87-129, 1996.
Bunch, D., D. Brownstone and T. Golob : A dynamic forecasting system for vehicle markets with clean-fuel vehicles, In *World Transport Research, Vol.1, Travel Behavior*, D. Hensher, J. King and T. Oum (eds.), Pergamon, Oxford, 1996.
Cambridge Systematics, Inc. : Scan of Recent Travel Surveys. DOT-T-97-08, Final report prepared for the U.S. Department of Transportation and U.S. Environmental Projection Agency, Technology Sharing Program, U.S. Department of Transportation, Washington, D.C., 1996.

参考文献

Carette, P. : Compatibility of multi-wave panel data and the continuous-time homogeneous Markov chain, *Applied Stochastic Models and Data Analysis*, Vol.14, pp.219-228, 1998.
Carpenter, S. and P. Jones (eds.) : *Recent Advances in Travel Demand Analysis*, Gower, England, 1983.
Chandrasekharan, R., P. McCarthy and G. Wright : Structural models of brand loyalty with an application to the automobile market, *Transportation Research B*, Vol.28B, No.6, pp.445-462, 1994.
Chew, S. : A generalization of the quasilinear mean with applications to the measurement of income inequality and decision theory resolving the Allais paradox, *Econometrica*, Vol.51, pp.1065-1092, 1983.
Chu, C. : A paired combinatorial logit model for travel demand analysis, In *Proceedings of the 5th World Conference on Transport Research*, Vol.4, Yokohama, pp.295-309, 1989.
Çinlar, E. : *Introduction to Stochastic Processes*, Prentice-Hall, Englewood Cliffs, 1975.
Coombs, C. : *Theory of Data*, John Wiley, New York, 1964.
Cosslett, S. : Maximum likelihood estimator for choice-based samples. *Econometrica*, Vol.49, No.5, pp.1289-1316, 1981.
Daganzo, C. : *Multinomial Probit: The Theory and Its applications to Demand Forecasting*, Academic Press, New York, 1979.
Daganzo, C. and Y. Sheffi : On stochastic models of traffic assignment, *Transportation Science*, Vol.11, No.3, pp.253-274, 1977.
Daganzo, C. and Y. Sheffi : Large scale nested logit models: theory and experience, *General Motors Economic and Marketing and Product Planning Staffs Report*, Detroit, 1990.
Daganzo, C. and M. Kusnik : Another look at the nested logit model, *I. T. S. Research Report*, University of California, Berkeley, 1992.
Dahlstrand, U. and A. Biel : Pro-environmental habit : Propensity levels in behavioral change. *Journal of Applied Social Psychology*, Vol.27, pp.588-601, 1997.
Davies, R. and A. Pickles : Longitudinal versus cross-sectional methods for behavioural research: A first-round knockout. *Environment and Planning A*, 17, pp.1315-1329, 1985.
Dawes, R. : Social dilemmas, *Annual Review of Psychology*, Vol.31, pp.169-193, 1980.
Dawes, R. : Behavioral decision making, judgement, and inference. In *The Handbook of Social Psychology*, D. Gilbert, S. Fiske and Lindsey (eds.), Mcgraw-Hill, Boston, 1997.
Dawes, R. and T. Smith : Attitude and opinion measurement, In *The Handbook of Social Psychology*, Vol.I , R. P. Abelson and A. Levy (eds.), Random House, New York, pp.509-566, 1985.
De Jong, G. : A disaggregate model system of vehicle holding duration: type choice and use, *Transportation Research B*, Vol.30B, No.4, pp.263-276, 1996.
De Jong, G. : A microeconomic model of the joint decision on car ownership and car use, In *Understanding Travel Behaviour in an Era of Change*, P. Stopher and M. Lee-Gosselin (eds.), Elsevier, Oxford, pp.483-503, 1997.
De Serpa, A. : A theory of the economics of time, *The Economic Journal*, Vol.81, pp.828-846, 1971.
Dickey, J. : *Metropolitan Transportation Planning*. Second edition, McGraw-Hill, New York, 1983.
Dillman, D. : *Mail and Telephone Surveys: The Total Design Method*, John Wiley & Sons, Inc., New York, 1978.
Dillman, D. : *Mail and Internet Surveys: The Tailored Design Method*, John Wiley & Sons, Inc., New York, 2000.
Dillon, R. and A. Kumar : Latent structure and other mixture models, In *Advanced methods of Marketing Research*, R. Bagozzi (ed.), Blackwell, pp.295-351, Cambridge, Mass., 1994.

参考文献

Domencich, T. and D. McFadden : *Urban Travel Demand : A Behavioral Analysis*, North Holland, Amsterdam, 1975.
Dubin, J. and D. McFadden : An econometric analysis of residential electric appliance holdings and consumption, *Econometrica*, Vol.52, No.2, pp.345-362, 1984.
Duncan, G., F. Juster and J. Morgan : The role of panel studies in research on economic behavior, *Transportation Research A*, 21A(4/5), 249-263, 1987.
Eagly, A. and S. Chaiken : The psychology of attitudes, *Forth Worth*, Harcourt Brace Jovanovich, 1993.
Edgell, S. and W. Geisler : A set-theoretic random utility model of choice behavior, *Journal of Mathematical Psychology*, Vol.21, pp.265-278, 1980.
Efron, B. : The efficiency of Cox's likelihood function for censored data, *Journal of the American Statistical Association*, Vol.72, pp.557-565, 1977.
Ellsberg, D. : Risk, ambiguity, and the savage axioms, *Quarterly Journal of Economics*, Vol.75, pp.643-669, 1961.
Ettema, D., A. Borgers and H. Timmermans : Competing risk hazard model of activity choice, timing, sequencing, and duration, *Transportation Research Record* 1493, pp.101-109, 1995.
Ettema. D., A. Borgers and H. Timmermans : SMASH (Simulation Model of Activity Scheduling Heuristics): Some simulations, *Transportation Research Record* 1551, pp.88-94, 1996.
Evans, A. : On the theory of the valuation and allocation of time, *Scottish Journal of Political Economy*, 2, pp.1-17, 1971.
Festinger, L. : *A Theory of Cognitive Dissonance*, Stanford University Press, 1957.
Fishbein, M. : Attitude, Attitude Change and Behavior: A Theoretical Overview, In *Attitude Research Bridges Atlantic*, L. Levine (ed.), pp.3-16, 1975.
Fotheringham, A. S.: A new set of spatial interaction models: the theory of competing destinations. *Environment Planning*, A15, pp.15-36, 1983.
Fotheringham, A. S.: Statistical modeling of spatial choice; an overview, In *Research and Marketing 5*, A. Ghosh and C.A. Ingene (eds.), JAI Press, pp.95-117, 1991.
Fujii, S. and T. Gärling and R. Kitamura : Changes in drivers' perceptions and use of public transport during a freeway closure: effects of temporary structural change on cooperation in a real-life social dilemma, *Environment and Behavior*, 33(6), pp.796-808, 2001.
Fujii, S. and R. Kitamura : Evaluation of trip-inducing effects of new freeways using a structural equations model system of commuters' time use and travel, *Transportation Research* B, Vol.34, pp.339-354, 2000.
Fujii, S., R. Kitamura and T. Monma : A utility-based micro-simulation model system of individual's activity-travel patterns, In CD-ROM of *Proceedings of Transportation Research Board 77th Annual Meeting*, Washington, D.C., 1998.
Gärling, T. : Behavioral assumptions overlooked in travel-choice modeling. In *Transport Modeling*, J. Ortuzar, S. Jara-Diaz and D. Hensher (eds.), Oxford: Pergamon, pp.3-18, 1998.
Gärling, T., K. Brannas, J. Garvill, R. Golledge, S. Gopal, E. Holm and E. Lindberg : Household activity scheduling, Prsented at the 5th World Conference on Transport Research, Yokohama, 1989.
Gärling, T., D. Ettema, R. Gillholm, and M. Selart : Toward a theory of the intention-behavior relationship with implications for the prediction of travel behavior, In *World Transport Research, Vol.1, Travel Behavior*, D. Hensher, J. King and T. Oum (eds.), Pergamon, Oxford, pp.231-240, 1997.
Gärling, T. and S. Fujii : Structural equation modeling of determinants of planning, *Scandinavian Journal of Psychology*, **43** (1), 1-8., 2002.
Gärling, T., S. Fujii and O. Boe : Empirical tests of a model of determinants of script-based driving choice, *Transportation Research F*, Vol. 4F, pp.89-102, 2001.

Gärling, T., S. Fujii, A. Gärling and C. Jakobsson : Moderating effects of social value orientation on determinants of proenvironmental behavior intention, *Journal of Environmental Psychology*, **23**(1), pp.1-9, 2003.

Gärling, T., R. Gillholm and A. Gärling : Reintroducing attitude theory in travel behavior research: The validity of an interactive interview procedure to predict car use, *Transportation*, Vol.25, pp.129-146, 1998.

Gelfand, A. and A. Smith : Sampling based approaches to calculating marginal densities, *Journal of the American Statistical Association*, Vol.85, pp.398-409, 1990.

Geweke, J., M. Keane and D. Runkle : Statistical inference in the multinomial multiperiod probit model, *Journal of Econometrics*, Vol.80, pp.125-167, 1997.

Gilbert, C. : A duration model of automobile ownership, *Transportation Research B*, Vol.26B, No.2, pp.97-114, 1992.

Golob, T. : The dynamic of household travel time expenditures and car ownership decisions, *Transportation Research A*, Vol.24A, pp.443-463, 1990.

Golob, T. : Structural equation modeling of travel choice dynamics, developments in dynamic and activity-based approaches to travel, *Transportation Research*, Vol.24A, pp.343-370, 1990.

Golob, T. : *Structural Equations Modeling for Transportation Research*, Lecture notes at a seminar in Kyoto Palace Hotel, 1994.

Golob, T. : A model of household choice of activity participation and mobility, In *Theoretical Foundations of Travel Choice Modeling*, T. Gärling, T. Laitila and K. Westin (eds.), Elsevier, Oxford, pp.365-398, 1998.

Golob, T., D. Bunch and D. Brownstone : A vehicle use forecasting model based on revealed and stated vehicle type choice and utilisation data, *Journal of Transport Economics and Policy*, Vol.31, pp.69-92, 1996a.

Golob, T., S. Kim and W. Ren : How households use different types of vehicles: a structural driver allocation and usage model, *Transportation Research A*, Vol.30A, No.2, pp.103-118, 1996b.

Golob, T., R. Kitamura and J. Supernak : A panel-based evaluation of the San Diego I-15 carpool lanes project, In *Panels for Transportation Planning, Methods and Applications*, T. Golob, R. Kitamura and L. Long (eds.), Kluwer Academic Publishers, pp.97-128, 1997.

Golob, T. and L. Van Wissen : A joint households travel distance generation and car ownership model, *Transportation Research B*, Vol.23B, No.6, pp.471-491, 1989.

Goodwin, P. : Car ownership and public transport use: revisiting the interaction, *Transportation*, Vol.27, pp.21-33, 1993.

Goodwin, P. : Have panel surveys told us anything new?, In *Panels for Transportation Planning: Methods and Applications*, T. Golob, R. Kitamura and L. Long (eds.), Kluwer Academic Publishers, Boston, pp.79-96, 1997.

Goodwin, P. : End of equilibrium, In *Theoretical Foundations of Travel Choice Modelling*, T. Gärling, T. Laitila and K. Westin (eds.), Pergamon Press, Oxford, pp.103-132, 1998.

Goodwin, P., R. Kitamura and H. Meurs : Some principles of dynamic analysis of travel demand, In *Developments in Dynamic and Activity-Based Approaches to Travel Analysis*, P. Jones (ed.), Gower Publishing, Aldershot, pp.56-72, 1990.

Gopinath, D. : *Modeling Heterogeneity in Discrete Choice Processes: Application to Travel Demand*, Ph.D. Dissertation, Department of Civil and Environmental Engineering, MIT, 1994.

Goulias, K. and R. Kitamura : Travel demand forecasting with dynamic microsimulation, *Transportation Research Record* 1357, pp.8-17, 1992.

Green, P. and V. Srinivasan : Conjoint analysis in consumer research: Issues and outlook, *Journal of Consumer Research*, Vol.5, pp.103-123, 1978.

Greene, W. : *Econometric Analysis*, 4th edition, Prentice-Hall, New Jersey, 2000.

参考文献

Griliches, Z. : Distributed lags: A survey, *Econometrica*, Vol.35, pp.16-49, 1967.
Groves, R., P. Biemer, L. Lyberg, J. Massey, W. Nicholls II and J. Waksberg : *Telephone Survey Methodology*, John Wiley and Sons, New York, 1988.
Groves, R. : *Survey Errors and Survey Costs*. John Wiley and Sons, New York, 1989.
Hägerstrand, T. : What about people in regional science?, *Papers of the Regional Science Association*, 23, pp.7-21, 1970.
Hajivassiliou, V., D. McFadden and P. Ruud : Simulation of multivariate normal rectangle probabilities and their derivatives: theoretical and computational results, *Journal of Econometrics*, Vol.72, pp.85-134, 1996.
Hall, R. : Travel outcome and performance: the effect of uncertainty on accessibility, *Transportation Research B*, Vol.17B, No.4, pp.275-290, 1983.
Hamed, M., S. G. Kim and F. L. Mannering : A note on travelers' home-stay duration and the efficiency of proportional hazards models, Working Paper, University of Washington, Seattle, 1992.
Hamed, M. and F. Mannering : Modeling travelers' postwork activity involvement: Toward a new methodology, *Transportation Science*, Vol.27, No.4, pp.381-394, 1993.
Han, A. and J. Hausman : Flexible parametric estimation of duration and competing risk models, *Journal of Applied Econometrics*, Vol.5, pp.1-28, 1990.
Hanemann, M. : Theory versus data in the contingent valuation debate, In *The Contingent Valuation of Environmental Resources*, D. Bjornstad, J. Kahn and E. Elgar (eds.), Cheltenham, pp.38-61, 1996.
Heap, S., M. Hollis, B. Lyons, R. Sugden and A. Weale : *The Theory of Choice*, Blackwell, 1992.
Heckman, J. : Simple statistical models for discrete panel data developed and applied to test the hypothesis of true state dependence against the hypothesis of spurious state dependence, *Annales de l'INSEE*, Vol.30, No.1, pp.227-69, 1978.
Heckman, J. : Sample selection bias as a specification error, *Econometrica*, Vol.47, No.1, pp.153-161, 1979.
Heckman, J. : The incidental parameters problem and the problem of initial conditions in estimating a discrete time-discrete data stochastic process, In *Structural Analysis of Discrete Data with Econometric Applications*, C. Manski and D. McFadden (eds.), MIT Press, Cambridge, pp.179-195, 1981.
Hensher, D. : Longitudinal surveys in transport: An assessment, In *New Survey Methods in Transport*, E. Ampt, A. Richardson and W. Brög (eds.), VNU Science Press, Utrecht, pp.77-97, 1985.
Hensher, D. : An econometric model of vehicle use in the household sector, *Transportation Research B*, Vol.19B, pp.303-313, 1985.
Hensher, D. : Dimensions of automobile demand: an overview of an Australian research project, *Environment and Planning A*, Vol.18, pp.1339-1374, 1986.
Hensher, D. : Issues in pre-analysis of panel data, *Transportation Research A*, 21A(4/5), pp.265-85, 1987.
Hensher, D. : Semi-parametric duration models of automobile ownership in multi-vehicle households, Working Paper, Institute of Transport Studies, University of Sydney, 1992.
Hensher, D. : The timing of change for automobile transactions: competing risk multispell specification, In *Travel Behaviour Research, Updating the State of Play*, J. Ortuzar, D. Hensher and S. Jara-Diaz (eds.), Elsevier, Amsterdam, pp.487-506, 1998.
Hensher, D., P. Barnard, N. Smith and F. Milthorpe : Modelling the dynamics of car ownership and use: a methodological and empirical synthesis, In *Travel Behaviour Research*, Avebury, England, pp.141-173, 1989.
Hensher, D. and F. Mannering : Hazard-based duration models and their application to transport

参考文献

analysis, *Transport Review*, Vol.14, pp.63-82, 1994.
Hensher, D. and N. Smith : Estimating automobile utilization with panel data: an investigation of alternative assumptions for the initial conditions and error covariances, *Transportation Research A*, Vol.24A, pp.417-426, 1990.
Hocherman, I., J. Prashker and M. Ben-Akiva : Estimation and use of dynamic transaction models of automobile ownership, *Transportation Research Record* 944, pp.134-141, 1983.
Horton, F. and W. Wagner : A Markovian analysis of urban travel behavior: Pattern responses by socioeconomic-occupational groups, *Highway Research Record* 283, pp.19-29, 1969.
Hsiao, C. : *Analysis of Panel Data*, Cambridge University Press, Cambridge, 1986.
Jara-Diaz, S. : General micro-model of user's behaviour: the basic issues, Presented at the 7th International Conference on Travel Behaviour, Valle Nevado, Chile, 1994.
Jedidi, K., H. Jagpal and W. DeSarbo : Finite-mixture structural equation models for response-based segmentation and unobserved heterogeneity, *Marketing Science*, Vol.16, pp.39-59, 1997.
Johnson, N. and S. Kotz : *Distributions in Statistics: Continuous Multivariate Distributions*, John Wiley & Sons, New York, 1972.
Jones, P., M. Dix, M. Clarke and I. Haggie : *Understanding Travel Behavior*, Gower, Aldershot, 1983.
Jones, P. (ed.) : *Developments in Dynamic and Activity-based Approaches to Travel Analysis*, Avebury, England, 1990.
Jöreskog, K. : A general method for analysis of covariance structures, *Biometorika*, Vol. 57, pp.239-251, 1970.
Jöreskog, K. and D. Sörbom : *LISREL IV, Analysis of Linear Structural Relationships by the Method of Maximum Likelihood*, National Educational Resources, Chicago, 1978.
Jöreskog, K. and D. Sörbom : *PRELIS^{TM} 2 User's Reference Guide*, Scientific Software International Inc., Chicago, 1996.
Jöreskog, K. and D. Sörbom : *LISREL 8: User's Reference Guide*, Scientific Software International Inc., Chicago, 1996.
Jorgensen, N. : *Some Aspects of the Urban Traffic Assignment Problem*, SM Thesis, Institute of Transportation and Traffic Engineering, University of California, Berkeley, 1963.
Kahneman, D. and A. Tversky : Prospect theory: an analysis of decision under risk, *Econometrica*, Vol.47, pp.263-291, 1979.
Kahneman, D. and J. Knetsch : Valuing public goods: The purchase of moral satisfaction, *Journal of Environmental Eonomics and Management*, Vol.22, pp.57-70, 1992.
Kahneman, D., J. Knetsch and R. Thaler : Anomalies: the endowment effect, loss aversion and status quo bias, *Journal of Economic Perspectives*, Vol.5, pp.193-206, 1991.
Kalbfleisch, J. and R. Prentice : *The statistical analysis of failure time data*, John Wiley and Sons, New York, 1980.
Kalton, G., D. Kasprzyk and D. McMillen : Nonsampling errors in panel surveys, In *Panel Surveys*, D. Kasprzyk, G. Duncan, G. Kalton and M. Singh (eds.), John Wiley & Sons, New York, pp.249-270, 1989.
Kawakami, S. and L. Su : A micro-simulation of a disaggregate model system for the metropolitan travel demand forecasting, In *Proceedings of PTRC*, pp.289-300, 1991.
Kazimi, C. and D. Brownstone : Competing risk hazard models for demographic transactions, Working Paper, University of California, Irvine, 1995.
Keeney, R. and H. Raiffa : *Decision with Multiple Objectives: Preferences and Value Tradeoffs*, John Wiley, 1976.（高原康彦，高橋亮一，中野一夫（監訳）：多目標問題解決の理論と実例，構造計画研究所，1980.）
Kim, S. and F. Mannering : Panel data and activity duration models: econometric alternatives and

applications, In *Panels for Transportation Planning, Methods and Applications*, T. Golob, R. Kitamura and L. Long (eds.), Kluwer Academic Publishers, pp.349-374, 1997.

Kitamura, R. : A model of daily time allocation to discretionary out-of-home activities and trips, *Transportation Research B*, Vol.18B, pp.255-266, 1984a.

Kitamura, R. : Sequential history-dependent approach to trip-chaining behavior, *Transportation Research Record* 944, pp.13-22, 1984b.

Kitamura, R. : A panel analysis of household car ownership and mobility, 土木学会論文集, No.383/IV-7, pp.13-27, 1987.

Kitamura, R. : The asymmetry of the change in household car ownership and utilization: a panel analysis, In *Travel Behaviour Research*, Avebury, Aldershot, England, pp.186-196, 1989.

Kitamura, R.: Panel analysis in transportation planning: An overview. *Transportation Research A*, Vol.24A,, No.6 pp.401-415, 1990.

Kitamura, R. : A review of dynamic vehicle holdings models and a proposal for a vehicle transactions model, 土木学会論文集, No. 440/IV-16, pp.13-29, 1992.

Kitamura, R. : Time-of-day characteristics of travel: An analysis of 1990 NPTS data, In *Special Reports on Trip and Vehicle Attributes*, 1990 NPTS Report Series, U.S. Department of Transportation, Washington, D.C., 1995.

Kitamura, R., T. Akiyama, T. Yamamoto and T. Golob : Accessibility in a metropolis: Toward a better understanding of land use and travel, *Transportation Research Record*, 1780, pp.164-175, 2001.

Kitamura, R. and P. Bovy : Analysis of attrition biases and trip reporting errors for panel data, *Transportation Research A*, Vol.21A, No.4/5, pp.287-302, 1987.

Kitamura, R. and D. Bunch : Heterogeneity and state dependence in household car ownership: a panel analysis using ordered-response probit models with error components, In *Transportation and Traffic Theory*, M. Koshi (ed.), Elsevier, pp.477-496, 1990.

Kitamura, R., S. Fujii and E. Pas : Time-use data, analysis and modeling: Toward the next generation of transportation planning methodologies, *Transport Policy*, Vol.4, No.4, pp.225-235, 1997.

Kitamura, R., S. Fujii and T. Yamamoto : The effectiveness of panels in detecting changes. In *The Proceedings of the Fourth International Conference on Survey Methods in Transport*, Steeple Aston, Oxford, pp.117-132, 1996.

Kitamura, R. and M. Kermanshah : Identifying time and history dependencies of activity choice, *Transportation Research Record* 944, pp.22-30, 1983.

Kitamura, R. and M. Kermanshah : Sequential model of interdependent activity and destination choices, *Transportation Research Record* 987, pp.81-89, 1984.

Kitamura, R., L. Kostyniuk and K. Ting : Aggregation in spatial choice modeling, *Transportation Science,* Vol.13, pp.325-342, 1979.

Kitamura, R. and T. Lam : A time dependent Marcov renewal model of trip chinning, In *Transportation and Traffic Theory*, V. Hurdle, E. Hauer and G. Steuart (eds.), University of Toronto Press, Toronto, pp.376-402, 1983.

Kitamura, R., R. Pendyala and K. Goulias : Weighting methods for choice-based panels with correlated attrition and initial choice, In *Transportation and Traffic Theory*, C. Daganzo (ed.), Elsevier Science, Amsterdam, pp.275-294, 1993.

Kitamura, R., R. Pendyala and E. Pas : Application of AMOS: an activity-based TCM evaluation tool to the Washington, D.C. metropolitan area, *Proceedings of Seminar E, PTRC European Transport Forum*, pp.177-190, 1995.

Kitamura R., J. Robinson, T. Golob, M. Bradley, J. Leonard and T. Van der Hoorn : A comparative analysis of time use data in the Netherlands and California, In *Proceedings of Seminar E, PTRC 20th Summer Annual Meeting*, PTRC Education and Research Services, London,

pp.127-138, 1992.
Kitamura, R. and T. van der Hoorn : Regularity and irreversibility of weekly travel behavior, *Transportation*, Vol.14, pp.227-51, 1987.
Kitamura, R., T. Yamamoto and S. Fujii : The effectiveness of panels in detecting changes in discrete travel behavior, *Transportation Research B*, **37**(2), pp.191-206, 2003.
Kitamura, R., T. Yamamoto, S. Fujii and S. Sampath : A discrete-continuous analysis of time allocation to two types of discretionary activities which accounts for unobserved heterogeneity, In *Transportation and Traffic Theory*, J. Lesort (ed.), Elsevier, Oxford, pp.431-453, 1996.
Kitamura, R., T. Golob, T. Yamamoto and G. Wu : Accessibility and auto use in a motorized metropolis, Presented at the 79th Annual Meeting of the Transportation Research Board, Washington, D.C., January, 2000.
Klandermas, B. : Persuasive communication: measures to overcome real-life social dilemmas, In *Social Dilemmas: Theoretical Issues and Research Findings*, W. Liebrand, D. Messick and H. Wilke (eds.), Pergamon, pp.307-318, 1992.
Kleiter, G. : Estimating the planning horizon in a multistage decision task, *Psychological Research*, Vol.38, pp.37-64, 1975.
Kondo, K. : Estimation of person trip pattern and modal split, In *Transportation and Traffic Theory*, D. Buckley (ed.), Reed, Sydney, pp.715-742, 1974.
Koppelman, F. and P. Lyon : Attitudinal analysis of work/school travel, *Transportation Science*, Vol.15, No.3, pp.233-254, 1981.
Koppelman, F. and C. Wen : The paired combinatorial logit model: Properties, estimation and application, *Transportation Research B*, Vol.34B, pp.75-89, 2000.
Kraan, M. : Modelling activity patterns with respect to limited time and money budgets, In *World Transport Research, Vol.1, Travel Behavior*, D. Hensher, J. King and T. Oum (eds.), Elsevier, Oxford, pp.151-164, 1996.
Kuhfeld, W., R. Tobias and M. Garratt : Efficient experimental design with marketing research applications, *Journal of Marketing Research*, Vol.31, pp.545-557, 1994.
Kühberger, A. : The influence of framing on risky decisions: A meta-analysis, *Organizational Behavior and Human Decision Processes*, Vol.75, No.1, pp.23-55, 1998.
Lancaster, T. and G. Imbens : Choice-based sampling of dynamic populations, In *Panel Data and Labor Market Studies*, J. Hartog, G. Ridder and J. Theeuwes (eds.), North-Holland, Amsterdam, pp.21-43, 1990.
Lave, C. and J. Bradley : Market share of imported cars: A model of geographic and demographic determinants, *Transportation Research A*, Vol.14A, pp.379-387, 1980.
Lave, C. and K. Train : A disaggregate model of auto type choice behavior, *Transportation Research A*, Vol.13A, pp.1-9, 1979.
Lee, L. : Generalized econometric models with selectivity, *Econometrica*, Vol.51, No.2, pp.507-511, 1983.
Leibenstein, H. : Bandwagon, snob, and Veblen effects in the theory of consumers' demand, *Quarterly Journal of Economics*, Vol.64, pp.183-207, 1952.
Lerman, S. : *A Disaggregate Behavioral Model of Urban Mobility Decisions*, Ph.D. Dissertation, Department of Civil Engineering, MIT, 1975.
Lerman, S. : The use of disaggregate choice models in semi-Markov process models of trip chaining behavior, *Transportation Science*, Vol.13, No.4, pp.273-291, 1979.
Lerman, S. and M. Ben-Akiva : Disaggregate behavioral model of automobile ownership, *Transportation Research Record* 569, pp.34-51, 1976.
Loomes, G. and R. Sugden : Regret theory, *The Economic Journal*, Vol.92, pp.805-824, 1982.
Louviere, J. and D. Hensher : *Stated Choice Methods: Analysis and Application*, Cambridge University Press, Cambridge, UK, 2001.

Machina, M. : Expected utility analysis without the independence axiom, *Econometrica*, Vol.50, pp.277-323, 1982.
Maddala, G. : *Limited-dependent and Qualitative Variables in Econometrics*, Cambridge University Press, Cambridge, 1983.
Mahajan, V. and E. Muller : Innovation diffusion and new product growth models in marketing, *Journal of Marketing*, Vol.43, pp.55-68, 1979.
Mahajan, V. and R. Peterson : *Models for Innovation Diffusion*, Sage University Paper, 1985.
Mahmassani, H.: Dynamic Models of Commuter Behavior: Experimental Investigation and Application to the Analysis of Planned Disruption, Preprints of International Conference on Dynamic Travel Behavior Analysis, 1989.
Mangione, T. : *Mail Survey, Improving the Quality*, Sage Publications, Thousand Oaks, CA, 1995.
Mannering, F. : An econometric analysis of vehicle use in multivehicle households, *Transportation Research A*, Vol.17A, pp.183-189, 1983.
Mannering, F., E. Murakami and S. Kim : Temporal stability of travelers' activity choice and home-stay duration: Some empirical evidence, *Transportation*, Vol.21, pp.371-392, 1994.
Mannering, F. and C. Winston : A dynamic empirical analysis of household vehicle ownership and utilization, *Rand Journal of Economics*, Vol.16, No.2, pp.215-236, 1985.
Mannering, F. and C. Winston : Brand loyalty and the decline of American automobile firms, *Brookings Papers on Economic Activity*, Microeconomics, pp.67-114, 1991.
Manski, C. : The structure of random utility models, *Theory and Decision*, Vol.8, pp.229-254, 1977.
Manski, C. and E. Goldin : An econometric analysis of automobile scrappage, *Transportation Science*, Vol.17, No.4, pp.365-375, 1983.
Manski, C. and S. Lerman : The estimation of choice probabilities from choice-based samples, *Econometrica*, Vol.45, pp.1977-1988, 1977.
Manski, C. and S. Lerman : On the use of simulated frequencies to approximate choice probabilities, In *Structural Analysis of Discrete Data with Econometric Applications*, C. Manski and D. McFadden (eds.), MIT Press, pp.305-319, 1981.
Manski, C. and D. McFadden : Alternative estimators and sample designs for discrete choice analysis, In *Structural Analysis of Discrete Data*, C. Manski and D. McFadden (eds.), MIT Press, Cambridge, pp.2-50, 1981.
Manski, C. and L. Sherman : An empirical analysis of household choice among motor vehicles, *Transportation Research* A, Vol.14A, pp.349-366, 1980.
Marschak, J. : Binary choice constraints on random utility indicators, In *Stanford Symposium on Mathematical Methods in the Social Sciences*, K. Arrow (ed.), Stanford University Press, Stanford, 1960.
Maslow, A. : *Motivation and Personality*, Harper and Row, New York, 1970.
McClelland, G. and C. Judd : Statistical difficulties of detecting interactions and moderator effects, *Psychological Bulletin*, Vol.114, pp.376-390, 1993.
McCulloch, R. and P. Rossi : An exact likelihood analysis of the multinomial probit model, *Journal of Econometrics*, Vol.64, pp.207-240, 1977.
McFadden, D. : Conditional logit analysis of qualitative choice behavior, In *Frontiers in Econometrics*, P. Zarembke, (ed.), Academic Press, New York, pp.105-142, 1974.
McFadden, D. : The theory and practice of disaggregate demand forecasting for various modes of urban transportation, In *Emerging Transportation Planning Methods*, U.S. Department of Transportation DOT-RSPA-DPB-50-78-2, 1978a.
McFadden, D. : Modelling the choice of residential location, In *Spatial Interaction Theory and Residential Location*, A. Karlqvist et al. (eds.), North Holland, Amsterdam, pp.75-96, 1978b.
McFadden, D. : The choice theory approach to market research, *Marketing Science*, Vol.5,

参考文献

pp.275-297, 1986.
McFadden, D. : A method of simulated moments for estimation of discrete response models without numerical integration, *Econometrica*, Vol.57, pp.995-1026, 1989.
McFadden, D. : Measuring willingness-to-pay for transportation improvement, In *Theoretical Foundations of Travel Choice Modelling*, T. Gärling, T. Laitila and K. Westin (eds.), Elsevier, New York, pp.251-279, 1998.
McFadden, D. : Rationality for economists, *Journal of Risk and Uncertainty*, Vol.19, pp.187-203, 1999.
McMillan, J., J. Abraham and J. Hunt : Collecting commuter attitude data using computer assisted stated preference surveys, Paper published in the Compendium of Papers for the 1997 Joint Conference of the Canadian Institute of Transportation Engineers and the Western Canada Traffic Association, Paper 2B-3, 1997.
Menashe, E. and J. Guttman : Uncertainty, continuous modal split, and the value of travel time in Israel, *Journal of Transport Economics and Policy*, Vol.20, No.3, pp.369-375, 1986.
Meurs, H. : A panel data switching regression model of mobility and car ownership, *Transportation Research A*, Vol.27A, pp.461-476, 1993.
Mogridge, M. : The effect of the oil crisis on the growth in the ownership and use of cars, *Transportation*, Vol.7, pp.45-67, 1978.
Morikawa, T. : *Incorporating Stated Preference Data in Travel Demand Analysis*, Ph.D. Dissertation, Department of Civil Engineering, MIT, 1989.
Morikawa, T. : Correcting state dependence and serial correlation in the RP/SP combined estimation method, *Transportation*, Vol.21, pp.153-165, 1994.
Morikawa, T., M. Ben-Akiva, and D. McFadden : Incorporating psychometric data in econometric travel demand models, Presented at the Banff Invitational Symposium on Consumer Decision Making and Choice Behavior, Banff, 1990.
Morikawa, T., K. Sasaki : Discrete choice models with latent variables using subjective data, In *Travel Behaviour Research: Updating the State of Play*, J. Ortuzar, D. Hensher and S. Jara-Diaz (eds.), Pergamon, pp.435-455, 1998.
Murakami, E. and D. Wagner : Can using global positioning system (GPS) improve trip reporting?, *Transportation Research Part C*, Vol.7, pp.149-165, 1999.
Murtaugh, M. and H. Gladwin : A hierarchical decision-process model for forecasting automobile type-choice, *Transportation Research A*, Vol.14A, pp.337-348, 1980.
Nelson, W. : *Applied Life Data Analysis*, John Wiley and Sons, Inc., New York, 1982（奥野忠一（監訳）：寿命データの解析，日科技連出版社，1988.）
Neumann, J. and O. Morgenstern : *The Theory of Games and Economic Behavior*, Princeton University Press, 1953.
Nicholson, W. : *Microeconomic Theory*, 3rd edition, Dryden, 1985.
Nunnally, J. : *Psychometric Theory*, 2nd edition, McGraw-Hill, New York, 1978.
Ordeshook, P. : *Game Theory and Political Theory*, Cambridge University Press, London, 1986.
Ortuzar, J. (ed.): *Stated Preference Modeling Techniques*, PTRC Education and Research Services Limited, London, UK, 1999.
Ortuzar, J. and G. Rodriguez : Valuing environmental nuisance: a stated preference approach, Presented Paper at IATBR 2000, Gold Coast, Australia, 2000
Ortuzar, J. and L. Willumsen : *Modelling Transport*, 2nd edition, Wiley, Chichester, 1994.
Oullette, J., and W. Wood : Habit and intention in everyday life: the multiple processes by which past behavior predicts future behavior, *Psychological Bulletin*, Vol.124, pp.54-74, 1998.
Pas, E. : Workshop report: workshop on activity analysis and trip changing, In *Behavioural Research for Transportation Policy*, Proceedings of the 1985 International Conference on Travel Behaviour, VNU Science Press, Utrecht, pp.445-450, 1986.

参考文献

Pas, E. : Is travel demand analysis and modeling in the doldrums? In *Developments in Dynamic and Activity-based Approaches to Travel Analysis*, P. M. Jones (ed.), Avebury, England, 1990.

Pas, E. and A. Harvey : Time use research and travel demand analysis and modeling, In *Understanding Travel Behaviour in an Era of Change*, P. Stopher and M. Lee-Gosselin (eds.), Pergamon, Oxford, pp.315-338, 1997.

Payne, J. : Task complexity and contingent processing in decision making: An information search and protocol analysis, *Organizational Behavior and Human Performance*, Vol.16, pp.366-387, 1976.

Payne, J., J. Bettman and E. Johnson : *The Adaptive Decision Maker*, Cambridge University Press, New York, 1993.

Pendyala, R. : Causal analysis in travel behaviour research: A cautionary note, In *Travel Behaviour Research: Updating the State of Play*, J. Ortuzar, D. Hensher and S. Jara-Diaz (eds.), Pergamon, pp.35-48, 1998.

Pendyala, R., L. Kostyniuk and K. Goulias : A repeated cross-sectional evaluation of car ownership, *Transportation*, Vol.22, pp.165-184, 1995.

Peter, J. and J. Olson (eds.): *Consumer Behavior*, McGraw-Hill, Boston, Mass, 1999.

Petty, R. and D. Wegner : Attitude change: multiple roles for persuasion variables, In *The Handbook of Social Psychology*, D. Gilbert, S. Fiske, and Lindsey (eds.), Mcgraw-Hill, Boston, pp.323-390, 1997.

Petty, R., D. Wegner and L. Fabrigar : Attitude and attitude change, *Annual Review of Psychology*, Vol.48, pp.609-647, 1997.

Poon, W. and S. Lee : Maximum likelihood estimation of multivariate polyserial and polychoric correlation coefficients, *Psychometrika*, Vol.52, pp.409-430, 1987.

Quandt, R. : *The demand for travel: theory and measurement*, Heath Lexington Books, pp.83-101, 1975.

Quiggin, J. : A theory of anticipated utility, *Journal of Economic Behavior and Organization*, Vol.3, pp.323-343, 1982.

Raimond, T. and D. Hensher : A review of empirical studies and applications, In *Panels for Transportation Planning: Methods and Applications*, T. Golob, R. Kitamura and L. Long (eds.), Kluwer Academic Publishers, Boston, pp.15-72, 1997.

Recker, W. and T. Golob : An attitudinal modal choice model, *Transportation Research*, Vol.10, pp.299-310, 1976.

Recker, W. and T. Golob : A non-compensatory model of transportation behavior based on sequential consideration of attributes, *Transportation Research B*, Vol.13B, pp.269-280, 1979.

Recker, W., M. McNally and G. Root : A model of complex travel behavior, part 1: theoretical development, *Transportation Research A*, Vol.20A, pp.307-318, 1986a.

Recker, W., M. McNally and G. Root : A model of complex travel behavior, part 2: an operational model, *Transportation Research A*, Vol.20A, pp.319-330, 1986b.

Revelt, D. and K. Train : Incentives for appliance efficiency in a competitive energy environment: random-parameters logit models of households' choices, *Review of Economics and Statistics*, Vol.80, pp.647-657, 1998.

Robinson, J. and G. Godbey : *Time for Life: The Surprising Ways Americans Use Their Time*, Pennsylvania State University Press, University Park, Pennsylvania, 1997.

Robinson, J., R. Kitamura and T. Golob : *Daily Travel in the Netherlands and California: A Time-Diary Perspective*, A report prepared for Rijkswaterstaat, the Dutch Ministry of Public Works, Hague Consulting Group, The Hague, 1992.

Ronis, D., J. Yates and J. Kirscht : Attitudes, decisions, and habits as determinants of repeated behavior, In *Attitude Structure and Function*, A. Pratkanis, S. Breckler and A. Greenwald (eds.), Erlbaum, Hillsdale, pp.213-239, 1989.

参考文献

Rose, G. and E. Ampt : Travel blending: An Australian travel awareness initiative, *Transportation Research D*, Vol.6D, pp.95-110, 2001.

Roth, A. : Individual rationality as a useful approximation : Comments on Tversky's "Rational theory and constructive choice", In *The Rational Foundations of Economic Behavior*, K. Arrow, E. Olombatto, M. Perlman, and C. Schmidt (eds.), Macmillan, London, pp.198-202, 1996.

Rubin, D. : *Multiple Imputation for Nonresponse in Surveys*. John Wiley and Sons, New York, 1987.

Sasaki, T. : Estimation of person trip patterns through Markov chains, In *Proceedings of the 5th ISTTT*, pp.119-130, 1972.

Sasaki, K., T. Morikawa and S. Kawakami : A discrete choice model with taste heterogeneity using SP, RP and attribute importance ratings, In *Selected Proceedings of the 8th World Conference on Transport Research*, Vol.3, Elsevier, pp.39-49, 1999.

Schmidt, P. and A. Witte : Predicting criminal recidivism using split population survival time models, *Journal of Econometrics*, Vol.40, pp.141-159, 1989.

Schor, J.B.: *The Overworked American: The Unexpected Decline of Leisure*. BasicBooks, New York, 1992.

Schwarz, S. and R. Tessler : A test of a model for reducing measured attitude-behavior inconsistencies, *Journal of Personality and Social Psychology*, Vol.24, pp.225-236, 1972.

Sheppard, B., J. Hartwick and P. Warshaw : The theory of reasoned action: a meta-analysis of past research with recommendations for modifications and future research, *Journal of Consumer Research*, Vol.15, pp.325-343, 1988.

Schoemaker, P. : The expected utility model, *Journal of economic literature*, Vol.20, pp.529-563, 1982.

Sheffi, Y. and C. Daganzo : Hypernetworks and supply-demand equilibrium obtained with disaggregate demand models, *Transportation Research Record*, No.673, pp.113-121, 1979.

Simon, H. : Bounded rationality, In *The New Pargrave: Utility and Probability*, J. Eatewell et al. (eds.), W. W. Norton and Company, 1987.

Simon, H. : *The Models of Man*, John Wiley, New York, 1957.

Simon, H. : Invariants of human behavior, *Annual Review of Psychology*, Vol.41, No.1, pp.1-19, 1990.

Singer, B. : Estimation of nonstationary Markov chains from panel data, *Sociological Methodology*, Vol.XX, pp.319-337, 1981.

Singer, B. and J. Cohen : Estimating malaria incidence and recovery rates from panel data, *Mathematical Biosciences*, Vol.49, pp.273-305, 1980.

Singer, B. and S. Spilerman : Social mobility models for heterogeneous populations, *Sociological Methodology*, pp.356-401, 1974.

Slovic, P. : The construction of preferences, *American Psychologist*, Vol.50, pp.364-371, 1995.

Smith, N., D. Hensher and N. Wrigle : A discrete choice sequence model: method and an illustrative application to automobile transactions, *International Journal of Transport Economics*, Vol.XVIII, No.2, pp.123-150, 1991.

Supernak,J. : Temporal utility property of activities and travel: Uncertainty and decision making, *Transportation Research B*, Vol.26B, pp.61-76, 1992.

Swait, J. and M. Ben-Akiva : Empirical test of a constrained choice discrete model: Mode choice in Sao Paulo Brazil, *Transportation Research*, Vol.21B, No.2, pp.103-116, 1987.

Swait, J. and M. Ben-Akiva : Incorporating random constraints in discrete choice models of choice set generation, *Transportation Research B*, Vol.21B, pp.103-115, 1987.

Szalai, A. (ed.) : *The Use of Time*, Mouton, The Hague, 1972.

Takemura, K. and S. Fujii : Contingent focus model of decision framing under risk, Presented at

17th Biennial Conference on Subjective Probability, Utility and Decision Making (SPUDM 17), Mannheim, German, 1999.
Tarone, R. : Tests for trend in life table analysis, *Biomerika*, Vol.62, pp.679-682, 1975.
Theil, H. : *Principle of Econometrics*, Wiley, 1971.
Thill, J. and J. Horowitz : Estimating a destination-choice model from a choice-based sample with limited information, *Geographical Analysis*, Vol.23, No.4, pp.298-315, 1991.
Thurstone, L. : A law of comparative judgment, *Psychological Review*, Vol.34, pp.273-286, 1927.
Train, K. : A validation test of disaggregate travel demand models, *Transportation Research*, Vol.12, pp.167-174, 1978.
Train, K. : A structured logit model of auto ownership and mode choice, *Review of Economic Studies*, Vol.XLVII, pp.357-370, 1980.
Train, K. : *Qualitative Choice Analysis: Theory, Econometrics, and an Application to Automobile Demand*, MIT Press, 1986.
Triandis, H. : *Interpersonal Behavior*, Books/Cole Publishing Company, Monterey, 1977.
Tversky, A. : Elimination by aspects: A theory of choice, *Psychological Review*, Vol.79, pp.281-299, 1972.
Tversky, A. : Rational theory and constructive choice, In *The Rational Foundations of Economic Behavior*, K. Arrow, E. Olombatto, M. Perlman, and C. Schmidt (eds.), Macmillan, London, pp.185-197, 1996.
Tversky, A., and D. Kahneman : The framing of decisions and the psychology of choice, *Science*, Vol.211, pp.453-458, 1981.
Tversky, A., P. Slovic and D. Kahneman : The causes of preference reversal, *American Economic Review*, Vol.80, pp.204-217, 1990.
Van Wissen, L. and T. Golob : A dynamic model of car fuel-type choice and mobility, *Transportation Research B*, Vol.26B, No.1, pp.77-96, 1992.
Verplanken, B., H. Aarts and A. Van Knippenberg : Habit, information acquisition, and the process of making travel mode choices, *European Journal of Social Psychology*, Vol.27, pp.539-560, 1997.
Verplanken, B., H. Aarts, A. Van Knippenberg and A. Moonen : Habit versus planned behaviour: a field experiment, *British Journal of Social Psychology*, Vol.37, pp.111-128, 1998.
Verplanken, B., and H. Aarts : Habit, attitude and planned behaviour: Is habit an empty construct or an interesting case of goal-directed automatic?, *European Review of Social Psychology*, Vol.10, pp.101-134, 1999.
Verplanken, B., and S. Faes : Good intentions, bad habits, and effects of forming implementation intentions on health eating, *European Journal of Social Psychology*, Vol.29, pp.591-604, 1999.
Von Neumann, J. and O. Morgenstern : *Theory of Games and Economic Behavior*, Princeton University Press, Princeton, (see also 2nd ed., 1947; 3rd ed., 1953), 1944.
Vovsha, P. : Application of cross-nested logit model to mode choice in the Tel-Aviv metropolitan area, *Transportation Research Record* 1607, pp.6-15, 1997.
Walley, P : *Statistical Reasoning with Imprecise Probability*, Chapman and Hall, London, 1991.
Wardrop, J. : Some theoretical aspects of road traffic research, *Proceedings of the Institution of Civil Engineers, Part II*, Vol.1, No.36, pp.325-362, 1952.
Weiner, E. : *Urban Transportation Planning in the United States: An Historical Overview*, Fifth Edition, DOT-T-97-24, Technology Sharing Program, U.S. Department of Transportation, Washington, D.C., 1997.
Wen, C. and F. Koppelman : The generalized nested logit model, Presented at the 79th Transportation Research Board Meeting, Washington D.C., 2000.
Widlert, S. : Stated preference studies: The design affects the results, In *Travel Behavior Research: Updating the State of Play*, J. Ortuzar, D. Hensher and S. Jara-Diaz. (eds.),

参考文献

Pergamon, Oxford, UK, pp.105-121, 1998.
Williams, H. : On the formation of travel demand models and economic evaluation measures of user benefit, *Environment and Planning,* Vol.9, pp.285-344, 1977.
Wolfgang, S and B. Frey : Self-interest and collective action: The economics and psychology of public goods, *British Journal of Social Psychology*, Vol.21, No.2, pp.121-137, 1982.
Yamamoto, T. and R. Kitamura : An analysis of household vehicle holding durations considering intended holding durations, *Transportation Research A*, Vol.34A, No.5, pp.339-351, 2000.
Zadeh, L. : Fuzzy sets, *Information and Control*, Vol.8, pp.338-353, 1965.

索　引

【あ】

RMSEA（root mean square error of approximation）　170
RDD（random digit dialing）　58
RP/SP モデル　135
RP（revealed preference）データ　83, 135
IIA（independence from irrelevant alternative）特性　122, 142
ITE（Institute of Transportation Engineers）　55
identically and independently distributed; i.i.d.　156
IPF（iterative proportional fitting）法　271
赤池の情報量規準（Akaike's information criterion; AIC）　116, 169
アクセシビリティ　257
アクセス（access）　3
アクセス交通手段　211
アクティビティベーストアプローチ（activity-based approach）　6, 210, 225
Allais のパラドックス　22

【い】

EBA（elimination by aspects）　29
イグレス（egress）　3
イグレス交通手段　211
意識データ　72
意思決定プロセス　231
異質性（heterogeneity）　185, 198
　嗜好の——　250, 259
一部要因配置計画　87
一致推定量　150, 274
一対比較　83, 117
一般化 Wilcoxon 検定（generalized Wilcoxon test）　193
一般化ガンマ分布（generalized gamma distribution）　197
一般最小2乗（generalized least square; GLS）

推定法　151, 182
移転可能性（transferability）　120, 134
因子分析　159

【う，え】

ヴェブレン効果（Veblen effect）　32
打ち切り（censoring）　190
打ち切りつき変数　184

AMOS　231
AGFI（adjusted goodness of fit indicator）　169
ADF-WLS 推定量　242
exploded logit　117
SEM（構造方程式モデル）　159, 209, 226, 241
SMASH　233
2SLS 推定法　148
3SLS（three-stage least squares）　241
SCHEDULER　233
STARCHILD　230
SD 尺度構成法（semantic differential scaling）　41
SD 法（semantic differential）　41
SP（stated preference）データ　83, 135, 239
FIML（full information maximum likelihood）　129, 146
Efron 法　195
MIMIC（多重指標多重原因）モデル　164
LOS（サービスレベル）　69, 110
Ellsberg のパラドックス　22
エントロピー最大化　271

【お】

OLS 推定量　147
ordered-response probit モデル　119, 214, 227, 256
ordered-response logit モデル　119, 214, 238, 262
オハイオ裁判　90

【か】

Kahneman and Tversky　22
回顧データ　96
外生標本抽出（exogenous sampling）　114
外生変数　160
改訂大気浄化法（Clean Air Act Amendments; CAAA）　55
買い物交通　249
ガウス求積法　222
ガウス・マルコフ定理（Gauss-Markov theorem）　276
確率過程　178
確率係数（random coefficient）モデル　141
確率効用（random utility）　104
確率効用最大化（random utility maximization; RUM）　5, 31, 105
加重層別標本（enriched sample）　76, 80
仮想（市場）評価法（contingent valuation method; CVM）　89
数え上げ法（sample enumeration）　120, 272
加速故障モデル（accelerated failure time model）　196
活動（activity）　3
家庭訪問調査　54, 80
Kaplan-Meier法　193
環境意識　49
環境配慮行動　43
観光地の魅力度　263
観光・レジャー交通　249
間接効果　171
間接効用関数　10
完全合理性　21
完全要因配置計画　87
幹線旅客純流動調査　260
ガンベル（Gumbel）分布　107, 151

【き】

期間モデル　190
危険（risk）　12
危険回避的（risk-aversive）　13, 24
危険志向的（risk-prone）　13, 24
危険中立的（risk-neutral）　13
季節変動　258
期待効用最大化仮説　221

期待効用理論　11, 210
既約　180
教育　43
供給関数　18
競合危険モデル（competing risks model）　200, 227, 247
共線性　87
共変量（covariate）　192
虚偽の状態依存（spurious state dependence）　185
極限分布（limiting distribution）　181
均衡状態　177, 181
均等価格（equilibrium price）　18

【く, け】

くじ（lottery）　12
クラスター抽出法　55
繰り返し断面調査　95
クロンバックのα値　42

経時的従属制　155
経時的データ　90
携帯電話　100
系列相関　182, 243
経路依存　178
経路選択　220
経路配分　53
決定係数　115
決定方略（decision strategy）　28
限界（marginal）　16
限界効用（marginal utility）　15
限界代替率（marginal rate of substitution; MRS）　15
限界費用（marginal cost）　18
顕示選好の弱公理（weak axiom of revealed preference; WARP）　74
限定合理性（bounded rationality）　26, 28
限定従属変数　152, 244

【こ】

航空旅客動態調査　260
交互作用　274
更新行動モデル　244
更新標本　93

構成概念　*159*
合成効用（inclusive value）　*127*
構造化プロビットモデル　*221*
構造方程式モデル（structural equation model; SEM）　*159, 209, 226, 241*
交通手段選択　*207, 283*
交通需要管理（travel demand management; TDM）　*6, 55, 290*
交通日誌　*56*
交通発生モデル　*53*
交通量　*20*
肯定（追従）バイアス　*88*
行動意図（behavioral intention）　*39*
行動形容（behavioral modification）　*43*
行動制御性（actual behavioral control）　*39*
行動変化　*177*
項目無回答（item-non-response）　*59*
効用（utility）　*8, 35, 39, 104*
効用関数（utility function）　*9, 13, 109, 111*
効用最大化　*36*
効用理論　*35*
功利主義（utilitarianism）　*8*
合理性（rationality）　*8, 12, 21*
合理的行為理論　*48*
合理的行為論（theory of reasoned action; TRA）　*38*
合理的個人　*10*
合理的選択　*21*
コーホート法　*272*
call screening　*58*
cold contact　*55, 56*
コールド・スタート（cold start）　*63*
国勢調査　*271*
誤差相関　*244*
誤差要素（error components）モデル　*181*
個人規範（personal norm）　*36, 39*
個人属性　*72*
固体無回答（unit non-response）　*59*
国家海洋大気管理局（National Oceanic and Atmospheric Administration; NOAA）　*90*
Cox 回帰モデル　*195*
固有値　*187*
固有ベクトル　*187*
コンピュータ支援調査（CATI）　*56, 58, 97*

competing risks(hazard) model　*200, 227, 247*
ゴンペルツ分布（Gompertz distribution）　*197*

【さ】

サービスレベル（level of service; LOS）変数　*69, 110*
再帰的　*180*
サイクル（cycle）　*4*
再呼（callback）　*58*
最小二乗法（least square method）　*103, 276*
最小分散不偏推定量　*276*
再生過程（renewal processes）　*179, 185*
最短経路配分法　*54*
Simon　*21, 26*
最尤推定法（maximum likelihood estimation; MLE）　*112, 146*
最良線形不偏推定量（best linear unbiased estimator; BLUE）　*182*
残差平方和　*271*
3C（continuing, comprehensive and cooperative）交通計画プロセス　*54*
参照点（reference point）　*222*
3 段階最小自乗（2SLS）推定法　*241*
3 変量正規分布　*155*

【し】

GEV モデル　*124*
CATI（computer-aided telephone interview）　*56, 58, 97*
CATS（Chicago area transportation study）　*53*
GFI（goodness of fit indicator）　*169*
GPS（global positioning system）　*67, 100*
CVM（contingent valuation method）　*89*
時間依存性共変量（time varying covariate）　*199*
時間ずれ　*178*
時間的一様性（time homogeneity）　*178, 179*
時間利用調査　*64*
時空間パス（time-space path）　*6*
資源配分モデル　*218, 228*
嗜好（taste）　*139*
　——の異質性　*250, 259*
自己選択性　*101*
自己選択性バイアス　*149, 157*

自己選択性バイアス修正項 149, 157
事象回顧 92
辞書編纂（lexicographic）型 29
指数分布（exponential distribution） 197
実行意図（implementation intention） 50
自動車保有 235
支払意志額（willingness to pay; WTP） 85, 89
シミュレーション実験 100
尺度（scale） 41
尺度構成法 41
謝礼（incentives） 58
重回帰分析 159
重回帰モデル 212
習慣（habit） 36, 45
習慣解凍 47
習慣形成プロセスモデル 47
習慣行動（habitual behavior） 45
集計化（aggregation） 119
集計分析（aggregate analysis） 5
住民台帳 57, 61
住民投票形式 90
周遊行動 264
周遊性 259
重力モデル 53
出発時刻選択 283
受容意志額（willingness to accept compensation; WTA） 85, 89
需要関数 10
需要曲線 17
順位付け 83
順序付けデータ 117
状況依存焦点モデル 222
状況要因 71
条件付過去独立（conditionally history independent） 179
状態依存（state dependence） 185
状態空間（state space） 178
衝動的行動（impulsive behavior） 45
消費者余剰（consumer surplus） 17, 144
情報処理プロセス 212, 233
将来人口推計 271
序数効用（ordinal utility） 69
所要時間の信頼性 209
シリアル相関関係 166

新古典派経済学 9
新都市 OD 調査 249
信念（belief） 49
真の状態依存（true state dependence） 185
信頼区間 276
信頼性（reliability） 42
　所要時間の―― 209
心理的要因 208

【す】
スーパーファンド法 89
スケール 112
スケールファクター 84
スケジューリング 265
スノブ効果（snob effect） 32
split population survival 283

【せ】
生活活動パターン 219
制限付き従属変数（limited dependent variables） 184
政策操縦バイアス 88
生成作用素（generator） 187
生存関数（survival function） 191
生存時間分析 181
生存時間モデル（hazard-based duration model） 190, 227, 246
生存率 193
静的モデル（static model） 236
正当化バイアス 88
生命表法（life table method） 193
制約変数 71
世帯属性シミュレータ 285
切断変数 167
説得 44
説得的コミュニケーション 44
説明 146
semi-parametric model 192
セミ・マルコフ核（semi-Markov kernel） 179
先決変数（predetermined variable） 147
選好（preference） 74
全国観光実態調査 261
潜在クラス 140
潜在的制約 75
潜在変数 184

全情報最尤推定法（full information maximum likelihood estimation; FIML） *129, 146*
選択意向 *84*
選択肢（alternative） *69, 103*
選択肢集合 *141, 143, 250*
選択肢集合特定化 *263*
選択肢別抽出（choice-based sampling） *76, 114*
選択性バイアス（selectivity bias） *146, 149, 157*
選別（elimination） *75*

【そ】

総当り法 *120*
走行距離モデル *240*
総合効果 *171*
総合陸上交通効率化法（Intermodal Surface Transportation Efficiency Act; ISTEA） *55*
属性 *28*
測定誤差 *273*
測定方程式 *160, 209*

【た】

滞在時間 *190*
対数正規分布（log-normal distribution） *197*
対数ロジスティック分布（log-logistic distribution） *197, 227*
代替案 *28, 103*
代替財（substitute） *17*
態度（attitude） *37, 38, 39, 74, 208*
態度理論 *36*
代表交通手段 *2, 210*
代表個人法 *121, 272*
time independent *192*
time dependent *192*
代理回答 *60*
代理回答者（proxy） *56*
多項選択（multinomial choice） *106*
多項プロビットモデル（multinomial probit; MNP） *131*
多項ロジットモデル（multinomial logit model; MNL） *107, 238*
多次元選択肢別抽出 *77*
多重指標多重原因（MIMIC）モデル *164*

多層性効用理論（multi-attribute utility theory） *28*
妥当性（validity） *41*
WESML（weighted exogenous sample maximum likelihood）法 *82*
WTA（willingness to accept compensation） *85, 89*
WTP（willingness to pay） *85, 89*
多分相関係数 *166*
多変量解析手法 *159*
多変量正規分布 *162*
ダミー変数（dummy variable） *109*
単一方程式法（single-equation method） *153*
段階推定法 *155*
短期予測 *272*
弾性値（elasticity） *121*
断面データ *91*

【ち】

知覚 *72*
知覚行動抑制性（perceived behavioral control） *36, 39*
逐次決定 *266*
チャップマン-コルモゴロフ（Chapman-Kolmogorov） *180, 187*
駐車場選択 *257*
中心市街地活性化 *249*
長期予測 *272*
直接効果 *170*
直接効用関数 *10*
直接需用モデル（direct demand model） *215*
地理情報システム（geographical information system; GIS） *217*

【つ、て】

ツアー（tour） *4, 219, 252*
Tversky *29*

DEBNetS（dynamic event-based network simulator） *280, 284*
TSM（transportation systems management） *54*
DMATS（Detroit metropolitan area traffic study） *53*
Discrete 法 *195*

TDM（total design method） *99*
TDM（travel Demand management） *6*, *55*, *290*
diffusion model *33*
適合度 *114*
的中率 *114*
手続的合理性 *26*
デルタ法（delta method） *277*
転換率曲線 *54*
電気自動車 *239*
電話調査 *99*

【と】

道具的合理性（instrumental rationality） *8*, *21*, *26*, *103*
統計的効率性 *151*
統合モデル *218*
同時確率分布 *270*, *275*
同時決定 *266*
同時性バイアス *243*
到着過程（arrival processes） *179*
動的解析 *177*
動的モデル（dynamic model） *236*
　Heckman の── *184*
道徳意識（moral obligation） *36*
道路交通センサス休日編 *260*
特定化（specification） *109*
都市圏計画機構（Metropolitan Planning Organization; MPO） *55*
都市公共交通局（Urban Mass Transportation Agency） *54*
都市公共交通法（Urban Mass Transportation Act） *54*
トビットモデル *213*, *227*
留置き・回収 *58*
共分散構造モデル *159*
truncated *150*
トランスファープライス *83*
トリップ（trip） *2*, *205*
トリップ生成 *283*
トリップ属性 *208*
トリップチェイン（trip chain） *3*, *205*, *219*, *252*, *283*
トリップ頻度 *212*
トリップベーストアプローチ（trip-based approach）
　4, *225*

【な，に】

内生標本抽出（endogenous sampling） *76*, *114*
内生変数 *160*
内挿（imputation） *59*

2項選択（binary choice） *105*
2段階最小自乗（2SLS）推定法 *148*
2変量プロビットモデル *154*
2面提示 *44*
認知的不協和（cognitive dissonance） *27*, *49*

【ね，の】

ネスティッドロジットモデル *126*, *215*, *218*, *239*, *241*
ネットワーク均衡 *19*
ネットワークデータ *70*

Neumann-Morgenstern *12*
Non-parametric model *192*

【は】

パーセンタイル値 *278*
パーソントリップ（person trip） *1*, *70*, *260*, *271*
配布調査 *99*
配分 *206*
ハザード関数（hazard function） *191*
hazard-based duration モデル *190*, *227*, *246*
パス解析 *159*
パス図 *164*
発生 *206*
パネル条件化 *93*
パネル消耗 *93*
パネル疲労 *93*
parametric model *192*
バンドワゴン効果（bandwagon effect） *32*

【ひ】

PHS（personal handyphone system） *68*, *100*
PCATS（prism constrained activity-travel simulator） *232*, *280*
PCATS-RUM *230*

非観測異質性（unobserved heterogeneity） 92, 198, 243
非周期的 180
非集計分析（disaggregate analysis） 5
非集計モデル（disaggregate model） 112
ヒストグラム 278
非正規性 158, 178
左側打ち切り 191
必須性 260
非補償型（non-compensatory） 30, 143
ヒューリスティックス（heuristics） 24, 28, 175
表現的合理性 26
標準誤差 274
評点付け 83
比例ハザードモデル（proportional hazard model） 194

【ふ】

ファジー理論 223
フォーカスグループ 86
不確実性（uncertainty） 12, 13, 14
不確実性下の意志決定 210, 221
複合ショッピング施設（shopping complex） 249
不在バイアス 59
不正確確率（imprecise probability）理論 223
部分尤度（partial likelihood）法 195
不偏推定量 147, 150
プリサーベイ 86
プリズム制約 217, 230, 283
フレーター法 54, 271
フレーミング効果 23, 222
Breslow 法 195
プロスペクト理論（prospect theory） 24, 222
product limit estimator 193
プロビットモデル（probit model） 105, 215
分割配分法 21
分担 206
分布 206
分布ラグ（distributed lags）モデル 183
分離（disjunctive）型 29

【へ】

平均的個人法 275
ベイズ法 134

ベース（base） 4
beta logistic model 246
Beckmann 21
Heckman の動的モデル（dynamic models） 184
heteroskedasticity 151, 157
Bernoulli 過程 185
Bentham 8
変量モデル（random effects model） 182

【ほ】

ポアソン回帰モデル 213
訪問聞き取り調査 97
補完財（complement） 18
母集団 269, 270
補償型（compensatory） 30
母数モデル（fixed-effects model） 182
homoskedasticity 72

【ま】

マーケットセグメント（market segment） 121, 140
マイクロシミュレーション 280
マイクロシミュレーター 282
McFadden 31
Maslow 8
まちづくり 249
マッチング 83
マルコフ過程 178, 179
マルコフ再生過程（Markov renewal processes） 179
マルコフ連鎖（Markov chains） 180, 185
満足化 28, 231

【み，む，め】

右側打ち切り 191
mixed logit 131, 141
魅力（attractiveness） 70, 253

無回答バイアス 56
無作為抽出 55, 75
無差別曲線（indifference curve） 9, 15
無制約バイアス 88

memory jogger 56

面接調査　*55, 58*

【も】

モーメント推定法　*146, 183*
目的地選択　*215*
目的地選択　*283*
目標意図（goal intention）　*50*
モンテカルロ・シミュレーション　*205, 278, 283*

【ゆ，よ】

郵送配布・郵送回収　*58*
尤度（likelihood）　*113*
尤度比（likelihood ratio）　*115*

予測誤差　*273*
予測精度　*270, 273*
予定行動（planned behavior）　*45*
予定行動理論（theory of planned behavior; TPB）　*38, 48*
4 段階推計法（four-step method）　*5*
4 段階推定法　*206, 280*
四分相関係数　*166*

【ら】

ライフサイクルアセスメント（life cycle assessment; LCA）　*236*
ライフサイクルステージ　*254*
ラグ付き内生変数（lagged endogenous variables）　*183*
ランクロジット　*84, 117*

【り】

離散時間パネルデータ（discrete time panel data）　*181*
離散状態（discrete states）　*178*
離散選択モデル（discrete choice model）　*5, 31, 103, 215, 229*
離散パネル　*95*
離散連続選択モデル　*230, 241, 244*
リフレクション効果　*222*
両側打ち切り　*191*
利用者均衡（user equilibrium）　*20*

【れ】

連結型（conjunctive）　*29, 143*

連続ロジットモデル　*217*
連邦道路局（Bureau of Public Roads; BPR）　*53*
連邦道路信託基金（Highway Trust Fund）　*54*
連邦補助道路法（Federal-Aid Highway Act）　*54*
連立方程式モデル系　*146*

【ろ】

rotational panel　*95*
ロードサイドショップ　*249*
ロードプライシング　*291*
ログサム（logsum）変数　*127, 144, 215, 239, 241*
log rank 検定　*193*
ロジットモデル（logit model）　*106, 215*
ロジットモデル　*220*
路側調査　*80*
ロワの恒等式（Roy's identity）　*10, 219, 242*

【わ】

Wardrop　*20*
ワイブル分布（Weibull distribution）　*197, 227*

【a−z】

accelerated failure time model（加速故障モデル） *196*
access（アクセス） *3*
activity（活動） *3*
activity-based approach（アクティビティベーストアプローチ） *6, 210, 225*
actual behavioral control（行動制御性） *39*
ADF-WLS 推定量 *242*
adjusted goodness of fit indicator; AGFI *169*
aggregate analysis（集計分析） *5*
aggregation（集計化） *119*
Akaike's information criterion; AIC（赤池の情報量規準） *116, 169*
Allais のパラドックス *22*
alternative（選択肢） *69, 103*
AMOS *231*
arrival processes（到着過程） *179*
attitude（態度） *37, 38, 39, 74, 208*
attractiveness（魅力） *70, 253*

bandwagon effect（バンドワゴン効果） *32*
base（ベース） *4*
Beckmann *21*
behavioral intention（行動意図） *39*
behavioral modification（行動形容） *43*
belief（信念） *49*
Bentham *8*
Bureau of Public Roads; BPR（連邦道路局） *53*
Bernoulli 過程 *185*
best linear unbiased estimator; BLUE（最良線形不偏推定量） *182*
beta logistic model *246*
binary choice（2 項選択） *105*
bounded rationality（限定合理性） *26, 28*
Breslow 法 *195*

callback（再呼） *58*
call screening *58*
censoring（打ち切り） *190*
Chapman-Kolmogorov *180, 187*
Chicago area transportation study; CATS *53*
choice-based sampling（選択肢別抽出） *76, 114*

Clean Air Act Amendments; CAAA（改訂大気浄化法） *55*
cognitive dissonance（認知的不協和） *27, 49*
cold contact *55, 56*
cold start（コールド・スタート） *63*
compensatory（補償型） *30*
competing risks model（競合危険モデル） *200, 227, 227*
complement（補完財） *18*
computer-aided telephone interview; CATI（コンピュータ支援調査） *56, 58, 97*
conditionally history independent（条件付過去独立） *179*
conjunctive（連結型） *29, 143*
consumer surplus（消費者余剰） *17, 144*
contingent valuation method; CVM（仮想（市場）評価法） *89*
continuing, comprehensive and cooperative; 3C（3C／交通計画プロセス） *54*
covariate（共変量） *192*
Cox 回帰モデル *195*
cycle（サイクル） *4*

delta method（デルタ法） *277*
Detroit metropolitan area traffic study; DMATS *53*
decision strategy（決定方略） *28*
diffusion model *33*
direct demand model（直接需用モデル） *215*
disaggregate analysis（非集計分析） *5*
disaggregate model（非集計モデル） *112*
discrete choice model（離散選択モデル） *5, 31, 103, 215, 229*
discrete states（離散状態） *178*
discrete time panel data（離散時間パネルデータ） *181*
Discrete 法 *195*
disjunctive（分離型） *29*
distributed lags モデル（分布ラグ／モデル） *183*
dummy variable（ダミー変数） *109*
dynamic event-based network simulator; DEBNetS *280, 284*
dynamic model（動的モデル） *236*

Efron 法　*195*
egress（イグレス）　*3*
elasticity（弾性値）　*121*
elimination（選別）　*75*
elimination by aspects; EBA　*29*
Ellsberg のパラドックス　*22*
endogenous sampling（内生標本抽出）　*76, 114*
enriched sample（加重選別標本）　*76, 80*
equilibrium price（均等価格）　*18*
error components（誤差要素／モデル）　*181*
exogenous sampling（外生標本抽出）　*114*
exploded logit　*117*
exponential distribution（指数分布）　*197*

Federal-Aid Highway Act（連邦補助道路法）　*54*
fixed-effects model（母数モデル）　*182*
four-step method（4 段階推計法）　*5, 206, 280*
full information maximum likelihood; FIML（全情報最尤推定法）　*129, 146*

Gauss-Markov theorem（ガウス・マルコフ定理）　*276*
generalized gamma distribution（一般化ガンマ分布）　*197*
generalized least square; GLS 推定法（一般最小 2 乗／推定法）　*151, 182*
generalized Wilcoxon test（一般化 Wilcoxon 検定）　*193*
generator（生成作用素）　*187*
geographical information system; GIS（地理情報システム）　*217*
GEV モデル　*124*
global positioning system ; GPS　*67, 100*
goal intention（目標意図）　*50*
Gompertz distribution（ゴンペルツ分布）　*197*
goodness of fit indicator; GFI　*169*
Gumbel 分布（ガンベル分布）　*107, 151*

habit（習慣）　*36, 45*
habitual behavior（習慣行動）　*45*
hazard-based duration model（生存時間モデル）　*190, 227, 246*

hazard function（ハザード関数）　*191*
Heckman の動的モデル（dynamic models）　*184*
heterogeneity（異質性）　*185, 198*
heteroskedasticity　*151, 157*
heuristics（ヒューリスティックス）　*24, 28, 175*
Highway Trust Fund（連邦道路信託基金）　*54*
homoskedasticity　*72*

identically and independently distributed; i.i.d.　*156*
implementation intention（実行意図）　*50*
imprecise probability 理論（不正確率／理論）　*223*
impulsive behavior（衝動的行動）　*45*
imputation（内挿）　*59*
incentives（謝礼）　*58*
inclusive value（合成効用）　*127*
independence from irrelevant alternative; IIA 特性　*122, 142*
indifference curve（無差別曲線）　*9, 15*
Institute of Transportation Engineers; ITE　*55*
instrumental rationality（道具的合理性）　*8, 21, 26, 103*
Intermodal Surface Transportation Efficiency Act; ISTEA（総合陸上交通効率化法）　*55*
item-non-response（項目無回答）　*59*
iterative proportional fitting ; IPF 法　*271*

Kahneman and Tversky　*22*
Kaplan-Meier 法　*193*
lagged endogenous variables（ラグ付き内生変数）　*183*
least square method（最小二乗法）　*103, 276*
level of service; LOS 変数（サービスレベル／変数）　*69, 110*
lexicographic（辞書編纂型）　*29*
life cycle assessment; LCA（ライフサイクルアセスメント）　*236*
life table method（生命表法）　*193*
likelihood（尤度）　*113*
likelihood ratio（尤度比）　*115*
limited dependent variables（制限付き従属変数）　*184*

limiting distribution（極限分布） *181*
logit model（ロジットモデル） *106, 215*
log-logistic distribution（対数ロジスティック分布） *197, 227*
log-normal distribution（対数正規分布） *197*
log rank test *193*
logsum 変数（ログサム／変数） *127, 144, 215, 239, 241*
lottery（くじ） *12*

marginal（限界） *16*
marginal cost（限界費用） *18*
marginal rate of substitution; MRS（限界代替率） *15*
marginal utility（限界効用） *15*
market segment（マーケットセグメント） *121, 140*
Markov chains（マルコフ連鎖） *180, 185*
Markov renewal processes（マルコフ再生過程） *179*
Maslow *8*
maximum likelihood estimation; MLE（最尤推定法） *112, 146*
McFadden *31*
memory jogger *56*
Metropolitan Planning Organization; MPO（都市圏計画機構） *55*
MIMIC（多重指標多重原因）モデル *164*
mixed logit *131, 141*
moral obligation（道徳意識） *36*
multi-attribute utility theory（多層性効用理論） *28*
multinomial choice（多項選択） *106*
multinomial logit model; MNL（多項ロジットモデル） *107, 238*
multinomial probit; MNP（多項プロビットモデル） *131*

National Oceanic and Atmospheric Administration; NOAA（国家海洋大気管理局） *90*
Neumann-Morgenstern *12*
non-compensatory（非補償型） *30, 143*
non-parametric model *192*

OLS 推定量 *147*

ordered-response logit（オーダードロジットモデル） *119, 214, 238, 262*
ordered response-probit（オーダードプロビットモデル） *119, 214, 227, 256*
ordinal utility（序数効用） *69*

parametric model *192*
partial likelihood 法（部分尤度／法） *195*
PCATS-RUM *230*
perceived behavioral control（知覚行動抑制性） *36, 39*
personal handyphone system; PHS *68, 100*
personal norm（個人規範） *36, 39*
person trip（パーソントリップ） *1, 70, 260, 271*
planned behavior（予定行動） *45*
predetermined variable（先決変数） *147*
preference（選好） *74*
prism constrained activity-travel simulator; PCATS *232, 280*
probit model（プロビットモデル） *105, 215*
product limit estimator *193*
proportional hazard model（比例ハザードモデル） *194*
prospect theory（プロスペクト理論） *24, 222*
proxy（代理回答者） *56*

random coefficient モデル（確率係数／モデル） *141*
random digit dialing; RDD *58*
random effects model（変量モデル） *182*
random utility（確率効用） *104*
random utility maximization; RUM（確率効用最大化） *5, 31, 105*
rank logit *117*
rationality（合理性） *8, 12, 21*
reference point（参照点） *222*
reliability（信頼性） *42*
renewal processes（再生過程） *179, 185*
revealed preference; RP *83, 135*
risk（危険） *12*
risk-aversive（危険回避的） *13, 24*
risk-neutral（危険中立的） *13*
risk-prone（危険志向的） *13, 24*

root mean square error of approximation; RMSEA *170*
rotational panel *95*
Roy's identity（ロワの恒等式） *10, 219, 242*
RP/SP モデル *135*

sample enumeration（数え上げ法） *120*
scale（尺度） *41*
SCHEDULER *233*
selectivity bias（選択性バイアス） *146, 149, 157*
semantic differential（SD 法） *41*
semantic differential scaling（SD 尺度構成法） *41*
semi-Markov kernel（セミ・マルコフ核） *179*
semi-parametric model *192*
shopping complex（複合ショッピング施設） *249*
Simon *21, 26*
single-equation method（単一方程式法） *153*
SMASH *233*
snob effect（スノブ効果） *32*
specification（特定化） *109*
split population survival *283*
spurious state dependence（虚偽の状態依存） *185*
STARCHILD *230*
state dependence（状態依存） *185*
stated preference; SP *83, 135, 239*
state space（状態空間） *178*
static model（静的モデル） *236*
structural equation model; SEM（構造方程式モデル） *159, 209, 226, 241*
substitute（代替財） *17*
survival function（生存関数） *191*

taste（嗜好） *139*
theory of planned behavior; TPB（予定行動論） *38, 48*
theory of reasoned action; TRA（合理的行為論） *38*
three-stage least squares; 3SLS *241*
time dependent *192*
time homogeneity（時間的一様性） *178*
time independent *192*
time-space path（時空間パス） *6*

time varying covariate（時間依存性共変量） *199*
total design method; TDM *99*
tour（ツアー） *4, 219, 252*
transferability（移転可能性） *120, 134*
transportation systems management; TSM *54*
travel demand management; TDM（交通需要管理） *6, 55, 290*
trip（トリップ） *2, 205*
trip-based approach（トリップベーストアプローチ） *4, 225*
trip chain（トリップチェイン） *3, 205, 219, 252, 283*
true state dependence（真の状態依存） *185*
truncated *150*
Tversky *29*
two-stage least squares; 2SLS *148*

uncertainty（不確実性） *12, 13, 14*
unit non-response（固体無回答） *59*
unobserved heterogeneity（非観測異質性） *92, 198, 243*
Urban Mass Transportation Act（都市公共交通法） *54*
Urban Mass Transportation Agency; UMTA（都市公共交通局） *54*
user equilibrium（利用者均衡） *20*
utilitarianism（功利主義） *8*
utility（効用） *8, 35, 39, 104*
utility function（効用関数） *9, 13, 109, 111*

validity（妥当性） *41*
Veblen effect（ヴェブレン効果） *32*

Wardrop *20*
weak axiom of revealed preference; WARP（顕示選好の弱公理） *74*
Weibull distribution（ワイブル分布） *197, 227*
weighted exogenous sample maximum likelihood; WESML *82*
willingness to accept compensation; WTA *85, 89*
willingness to pay; WTP *85, 89*

〈編著者〉

北村隆一（きたむらりゅういち）　京都大学教授　Ph.D.　大学院工学研究科土木システム工学専攻

森川高行（もりかわたかゆき）　名古屋大学教授　Ph.D.　大学院環境学研究科都市環境学専攻

〈著者〉

佐々木邦明（ささきくにあき）　山梨大学助教授　博士(工学)　大学院工学研究科自然機能開発専攻

藤井聡（ふじいさとし）　東京工業大学助教授　博士(工学)　大学院理工学研究科土木工学専攻

山本俊行（やまもととしゆき）　名古屋大学助教授　博士(工学)　大学院工学研究科地圏環境工学専攻

交通行動の分析とモデリング
――理論/モデル/調査/応用――

2002年5月15日　1版1刷　発行
2018年4月25日　1版2刷　発行

ISBN 4-7655-1630-X C3051

定価はカバーに表示してあります

編著者　北　村　隆　一
　　　　森　川　高　行
著　者　佐々木　邦　明
　　　　藤　井　　　聡
　　　　山　本　俊　行
発行者　長　　　滋　彦
発行所　技報堂出版株式会社

〒101-0051 東京都千代田区神田神保町1-2-5
電話　営業　(03) (5217) 0885
　　　編集　(03) (5217) 0881
FAX　　　　(03) (5217) 0886
振替口座　00140-4-10
http://gihodobooks.jp/

日本書籍出版協会会員
自然科学書協会会員
土木・建築書協会会員

Printed in Japan

Ⓒ Kitamura,R., Morikawa,T., Sasaki,K., Fujii,S. and Yamamoto,T., 2002
　　　　　　　　　　装幀　海保　透　　印刷・製本　朋栄ロジスティック
落丁・乱丁はお取替えいたします．
本書の無断複写は，著作権法上での例外を除き，禁じられています．